U0149322

明清詞學中的體性論

以詞派的遞嬗爲論

黃 雅 莉 著

文 史 哲 學 集 成
文史哲出版社印行

國家圖書館出版品預行編目資料

明清詞學中的體性論：以詞派的遞嬗為論 /
黃雅莉著. -- 初版 -- 臺北市：文史哲,
民 107.08
頁； 公分（文史哲學集成；710）
參考書目： 頁
ISBN 978-986-314-430-4（平裝）

1.詞學 2.明代 3.清代

820.9306 107013226

文史哲學集成 710

明清詞學中的體性論

以詞派的遞嬗爲論

著者：黃雅莉
出版者：文史哲出版社
http:// www.lapen.com.tw
e-mail：lapen@ms74.hinet.net
登記證字號：行政院新聞局版臺業字五三三七號
發行人：彭正雄
發行所：文史哲出版社
印刷者：文史哲出版社
臺北市羅斯福路一段七十二巷四號
郵政劃撥帳號：一六一八〇一七五
電話886-2-23511028・傳真886-2-23965656

實價新臺幣六八〇元

二〇一八年（民一〇七）八月初版

著財權所有・侵權者必究
ISBN 978-986-314-430-4 01710

自　序

落日看花回

距離我上一本在 2008 年出版的詞學論著《宋代詞學批評專題探究》至今已經十年了，十年之間我沒有第二本詞學著作問世，這是我感到十分自責與欠憾的事。

九年前，剛升上教授，宏願當前，以為攀登一山後可以一鼓作氣再挑戰另一山頭，曾經構思了「清代詞學批評專題探究」的撰寫計畫，此中包括詞的體性思考、詞的創作論、詞的精神主體論、詞的品評論。原本期許自己能以三年時間順利完成《清代詞學批評專題探究》一書，溝通明清以來與宋代詞學一脈相承的理論發展，成為與《宋代詞學批評專題探究》相互生發、一以貫之的姐妹篇。是的，多年前我曾經期望能全面地對明清以來眾多的詞話論著中尋繹詞學觀念的發展規律，然後建構一種由宋而明而清的詞學史觀，最終得以貫通「兩宋詞學對清代詞學相關議題之影響」的實際情況，為詞學貢獻一點個人努力的成果。

這個理想是牽引我前進的目標，但也是我感到挫折而止步的高峰。

事非經歷不知難。要從長久以來熟悉的宋代詞學之河游曳至總結前面各代遺產卻陌生的清代詞學瀚海，是一條艱辛的道路。清代在繼承前代遺留下來豐富的創作經驗之後，又以理論指導創作。清人詞話、論詞、選集別集的數量之多，也是前代所無法相比的。絕非人人皆有能力可做重大課題的研究。這需要一系列必要條件（不僅包括各種客觀的條件，而且也包括研究者自己的主觀條件如學養和能力等），如果不具備這些條件，那麼最終做出來的只會是次品或者廢品。我這才發現自己的時間與能力是多麼的有限與不足，正因為不足，這本書寫的非常艱難緩慢。大致完成了幾個論題之後，其他的部份便覺得難乎為繼。同時也因為在投稿期刊和申請科技部計劃的過程並不順遂，使我一度懷疑這樣的論題規劃的可行性，對自己是否有能力完成也失去了信心。

寫好的論文，不能是自我演示的壓箱寶，無法問世發表的文章，便等同一堆沒有價值的檔案和紙張。但每次的投稿，都是一場堅苦的跋涉，我必須鼓起勇氣接受一次次字斟句酌的指瑕抓疵，一次次偏離重點的要求繁多，一次次未必適切的唯人是從。配合著意見一次次的修改。即使有些意見是跳脫論文內部系統而要我另立新題改寫，但處學術江湖，只有發表才有業績。在這些往返與等待稿件處理過程中的忐忑難安和恍若有失，或許比單純寫論文更荒辛寂冷，耗時費心。

那段日子，我不免懷疑在奔競爭逐的時代，學界是否也成了殺戮戰場，或者是一種江湖競技場？知識已然成為不切人情的代言，處在「知也者，爭之器也」的學界，是否值得人們這樣汲汲營營、案牘勞形去投稿、寫計劃？我常常在學界的叢林裡感受到歧路迷途的寂寞。一方面是不善交際的個性使然，一方面是不習慣學界劃界以群分、相輕以自恃的生態環境，大多時候，我只是在自己的象牙塔中進行一種自我摸索的純粹探求工作，常常是孤單但卻是自在的。有時在找不到出口時，我便在懷疑與猶豫之間徘徊多時，於是這本書也就在只完成了一半之後便停住了。

擱筆多時，想不到幾年之間，人世已經有了很多的變化，包括我任教了十三年的新竹教育大學被併滅了，我工作了十三年的中國語文學系因併校而被迫停招了，當然也包括了學術議題上的翻新汰舊，古典文學研究型態的「現代化」變遷。正如楊巨源〈城東早春〉所云：「詩家清景在新春，綠柳才黃半未勻。若待上林花似錦，出門俱是看花人。」在這十年間，很多詞學新著問世了，台灣學界流行的論文風格也不同於從前，兩岸多位學者的詞學研究也交出了可觀的成績。我在幾年前已完成好的論題便不新鮮了，這才知道學術的保鮮期、賞味期是多麼有限。在當年未能打鐵趁熱，轉眼間我本來打算寫出的專書計劃便已不再是「清景」與「新春」。十年後我已步入知天命之年，眼看著許多來者的新著問世，真是「出門俱是看花人」，而我在落日看花回，撿拾起當年的「朝花」，撫閱著這幾卷舊作，莫不驚心於以前竟然有這樣的壯心，如果今天重新再續這些未完成的議題，我是否還能具有往日的用心與信念？這是為什麼呢？我想除了自己的「無才日衰老」之外，大概也要歸咎於眼前這個社會吧。也許，台灣目前的情況，根本不需要真正潛心於研究的人吧。古人所謂的「士，志於道」，指的是士人應懷著遠大的理想、堅毅的情操，關懷文化興亡這樣的一種事業，而且更應是一條路，從過去一路行來、通過自己腳下一步步的累積，還要向未來走去。而如今，像這樣「志於道」的士人還存在多少呢？即使有，這世界可還有他們的生存空間嗎？黨同伐異，攘權奪利，甘為政治犬儒，不安於學，……很多價值觀的扭曲與惡化，也正在加速腐蝕著學界。這是台灣學者的不幸，而學者也讓台灣更不幸。

物換星移幾度秋，這些主題的書寫，本來早該問世，結果因為中途停擺而封藏，檢點舊跡，對於待續的部份不免心生遺憾，而興未盡之志。為何還要出版「至今已覺不新鮮」的議題呢？多少是想藉此期許自己能再執筆出發，把未完成的相關論題，一一完成。我想，在自己選擇的研究主題中，都不應左顧右盼，心神不定，而應當堅信自己有能力完成。我想，真正喜歡讀書的人，不需要經費的獎賞才能研究，科技部獎勵的是計劃端的撰寫，但並不能保障計劃成果呈現的水準。而我即使沒有計劃的經費的獎勵，仍能自我鞭策，把這些當年未能獲得評審青睞的計劃寫成了一篇篇的章節，那也足堪慰藉了。

我期望能透過這本書，建構了一種流動變化的「詞學史歷程」，提供一個比較完整的詞學專題演進的線索。我不敢侈言這本論著究竟能對詞學界有多少貢獻，這答案將留與他人評斷。但我想更重要的是，透過這本曾經停擺多時的議題整理出版，為自己找尋一個可以再前進的力量與依憑。

因為原來構思的專書篇幅與章節太多，一本書的份量不足負荷，為了給自己下定決心再續未完議題的鼓勵，也為了不造成出版社的負擔，我先把清代詞學中關於「體性論」這一部份抽出來出版，其他的部份再陸續進行。我想只要自己不失去理想，不放棄計劃，這本書的其他部份仍有可能在不久的將來完成。在出版了這本《明清詞學中的體性論》之後，期許還會有下一本－例如《清代詞學中的主體論》、《清代詞學中的品評論》。

收集在這本書的許多章節大多曾經投稿，或經過嚴格的審查而修改與刊登，只是當時限於要符合投稿期刊的字數要求，或配合審查委員的意見修改，刊出來的內容並不完整或不夠全面，有些地方不免乖違我原來設計的理念，如今我把它重新整理為有系統的專書，還原它原先比較詳實完整的面目。

學術研究的本質和內核是寂寞的，其中沒有一絲熱鬧的成分，論文負載的內容和傳承的東西也是枯乾冷硬的，它隨時都有被拋棄到荒野之中的危險。為了「學者」的責任而從事學術，其實並無多少「致用」的目的。而在這個喧囂錯落的大時代，能靜下心來閱讀沒有一絲趣味的學術論文的人應該也不多了。當您願意翻閱這本書，或者這篇序文，對我而言，這份緣會便是值得珍惜與感恩的，因為眼看著我這些日子以來的苦思經營，就要開始呈現在您的面前，而成為您與我之間的感知了。

黃雅莉 謹誌於清華大學南大校區
二〇一八年盛夏

明清詞學中的體性論

— 以詞派的遞嬗為論

目　次

緒　論

明清詞學中體性論的研究構想

本章為全書的緒論，共分三節，分別交代「體性」的義涵、研究進路與構思、全書架構與章節安排。

「文各有體，得體為佳」，文學作品總是以一定的文體形式而存在，體製也是文學作品區別於其他文類不同的表現形態。「體制為先」[1]，探究一種文體的發展之前，必先「辨明」其「體」之特色。所謂「文體」，根據童慶炳所言：「是指一定的話語秩序形成的文本體式，它折射出作家、批評家獨特的精神結構、體驗方式、思維方式和其它社會歷史、文化精神。」[2]文體之辨，使得各體文類得以明白區分。既然體制對創作非常重要，那麼文學體性觀之建構，就成為一項重要的文學理論課題。

詞作為中國古代重要的文體之一，有其獨特的生成、發展的規律，而就在其創作和理論發展的歷史進程中，也形成了既與其他文學樣式有借鑑交流的聯繫，又有其「本色當行」的獨特概念和範疇，正是這些日漸明晰的概念和範疇的規定，形成了詞的體性特點、創作規律、藝術風格等一系列使詞成其為詞的獨特性，確定了詞與其他文學體裁的畛域和聯繫。「體」作為詞學領域的一個重要概念，紛繁蕪雜，因此，梳理「體」的內涵，有助於我們更好的掌握詞學發展規律與創作原則。

---

1 明末・許學夷：《詩源辨體》卷一（北京：人民文學出版社，1978 年版），頁 12。
2 童慶炳：《文體與文體的創造》（昆明：雲南人民出版社，1994 年 5 月），頁 1。

詞起於唐，興於宋，衍於金元，衰於明，復盛於清，可見詞體文學不僅歷史悠久，更有一定的興衰過程，在這個發展歷程中，宋詞、清詞是詞史上交相輝映的雙璧。清詞號稱中興，首先是以詞人輩出、詞作數量遙遙領先於其他朝代作者為標誌，更重要的是，作為封建歷史上最後一個王朝，在繼承前代遺留下來的豐富的創作經驗之後，又以理論作為經驗總結，以指導創作為目的。且在眾多詞學流派或詞人群體之間互動融合、此消彼漲的過程中，完成了清詞中興的任務。

清人詞話、論詞的數量之多，也是前人所無法比的。僅以唐圭璋先生所編的《詞話叢編》、朱崇才先生所編的《詞話叢編續編》二書為例，即可說明。近幾年來，清代詞學理論、詞學批評逐漸成為研究的熱點，許多高水平的學術著作不斷問世。但研究還處於點狀分布為多，完整地對詞學史流變的梳理闡釋尚未見到。也就是說，當今的詞學研究比較注重探究「個別」詞論家或「單一」詞話的個案分析，而且大多集中在特定的幾位（如況周頤《蕙風詞話》、陳廷焯《白雨齋詞話》、王國維《人間詞話》……），習慣將一個詞論家視為不可分割的整體，使得詞論中許多重要的專題理論服務於個案研究。但本文則運用視點置換的方法，將個案置於系統的專題理論批評歷史進程中，讓他們在承傳發展的線路中以「點」的方式呈現。對於同一個詞論家我們可以在不同的專題裡領略其在詞史流變中的地位。

本書以清代詞學中的「體性論」與「創作論」二大主題為論點，「歷時研究」與「共時分析」並用，試圖以科學的方法建構明清以來詞學中的體性論和相應的創作原則如何形成的完整面貌與發展歷程。

第一節　詞學中「體性」之定義

「體」是古代文學理論使用的一個概念。魏晉南北朝時期，在文學自覺的時代思潮下，「體」被用以品評詩文。何謂體？魏文帝曹丕《典論・論文》稱：「蓋奏議宜雅，書論宜理，銘誄尚實，詩賦欲麗，此四科不同，故能之者偏也；惟通才能備其體。」[3]這裡的「體」即指文體而言，指的是體裁。此外，曹丕認為「體」又可以指稱風格面貌，所以接著又說：「文以氣為主，氣之清濁有體，不可力強而致。」[4]即氣之體有清新、剛健、沉濁、柔婉的區別。其後晉初的陸機〈文賦〉也具體談到了文體的分類問題，他將作品分為詩、賦、碑、誄、銘、箴、頌、論、奏、說等十類，並簡明地說明了各類文體的不同特點。[5]陸機把文章分十體，較之曹丕更加細密，更為可貴的是，陸機在論文體風格的同時，兼顧到了每一文體所適宜的內容特點，這就較曹丕僅從不同的文體形式來說明其風格前進了一步。劉勰《文心雕龍・體性篇》云：「總歸其途，則數窮八體：一曰典麗，二曰遠奧，三曰精約，四曰顯附，五曰繁縟，六曰壯麗，七曰新奇，八曰輕靡。」將文體分為八種，以「體」概括不同的風格。

> 夫情動而言形，理發而文見，蓋沿隱以至顯，因內而符外者也。[6]

---

3 魏・曹丕：《典論・論文》，見梁・蕭統編、唐・李善注《昭明文選》第五十二卷「論二」（台北：文津出版社，1987 年），頁 2270。

4 同上註。

5 晉・陸機：〈文賦〉：「詩緣情而綺靡，賦體物而瀏亮。碑披文以相質，誄纏綿而淒愴。銘博約而 溫潤，箴頓挫清壯。頌優游以彬蔚，論精微而朗暢。奏平徹以閑雅，說煒燁而譎誑。見梁・蕭統編、唐・李善注《昭明文選》第十七卷「論文」（台北：文津出版社，1987 年），頁 761。

6 梁・劉勰著，范文瀾注：《文心雕龍注》（北京：人民文學出版社，1978 年版），頁 505。以後再列舉《文心雕龍》原文皆出此本，不再附註。

〈體性篇〉的「體」，已不是指「體裁」、「體製」，而是指「體貌」，即風格；「性」則指情性、才性，即創作個性；「體性」是一個「因內而符外」的統一體。[7]然而他在《文心雕龍・定勢》則從內容、體裁、風格三者的關係中來認識風格形成的諸因素間的關係，進一步地深化了文體風格學理論：

夫情致異區，文變殊術，莫不因情立體，即體成勢也。

由於作家主觀的情感方式不同，創作手法也各有不同的變化，但都是依照作家獨特的情感方式來確定作品的體制，配合體制形成一種語體、文勢。劉勰所說的「情致」，毫無疑問是指作家主觀世界的特徵，即作家獨特的情感方式，或熱烈、或深沈、或恬淡、或高揚、或沈潛、或外向等等，這種因不同的情感方式使作家在創作中必然選擇不同的作品體製，也就是「因情立體」；而這作品體製又必然選擇某種語體、文勢，也就是「即體成勢」。換言之，「因情立體」，就是根據不同的內容來選擇不同的體裁；「即體成勢」是在特定的內容和體裁規定下的風格特色。劉勰以「體」論風格，並未就形式體制和風情面貌兩者嚴格相別。此後，「體」被廣泛用於文藝評論中。

詞評家論詞，亦將「體」這一概念引用到詞學領域。有時所指稱的對象比較統一，「體」的意義相對明晰；有的指稱對象複雜，「體」的意義相對就繁複。「詞體」所指為何？筆者綜合各時期詞論，將大致可謂「體」的概念，歸納如下：

壹、體格、體製，即詞的體裁、樣式

詞「體」的概念，一般而言，即是指詞的體格、樣式。詞的體格或

7 關於「體製」、「體要」、「體貌」、「體式」等學術用語的界說，可參考顏崑陽：〈論文心雕龍「辯證性的文體觀念架構」〉，錄自《六朝文學觀念叢論》（台北：正中書局，1993 年 2 月），頁 385。

體製，也就是構成詞的諸要素中的結構方式和表現形式，如清人彭孫遹說：「詞以豔麗為本色，要是體製使然。」[8]清人先著〈詞潔序〉說：「詩之道廣，而詞之體輕。道廣則窮天際地，體物狀變，歷古今作者而猶未窮。體輕則轉喉應拍，傾耳賞心而足矣。」[9]清人田同之《西圃詞說》云：「詞與詩體格不同，其為攄寫性情，標舉景物，一也。」[10]馮金伯《詞苑萃編》卷二認為詞「原本於詩，而別自為體。」[11]

上述諸家，皆用「體」來分析評判詞與詩、曲在體製規格方面的差異或聯繫。詞論中之「體」，若是指詞的「體裁」，其具體含義是詞的制度、法式。正如尚繼武〈以「體」論詞之「體」辨〉所言：「『體』既然具有『體裁』的含義，那麼，由詞的『體裁』內在規定性而決定的具有某一形式特點的結構格局或方式包括篇章形式、音律格式，也可以用『體』來指稱。概括而言，凡是在音律、文字表現形式上具有獨特之處、能夠單獨成為一種樣式的，都可以成為一體。」[12]詞論家與詞人們若已體認到詞的體裁特點並在創作或批評中遵循詞體裁的內在規律，並且為詞爭取與詩並列的獨立文學地位，強調「詞體」與其他體裁的差異性，也就具有了為詞「驗明正身」、推尊詞體的重要意義。

貳、體貌、體性，即詞人詞作的風格

詞「體」的概念，除了體格、體製之外，亦指體貌、體性，即詞的風格面貌。

---

8 彭孫遹：《金粟詞話》，唐圭璋《詞話叢編》（台北：新文豐出版社，1988年2月），頁723。

9 清・先著：〈詞潔序〉，《詞話叢編》，頁1327。

10 田同之：《西甫詞說》「詩詞體格不同」條，《詞話叢編》，頁1450。

11 馮金伯：《詞苑萃編》卷二，《詞話叢編》，頁1787。

12 尚繼武：〈以「體」論詞之「體」辨〉，《哈爾濱學院學報》第25卷第12期，2004年12月，頁79至83。

文體風格是中國古代一個非常重要的美學論題。文體風格，即不同體裁、樣式的作品所具有的某種相對穩定的獨特風貌，古人一般稱文體的藝術特徵為「體」、「體製」、「大體」、「大要」、「勢」等，即是指一些作家的共同傾向，有的是就一個作家的創作等特色而言，如「誠齋體」、「易安體」、「稼軒體」等。在宋代，隨著詞的興盛，人們在評論作家作品時已開始注意到不同詞家的不同特色，詞人們在創作中也開始自覺地追求自己的獨特風格。如蘇軾就認為自己寫的詞與「柳七郎風味」不同，乃「自是一家」[13]。正是在這樣的認識基礎上，才出現了一些在題注中標明效仿某人某體的作品。如辛棄疾在「效易安體」之外，還有「效花間體」和「效朱希真體」。黃昇則有「效姜堯章體」，蔣捷則有「效稼軒體」等。[14]

明・胡應麟在《詩藪》中談到作詩時曾說：「作詩大要不過二端：體格聲調，興象風神而已。體格聲調有則可尋，興象風神無方可軌。」[15]作詩如此，作詞亦是如此，體格聲調尚易掌握，以其有則可尋；而對其神理韻味卻不易言說，人們要加以把握，尚須有一研味、領悟的過程。風格情貌這一內涵，是「體」抽象的內涵著於外在可見形式這一意義的自然引申。

早在宋代，時人即用「體」來指稱詞風或詞貌。最早在指稱風格的這個意義上使用「體」，是宋代的王灼《碧雞漫志》：「柳耆卿《樂章集》，世多愛賞該洽，有首有尾，亦間出佳語，又能擇聲律之美者用之。惟是淺近卑俗，自成一體，不知書者尤好之。」[16]雖是貶低柳詞，但仍然承認

13 蘇軾：〈與鮮于子駿書〉，見蘇軾撰、孔凡禮點校：《蘇軾文集》卷五三（北京：中華書局，1986 年 2 月），頁 1569。
14 可參看唐圭璋編纂、王仲聞參訂、孔凡禮補輯：《全宋詞》（北京：中華書局，(1991 年 1 月新一版）。
15 胡應麟《詩藪》內編卷五（上海：上海古籍出版社，1988 年 2 月），頁 155。
16 南宋・王灼：《碧雞漫志》卷二，《詞話叢編》，頁 84。

柳詞淺近卑俗是「自成一體」，此「體」即一種具有市民風味的淺俗風格。其後，張炎《詞源》卷下首條云：「美成負一代詞名，所作之詞，渾厚和雅……作詞者多效其體製，失之軟媚。」[17]言「體製」而謂模仿之作不及周詞之具有渾成之氣魄，而失之軟媚，味其言則知此「體製」就是指詞的風貌。張炎又在《詞源》「雜論」條使用了「體制」評秦觀詞作的風格特色：「秦少游詞體製淡雅，氣骨不衰。」[18]「淡雅」乃一風格範疇的形容詞。

宋人以「體」言風格，明人亦以「體」來標誌詞與詩風格的差異，如張綖《詩餘圖譜》說：「詞體大略有二：一體婉約，一體豪放。」[19]他所說的「體」，就是風格。明人李開先也說：「詞與詩，意同而體異，詩宜悠遠而有餘味，詞宜明白而不難知。以詞為詩，詩斯劣矣；以詩為詞，詞斯乖矣。」[20]

清人更以「體」云詞風，如王又華《古今詞論》載李東琪論詞云：「詩莊詞媚，其體元別」[21]，劉體仁說：「詞中境界，有非詩所至者，體限之也。」[22]錢同之《西圃詞說》引魏塘曹學士之語云：「詞之為體如美人，而詩則壯士也。如春華，而詩則秋實也。如夭桃繁杏，而詩則勁松貞柏也。」[23]郭麐《靈芬館詞話》卷一「詞有四派」條下云：「詞之為體，大略有四：風流華美，渾然天成……《花間》諸人是也。晏元獻、歐陽永

17 南宋・張炎：《詞源》卷下，《詞話叢編》，頁 255。

18 張炎：《詞源》卷下，《詞話叢編》，頁 265。

19 《詩餘圖譜》通行者為明汲古閣刊本，但無〈凡例〉，〈凡例〉僅見於《增正詩餘圖譜》，這裡節錄的是〈凡例〉後所附按語，轉引自王水照《唐宋文學論集》（齊魯書社，1984 年版），頁 297。

20 明・李開先：〈西野春游詞序〉，引自《李中麓閒居集》之六，收於卜鍵箋校《李開先全集》上冊(北京：文化藝術出版社，2004 年），頁 494。

21 清・王又華：《古今詞論》，《詞話叢編》，頁 606。

22 清・劉體仁：《七頌堂詞繹》，《詞話叢編》，頁 619。

23 清・錢同之：《西圃詞說》所引，《詞話叢編》，頁 1450。

叔諸人繼之。施朱傅粉，學步習容，如宮女題紅，含情幽豔，秦、周、賀、晁諸人是也。柳七則靡曼近俗矣。姜、張諸子，一洗華靡，獨標清綺，如瘦石孤花，清笙幽磬……。」[24]把宋代詞人創作分為四體，所標舉的「幽豔」、「靡曼」、「清綺」明顯的是風格類型。王國維《人間詞話・刪稿》云：「詞之為體，要眇宜修，能言詩之所不能言，而不能盡言詩之所能言。」[25]

以上所列舉諸家，他們從不同的側面說明了詞與詩在風格境界上的差異，是因二者的體裁的區別所致。所以不同的體裁有其區別其他文體的內在本質的規定性，而這種內在的本質特性，即是一種獨特的藝術精神和風格特徵。

參、詞的具體的表現手法

從詞論家的文學評論和詞人的創作實踐來看，所謂「體」，不單純是指一定時期的一群作家或某一個作家作品所呈現的總體風格，它還包括比較具體的構思謀篇、表現手法、語言形式、修辭技巧的特點，以及聲韻、格律和造句遣詞煉字的技巧。如王灼《碧雞漫志》卷二說柳永詞：「序事閑暇，有首有尾，亦間出佳語，又能擇聲律諧美者用之，唯是淺近卑俗，自成一體。」[26]張炎《詞源》談到周邦彥的詞說：「所作之詞，渾厚和雅，善於融化詞句……作詞者多效其體制。」[27]即是說明柳詞用語淺近通俗，周詞體制渾厚和雅，好以古人詩句融化入詞的創作手法。明・朱承爵亦說：「詩詞雖同一機杼，而詞家意象亦或與詩略有不同。句欲敏，字欲捷，長篇須曲折三致意，而氣自流貫乃得。」[28]認為詞與詩在意象的

24 清・郭麐：《靈芬館詞話》卷一「詞有四派」條，《詞話叢編》，頁 1503。
25 王國維：《人間詞話刪稿》「詞體與詩體不同」條，《詞話叢編》，頁 4258。
26 南宋・王灼：《碧雞漫志》卷二，《詞話叢編》，頁 84。
27 南宋・張炎：《詞源》卷下，《詞話叢編》，頁 255。
28 清・朱承爵《存餘堂詩話》，見清・何文煥輯《歷代詩話》（北京：中華書局，1981

營構上也有區別。其後，清人鄒祇謨《遠志齋詞衷》曰：「詞有檃括體，有迴文體。迴文之就句迴者，自東坡、晦庵始也。其通體迴者，自義仍始也。」[29]乃指詞家以概括名篇大意或回文為詞的手法。這些評論都是不限於主體風格，也兼及語言的運用技巧、聲律等等方面。

具體來說，詞學理論中的文體之辨包括兩個層次：第一層次是指體裁的規範，第二層次是指風格。由於體裁的規範和風格的傾向，又產生了相應的表現手法。清人對詞體的建構最初是定位於辨體，主要是辨析詞與其他文體（主要是詩與曲）的不同，確認詞體自身所固有而不同其他文體的根本特性。

綜合上述可知，「詞的體式，不僅僅是藝術形式的問題，而是涉及到詞的本質、功能、內在藝術特質、藝術風格、以及創制的重大理論問題，若詞體不明，詞的性質則無從確定，故詞之定體乃詞學研究之第一要義。」[30]對詞體的探討和研究，具有極其重要的理論意義和實踐意義。古人在文學創作或文學批評時，往往先考慮體制問題。先考慮文體的規範，然後才考慮語言形式、表現技巧、風格等問題。詞體之辨發軔甚早，且貫串於整部詞學批評史中。批評史上許多糾纏不清的公案，都與之有瓜葛。如詞學中的雅俗之爭、豪放與婉約詞的軒輊等等，其實都反映了各種文體風格論的內涵和其發展線索。若能釐清代詞學對於「體」的意義，這對於理解詞學批評史（尤其宋以後）在某些方面可以收到綱舉目張之效。

文體必然具有體式、體要、體貌，是以創作必須要適體、合體。詞的體性觀是指人們對詞的體裁特性的看法和見解，包括詞的外在風貌、內在精神、社會功能等諸方面。自詞學理論產生以來，如何認識詞的體

年4月），頁794。

29 清・鄒祇謨《遠志齋詞衷》，《詞話叢編》，頁653。

30 鮑恒：〈詞體與詞體學略論——詞學研究中的兩個基本問題〉，《安徽大學學報》第26卷第5期，2002年9月，頁90至96。

性特徵和確定詞的文學地位，一直是眾多批評家關注和探討的焦點。本書以明清詞學中關於詞的體性論為主題，梳理詞體的傳統內涵，以及在明清詞學中生發衍變的歷程。

第二節　研究進路與構思設計

壹、研究進路：範疇專題與詞派群體的歷時性論述

本文研究的進路有三：

一、詞學範疇專題中的體性論探討

詞體之辨是整個清代學發展史上所要面對的首要問題。清詞之中興，首先建立在對於詞體特徵確認的基礎上。清人有意識地辨析詞體與詩、曲體的異同，以確立詞之獨立價值。體性之辨是所有詞學專題生發的基礎，本書即定焦於對詞文體本身文學義涵、文化功能的探求，以及詞文學的文體意義和美學意蘊的闡釋，對清代詞學體性論，包括辨體、破體、正變觀、創作原則(如比興寄託、詞法意識)等幾個重要的範疇專題進行了系統的整理和總結，相信這種梳理在詞學史的研究上具有架構起歷史與邏輯相互結合的理論體系的重要意義。

二、詞學流派群體的關照

清詞與唐宋詞的不同特點便在於清代詞學流派紛呈，是一個詞論家輩出的時代。清詞流派有很強的地域性；有鮮明的理論，也有明確的實踐自覺。清詞各派互有功過得失，但這種相對而立、相因而成的差異對於促進清詞的發展、繁榮，是利大於弊的。其中貢獻較大的有以陳維崧

為首的陽羨詞派；其次，以朱彝尊為首的浙西詞派，后繼者厲鶚，推尊周邦彥甚於姜、張。再次，以張惠言為首的常州詞派，大興「比興寄托」之說，由周濟、陳廷焯等人發展完善了該派的理論。詞派的興盛從明末開始貫穿整個清代，雲間、陽羨、浙西、常州詞派等幾個大詞派不斷的交替更迭中形成了清代詞壇的主流，也因為清代詞學家自覺地形成如此正規嚴密的派系，才給了後人可以歸納總結的依據。正由於清代詞家有著共同的時代背景與學術淵源，形成了相近的生活風氣、社會心理、價值觀念和審美規範，共同促進了詞學的發展。

三、「歷時研究」與「共時分析」並用

文學作為一種人類的精神活動，始終都要以廣闊的社會生活為舞臺，它總要直接或間接地與各種各樣的社會因素發生聯繫，現實生活中的文學始終是在審美與非審美、純粹與不純粹的張力下運作和存活的。文學的發展和變化，文學的生命與活力，都源於文學活動和現實人生的這種廣闊聯繫。本書把相關於詞學中體性論的各個專題放在較為廣闊的清代社會歷史背景中去分析，以「歷時研究」與「共時分析」並用，除了將個案放入縱向的詞學史去進行比較，也將其放在橫向上交流，使各個詞派和詞家不再只是單獨的個體，讓他們在承傳發展的線路中具有「承先」、「啟後」的定點定位。期望能突破現今詞學研究大多著重在個別詞學家、單一詞話的個案論述，而是由「專」而求「通」，由「點」而「線」及「面」循序漸進的研究路徑，以「點」牽「線」，以「線」帶「面」，以單一的文本閱讀提升分析評論的能力為核心，進而及於相關與外圍作家、時代風潮與文學運動。期望既可從文化的宏觀視野對詞文學體性進行探索，尋繹文學的內在規律，又可以從微觀角度審視詞學家與詞話的單一文本，從而觀察清代詞學與時代社會的血肉聯繫，如此一來，研究成果便能向深處挖掘，亦能向廣度挺進。

貳、構思原則：注重詞史動態發展與詞派之間的遞嬗

筆者以為考察詞學中的體性論，必須注意以下幾個關鍵問題：

一、不能忽視宋代、明代詞學的發展，而造成割裂斷層

錢謙益說過：「天地之降才與人之靈心妙智，生生不窮，新新相續。」[31]葉燮《原詩》肯定了「變」是文學發展的規律：

> 夫自《三百篇》而下，三千餘年之作者，其間節節相生，如環之不斷；如四時之序，衰旺相循而生物，而成物，息息不停，無可或間也。吾前言踵事增華，因時遞變，此之謂也。………夫惟前者啟之，而後者承之而益之；前者創之，而後者因之而廣大之。使前者未有是言，則後者亦能如前者之初有是言；前者已有是言，則後者乃能因前者之言而另為他言。總之，後人無前人，何以有其端緒，前人無後人，何以竟其引申乎！[32]

葉燮肯定了「變」是文學發展的規律，並且進一步通過「沿」與「革」、「因」與「創」概括了文學的流變史。文學史是一部在「因」的基礎上「創」的歷史，後世的文學批評在很大的程度上是對前代文學批評的再批評和再闡釋，是對前人的理論體系的承傳與融通、調節與深化。這種文學史觀在詞學中的表現為清詞對宋詞的發展與嬗變。清詞的中興，離不開對前代詞學，特別是對宋詞藝術成就及理論的繼承和發展，否則清詞的中興，就只是無根之木，無源之水。

詞學理論始終處於一種繼承與創新的關係中，不同時代甚至同一時期詞論家們的觀點雖存在某些差異，但他們對某一問題的探討卻往往逐

31 清・錢謙益〈題徐季白詩後〉，見《牧齋有學集》（上海：上海古籍出版社出版，1996年9月出版）卷四七，頁1562。

32 清・葉燮著、霍松林校：《原詩》（北京：人民文學出版社，2006年12月）內篇上，頁3。

代深化而成一體系，從中我們可以把握到某些詞學範疇的演進軌跡。若想真實地了解它，就不能孤立研究，而應該聯繫此前詞學思想的發展情況來加以考察。宋代的詞論與詞作深深影響著清代詞論，這種影響主要體現在：「從唐宋詞裡汲取資源，或是從唐宋詞紬繹出創作技法，或是從唐宋詞裡歸納出創作原則，把唐宋詞作為建構自身理論的基礎，就是說清代詞學的主要話題是對唐宋詞的理論總結，唐宋詞因為有了清詞中興的社會環境再次獲得生機和活力」[33]。清代各詞派之間往往伴隨著對某一個或幾個唐宋詞人的推尊來建立自己的詞論主張，清代詞學理論的發展，可以在唐宋詞學中找到源頭。然而，清詞之「中興」，又非消極地回歸宋代詞學，正如嚴迪昌所謂：「『中興』是振新，是發展，是在新的時空條件下的一次演進，一次流變。流變本是一切事物得以新生得以興隆的活力所自，反之一味因循沿襲只能導致衰竭凝滯，從而也必然失卻其持續傳統、繼承前賢的積極意義。」[34]是以清詞之「中興」，不是消極地程式化復古，實乃其不同於宋代詞學而重新獲得生氣活力的一次振興，一次新繁榮。在特殊的時代背景、歷史條件下，清人有自己的思考反省、自己的感受與反映方式，仍對詞體的發展作出了自己的貢獻。

宏闊的學術視野和「史」的動態發展觀念是研究詞論應有的態度，研究清詞，必須將清代詞學置於唐宋以降整個詞學的發展進程之中。研究清詞，不能忽視宋明以來的詞學的積累發展。其次，前人論詞學史，對於明代常常貶以「中衰」而不屑談及，事實上，「明代詞論卻是從宋代到清代發展過程中的重要一環，詞學發展史的建構中如果缺少了明代這一環，不僅詞學史會發生斷裂，清代詞學大廈也將會有根基不牢之虞。由於文學史的繼承性，有時是一種漸變式的承接，文學發展的每一步，

---

33 陳水雲〈第六第　唐宋詞在清代的傳播與接受〉，《清代詞學發展史論》（北京：學苑出版社，2005 年 7 月），頁 388。

34 引自嚴迪昌《陽羨詞派研究》（濟南：齊魯書社，1993 年 2 月）之「引論」，頁 2。

明顯地是來自前面的一步，這種漸變式的承接方式往往是環環相扣的，抽去了任何一種繼承要素，文學發展的鏈條就要中斷。每個時代都有契合該時代的主導觀念和文化主題，在吸納前代文化異質元素之後，重新改裝，從而取得融會統一的新形態，本書的研究試圖從源流的角度探究清代詞學對宋、明詞學的繼承與重鑄，以見清代詞學能展現與宋、明不同時代的文化思想的碰撞與交匯，形成矛盾對立中的聯繫統一。

二、注重詞派之間的相互聯繫

每個時代都有屬於自己的文學思潮與時代文化，這既是在一定歷史時期和一定地域內形成的，與社會經濟變革和人們的精神需要相適應的，往往倡導某種文學主張，具有理論思潮和創作思潮。其次，隨著這些能夠體現文學思潮的作品出現，有些理論家立足於當時的創作實績，總結文學發展的歷史經驗或教訓，適時地提出帶有創新性的文學見解和創作主張、批評理論來，從而滙成一個文學流派與創作潮流。

清代詞學最鮮明的時代特徵便是流派林立。文學流派是作家群體的創作成就趨向繁榮的標誌。如果沒有一批具有獨創性的相近似的風格的作家，就不會形成文學流派。如果孤立地對某派或某位詞家研究，是無法見到時代文學思潮的獨特面目，研究一個理論的發展，須探究其群體論述的源流與變化。必然要把詞之「體性論」置於詞史發展的整體背景上才能看出它的獨特面目，所以筆者擬對清代四大詞派的體性觀、比興寄託說的發展歷程做出探究。流派研究對於整個時代文學研究的深化，既有認識論的價值，又有方法論的意義。有了流派研究，就可以使文學研究立體化、動態化。它既可以從宏觀上透視一個時代文學的整體性，使整體性不致於是幾個蒼白的概念和空洞的推論，又可以從微觀上把握詞學流派與詞家的豐富多彩的個性，使這些個性能夠有所定位、有所歸屬，不致成了斷了線串的珍珠。由此可說，流派研究乃是一種新方法論的應用，它以自己特有的活力出入於宏觀與微觀。

三、群體的掌握，宏觀的視野

詞史上最早提出明確詞風分野觀念是明人張綖《詩餘圖譜・凡例》：「詞體大略有二：一體婉約，一體豪放」[35]，張綖此以一種客觀的態度，將詞體析為二格，並以婉約為正。在此的「體」，即是著眼於詞人的個性氣質而形成的獨特風格。風格並不等同於流派，真正以婉約、豪放名「派」，首見於清人王士禎《花草蒙拾》：

> 張南湖論派有二：一曰婉約，一曰豪放。僕謂婉約以易安為宗，豪放惟幼安稱首，皆吾濟南人，難乎為繼矣。[36]

其說襲自明人張綖，但王氏將張綖之所云的「詞體」改為「詞派」。其實張綖標舉豪放、婉約，是為了辨識詞體，而不是強分流派。「『體』與『派』之間雖有密切聯繫，但並非一個概念。」[37]余傳棚亦批評王士禎毫無根據地擅改張綖之所云「詞體」為「詞派」：

> 「體」、「派」各有其義，絕不容擅相取代。蓋「體」可具于一家；「派」必系于眾人；同「派」者大都同「體」；同「體」者未必同「派」。同「體」固屬「派別」于形成之必具條件，但並非充分條件，因為任何「派」都是一定時空環境下的特定產物，其形成還有賴於時空條件。倘混「體」為「派」，把「體」視為判定詞家詞作流派歸屬的惟一條件，勢必使流派成為一種不受時代制約的時空存在，其時空界限必流于泛。[38]

---

35 《詩餘圖譜》通行者為明汲古閣刊本，但無〈凡例〉，〈凡例〉僅見於《增正詩餘圖譜》，這裡節錄的是〈凡例〉後所附按語，轉引自王水照：《唐宋文學論集》（齊魯書社，1984 年版），頁 297。

36 王士禎《花草蒙拾》，《詞話叢編》，頁 685。

37 劉揚忠《唐宋詞流派史》（福州：福建人民出版社，1999 年），頁 10。

38 余傳棚《唐宋詞流派研究》（武昌：武漢大學出版社，2004 年），頁 54。

由此可見「體」、「派」意涵不同。從張綖的「詞體有二」，再聯繫眾多相似風格的群體而概括出來的「體」，就是「流派」了。文學在本質上，就是富有個性的審美創造，無個性創造便不足以稱為真正意義上的文學。而流派，便是以一種潮流的方式推進個性的發展，刺激個性的聚集。在這種意義上，文學流派就是一種「個性的群聚」或「個性的匯流」。它張揚著個性的旗幟，同時又成為個性結合的紐帶，聚集著諸多相似相近的個性的力量，同聲相應，把可能分散的個體精神探索的熱情凝聚成一股強勁的衝擊力。是以本書對於詞的體性之辨，雖然不離乎風格，但卻是以群體的視角來進行分析，其考量基於以下幾個原因。

(一)風格創自個人，流派成就於集體

如果說，作品風格是個別作家的藝術實踐達到成熟的標誌；而文學流派則是作家群體的創作成就趨向繁榮的標誌。作品風格促使文學流派的形成，文學流派推動風格的發展。如果作家個人不努力創新，就不會獲得獨創的藝術風格；如果沒有一批具有獨創性的相近似的藝術風格的作家，就不會形成文學流派。風格是因，流派是果。沒有相近似的藝術風格的出現，也就沒有文學流派的產生。所謂風格相近相似，並非要求藝術風格的雷同，而是從眾多作家風格的比較著眼，取其相近相似，與雷同有著本質的差別。

(二)風格的探索宜細，流派的劃分宜粗

如果說，對作品風格的探索宜細不宜粗，則對文學流派的劃分宜粗不宜細。前者是微觀，後者是宏觀。一位成熟的作家必然會形成自己獨特的風格，且會在眾多的風格中顯示一種主導風格，所以對文學風格的探討宜細不宜粗，要從微觀上作深入細緻的探討。文學流派是一個作家群體，既要把屬於同一集體的作家，在藝術風格上有各自的獨創性，又

要找出他們的風格異中有同的相似性或相近性，去小異而存大同，求同去異，達到多樣的統一。加上歷代有影響力的文學流派並不多，如不遵守流派探索「宜粗不宜細」的原則，若過於細膩地劃分流派，便會導致藝術風格的諸多差異、過於瑣碎，發生交叉混亂的現象，文學流派就不能反映各自的特色，失去了總結文學發展的歷史經驗的積極意義。

(三)風格是評價的標準，流派是歸納的範圍

既然風格創自個人，流派成於集體，那麼，作品風格是評價作家作品的標準，文學流派則只是作家歸納的範圍。我們說一個作家具有自己的風格，是對他的評價，對他的肯定。我們說一個作家屬於什麼流派，是按照他的藝術風格歸入有關的流派，不是對他作出藝術的評價。因此，藝術風格是評價作品的標準，文學流派則只是論述作家的歸屬。

作品是文人心聲的反映，從一個人的作品或觀點可見這個人的心聲，從一群人的作品或觀點可以見到這個時代的文人心態。我們可以透過一個作者或論者來觀看一個群體、一個時代的文學思潮。透過時代文化背景中的社會思潮、文學流派群體的綜合研究將有助於人們更深入地解讀文學，而從總體把握文學史的流變和演進規律，這對研究思路的拓寬、研究領域的開闢和研究方法的更新不無裨益。是以筆者期望以科學的精神把對清代詞學的研究拓展到整合與全方位的揭示，提昇為一種橫向的詞派群體化，縱向的流變化，時代的整體化。

綜合上述，本文是一個文學理論與文學批評的綜合研究，兼具專論性(體性論、 比興寄託說)與文學發展的歷史性(清代各大詞派之間的傳承與嬗變)。從其傳承中，我們可以勾勒出清代詞學史的演進脈絡；從其變異處，我們可以反窺各大詞派的詞學思想、學術路徑及其與詞學傳統間的關係。

第三節　架構與章節安排

本書共分七章，第一章到第四章是「萌芽與成型」，主要是對清以前詞學中體性觀的溯源研究。第五章到第七章是「深化與遞進」，主要針對清代詞學體性論的融通與凝定的探究。說明如下。

壹、清代以前詞學中體性觀的溯源研究

第一章，〈文體規範下《花間》的豔情文學觀 ——〈花間集序〉對〈玉臺新詠序〉的反思與超越〉

詞具有不同於詩的特殊美感風格，是從《花間集》便已確立。人們對詞體體性的認識也是通過對《花間集》的體認得來，在上篇中的第一章，從中國古代豔情文學觀說起，透過了豔情詩《玉臺新詠序》與豔情詞《花間集序》二序的比較確立了詞娛情而婉麗的體性。《花間集》成為艷詞理論的代言。

第二章，〈明代詞學主要論題辨析〉

有明一代，正處於對通俗文學徹底認同的文化背景中，明代社會風尚的趨俗性也使得其詞學在大變和復歸之中，努力試探了詞體對於抒情、風格、境界、審美等方面的出格所能承受的限度，所以在中國詞學史上別具一格，獨樹一幟，反映出明人詞學的審美理想與宋人、清人迥不相侔之處。同時，它不僅影響了清詞的局面，也促使清代詞學流派中人更自覺地反思詞的美學特徵究竟應如何定位。本章擬就明代詞學中幾個重要論題如主情說、本色論、正變說、近俗說、起源說等進行分析，

以見明代詞論在整個詞學發展史上的意義及地位，以駁斥「明代詞學失傳」之誤解。

第三章，〈明末詞壇雅化的苗裔：以陳子龍詞學為論〉

清詞中興，很大程度上得益於對明詞衰弊之糾正。清人力圖提高詞的地位，嘗試辨明詞與詩、曲在體性上的不同。這種努力對於清詞振起及清代詞論發展起到了重要作用。雲間詞派以突出的詞學理論與創作表現振興明詞之衰，並開啟了清詞中興之格局。該派的主將陳子龍被譽為「明詞第一」，且其詞學理論在明清之交的詞學批評中佔有重要地位，但歷來針對陳子龍詞學理論的探討卻非常有限，本章從承傳與發展的角度來探討陳子龍的詞學理論，以見其在詞學發展史上的貢獻，並確立其對於明代與清代詞學之承傳、融通、影響的詞史地位。

第四章，〈明末詞學法意識的濫觴以李漁《窺詞管見》為論〉

任何文體的創作都離不開方法論，詞境的創造和詞心的抒寫，離不開嫻熟的藝術手法和巧妙的寫作技巧。詞法，即詞的表現技巧、藝術方法，其本身就是一宗巨大的藝術財富。李漁是明末一位卓有見地的詞學家，他的《窺詞管見》就是一部由「體」及「法」的詞法論著，在詞學批評史上有獨到的價值。但學界對其《窺詞管見》的論述卻非常有限，筆者以為《窺詞管見》其中闡述作詞之「理」與「法」，實已為清代詞學中的體性與相應的法度意識建立了基礎，相應地提高了詞的總體地位，本章乃就李漁《窺詞管見》所提出幾個理論問題展開論述。

貳、清代詞學體性論的融通與凝定的探究

第五章，〈「辨體」與「破體」同歸於「尊體」：清代詞體觀的建構〉

詞作為中國古代文學中重要的文體之一，有其獨特的生成、發展的規律，而就在其創作和理論發展的歷史進程中，也形成了既與其他文學樣式有著千絲萬縷的聯繫，又有其「本色當行」的獨特概念和範疇，正是這些日漸明晰的概念和範疇的規定，形成了詞的體性特點、創作規律、藝術風格等一系列使詞成其為詞的獨特性，也確立了詞與其他文學體裁之間的畛域和聯繫。因此，梳理「詞體」的內涵，有助於釐清詞學發展的脈絡。具體來說，清代各詞派的詞體觀是不斷有所變化、轉移的。一部詞史的歷程即是與詩離合之爭的發展史，在宋詞的創作表現如此，在清代詞論中亦復如此，於是呈現了辨體以尊(遵)詞(堅持詞之本色)、破體以尊詞(與詩合流)，「辨體」和「破體」二派路線最後同以「尊詞」為宗而異流同歸。

第六章，〈清代詞學中的「正變觀」析論〉

詩學體系中有正變觀，而詞學中的正變觀則展現出不同於詩學的側重點。由於不同時代與詞派的接受環境不同，時代風尚和審美偏嗜不同，或者即使在同一時期與背景下，由於接受主體的不同，即使面對相同的客體，也會出現「見仁見智」的現象。還有，從明到清，歷時的評論家是怎樣接受和評價詞人和詞作？有哪些方面繼承了前代的評價傳統？有哪些方面又有所深化與發展乃至變異？這種「不變」中有「變」的原因是什麼？這是本章所欲探究的。本章從清代詞論中對於正變觀的產生背景、內涵實質、發展歷程做一探究，以見正變觀在清代的文化背景中如何生成與衍化，並瞭解各詞派對於正變觀的差異與演變的線索，並藉此以見詞論中的正變觀不同於詩論之處。全章探討的重點主要有三：其一，清代詞學正變之爭的內涵與關注點為何。其二，正變觀在清代各大詞派詞學體系中展現出的發展與變化歷程。其三，清代詞學中的正變觀在宋、明以來的基礎上呈現怎樣的拓展，在詞學史上的重要地位為何。

第七章，〈清代詞論中的「比興寄託」說析論〉

比興寄託說，在傳統詩學中有著悠久的歷史，詞作為一種娛樂文學，原本並沒有被嚴格要求運用比興手法抒發政治懷抱性的情感，然而，為了推尊詞的地位，提昇詞的品格，不可避免要向詩的表現領地借鑑，通過繼承詩歌的經驗與自身的實踐，自然會運用比興手法包裹深厚的人生內涵與政治意識。為了凸出詞與詩不同的精神本質，詞論家不僅削弱了傳統詩學的「宗經」意識，而且強化了楚騷的寄託精神，詞論中的「寄託說」是傳統詩學中「比興說」的發展與嬗變，最終形成自己的美學特色。

比興寄託在詞論中蔚為大國，是在清代常州詞派開始崛起在詞壇之後，所以，歷來談及詞論中的比興寄託說，多著重在清代常州詞派，對於雲間、陽羨、浙西詞派，卻少有著墨。沿波討源，我們只有對其他三大詞派詞論中的比興寄託說作比較深入的考察，才能對清代常州詞派詞論中的寄託說究竟為詞學史提供了多少新意作出適當的歷史評價。本章擬從清代詞論中對於比興寄託說的產生背景、內涵實質、發展歷程做一探究，以見比興寄託說在清代的文化背景中如何生成與衍化，並了解三大詞派對於比興寄託說的差異與演變的線索，並藉此以見詞論中的比興寄託說不同於詩論之處，以補前人對清代詞論中比興寄託說研究之不足。

參、「理」與「法」相繫：詞的本質屬性與創作原則的合流

綜合上述章節安排，可見本書主要辨新詞學中的體性論與創作原則。就詞的體性論而言，是從總體上研究詞文學區別於其他文體的特殊性質，以求從根本上弄清詞體「本質」之規定性，從而更深刻地認識詞文學。其次，就詞的創作原則而言，主要研究詞創作的表現方式和藝術呈現法則。以體性來說，文學完成一獨立自存之美的藝術結構，就是它

自身主體性的完滿實現，一切境界皆呈現於作品中。但如何達到體性的完滿呈現必然有其相應的創作原理。從詞是心緒文學的角度看，必然形成了自己的一種創作範式，正是因了這種創制範式的整體特徵，才使得詞具有了屬於自己的個性風範，清人提出的比興寄託說，借用香草之喻、美人之喻等互相依託，構建出一個借用棄婦比喻逐臣、借用男女比喻君臣的象喻體系，最終使物質及精神世界有了深度融合。可以說詞作體現出來的象喻特徵所形成的創作範式建立，便同其深刻的思想內容相融合，形成一定的典範性，既給後世產生了極大影響，把文學相關藝術表現手法提升了一個層次。詞學理論其實具有很強的系統性，各部分之間的觀點存在著緊密的聯繫。本書所論述的詞的體性觀和創作論，呈現著「理」與「法」之間的緊密的聯繫，詞話中對詞的體性論的具體性表現在對於詞體的認識與詞的創作實踐密不可分，對於詞體的特徵也往往是以創作的技術性要求加以體現。

綜合上述，中國古代的詞話論著雖然富有藝術審美精神，但卻缺乏科學精神。眾多的詞論家著述立說，其中不乏真知灼見，但由於評點式的批評形式，本身即有限於直觀感受，而疏於分析、歸納的欠缺。詞話論本身的精警性、感悟性、模糊性等因素，如果不能透過科學方法加以歸納，就不容易在這一領域內有重大突破，筆者將「理論」的「橫向」研究與「歷史」的「縱向」動態發展探究合流，以詞派為歸納的基準，將詞的體性觀加以系統化，以期能彌補了前人評點批評常表現的印象化、非系統性、片段性的傾向。

文學發展的經緯因素是一個文學史研究者都應予以重視的問題，如果說歷時的「史」的因素為「經」，那麼筆者必須運用歷史批評方法，把詞論見解主張與清代當時社會政治、思想的發展聯繫起來，以突顯出清代不同於其他朝代的政治社會、文化思想背景對詞學的影響。理論研究的緯度必須能帶出歷史發展才能更為有厚度感，由此亦可見清代詞論專題與宋、明以來的差異處，以期給學界提供一個了解清代詞學批評的新視角。並從「整體」的「宏觀」視野去總結清人研究詞學的成果，以開創詞論研究的新局面，強化詞論專題研究的完整性。

第一章　文體規範下《花間》的豔情文學觀

—從〈花間集序〉對〈玉臺新詠序〉的超越說起

豔情是中國古典文學內涵或美感中的一個重要概念，並在歷史上形成了相應的文學傳統，在中國詩史上有著獨特的地位。其存在或隱或顯，袒露人性，發掘人情，影響深遠，其文化闡釋與精神內涵應被關注。豔情，簡單來說，是一種男女傾慕歡愛之情，但這只是表層的意涵，往內探索，它更多地體現出一種審美的人生態度與特定時空下的一種生存方式，是個體在現實的殘缺中所尋找的一種內在的救贖、彌補的方式。豔情文學模式是中國文學傳統中潛滋暗長的一支，它不代表主流文學，在文學的發展史中也有其局限和不足取的一面，但作為展現個體生存與內心情意美感的一種表現方式，它以體式置換與變形的面貌，在文學的傳統中從未中斷過，由宮體到豔情，從閨怨「詩」到寄託寫心的「詞」，從南朝、中晚唐五代、明末清初，形成了一條不斷衍變的線索。值得注意的是，中國文學史上出現過兩部豔情文學的選本，一是南朝宮體詩《玉臺新詠》，一是五代的豔情詞《花間集》，被正統觀念批評是反社會現實的逆流，二者因題材和風格的相近，被視為具有承傳的關係。然而一則為詩歌總集，一則為詞作總集；一以宮體為主，一以豔情為本，相近的題材透過不同的文學載體呈現，形成了不同的接受效應與文學史定位。

《玉臺新詠》向來被看作淫亂、奢靡的代表，批評之聲不絕於耳；《花間集》在詞學批評史上最終成為第一部文人詞作的總集，奠定了千古詞之本色正宗的地位。同以豔情與女性作為編選的題材，何以兩者有如此巨大的差別待遇？這是文學史值得思考的現象，卻鮮少受到關注。

其次，學界對於中國古代文論研究，大多關注於單純的「顯性」文本如詩話與文論，少能關注「選本」型態中「隱性」的文學觀，選本批評中的文論研究顯得較為不足。事實上，選本可以挖掘的潛能大，古人在篩選作品、分類、評點和抄錄的過程中向我們揭示了他們對待作品的審美標準，為我們理解古代文學觀點打開了通道，如能對其進行系統的梳理，勢必能對文學史重要主題的研究起到強化的作用。《玉臺新詠》和《花間集》都是屬於選本，選本是一種文本概念，作為被選定的文本的集合，它是在特定時代中由相關的編選人立足於一定的文學觀念而對眾多文本進行篩選、整理與排列。在文學史上，許多文本及其作者皆依賴選本而得以傳世，正是這些選本及其相關活動，才使特定文本不至於流失在時間的長河中。

《玉臺新詠》和《花間集》在文學史上的獨特地位便是以女性與愛情為選編大要，它進一步喚醒了被壓抑了數千年的女性意識找到表現的出口。雖然「選本」在《四庫全書總目》中被歸在「總集」中，但其與全編類的總集不同，實具有編選者的主體意識與個人的審美標準，編選者在選擇的過程中無形也會受到時代思潮、文治政策的影響，透過選本向讀者傳達他的批評標準，形成所謂的「選本批評」，正如方孝岳所言：

> 凡是輯錄詩文的總集，都應該歸在批評學之內，選錄詩文的人，都各人顯出一種鑑別去取的眼光。這正是具體的批評之表現。[1]

《玉臺新詠》和《花間集》是「輯錄詩文的總集」，但選編者的主體意識

1 方孝岳：《中國文學批評：導言》（北京：三聯書店，1986 年），頁 1。

使得總集並非全面性的收羅，而是展現「寓評於選」、「選中兼評」，形成所謂的「選本批評」。選本不是一個單純的文本概念，選本有其繁雜的形態，雖然其基於文本，但包含著更為多樣的質素，如時代、政治、文化思潮、主體意識。豔情文學之所以發生的根源、動力因、目的因、構成因、本質因為何？這些問題都可以透過選本的序文與選文得到詮釋。

選本批評呈現的方式大致有三：一是選本的序跋、選文，以及選本中的評點。選文是通過選者的審美標準來實現自己的文學批評，選家在序跋中明確提出的理論觀點在選文實踐中得到印證，選本便是「理論」與「實踐」的結合。選本的文學價值便在於它是文學觀念的外在表現與載體，再加上選本具有流播性，也會影響到讀者對選本中作家作品的接受，讀者對選家和選本本身的接受，後世對前代選本的接受，也會形成相似傳統之間的接受與影響效應。正由於選本具有多重形態與複雜性，所以其作為一種批評在理論上也比詩話或文論更為多元與複雜，所透露的訊息也更多。編選者的文學觀點需要一個載體，序跋文無疑符合其需要。編輯容易，有識為難，文學之「史」與編撰者之「識」的結合，都呈現在序跋的訊息中，所以，選本中的序跋文之精神可謂「識」、「用」並具，「知」、「行」合一。序文具有靈活性，書寫範圍能廣能狹，既有對文學創作與發展規律的整體闡釋，又有對某一種文學現象的具體解析；既有對過去文學活動的梳理與反思，又有對當下文學活動的評論介紹，並能在已有的文學史基礎上提出新的觀點。魏晉南北朝時期，中國文學進入自覺階段，對文學本身規律的認識相應地加深，產生豐富的文學理論，其中一部分理論即孕育於當時的序文之中，序文往往表達了相關書寫者對文學活動的認識及其規律的總結，它為古代文論的保存與闡釋提供了一個重要途徑。序文必要揭示選集形成的經過與背景，《玉臺新詠》和《花間集》兩本選集的序文對於選文緣起、選輯策略都有交代，涵蓋了非常豐富的文學理念與批評訊息，但因二篇皆用駢文寫成，讀者容易被駢辭儷彩的句式炫惑而忽視了其中透露的文學觀，學界對二序所揭示的文學觀論述極有限。此外，二者之間的關係，如《玉臺新詠》對《花間集》的影響，《花間集》對《玉臺新詠》的接受，這是詩史上具有重要意義的命題，它展現了豔情題材從「詩」到「詞」的體式變遷，但就目前學界研究現況來看，或針對《花間集》、或針對《玉臺新詠》各自的研究較多，但對於兩者之間的關聯性研究篇數極少[2]。

由是之故，本文擬從二書之間的關係入手，然限於篇幅，無法全面探究二書整體的比較與關係，只能就二書的序文來做觀察，從序文中的編輯旨趣出發，探討豔情文學的創作觀與正統文學觀有何差異，再見彼此之間承傳的發展線索，輔之以目錄中呈現的編選體例觀測之。雖然《花間集》、《玉臺新詠》二書所收錄的作品其實不限豔情，如《玉臺新詠》包含眾體，有樂府民歌、宮體、選體等，但仍以宮體為主。《花間集》中亦有詠史、懷古、隱逸、邊塞、節序、閒適等作，但仍以吟詠女性、描寫閨情為主。而且二者真正的承傳關係只在豔情之作和對女性外在形貌與內心的刻繪。由於本章所能承載的容量有限，主標題「文體規範下的豔情文學觀」已設定了討論範圍，只以宮體和豔情之作為探究重心，其餘非豔情題材者則不在論述範圍。全章探討《玉臺新詠》、《花間集》輯書在審美觀點、時代背景、地域文化、文學社群、創作功能、文體意識、語言風格等各方面的轉折與偏重，以見二者在同中有異、繼承中有變化的現象，由此考察《花間集》對《玉臺新詠》的接受與拓展，以及宮體

---

2 目前關於《玉臺》與《花間》之間的關係，約有以下數篇：褚媛：〈從《花間集序》看花間詞之于六朝詩的理論認同〉，《新余高專學報》第 3 卷第 2 期，1998 年 6 月，頁 7-10。楊培森：〈《花間集序》與《玉臺新詠序》比較談〉，《中文自學指導》，1998 年 2 月，頁 47-49。孫廣華：〈《花間集》與《玉臺新詠》〉，《文教資料》，2004 年第 1 期，頁 38-42。鄭曉明：〈吟詠情性與世俗娛樂──論花間詞對宮體詩文功用的承襲〉，《安徽商貿職業技術學院學報》，2011 年第 3 期，第 10 卷，總第 39 期，頁 59-61。

詩對豔情詞的影響。一方面以了解文學群體、流派與總集之間的關係，以及「宮體詩」與「豔情詞」文體演變的意義，並為二者做出公允的文學史定位。

第一節　作品構成論：以豔情、女性、情采之「變」實現對正統文學的悖逆

正變觀是中國古代文學的基本批評觀念之一，「正」與「變」乃相對而立，互相以對方為對照而存在。「變」的解釋有兩種性：一是從歷時性的角度來說，乃指詩體的發展變化；一是從共時性角度來說，是詩有變體。於是「正變」有二義：一是反映「美」與「刺」不同面相的兩種詩歌類型。二是從繼承與發展的角度來看詩體有古與今、傳統與新變的差異。兩種用法，是我們必須區別的，然而，強調區別，並不能全然否定二者之間可能的相互依存與聯繫。如果我們以時間先後發展的角度看，產生於前的是「正體」，產生於後的是「變體」。「變」是事物能夠延續下去的原因，文學也應該不斷變化，以前的詩不一定勝過後代的詩，所以「正變」的觀念本應只具有「描述現象義」而不具「評價優劣義」。所謂「描述現象義」，係指以「正變」來指稱二種相對而立的情感類型或風格類型，此時的「正變」不必然帶有評價高下的優劣之義。然而在歷代文士的操作下，或者說是為了達到宣揚某種文學主張或強調某種創作偏嗜時，「正變」往往也具有「評價義」，此時，「正」便具有理想的正面義，「變」便含有欠缺的反面義。至於何者可以為「正」，何者必須為「變」，則可由立說者基於自身所面對的存在問題或目的性、傾向性，去對「正」的內容進行「主觀」的規創。

所謂的「作品構成論」，即指作品的構成方式與藝術規律。一切事物皆有其內容與形式，文學亦然。內容是構成事物內在諸要素的總合，是一事物不同於其他事物的內在特殊性質。形式是指事物內容諸要素的組織結構和表現形態，它是事物存在的具體方式。文學作品必然是完整的有機體，是精美的藝術形式和豐富深刻的人生內容的有機統一。形式和內容是相生而立，相因而成。形式與內容二者皆不能獨立地呈示自己完整的生命。本節主要討論《玉臺》與《花間》序文中所透露出豔情文學的構成要素，分別從主題意識與表現形式二方面討論之，透過這兩個視角以見豔情詩作之於正統言志載道詩形成一大變格。豔情也是由作家對世界的獨特理解和體驗形成特定的形式和意味的問題。

壹、主題意識：不合儒家禮教的男女情愛與對女性形貌的吟詠

描寫男女傾慕歡愛之情，雖然自《詩經》已有之，秦漢的辭賦和詩文中也不乏對情愛的描寫，但都不能目為豔情文學，只有到了南朝《玉臺新詠》以「撰錄豔歌」為旨，意在提倡一種新型的詩風，標準明確，意旨清晰，才成為中國最早的一部豔情詩的總集。後《花間》承繼《玉臺》，成為文學史上第二部豔情之作。豔情並不等同於愛情，有其特定的歷史內涵，是指違背封建禮教的男女情愛，同時在語言與詞彙應具有豔麗的色彩。以下分三點說明：

一、「無忝於雅頌，亦靡濫於風人」：〈玉臺新詠序〉之「選錄豔歌，以大其體」

《玉臺新詠》是徐陵在梁中葉時選編的一部以豔情為主的詩歌總集。有人懷疑此書非徐陵所編，而出於稍後之人，但此說尚不足以成定

論。[3]關於《玉臺新詠》的編纂，唐・劉肅《大唐新語》卷三〈公直篇〉中有說明：

> 梁簡文為太子時，好作艷詩，境內化之，漫以成俗，謂之「宮體」。晚年欲改作，追之不及，乃令徐陵撰《玉臺新詠》十卷，以大其體。[4]

由此可知，《玉臺新詠》為梁簡文帝授意徐陵編撰，並非一時興起的個人行為，二是編輯的目的乃為宮體豔詩而張目，以實現「以大其體」的目的。「以大其體」意謂拓展選錄的範圍，不限於當代，而是由古及今，收錄兩漢至梁朝詩歌共769篇，把《玉臺》置入前代的抒情詩的脈絡中以確立其歷史地位。《玉臺新詠》在取材上，以「選錄豔歌」爲宗旨（《玉臺新詠序》），主要收豔情閨怨之作，範圍較狹窄，但其中也收錄了不少感情真摯並具有現實意義的詩篇，如漢樂府〈上山採蘼蕪〉、〈陌上桑〉、〈爲焦仲卿妻作〉等表現真摯愛情和婦女的痛苦之作。從正變的角度來看，〈玉臺新詠序〉與儒家主導下的傳統的詩學觀是一種「新變」。此外，《玉臺新詠序》的寫作方式也耳目一新，與眾不同，它一開始沒有立刻如實交代《玉臺》編撰的緣起，也不直接闡發其文學觀，而是透過虛擬的方式，走筆幻化為一位深居宮中麗人的口吻來敘述後宮生活的奢華、麗人們的美好體貌與精妙的歌舞：

> 夫凌雲概日，由余之所未窺；千門萬戶，張衡之所曾賦。周王壁臺之上，漢帝金屋之中，玉樹以珊瑚作枝，珠簾以玳瑁爲匣，其中有麗人焉。其人也，五陵豪族，充選掖庭；四姓良家，馳名永巷。亦有穎川、新市、河間、觀津，本號嬌娥，曾名巧笑。楚王

---

3 據章培恒〈《玉臺新詠》的編者與梁陳文學思想的實際〉（《復旦學報》，2007年第2期，頁16-20）考證，否定了《玉臺新詠》為徐陵所編，亦否定《玉臺新詠序》為徐陵所撰。

4 清・永瑢等編：《四庫全書總目提要》（上海：商務印書館，1933年），頁 4123。

> 宮裏，無不推其細腰；衛國佳人，俱言訝其纖手。閱詩敦禮，豈東鄰之自媒；婉約風流，異西施之被教。弟兄協律，生小學歌；少長河陽，由來能舞。琵琶新曲，無待石崇；箜篌雜引，非關曹植。傳鼓瑟於楊家，得吹簫於秦女。至若寵聞長樂，陳后知而不平；畫出天仙，閼氏覽而遙妒。至若東鄰巧笑，來侍寢於更衣；西子微顰，得橫陳於甲帳。陪遊馺娑，騁纖腰於結風；長樂鴛鴦，奏新聲於度曲。妝鳴蟬之薄鬢，照墮馬之垂鬟。反插金鈿，橫抽寶樹。南都石黛，最發雙蛾；北地燕脂，偏開兩靨。亦有嶺上仙童，分丸魏帝；腰中寶風，授歷軒轅。金星將婺女爭華，麝月與嫦娥競爽。驚鸞冶袖，時飄韓掾之香；飛燕長裾，宜結陳王之珮。雖非圖畫，入甘泉而不分；言異神仙，戲陽臺而無別。真可謂傾國傾城，無對無雙者也。加以天時開朗，逸思雕華，妙解文章，尤工詩賦。琉璃硯匣，終日隨身；翡翠筆牀，無時離手。清文滿篋，非惟芍藥之花；新制連篇，寧止蒲萄之樹。九日登高，時有緣情之作；萬年公主，非無累德之辭。其佳麗也如彼，其才情也如此。[5]

作者以極富香豔氣的詞藻來描寫麗人的一切，序一開始便由遠及近，鋪排出由天象、建築、裝飾而宮妃的脈絡。「其人也：五陵豪族，充選掖庭；四姓良家，馳名永巷」，這位麗人是貴族名門出身，不但具絕世美豔，而且富清麗纏綿的詩賦才情，「弟兄協律，生小學歌；少長河陽，由來能舞」，能歌能舞，從她身上可以看到豪門麗人兼俱歌伎藝人的姿彩。接著連類鋪排了一連串的歷史上知名的女性形象，東鄰女子、西施、弄玉、陳阿嬌、匈奴閼氏、嫦娥、趙飛燕，藉以正襯這位才貌兼備的宮妃比歷史上的名女人更勝一籌。「南都石黛，最發雙蛾；北地燕脂，偏開

---

5 南朝・徐陵編，傅承洲、慈山等注：《玉臺新詠》（北京：華夏出版社，1998 年 1 月），頁 1。

兩鬢」，寫其容顏裝扮之美，「金星將婺女爭華，麝月與嫦娥競爽」，指女子面部如星似月般的妝飾。文中對宮妃才情、品行和美貌的極盡描寫，寫其「傾國傾城，無對無雙」人間少有的美麗，藉以鋪陳下文「清文滿篋」、「新製連篇」、「緣情之作」、「累德之辭」的選錄標準。僅從這段文字即可看到，在宮體詩的視野中沒有什麼兩性文化的禁忌，一切關於閨闈愛欲之狀皆可以在寫作之列，描寫的內容是「東鄰巧笑」、「西子微顰」的女性形象之美，以及「陪遊馺娑，騁纖腰於結風；長樂鴛鴦，奏新聲於度曲。妝鳴蟬之薄鬢，照墮馬之垂鬟」的遊宴之樂、「驚鸞冶袖，時飄韓掾之香；飛燕長裾，宜結陳王之珮」的男女歡愛之情。這裡沒有抒發自我實現社會責任的期望，這種演變並不符合詩歌自身的發展邏輯，而是受到社會風氣興起的反動，所以宮體詩本質是一種新變的詩體，其主要吟詠上層社會的文人、包括帝主貴冑的生活感悟，特別是對女性美的感悟，作為那段歷史流傳下來的一部詩歌總集與綱領性的文字，已經展現了那個時代勇於開拓新變的精神。其次，宮體詩所聚焦的女性類型，並非倫常社會中所要求的賢妻良母、淑女閨秀，而是才貌雙全的麗人，其美便一種「豔美」，這樣的美女，一般都是能歌善舞的樂伎，能滿足男性群體對女性的隱秘欲念。

> 於是燃指暝寫，弄筆晨書，撰錄豔歌，凡爲十卷。曾無忝於雅頌，亦靡濫於風人，涇渭之間，若斯而已。

「於是燃指暝寫，弄筆晨書」，《玉臺新詠》成書乃出自一雙美麗的素手，每日早晚抄寫編輯，「撰錄豔歌，凡爲十卷」，已明言這本書以專錄豔歌為特徵。序中反覆強調「新制連篇，寧止蒲萄之樹」、「琵琶新曲，無待石崇」、「長樂鴛鴦，奏新聲於度曲」、「無怡神於暇景，惟屬意於新詩」，新制、新曲、新聲、新詩，連而言之，反映了一種求新主變的審美觀。但徐陵對宮體略有矛盾的心理，一方面強調其新變，一方面又想為宮體爭取回歸傳統的地位，以大其體。後文說他對豔歌的取捨標準：「曾無忝於雅頌，亦靡濫於風人」[6]，說自己雖然收錄豔歌，亦不失溫柔敦厚之旨，但已不把道德倫理視為詩歌的唯一衡量標準。豔情題材，是為廣大的宮廷婦女娛情解悶而選，與封建禮教相違，但亦歸屬於中國的抒情傳統之列。其中的「風人」指當時流行的民間歌謠，意思是所選的豔歌較之里巷歌謠之作更為浮濫普及，這是豔詩的自我宣示，已背離了傳統的詩教觀，強調吟詠性情的詩歌本質，但因為時代和詩人自身思想的局限，使得詩歌的表現範圍狹窄，其「緣情」的範圍只限於男歡女愛的豔情。

因宮體代表的輕豔風格流行既成事實，如何讓這樣的「新體」回歸傳統，就變成徐陵為宮體的文學史地位翻案的重要關鍵。選錄豔歌本無意序列雅頌之體，豔詩無須高攀雅頌，雖非典雅淵深之作，但亦較之風人之致更為流行。在這裡流露出對豔詩別開生面、獨樹一格的肯定。《玉臺新詠》成為繼《詩經》、《楚辭》之後中國第三部詩歌總集；也是繼《昭明文選》以後第二本文人作品總集，使這本著作在文學史上留有重要的地位，但它與各種體制兼選的《昭明文選》不同在於只選詩作，而且是只選錄與女性相關的詩作。其次，《昭明文選》比較偏向對於前代作家作品的總結，而《玉臺新詠》選詩最大的特點是比較偏於當今齊梁時期之作，雖前三卷有漢魏作家作品，但卻明顯地表現出重今輕古的傾向，其重點在於「新制」、「新曲」、「新聲」、「新詩」，要樹立一種新文風，其最突出的表現便在於對豔情的大力張揚，圍繞著一個預定的主題——選錄的標準是題材的本身是否與女性有關。這等於公開承認其對豔情之作的喜愛是超過其他類型的詩篇，不但是對豔情幾乎全面肯定，也且包含著對女性的高度讚美，所以，《玉臺新詠》的出現，意味著一種有利於梁代的文學思想、文學批評和審美標準，反映了齊梁文學思想的變異，也

6 南宋・朱熹：《詩集傳・序》：「凡詩之所謂風者。多出於里巷歌謠之作。所謂男女相與詠歌。各言其情者也。」（上海：上海古籍出版社，1980 年，頁 1）

是女性文學觀與男性文學觀地位的變化。

二、「唱雲謠則金母詞清，挹霞醴則穆王心醉」：《花間集序》以「春豔爭鮮」為宗

自從「詞」在晚唐開始發展以來，因其陰柔而婉約的抒情特性，使詞體受到歡迎，一直都被文人當作寄託私人感情、書寫心中幽微情懷的載體。《花間集》集成於五代，由後蜀趙崇祚所編，被封為詞的鼻祖，受到推崇至今。歐陽炯雖然不是具體輯錄者，但正如〈花間集序〉所云：「以炯粗預知音，辱請命題，仍為敘引。」[7]歐陽炯被趙崇祚視為文學的知音，可推想他應該對趙崇祚輯錄觀念理解且認同，歐陽炯〈花間集序〉云：

> 鏤玉雕瓊，擬化工而迥巧；裁花剪葉，奪春艷以爭鮮。是以唱雲謠則金母詞清，挹霞醴則穆王心醉。

借用西王母對周穆王傾心的典故表達天上人間所有女子的相思之情與對愛情的嚮往，反映出豔情與享樂互相依存的主流風尚與文化背景。說明《花間》派詞作以男歡女愛為主，詞藻華麗，鋪錦列繡，隱約其辭，負風無力，風骨不飛。序云：

> 則有綺筵公子，繡幌佳人，遞葉葉之花箋，文抽麗錦；舉纖纖之玉指，拍按香檀，不無清絕之辭，用助嬌饒之態。

晚唐五代是一個「率土之濱，家家之香徑春風，寧尋越艷；處處之紅樓夜月」的遊宴繁盛的局面，如此一來，詞便以侑酒助興佐歡為主要功能。趙崇祚編輯此集，是供「繡幌佳人」們在酒筵歌席上演唱之用，而詞人之所以要作詞，也無非是用其「清絕之辭」來增添歌妓唱歌的「嬌

---

7 歐陽炯〈花間集敘〉，見趙崇祚編、蕭繼宗評點校注：《花間集》（台北：臺灣學生書局 1996 年 8 月），頁 1。後文若引同一則文獻，皆同於此，不再一一交代出處。

嬈之態」。

綜合上述，可見《花間集》與《玉臺新詠》的創作題材皆為豔情綺思，不乏男歡女愛、傷春悲秋、離別相思、吟風弄月，兩者間屢屢共同，必有傳承。《玉臺新詠》與《花間集》對女性生活境遇的想像，對女性情感的認同，在中國文學史上是第一次以女性形象作為描寫的主體，大部分是針對女性的外貌、情感、命運等三方面進行抒發，我們可以看到女性的妝容、服飾、生活、情感等方面。其次，我們也可以看到《玉臺新詠》和《花間集》的序文與選文都和以往文集不同，以色澤鮮豔的辭藻和極富想像力的筆觸，真實地再現了六朝與晚唐五代的女子美麗的身姿與內心的豐富情感。在當時的社會背景中，女性形象與女性內心世界在文學創作領域中的話語權是少的，甚至沒有話語權。「男女有別、男尊女卑」的傳統，使得中國封建時代的女性，在兩千多年的歷史進程，始終處於男性之附庸地位。《玉臺新詠》和《花間集》將關注的焦點聚集在封建社會中一直處於弱勢的女性，關注女性內心世界，揭啟了柔性的、纖細的、女性的、香豔型的美感的一頁新篇幅，人性覺醒、愛情意識得到了盡情表現的領空，極大的改變了詩歌的表現內容，並為後人拓寬了一條詩歌的新道路。

貳、形式：「以文披情」的情采訴求與高度藝術化

從文學創作的角度來說，豔情乃直抒情欲或性情，這種的創作模式或許與華麗雕琢的「形式主義」有所衝突，但從《玉臺》、《花間》二序的主張來看，顯然認為言辭的雕琢之於豔情的內涵是絕對必要的，正如《文心雕龍・明詩》：「情必極貌以寫物，辭必窮力而追新」，傾注感情和用詞造句盡力創新，二者必須相輔相成，那麼透過堆砌與描摹所呈現的就是本質的「情」。簡言之，「豔」，在語言的特徵上便是文辭的華麗。對宮體詩作來說，文辭的藻飾並不妨礙性情的吟詠，反之，唯有在它透過

藻飾雕琢的表現時，真實的人性與情感的潛流才能汩汩流出。甚至可以說，沒有文彩之美，就沒有豔情之作。對女性美的渲染，最突出地表現在語言的豔麗性鋪排上，豔麗的詞藻可以更好的表達人們對「美」的感受、對「真」的追求，《玉臺》、《花間》二序對豔情文學與華麗語言之間互為「體」、「用」是深有認識的。兩序在文藝美學特徵上的共識是極力推崇文藝的形式美，流露出唯美的傾向。

一般而言，作品集卷首的序僅為提綱挈領之用，對於整個文集作一拋磚引玉，但〈玉臺新詠序〉本身就具有獨特的藝術魅力。全文就是一篇美不勝收的宮體文學，在文學的歷史畫卷中瀰漫著飄散不盡的香豔芬芳，成為千古不朽的駢文傑作。透過駢儷多彩的形式、富含音樂美、典雅美、和諧美，情文兼備而又賞心悅目，或評，或傳，或詠，或嘆，爲後人佈下奇異的揣測空間，兼具審美效用與工具效用。陳玲〈《玉臺新詠序》與徐陵「新變」審美理念〉認為這篇序文是徐陵基於「藝術家本能需求」特意而成：

> 通篇對偶，辭藻華麗，使用大量的典故，虛擬了一位美麗非凡、風流婉約、多才多藝、工詩善文並深受皇帝寵愛的美麗女性形象，通過她以第三人稱的角度敘述了編撰這本詩集的過程，這與以往以第一人稱作序有著明顯區別。同時，他將自己的文學主張淹沒於繁縟的辭彩與紛繞的故實當中，使自己的文學主張隱淡不彰，呈現出華麗、富豔的文風。使人乍看不像是在看詩集的序言，而像是在欣賞詩歌本身。[8]

〈玉臺新詠序〉讓我們見證到，序文亦可以顯文彩生音樂，序文亦可幻化為一位隨著醉人的音樂翩翩起舞的香豔美女。在審美的追求上，它是用物色的眼光把女性的豔美放在關注的中心位置。這樣豔美華麗的鋪張

8 陳玲：〈《玉臺新詠序》與徐陵「新變」審美理念〉，《西安電子科技大學學報》（社會科學版），2011 年 3 月，第 21 卷第 2 期，頁 80－84。

式描寫，與古樸的《詩經》裡的情歌相比較，有極大差異，有如金碧輝煌的宮殿所映照出的美色姿采，是尋常百姓人家所不能及的。《玉臺新詠序》的表現方式突破了傳統序文較為注重工具實用性而輕文彩，它注重高度藝術性，如霧花幽影般令人難以確解，卻不予人乏味和厭嫌之感，恰好相反，文中那隱蓄的情思和朦朧的意旨，給讀者留下了廣闊的遐想和探索的空間。

> 夫凌雲概日，由余之所未窺；千門萬戶，張衡之所曾賦。周王璧臺之上，漢帝金屋之中，玉樹以珊瑚爲枝，珠簾以玳瑁爲匣。其中有麗人焉。其人也：五陵豪族，充選掖庭；四姓良家，馳名永巷。亦有穎川新市、河間、觀津，本號嬌娥，曾名巧笑。楚王宮裏，無不推其細腰；衛國佳人，俱言訝其纖手。閱詩敦禮，豈東鄰之自媒；婉約風流，異西施之被教。弟兄協律，生小學歌；少長河陽，由來能舞。琵琶新曲，無待石崇；箜篌雜引，非關曹植。傳鼓瑟於楊家，得吹簫於秦女。

序文以女性的服飾美、形態美為中心，兼及自然環境美、宮室器具美，充溢著濃麗香豔之氣且飽含著雍容富貴之態。那位麗人具有超凡的才情與文學修養，對於作品的藝術要求也非常高：

> 加以天時開朗，逸思雕華，妙解文章，尤工詩賦。琉璃硯匣，終日隨身；翡翠筆牀，無時離手。清文滿篋，非惟芍藥之花；新制連篇，寧止蒲萄之樹。九日登高，時有緣情之作；萬年公主，非無累德之辭。其佳麗也如彼，其才情也如此。

其中的「逸思雕華」、「璃硯匣，終日隨身；翡翠筆牀，無時離手」、「清文滿篋」、「新制連篇」這些都是強調麗人具有極高的創作才華，同時對藝術美和技巧極為講求。〈玉臺新詠序〉對吟詠性情與追求形式的婉麗美看作是一體，憑藉著女性化想像刻畫美麗的詩歌世界。既然以女性的題材為主，刻畫女性美妙意象，在創作中就有了統一的修辭機制。這種對藝術形式美的追求傾向在沉寂多年後才在〈花間集序〉中得到回響：

> 鏤玉雕瓊，擬化工而迴巧；裁花剪葉，奪春艷以爭鮮。

前二句在說明雕刻以成巧，後二句強調要修飾以逼真，強調藝術技巧與辭藻的重要，說明創作要精心描摹，細心潤飾，以力求提高藝術表現力為宗旨，明確主張對形式的刻意雕琢、經營，肯定詞鏤雕裁剪的重要性，這與〈玉臺新詠序〉可謂如出一轍。這種對語言的認識是從實踐中認知的，是與作家深入生活的深度相關的，語言的問題是一種文學的身份問題，對豔情文學而言已成為必要條件：

> 〈楊柳〉、〈大堤〉之句，樂府相傳；〈芙蓉〉、〈曲渚〉之篇，豪家自製。莫不爭高門下，三千玳瑁之簪；競富罇前，數十珊瑚之樹。則有綺筵公子，繡幌佳人，遞葉葉之花箋，文抽麗錦；舉纖纖之玉指，拍按香檀，不無清絕之辭，用助嬌饒之態。

在中國政教文化傳統中，純粹文藝性的審美與文學道統是分離的，中國文論對於過分追求形式美是採批判態度的，楊雄《法言‧吾子》體認到「麗以淫」對政教內涵具有破壞性而云：「詩人之賦麗以則，辭人之賦麗以淫」，[9]所謂「麗以淫」就是對鋪張太過造成穠麗而虛浮的批評，要求必須「以則」，「則」就是法度分寸，必須具有清麗合節的雅正之美。豔情之作從創作理念到內容都遠離道統。從文化根源來看，抒情審美、情采飛揚本是文學的內涵之一，對文飾之美的追求也是文化的傳統。六朝文論已確立了文章寫作中文采追求的合理性與必要性，在這樣的文學觀念下，美文的文學追求日趨技藝化、精英化、娛樂化，文學的文飾之美一經被發現便再也不能被抹煞。《玉臺新詠》與《花間集》已為豔情文學之美文樹立了一種不同於中庸之美的文學形態和文論理念，在文采斐

9 黃霖編輯：《中國歷代文論選》（先秦至唐五代卷）（上海：上海教育出版社，2007年），頁74。

然與情感深摯中觸模到文學獨立自主之價值，既成為審美文學之林中不可忽視的獨特，也為政教之文的主流之奏出一曲變調，極大地豐富了中國文學的審美實踐和文論思想。

宮體詩與豔情詞的出現，已經標誌了女性之美在男性意識中得到一席之地，二書創造了女性美學的詩意展示而扭轉了詩教文化，肯定了女性和現實生活的關係，他們為女性獻上了歌詠讚美之辭章，也展現了「以欲為美」食色人性為審美的新型範式和寫作理念。[10]情欲透過美文表現，這種新的審美範式中的「美」，不單純是一種情欲滿足的策略，它也成為一種新的文化系統，一種文人的趣味，一種詩情畫意的和諧形式，從此，儒家「以理節情」的美學規範被「以文披情」、「以欲為美」的豔情美學範式所置換。

第二節　作品生成背景論：
時間、空間與文學社群的選擇

文學作為一種人類的精神活動，始終都要以廣闊的社會生活為舞臺，它總要直接或間接地與各種各樣的文學思潮與歷史背景發生聯繫，文學始終是在審美與非審美、純粹與不純粹的張力下運作和存活的。同樣，宮體詩和豔情詞的發展和變化、生命與活力，都源於文學活動和現實世界的廣闊聯繫。文學史上每出現一個比較有影響的文學社群或流派，總是有其產生的社會原因，有其發展的內部規律，有其存在的合理因素，它是歷史結構所準備的必然現象。本節擬從歷史成因、空間地域、作家社群三方面探討豔情文學形成的外緣背景。

---

10 可以參考儀平策，〈宮體詩審美意義的文化解釋〉，《求是學刊》，2003 年 9 月，第 30 卷第 5 期，頁 95-100。

壹、時間論域下豔情文學之生成：衰世亂局

一個時代的文學是一個時代現況的反映，然而這種對應關係有時並非照鏡式的，某些情況，在某些作家的手中，它卻是以反相的方式呈現。在動蕩不安的衰世，既可以產生反映時代本質的偉大現實主義的作品，也可以產生逃避現實，追求自我安逸的作品。例如盛唐由盛及衰出現了杜甫這樣反映現實的偉大作家。然而齊梁之時，外族入侵，卻輕吟著綺靡的宮體，遊戲人間；五代十國的衰世，卻誕生豔情詞，逃避現實、耽溺小我世界。這種反常的文學異象，並非來自詩歌傳統的承襲，正是歷史的種種機緣所鑄成的因果。《玉臺新詠》編輯時代的南朝，與《花間集》成書之五代十國，兩者的共通點即是戰亂頻仍、動盪不安，在這樣衰亂時代中，卻開出了一朵豔麗浮靡的文學花朵──豔情之作。一方面是文人心理、人文精神所決定，一方面也是人們所處的境況所造就的。創作活動是人們對世界的一種特殊的掌握方式，人文精神是一代文學的出發點。那麼南朝與五代的作家們立足在怎麼樣的人文精神狀態上呢？我們可以從〈花間集序〉看出：

> **自南朝之宮體，扇北里之娼風。何止言之不文，所謂秀而不實。有唐已降，率土之濱，家家之香徑春風，寧尋越艷；處處之紅樓夜月，自鎖嫦娥。**

中國歷史每到一個朝代之末，便有頹廢之情與及時行樂之想。在這裡所謂的「有唐已降」云云，不過是堂而皇之的託辭，特意渲染誇大為一種富貴尋歡享樂的昇平世界，「家家」、「處處」的「香徑春風」與「寧尋越艷」，只不過是為這種消極的人生尋樂找到一個合理存在的依據。富國強兵對他們而言已是奢想，他們所能要求的僅是保持現狀，求得個人生活的享受，終日在征歌逐舞中度日而已。在奢華淫靡的生活中隱隱閃爍著不知明朝為何的悲哀，在及時行樂中忘卻殘酷殺戮的現實，在醇酒

美人歌舞輕約中更使他們情願忘記一切。南朝君臣、花間詞人，皆以「人生苦短，及時行樂」的笙歌美酒佳人之歡來麻木自己，差別只在於《玉臺》詩人們蜷縮在自己的天地、也就是宮殿之中，玩賞雕欄玉砌與後宮佳麗；而《花間》詞人們則藉由夜夜笙歌，藉著酒筵歌席的互相唱和來舒緩壓力，他們始終沒有能從缺乏生氣的消沉中掙脫出來。他們不再「為君、為民」、不再為「修身、齊家、治國、平天下」、不再為「禮教、道德、情操」等外在目標而活著，只為個體感性生命的滿足而活著。當人們為了充實享樂或縱情的目標而活著的時候，便從欲望中獲得實實在在的生命感覺，對豔情聲色的關注或把玩也就成為必然的創作題材了。《玉臺》與《花間》兩者的時代背景的相類，都因處於衰世亂局，在這樣的世局下，連帶的影響到創作風格的相似。昇平盛世流行的是和平典重、平淡舒緩的載道之作，我們從《玉臺》與《花間》的內涵與風格考查，豔情文學出現的背景必然是衰世亂局，這是歷史結構所準備的必然現象，有其發展的內部規律與其存在的合理因素。

貳、空間論域下的豔情文學之生成：南方偏安下的香徑紅樓

長久以來，「空間」這個概念大多只是被當作是文學現象產生的背景和舞臺遭到簡單的處理，靜默無語地旁觀著文學的展演。其實空間並非一種先在的虛無，它是生機盎然地通過人類的活動而展現它動態的流程與開放性，空間視角的範圍包括物質空間和精神文化空間。生活的世界是作為一種無限文本而出現的，每種文學有其產生的特殊空間，若要逼近文學的真實，有必要重視空間這一敘述視角，因為任何的歷史都是特定空間的歷史，空間對文學具有獨特的影響，空間賦予文學特定的功能，文學也在特定的空間有了發展性。《玉臺新詠》的創作背景是由梁武帝和太子蕭綱等人偏安於江左，和香徑春風、紅樓夜月的環境所造就

的。到了《花間》詞人偏安的西蜀，繼承六朝宮體之餘緒，代表一種偏安時代浮華文學傳統的延伸。南方文學便具有文而弱、柔靡浮華之習。

《玉臺新詠》選錄的作品標準雖以題材本身是否與女性有關，但北朝的作品即使與女性有關亦不選，如〈木蘭辭〉未被選入，足見南朝文人對於北朝作品並不欣賞。江南特殊的地理環境因素對於文人的影響是不容忽視的，江南的山青水秀、杏花煙雨，讓風流俊賞的文人向外發現了江南的美景，也向內發現了自己的生命。寫作淫豔的宮體詩，也就成為人們享受人生的一部份，江南宮廷詩人寫作綺豔宮體詩這是很自然的事，我們可以說這是當時南方獨特的物質實體和精神文化樣態共同造就的結果，脫離了南方這個特定的空間、特定的情境，我們便無法理解豔情文學。再如《花間》的成書，離不開西蜀社會這樣一個巨大的歡場，趙崇祚受制於生活區域，所選十八家以蜀人居多，使得詞集具有鮮明的地域色彩，所以亦有人把花間詞派名為「西蜀詞派」[11]。中原一帶在後晉、後漢、後周政權交替，各家都在逐鹿中原，無暇顧及川蜀，因此，雖然後蜀政權勢力衰微，但由於暫時沒有外部壓力，正好關起門來自得其樂，西蜀四面天險為自己得到了六十年相對安定的局面，淡化了文人們對亡國的恐懼，大家都活在一場春夢中，沒有覺察眼前歡愉背後的危機。宴安飲狎的生活推波助瀾了《花間》詞的誕生：

---

11 例如楊海明：《唐宋詞史》（高雄：麗文文化出版社，1996 年 2 月）認為花間詞派基本上可以稱作「西蜀詞派」，見頁 129。王輝斌：〈西蜀花間詞派論略〉直接把「花間」與「西蜀」合稱為「西蜀花間詞派」（《伊犁師範學院學報》，2006 年 12 月，第 4 期，頁 71-74）。又如葛鵬：〈論南唐詞與西蜀詞之藝術特色〉有云：「後蜀廣政三年，趙崇祚編《花間集》十卷，收錄唐、五代十八家詞五百首，詞調七十七個，以溫庭筠、韋莊為代表，後世就將這個詞人群體稱為花間體。又因其作者多生於西蜀，或仕於蜀，其詞亦多與蜀地有關，故又可稱為西蜀詞派。可見，西蜀詞派即花間詞派，這個創作群體時間跨度達百年，彼此之間聯繫緊密，與現代意義上的文學流派有很大區別。所以西蜀詞與西蜀詞派不能等同，但大體可以代表它。本文所論西蜀詞，大體上即論花間詞體，以溫庭筠、韋莊為代表。」（《青年文學家》，2014 年 6 月，頁 66）。

> 則有綺筵公子，繡幌佳人，遞葉葉之花箋，文抽麗錦；舉纖纖之玉指，拍按香檀，不無清絕之辭，用助嬌饒之態。

明白指出創作是在綺筵、繡幌的淺斟低唱的環境氣氛中，在這種生活背景和風氣下從事創作，所寫的是供歌筵酒席演唱的側豔之詞，自然是縟采輕豔，綺靡溫馥。特定的地域有其精神文化樣態，它涵蓋地域文化習俗的差異和話語的變化，勢必造成迴異的生存體驗，不同地域的價值觀念、處世態度、生活方式等因素的不同，會造成文化習俗的差異，創作就會形成不同的文學興味。《花間》詞把視野完全轉向裙裾脂粉，花柳風月，寫女性的姿色和生活情狀，特別是她們的內心生活。言情不離傷春怨別，場景無非洞房密室、歌筵酒席、芳園曲徑。與這種情調相適應，在藝術上則是文采繁華，輕柔豔麗，崇尚雕飾，追求婉媚，充溢著脂粉香膩。

不同地域的審美偏嗜，造就了人們對生活世界的言說方式，文學話話的空間特徵因此得以彰顯出獨特性，這樣，文學可以看作是「空間的文學」，空間可以看作是「文學的空間」，它們彼此呈現出一種開放性格局，各自因對方的參與而增益其深。文學史不再單純地只是文學產生發展的歷史，而是空間參與的文學現象全過程的歷史。

文學的詩性參與使得空間的自然屬性日益消退，藝術特徵逐漸加強，使得原本自然的空間日益成為人的意圖的空間，這種人的意圖空間所具有的形式、意象和符號，又豐富著人的文化體驗，催生著新意識與新文學的創造。豔情文學形成於南方偏安江左的空間，不論是宮體詩或豔情詞，都具有鮮明的南方文學色彩，豔情文學與南方地理空間的關係就呈現出你中有我、我中有你的交融互滲。然而宮體詩與豔情詞並不多著墨於江南多水多雨的自然空間，而是紅樓香徑、舞榭歌臺等人造建築空間。空間意象的選取、運用與風格之間存在著一定的關係，它體現了特定心態、特定的情感模式和審美模式。透過《玉臺》與《花間》，我們可見豔情文學有其產生的特殊空間，南方偏安地域的參與，形成了獨特的內涵與功能。任何的歷史都是特定空間的歷史，空間賦予文學特定的風貌與功能，文學的內容在特定的空間得到強化。

參、特定文人社群的參與：貴族文人或統治階級催生豔情

社會是由各種人際關係組成的有機體，創作的風潮也是由文人群體交流而形成。宮體詩在蕭梁、豔情詞在五代蔚成創作的風潮，就不是單一各別作家偶然為之，是文人群體互相影響交流而形成的創作風氣。豔情詩的意義正在於承擔雙重功能，一方面是私人情感交流的媒介，一方面又將這種私密體驗公之於眾。觀賞性是宮體詩的基本特質，文人大多以玩賞態度創作，帶有體物的傾向，風格輕豔，內容香豔、文詞綺靡。蕭梁一代以「文章且須放蕩」[12]為旗號，強化詩之創作吟詠情性。宮體詩的創作是出自於貴族化的文藝沙龍，《玉臺新詠》中的「玉臺」一詞，本是指天帝居住之所，後借指后宮，既為後宮佳麗而輯，則便不乏對後宮環境與生活的描寫：

> 夫凌雲概日，由余之所未窺；千門萬戶，張衡之所曾賦。周王璧臺之上，漢帝金屋之中，玉樹以珊瑚為枝，珠簾以玳瑁為匣。其中有麗人焉。其人也：五陵豪族，充選掖庭；四姓良家，馳名永巷。亦有穎川新市、河間、觀津，本號嬌娥，曾名巧笑。楚王宮裏，無不推其細腰；衛國佳人，俱言訝其纖手。閱詩敦禮，豈東鄰之自媒；婉約風流，異西施之被教。弟兄協律，生小學歌；少長河陽，由來能舞。琵琶新曲，無待石崇；箜篌雜引，非關曹植。傳鼓瑟於楊家，得吹簫於秦女。

在這裡介紹了豔情詩創作的群體與背景，已暗示是形之於後宮與貴

---

12 梁・簡文帝〈誡當陽公大心書〉云：「立身之道，與文章異，立身先須謹重，文章且須放蕩。」見《梁簡文帝》卷十一。

族的生活之中。開篇介紹了抒情主角是後宮的佳麗，其所處之環境：「凌雲」、「概日」、「璧臺」、「金屋」等都是宮殿，運用的典故也多取自歷代帝后的事。這種香豔生活是以宮廷為主。齊梁時代雖然人的自我意識覺醒，但這種覺醒主要集中在上層社會、達官貴族，未廣泛深入到社會各個階層。宮體詩形成於南朝的君臣手中，《玉臺新詠》宮體詩集中刻畫女性容貌姿色，用文字塑造了男性心中的理想女性，透過男性作家的凝視設置了一個被男性化認同的女性生存空間。一種文學主張往往是通過社會主流意識形態來發揮自己的效用，宮體詩代表的往往是統治者的利益，統治者利用手中權力來進行這種意識形態的推展。

到了晚唐五代，都市經濟發達，流寓到西蜀的文人便有相同的創作模式，多以男歡女愛為題材，流連花間，詞藻華麗，設色穠豔，詞風婉媚，形成「花間詞派」。《花間集》是後蜀人趙崇祚編選的第一部文人詞總集，「花間」一詞乃花叢之中，已非限於皇室後宮，意味著這種都人仕女傾城遊玩的生活已經普及於當時的社會之中，〈花間集敘〉所描繪的就較梁簡文帝與其臣子們的宮體更為普遍的富貴人家的生活內容：

> 〈楊柳〉、〈大堤〉之句，樂府相傳；〈芙蓉〉、〈曲渚〉之篇，豪家自製。莫不爭高門下，三千玳瑁之簪；競富罇前，數十珊瑚之樹。則有綺筵公子，繡幌佳人，遞葉葉之花箋，文抽麗錦；舉纖纖之玉指，拍按香檀，不無清絕之辭，用助嬌饒之態。自南朝之宮體，扇北里之娼風。何止言之不文，所謂秀而不實。有唐已降，率土之濱，家家之香徑春風，寧尋越艷；處處之紅樓夜月，自鎖嫦娥。

其中「豪家」、「競富」、「綺筵公子」、「繡幌佳人」，已點出了創作豔情詞的文學社群是貴族文人。「率土之濱，家家之香逕春風」、「處處之紅樓夜月」，表明了這種追求享樂的意識已由宮廷擴展到了民間，由帝王皇族推進及於平民百姓，人的覺醒意識普及於一般平民百生，不再局限於上層社會，更呈現出一種更為普及化的娛賓遣興之樂，褪去了皇室後宮的金碧輝煌。《花間》文人們的創作情境如何，可從《花間集》的編撰過程略知一二，歐陽炯〈花間集序〉末云：

> **今衛尉少卿字弘基，以拾翠洲邊，自得羽毛之異；織綃泉底，獨殊機杼之功。今衛尉少卿字弘基，廣會眾賓，時延佳論。因集近來詩客曲子五百首，分為十卷。庶使西園英哲，用資羽蓋之歡；南國嬋娟，休唱蓮舟之引。**

所謂「拾翠洲邊，自得羽毛之異」是以古代婦女遊春拾取翠鳥羽毛為首飾，比喻趙崇祚所摭選之詞是珍異難得，「織綃泉底，獨殊機杼之功。」用泉底鮫人善織綃的典故，稱美趙崇祚編輯《花間集》的創意非常新巧。而且是用以嚴謹的態度，「廣會眾賓」，不斷召請眾人聽取意見，廣泛徵求諸家的高論，足見這是在文學群體的共同理念下編輯成書。可見《花間集》是受到趙崇祚延攬的文人們，在與其唱和時所使用的詞曲。

西蜀初為王建所建，而王建本人亦善音律、好作艷詩，作〈宮詞〉數首。中原來奔的文人，又多屬唐世舊臣與官宦子弟，興趣與他一拍相合，王建的喜好自然對西蜀文風起到普及之功。至後蜀孟昶咸通音律、善製詞，亦延續了王建所喜好的文風，加上蜀地有高山與水流環阻，地勢封閉，得以偏安，士大夫們也就繼續過著與唐朝未亡時無異的生活，「用資羽蓋之歡」、「休唱蓮舟之引」，日日笙歌，既然花間詞作為筵席所用，題材自然不能太過沉重，又交由歌女所唱，故題材多以戀愛為主。

綜合本節所論，我們可以理解到：「知人、論世、審地」的經緯結構對探討文學之生成是非常重要的三面向。知人，即探究作品和作者的關係。論世，即探究作品和時代的關係。《玉臺》詩人與《花間》詞人的作品被編選成集，均與他們的文風相近、題材相似有關，然而文風相近，是二者處於相似的時代與類同的環境之中，從二書的序文可見，豔情選本之文學群體、時代特徵、地域文化對作品的影響。平凡無富貴體驗者作不出《玉臺》體詩，《玉臺》體詩人們沒有確切的感情戀愛經驗，亦作不出像《花間》詞人韋莊那樣感人肺腑的作品。是時代催生了豔情文學，正是南方政治的混亂，士人消沉放蕩的生活影響了他們的文學情趣。地理環境的催化，文學觀念中「情」因素的擴大，統治者提倡獎勵，決定了文學創作的傾向性。在這種種歷史機緣的會合積澱下，使得宮體所傳，流風遺響，直到五十國，透過豔情詞的變異，亦未絕如縷。同時我們也可以見到，中國古代文論已意識到文學活動乃在時空背景、歷史文化與「文學體群」的存在情境中展開；故「文學創作」不只是個人孤立狀態下的憑空想像與修辭技法操作，而有其文學歷史及社群的時空向度，並實際顯現於作家所感知的「存在時空位置」及其所面對的「文學群體」的選擇。因此我們對作品的研究，絕不能忽視文學歷史與「文學群體」經緯交錯的結構與歷程中的意義詮釋。

第三節　創作功能論：娛樂、抒情、審美、重視讀者的價值取向

魏晉之前，論文學之功能，人們普遍關注的是教化功能，卻忽視了文學對娛情悅性的作用，但〈玉臺新詠序〉與〈花間集序〉卻提出了文學功能的新認識。中國文學進入到魏晉時期，作家和批評家已經意識到文學的獨立性，追求一種純粹為藝術而藝術的表現，棄除詩中的社會附加作用，使文學成為一種為了娛情悅性的藝術品，張揚創作中的抒情因素，這使得文學的審美功能在實現自身的同時，也為其它功能的寄生提供一個棲息之地，於是文學的功能得到了豐富和發展，不再只是定於載道教化一尊。

壹、對娛樂功能的重視：解悶疏憂消遣，衝決封建禮教

在這裡所提出的創作目的，是指人們在社會歷史實踐的客觀過程中形成的，它不是任意的、主觀的，而是一種時空背景下所形成的客觀的趨勢。任何的創作題材都具有價值意義，但由於它們在長期的社會歷史實踐中，進入到人們的生活圈內，自然會形成和確立了與人的某種客觀的意義關係，表現了某種本質。亂世與南方偏安下的東宮與貴族生活，雖然狹隘逼仄，但畢竟仍是一個多彩多姿的世界，一種豐富的社會生活，勢必包含許多題材，而不會只是單一的豔情女性的內容。但《玉臺》與《花間》卻甘於選錄狹窄的豔情與宮體詩作，這都是植根於儒家詩學觀的時代變遷與審美觀的轉移。這種變遷與轉移便反映在南朝宮體詩對漢魏以來詩歌傳統的新變與逆反，最鮮明的特徵便是對傳統女性詩歌題材和表達方式的娛樂性改造。吟唱民間女子的自然民歌，被改寫為充滿貴族氣息和娛樂情調的文人豔歌。

前已述及，《玉臺》是以女性生命樣態與情感為選本標準的藝術樣本，其編選目的首先是強化文學藝術的感官娛情活動之所需，〈玉臺新詠序〉提及編纂的緣起：

> 優遊少託，寂寞多閒。厭長樂之疏鍾，勞中宮之緩箭。纖腰無力，怯南陽之擣衣；生長深宮，笑扶風之織錦。雖復投壺玉女，爲觀盡於百驍；爭博齊姬，心賞窮於六箸。無怡神於暇景，惟屬意於新詩。庶得代彼皋蘇，微蠲愁疾。但往世名篇，當今巧制，分諸麟閣，散在鴻都。不藉篇章，無由披覽。

這裡描述了後宮佳麗寂寞憂愁的精神狀態，當麗人一個人百無聊賴時，便油然生發鬱悶心情，宮中的娛樂活動如投壺賞景等活動都不能真正銷憂，惟有屬意於「新詩」，才能讓人解悶疏憂。《玉臺》編選目的便是為了使人在入目之娛、悅目之玩中獲致一種審美的體驗。明白表示

是書乃為了迎合當時尋歡作樂的社會風氣而作，具有世俗性與休閒娛樂性。序文最後寫到「孌彼諸姬，聊同棄日」，說明了這些詩作成為後宮女子消磨時光的工具。而這「新詩」就是當時流行的宮體詩，也就是序文中的「當今巧制」，可見《玉臺》實際是以讀者需要為出發點而編纂的詩集，「新詩」是宮體詩人創作的志趣，也是為了讓讀者──後后宮佳麗所欣賞。在編撰上已設定女性讀者群。這些佳人不僅貌美而且才華橫溢，「其佳麗也如彼，其才情也如此」，這使她們以詩文為精神領域最高的追求，本書的編輯就是為了滿足麗人們心靈對文學的愛好，一旦這樣的選本問世，「猗歟彤管，無或譏焉」，這兩句是盛讚此部詩集，能夠得到女史的認可，或無可譏。

這段序文亦可謂之文學娛樂思潮的理論綱領，社會性的功能大大削弱，而娛樂性卻因之而得到突顯，在這裡我們看不到發憤著書、嘔心瀝血的生命篇章，看不到政治抱負與理想的追求，只有騁情馳才地敷陳辭藻，講究聲律之美，注重形似的寫實描寫，重視文學自身的藝術價值，這種觀念更充分的表現是在晚唐五代對詞這種文體的最初定位中，《花間集》是形成的標誌，歐陽炯〈花間集敘〉云：

> 綺筵公子，繡幌佳人，遞葉葉之花牋，文抽麗錦；與纖纖之玉指，拍案香檀。不無清絕之詞，用助嬌嬈之態。……庶使西園英哲，用資羽蓋之歡；南國嬋娟，休唱蓮舟之引。

說明詞這一文體其功用是在歌筵酒席上，強調文學藝術的享樂消遣的功能。歐陽炯的「用助妖嬈之態」、「用資羽蓋之歡」的表述，較徐陵〈玉臺新詠序〉同類言論顯得直接、明白，傾向性也更為鮮明。詞是流行歌曲，曲辭俱美，聲情並茂，歌舞一體，悅人耳目，它使接受者容易獲得一種感官上和精神上的享受。南方偏安的生活背景，為重娛樂、尚輕豔的文學思潮的產生，提供了滋長的土壤，娛人娛己的社交活動，無論從詩歌直觀的形式本身還是詩人的創作活動事實來看，都體現了娛樂遊戲的審美樂趣。當詞作為音樂文學之新體轉到文人手中，於是，男歡女愛、花前月下的「側豔」之情，娛賓遣興、宴嬉逸樂的審美取向，兩相結合，成為文學創作的主旨。這種傾向，是對齊梁宮體的認同與步趨，所不同的是，六朝用之於詩，而晚唐五代用之於詞。

文藝的功用既有教育、諷諫等功利性的一面，也有悅耳愉目、賞心怡情非功利性的一面。秦漢儒家重視詩的教化功能，本無可厚非，但於此一味強調過度，就難免有以政治同化文藝之弊，抹殺了文藝本身的特性。從《玉臺》與《花間》的選詩傾向分析，文學的功能已從廟堂之高拉到了人們的日常生活娛樂中來。儘管在後代飽受批評，但就此而言，〈玉臺新詠序〉、〈花間集序〉對文學娛樂功能的注重，正可補其偏執，具有對儒家詩教的反撥力度，實際上昭示了士大夫寫作和生活的某種精神張力與互補。由感官的悅耳愉目，進到情緒、情感上的陶醉、激蕩、歡喜，再進而達到更深的理性層次上的領悟，領悟到那種概念語言說不清楚或說不出來的東西，從而得到某種程度的賞心怡神的精神享受，這正是豔情文學的藝術效益。而這種效益是人們在社會歷史實踐的客觀過程中形成的，它不是任意的、主觀的，而是不自覺地被某種不可遏止的內驅力所鼓動的創造。

貳、對精神審美功能的重視：欲望的救贖與人性的回歸

前已述及，豔情之作體現了一種以文彩表現為樂、以解憂去悶為樂的作用，然而當這種對文學的賞玩態度變成一種純粹個人化的內心體驗或情懷，其所帶給人的感覺變成單純的形式美體驗的時候，便昇華為一杯感情的醇酒，進而把人帶入一種純粹精神的、感情的境界中，而這一境界超越了男女具體情事的本身，超越了感官聲色的滿足，達到了精神心靈的感應和內在情感的契合。在本項中提及豔情文學的功能，是從一個「根源性」的視角提出，與上一項娛樂、悅性、解憂的「表顯」功能

是有差異的。根源，意指事物之得以實現或存在的最高原因。文學創作的根源論述，也就是在追問文學得以創作而實現、存在的最高原因是什麼？從人的本體論角度來看，李澤厚說：「魏晉是一個『人的覺醒』的時代。所謂『人的覺醒』，即在懷疑和否定舊有傳統標準和信仰價值的條件下，人對自己的生命、意義、命運的重新發現、思索、把握和追求。」[13]《玉臺》與《花間》放棄了對社會功利性的重視，轉而把文學純粹當作性靈表現的園地，在內容上表現出士大夫的閒情逸趣。這種閒情逸致和苦中求樂的前提是免於為生計奔波。長久以來，中國文人習慣在文學中塑造「謀道不謀食、憂道不憂貧」的孤高脫俗的形象。南朝是中國歷史上的衰世亂局，更多的士人從關心國事轉向關心個體，尋求精神的伊甸園。通過女性意象的敘寫得到精神的撫慰，對衣食住行等世俗景觀的詩意開掘，可以滿足自己精神淨化的需求，將自己從爾虞我詐的權利角逐中暫時抽身，實現欲望的救贖與精神的彌補，或者說是心理的調整，價值觀的轉移，進取精神轉化為溫柔鄉的舒緩，獲得某種心靈上的自慰。當詩人描繪女性美豔的容貌，其實是將現實生活中不能實現的欲望訴諸女性，女性意象成為一種替代性滿足的象徵體和心靈缺失的「白日夢」式的補償。這已為詩人提供了精神歸依的家園，釋放出現實世界中受禮教禁錮的欲望，寄寓詩人對自由的渴望和對生命的熱愛。可見豔情詩中的女性意象所承載的避世心態並不是只是純粹的享樂主義，並不只是對女色等俗世享受的渴盼與馳逐。所謂「詩者，吟詠情性也」，這「情」與「性」就是詩人的真性情。它內裡潛藏著強烈的精神解放，表現了主體的精神審美情趣。〈玉臺新詠序〉云：

> 方當開茲縹帙，散此條繩，永對玩於書帷，長循環於纖手。豈如鄧學《春秋》，儒者之功難習；竇專黃老，金丹之術不成。因勝

---

13 李澤厚：《美的歷程》（北京：文物出版社，1982年），頁9。

西蜀豪家，託情窮於〈魯殿〉；東儲甲觀，流詠止於〈洞簫〉。

序中描述了麗人閱讀《玉臺》的情景：從「永對」、「長循」兩句可以看出《玉臺》深受女性的喜愛，已達到了為後宮佳麗解苦去悶的預期目的。欣賞是書所選錄的詩，其中的樂趣遠非東漢鄧后的學習《春秋》與西漢文帝竇皇后的專習黃老所能及。前朝後宮或者王侯所推廣的儒道經史之教授，不免文意艱深，枯躁乏味。《玉臺》書所選的詩歌非蜀國教侍婢所誦讀的〈魯靈光殿賦〉，也非漢元帝令貴人左加誦讀的〈洞簫賦〉等所能及。〈魯殿〉或〈洞簫〉二賦鋪陳體物性強，非抒情之賦，在徐陵看來不算成功，效果不彰。通過四度對比，突出了《玉臺》的藝術效用，極大地推崇它所帶給人們的審美愉悅。可見徐陵對於非緣情的作品是持一種批判的態度。認為作品應符合人們本性的流露，日常生活中審美的感性享受要遠勝於對事功的追求。作品之所以有價值，在很大程度上取決於它反映心靈和性情的功能。這種功能，是借助語言喚起讀者的美感來實現的。文學具有「藝術虛擬化」，作品中的人物、情節、故事、情感，都是經過「發酵」而成為能醉人的酒汁。豔情詩具有審美價值，能感染讀者；更重要的是，還具有反映人心靈的功能，它比歷史更真實，因為它所反映的是一個時代的精神，而不是只是一件具體的事情。

晚唐社會宦官專權，朝臣黨爭，藩鎮割據，可謂時局動亂。唐王朝政局不穩，士人心態上表現為暗淡、傷感的色調，詩壇因此被一種悲涼的氣韻所籠罩。時代迫切需要一種新的文學樣式來寄託文人的精神，讓他們感慨世事、麻痺自我、盡情娛樂。在此背景下，表現豔情綺思的題材的詞開始迅速發展起來。晚唐社會的土壤培育了詞這種新興的詩體，詞人借助君臣上下、平民貴族競相娛樂的社會文化氛圍，大量創作豔情詞。〈花間集序〉更進一步地把豔情詞創作目的由世俗追求延伸到精神領域，豔情詞最大的目的就是給人一種美感享受，使人獲得一種超俗忘我的境界，獲得一種不可言狀的精神愉悅：

> 鏤玉雕瓊，擬化工而迥巧；裁花剪葉，奪春艷以爭鮮。是以唱雲謠則金母詞清，挹霞醴則穆王心醉。名高〈白雪〉，聲聲而自合鸞歌；響遏〈青雲〉，字字而偏諧鳳律。

詞人們浪漫的愛情理想與愛情經歷往往通過對女性聲音與姿態而傳達，透過對女性意象的描摹刻繪訴諸筆端。這種真摯熱烈的情愛通常不是倫常的夫妻之愛，而是對現實缺陷的一種補償。寄寓詞人企慕愛情撫慰生命缺憾的隱秘情懷。在豔情詞的世俗化話語體系中，女性形象隱含詞人渴望衝破禮教束縛，得到自由的心跡。文學是人學，審美是生命，正是在這樣的審美活動中，創造出格外動情的世界。《花間》詞貢獻在於為傳統婉約詞樹立了正宗的典範，同時又具有清醒的文學理念。那就是「美」的發現，「美」的意識真正的覺醒和獨立。並以詩情畫意的方式表現「欲」，以心靈唯觀的態度傳達「欲」，以文人的趣味對待「欲」。對於人類而言，生命中真正重要的，不是耳目聲色的奢靡生活，而是真情性的回歸。對作家而言，創作的本質為並不是為宣揚人生的歡愉和情欲的滿足，而是挖掘「美」，追求一種生命本體的精神之「真」。真情與美感是文學作品的靈魂，這種「真」與「美」可以包涵作品本身，以及讀者對作品之美所體味到藝術感受，讓作者在創作的時候得到快慰與平衡的作用。審美價值超越娛樂和快感，真性情是生命力的源泉，美感是人生歡樂的藝術。在某種意義上，豔情是與人的愛欲相連的真摯而美麗的自然本性，它象徵著生機勃發的青春與美好、生命與健康。《玉臺》與《花間》對性情、愛欲的重視與坦誠，比起中國封建社會長期以來談「性」色變的封閉觀念無疑更具人性光輝，從此豔情作品就成為人間美好而令人心醉神馳的「味」，從此「豔情」成為中國詩歌傳統題材之一，「豔美」也成為古代詩論中的重要概念。

參、尊重讀者反應，注重文體交流的社會效應

文學創作實際上是一個包含創作、傳遞和接受的延續過程，因為文學作品的語義是內在的，它在讀者閱讀理解的過程中才湧現的，只是因讀者的不同，它們最後的具體表現為對同一部作品的多樣化理解和闡釋。作家的創作受到潛在讀者的影響，不得不考慮是為誰而創作。前已述及，《玉臺》為東宮中女性而編、《花間》乃為貴族文人娛賓遣興而作，這便是「創作預期」，作家對所要經營的作品的意向性的期待。《玉臺》序中明言此書可以解憂，發揮詩歌的抒情功能，不但注意到作者的創作預期，同時還關注到讀者的接受與反應。由於《玉臺》所收錄的作品其要旨在於抒情，專為後宮佳麗披覽，作用是為了解憂，有明確的寫作目的，同時也注重讀者接受效果，注意讀者感受，當讀者閱讀的過程中，情思受到感染，這也就是詩歌對讀者的精神影響與效用，這種重視讀者的文學觀是新穎的，是長久以來的正統詩學所沒有的。任何作家都是社會中人，他必須對讀者的需求內化以選擇適合的創作策略，要在直抒胸臆和社會需要之間找到一種契合。所有的創作都是為了讓觀眾或讀者去欣賞的，正是讀者才使作品存在。作品只有在讀者的閱讀活動中才能實現自身潛在的審美價值，成為具有真實情感的作品。《玉臺》序在述及編選目的時，就談到這是為某一部份愁苦無聊的讀者提供歡娛的讀物，其云：

> 既而椒宮宛轉，柘館陰岑，絳鶴晨嚴，銅蠡晝靜。三星未夕，不事懷衾；五日尤賒，誰能理曲。優遊少託，寂寞多閒。厭長樂之疏鍾，勞中宮之緩箭。纖腰無力，怯南陽之擣衣；生長深宮，笑扶風之織錦。雖復投壺玉女，爲觀盡於百驍；爭博齊姬，心賞窮於六箸。無怡神於暇景，惟屬意於新詩。庶得代彼臯蘇，微蠲愁

> 疾。但往世名篇，當今巧制，分諸麟閣，散在鴻都。不藉篇章，無由披覽。於是燃指瞑寫，弄筆晨書，撰錄豔歌，凡爲十卷。曾無參於雅頌，亦靡濫於風人，涇渭之間，若斯而已。

序中云要以詩作「代彼皋蘇，微蠲愁疾」，說詩集編成後是要讓這些宮女「永對玩於書帷，長循環於纖手」。然而宮體詩的最大讀者群，不是宮廷女子，而是男性，宮體詩的創作目的在很大的程度上是為了滿足男性作家的需要。這些作品本來已經表現了極強的娛樂作用，在社會流傳之後，男性讀者一方面從詩中獲得了閱讀的快感，另一方面，進而由讀者而成為作者，在彼此唱和中而獲得更大的滿足感。

再如〈花間集序〉對接受者的考量，並不止在文字層面，亦在其表現的場合：

> 〈楊柳〉、〈大堤〉之句，樂府相傳；〈芙蓉〉、〈曲渚〉之篇，豪家自製。莫不爭高門下，三千玳瑁之簪；競富罇前，數十珊瑚之樹。則有綺筵公子，繡幌佳人，遞葉葉之花箋，文抽麗錦；舉纖纖之玉指，拍按香檀，不無清絕之辭，用助嬌饒之態。……昔郢人有歌〈陽春〉者，號為絕唱，乃命之為《花間集》。庶使西園英哲，用資羽蓋之歡；南國嬋娟，休唱蓮舟之引。

西蜀君臣即將樽前聽歌、花間賞舞當作一種競豪奢的方式，豔曲往往播於畫堂玉樓、酒筵飲席，錦瑟彤管時常與杯觥樽俎、依紅偎翠相伴相隨。因此，樂曲要求它的歌詞也適合這一環境。音樂是詞的生命，沒有音樂，也就沒有詞。晚唐五代時詞體文學所配的音樂主要是唐代的燕樂。燕樂是一種俗樂，詞的側豔特點和娛賓遣興的功能，正是來源於燕樂這一俗樂。音樂文學是借由歌唱詮釋者來傳達作品的內涵，靠著歌唱者對文字內容的揣摹，構成接受者對作品的聯想和對意義的解釋。深奧、生疏、繁瑣的內容和粗俗直白的語言，都不符合歌唱的要求，尤其不利於有效地作用於人們的聽覺欣賞。為了配合從簡單的豔情主題引出含蓄婉轉的美感，以配合歌唱者的嬌嬈之態，在靈活變化的音樂運動中，保持一種抒情基調。因此，音樂往往極力表現或追求一種情感體驗的共性，唐五代詞作為一種應歌形式，也正體現了音樂的這一特點。唐代的「燕樂」一反「雅樂」刻意歌頌祖先功德和「清樂」表現士大夫現實生活、思想情感的傳統，而專力表現男女的綺思豔情。

這裡提出一個創作的目的，是為了滿足接受者的「閱讀期待」，一方面是作者考量讀者的需求，你寫的東西是否能達到讀者的滿足？一方面也是作者自我的創作意識，期望讀者從中得到什麼，考量自己提供的內容是否可以達到讀者的要求？並且著重突出讀者的接受意識和審美經驗在文學價值實現中的作用。在魏晉之前，文學比較重創作功能，可以達到什麼具體功用的現實效益，如政治教化之用。但在豔情文學的文論中，開始重視讀者在文學活動的重要地位，在文學接受中的主體地位，認為文學意義的實現取決於讀者能動性的閱讀，因此在批評視野上，開啟了一種新的文學批評範疇。

豔情文學創作的目的，就是直接介入世俗人生，並以求得共鳴的交流為目的，展現了對個人性情的張揚。《玉臺》與《花間》都表現出較強的世俗性與娛樂性，從文學的目的與功能方面，展現了對人欲與人性的一種容受，《玉臺》與《花間》從尊重讀者接受的功能與目的出發，創作出一種適合這種趣味的文學模式，確實為文學創作領域拓展新變。而同時代讀者對作品的「共時性」閱讀和不同代的讀者對作品的「歷時性」閱讀，都在不斷豐富著作品的審美內涵，使作品不斷地「增值」。《花間》之於《玉臺》，何嘗不是一種使作品不斷地「增值」的接受？以下一節即論述《花間》對《玉臺》的接受情況。

第四節　《花間》對《玉臺》的接受論：豔情話語在特定時空中的影響效應

當傳統文學史的撰述因缺少生機而面臨困境時，「接受美學」的引進可以打破傳統成規而為重構文學史指示了新方向。由於常人往往忽視接受者的重要，但接受者的意見實則很容易發展為一種強大的傳統，進而影響到「典律」的形成。「接受美學」的基本思想，就是認為文學是作者和接受者共同創造，在此節筆者擬透過「接受」的意識論述《花間》對《玉臺》的接受。為考察一個時期的文學思想，自然要關注每一時期作家對前代重要傳統的評價與接受情況。在這裡我我們可以把《花間》視為《玉臺》的「第一讀者」，意即《花間》是文學史上第一位對《玉臺》接受的知音，同時，接受與超越並重。由於「第一讀者」的獨到見解與精闢闡釋，往往會奠定接受基礎、引領風騷，影響後世一代又一代的讀者。

何以南朝梁與五代十國相距甚久，《玉臺新詠》與《花間集》兩者卻有如此接近的文人趣味？《玉臺新詠》在歷代被視為豔情世俗之作，正因為它背離了傳統儒家政治與生活原則，缺乏兼濟天下的理想與抱負。不被正統思想接納的《玉臺新詠》卻被《花間》文人承繼，《花間》對於《玉臺新詠》不僅是繼承，更是對前人誤讀的一種修正和改造。因為《花間》肯定人性人情，肯定了女性意識，可見，對文學文本理解的不同會使文學話語的諸功能在不同人那裡，得到了不同的體現，《花間》之於《玉臺》的接受，即由宮體詩而創造豔情詞，創造了屬於詞的空間，它在不同時空的播散，提醒我們，文學史不應只是文學話語的生成史，它應該是文學話語在特定空間的影響史和效果史。

壹、選本體例之接受

從選本的體例來看《玉臺新詠》，乃以題材結集、以詩歌體制分卷，所收的作者林立，作品眾多，其重要的價值在於它勾勒出豔詩傳承的清晰軌跡。

從題材來看，中國的豔詩可以追溯到《詩經》的《鄭》、《衛》之音，但那只是發端，未形成系列的豔詩風格，到了六朝的《玉臺新詠》，才真正成為豔詩的集大成。該書不同於《詩經》、《楚辭》、《文選》等體例是各體各詩皆選，《玉臺》只選入表現男女豔情或閨情的作品。《玉臺》成為中國文學史上特定題材選集的濫觴。

從選材範圍來看，梁簡文帝晚年欲改作，追之不及的原因，或許是考慮自己所作豔歌的價值，怕無法成為後世的模範，所以把作品的收集，進一步追溯到前代，以便推而廣之，擴大其影響力，確立其正統地位。從選擇範圍來看，徐陵在序中很清楚地說明：

> 但往世名篇，當今巧制，分諸麟閣，散在鴻都。不藉篇章，無由披覽。於是燃指瞑寫，弄筆晨書，撰錄豔歌，凡爲十卷。曾無參於雅頌，亦靡濫於風人，涇渭之間，若斯而已。(〈玉臺新詠序〉)

所謂的「往世名篇，當今巧制」，所收錄的作品是按「先往世」、「後當今」的年代前後順序進行的，這不同於《文選》用文體分類，也不同於《詩經》以題材性質風、雅、頌來分類。《玉臺》以年代後後排列的目的，以此體現豔歌之發展歷程。其次，「往世名篇」與「當今巧制」份量相比，「當今巧制」的份量明顯是偏重的，這是因為後宮「惟屬意於新詩」，正因為後宮的「屬意」，撰者才有意地加入當今作家的作品比重。《玉臺》在體例上共分十卷，分卷是依詩歌體制，卷一至卷四收入漢代作品；卷五至卷六，收錄梁代已逝作者的作品；卷七、卷八收入梁代在世詩人的作品，多為宮體詩。卷九為雜言詩，卷十為五言四字句。

可見《玉臺新詠》是按逝者、存者分別編次。逝者以卒年為序，存者以官秩大小為序。例如卷七，首序當今皇上梁武帝，次為皇太子蕭綱，再來是邵陵王綸、湘東王繹、武陵王妃、昭明太子。詩歌分類下，均按作者的年代先後為序，合乎詩史的發展與流變，在翻閱上非常方便，既科學又實用。若以此體例反觀《花間》，便可見到《花間》對《玉臺》的學習。

《花間》所錄的作品，若從題材來看，是基於詞體「豔科」的藝術考量，《花間集》以愛情題材結集，與《玉臺》一樣都是以主題選文。《玉臺》共分十卷，《花間》也仿照分作十卷排列，所不同的是：《玉臺》以體制和作者分卷；《花間》是以每卷五十首的勻稱結構為率分卷，致使一家之詞，時割數首分入前後卷中，閱覽較為不便。其三，《玉臺》依作者年代先後、官職大小為序的編輯體例，《花間》亦依年代前後和官職大小為序。《花間集》選域上限是溫庭筠〈菩薩蠻〉十四首，這組詞作大致作于宣宗大中四年至十三年，下限是歐陽炯《花間集序》題署的「大蜀廣政三年」，前後將近一個世紀。趙崇祚將時代相近的十八位詞人的詞作編纂為一集，有展示和總結當代詞壇面貌的意味，具有時代意識。若以和趙崇祚同時代的歐陽炯為界，分為前後兩段，前段的溫庭筠、皇甫松、韋莊、薛昭蘊、牛嶠、張泌、毛文錫、牛希濟，這八人在《花間》成書時都已去世，乃以生年排序。後面數人如和凝、顧敻、孫光憲、魏承班、鹿虔扆、閻選等人和歐陽炯年齡相差不大，且多為前蜀等他國人，基本上乃以官職大小為序。若從《玉臺》的體例與排序來看《花間》，其承傳的關係，一目了然。

貳、推溯源流文學史觀之接受

任何時代的文學發展都是要以過去的文學傳統與遺產作為前提和出發點，必然會受到業已形成的文學慣例和傳統的影響，始終是處於以往文學傳統的歷史聯繫之中。這是文學發展的普遍規律。選本在編選的過程中，為了建構自身選輯的標準，往往會推源溯流，把自己當前的文學活動放在歷史進程中以見其定點與地位，如此便可見一種文學史觀。凡事的發展都是由源頭開枝散葉的，於是，推溯源流，便成為文學統系形成的一大途徑。這種尋源追本的表現有二：一是有意識地歸屬，主動模擬或襲取，即所謂「祖襲」、「憲章」者；二是無意識地歸屬，只是指明一種文學特質的淵源導向，即「源出於某某」者。《玉臺》與《花間》都在序文與選本體例上展示了一種推源溯流的文學觀，描述了豔情文學在時間進程中的發展歷程。

前已述及，《玉臺新詠》選詩從漢至梁，以時代為序，選錄與女性相關的作品。徐陵進一步地擴大了選錄範圍，除豔情作以外，更有大量寄寓女性感慨身世的作品，為保存了漢至梁的女性化題材的詩歌起了重要作用。藉著〈玉臺新詠序〉中所勾勒的「能文」的麗人，替宮體刻劃出了一連串女性文學史，通過隱喻的方式已暗中交代了女性詩作的發展線索，〈玉臺新詠序〉透過色澤鮮豔的辭藻和極富想像力的筆觸，渲染了女性的美麗，真實再現了漢魏六朝時期的女子內心世界，如此一來，宮體成為中國文學史上「抒情傳統」脈絡的一個階段性演進。蕭梁文學集團便是在深感長久以來的傳統經典的功利主義已經到了與「情」隔絕的地步，因此才召喚出《玉臺》這一含情脈脈的典籍取而代之，從此走出了一條獨特的抒情道路。這便是他們建構文學史觀的表現。

從考鏡源流的視角來看〈花間集序〉與〈玉臺新詠序〉在建構文學史觀是一脈相承的。所不同之處，是詞在晚唐五代只是一種新文體，《花間集》只是詞的發展前景的開端而已，所以歐陽炯在〈花間集序〉對於前代歷史的梳理，並非從文學性來看，只是從音樂一端溯其淵源而以音樂發展為線索，建構詞的起源論。

《玉臺》一書並不是歌辭總集，而只是豔詩總集[14]，而序中明言為麗人而輯，此麗人的身份亦非歌者，且編輯目的旨在於提供諸宮女披覽而非度曲入樂。但《花間集》作為倚聲填詞之祖，歐陽炯了解詞文學的音調美、韻律美，乃從音樂角度來追溯詞的起源與發展，把詞放在中國音樂文學的源流中來考察，所以〈花間集序〉在說明的音樂本源的基礎上，也由此細緻梳理了古代音樂文學的流變軌跡，如果寬泛一點說就是梳理文學史：

> 鏤玉雕瓊，擬化工而迴巧；裁花剪葉，奪春艷以爭鮮。是以唱雲謠則金母詞清，挹霞醴則穆王心醉。名高〈白雪〉，聲聲而自合鸞歌；響遏〈青雲〉，字字而偏諧鳳律。〈楊柳〉、〈大堤〉之句，樂府相傳；〈芙蓉〉、〈曲渚〉之篇，豪家自製。莫不爭高門下，三千玳瑁之簪；競富罇前，數十珊瑚之樹。則有綺筵公子，繡幌佳人，遞夜夜之花箋，文抽麗錦；舉纖纖之玉指，拍按香檀，不無清絕之辭，用助嬌饒之態。自南朝之宮體，扇北里之娼風。何止言之不文，所謂秀而不實。有唐已降，率土之濱，家家之香逕春風，寧尋越艷；處處之紅樓夜月，自鎖嫦娥。在明皇朝，則有李太白應制〈清平樂〉詞四首，近代溫飛卿復有《金荃集》，邇來作者，無愧前人。

詞是一種合樂歌唱的文學藝術形式，從唐代「聲詩」的「選詞以配樂」，到「由樂以定詞」的「倚聲填詞」的轉變，標誌著詞作為一種獨立的文學體製正式形成。「響遏青雲，字字而偏諧鳳律」，點明《花間》合音諧律、婉轉動聽，富有節奏和韻律。「〈楊柳〉、〈大堤〉之句，樂府相傳；〈芙蓉〉、〈曲渚〉之篇，豪家自製」，即把詞當作樂府的延續，這種評價，正是歐陽炯對詞的音樂性特點的深刻透視的結果。序中所讚

14 崔煉農：〈《玉臺新詠》不是歌辭總集〉，《雲南藝術學院學報》，2003 年 1 月，頁 31-35。

美的古歌、古樂府及豪家自製樂府之「雅」也就在於文辭的優美。這也說明「宮體詩」、「民間詞」、「文人詞」之間是存在一定的傳承關係的。歐陽炯所關心的是詞與音樂的關係，詞體附麗於音樂，以其獨特側豔之風與柔婉之樂相結合的體式，酣暢淋漓的抒寫花間情思。〈花間集序〉讓我們看到了在詞體流變過程中，詞在語言、韻律及情感表達上如何形成深美閎約的藝術境界。「自南朝之宮體，扇北里之娼風」一句為對文學史的敘述有時間思考的發展描述，上承南朝宮體詩之傳統，下揚晚唐五代之娼風，點出了《花間》和南朝宮體詩之間的發展關係，已形成明確的譜系。「扇北里之娼風」，即揭示了詞的生存環境，風格特徵相似是顯著的。《花間集》上溯宮體，確立了花間詞派的譜系。溫庭筠的其他詞和《花間集》中別的詞人所作，雖然不限於宮怨，卻無疑以閨情為首要表現物件，其主角是類型化的女性，其感情是類型化的情場失意。理解這一事實並不困難。這些詞本是為樂妓而寫，作為樽前清歌之用，表達一種普泛的綺情閨怨，風格溫軟纏綿，是必然的。

對於詞史，歐陽炯提到李白，便直接就到了溫庭筠，中間如張志和、白居易、劉禹錫等在詞史上應有一席地位的詞人，卻連提都沒有提。即使序中提到李白可入樂的四首〈清平樂〉，卻未被趙崇祚收錄進來，這表明趙崇祚和歐陽炯他們對詞體的「倚聲合樂」性質與「選詩以入樂」的詩歌，在與音樂關係上的差異是非常清楚的。

參、文學社群到流派的形成

文學流派往往富有濃厚的地方色彩，以地域為紐帶結成群體，從文化心理來說，地域性的文化傳統與文化氛圍，易形成相同或相近的文化心態與語言習慣。此外，在社會中，作家總是從屬於一定的階級，一個階級特殊的物質生活、精神生活和社會地位，必然有其不同於其他階級的審美要求，這不能不給作家的創作個性打上階級的烙印，進而影響其創作風格。豔情文學的作者，多半是來自上層社會或貴族文人，階級的根源不但會在文藝的性質上留下烙印，而且也會在文學作品的格調上留下深刻的印記。「文學社群」若在思想傾向、藝術風格、審美情趣、美學追求等深層結構具有一致性、相近性或相似性，便會代表著某一種文學傾向，體現著某一種文學潮流或社會審美需求。

宮體詩的正式產生，是在梁簡文帝蕭綱任東宮太子的梁中大通三年（531)前後。蕭綱是梁朝文壇的中心人物，也是宮體詩集團的領導者。以蕭綱為中心，圍繞其間的宮體詩人有蕭繹、蕭子顯、劉孝威、劉孝儀、徐陵、庾信等人，便形成了一個文學群體活動，由最初的自發狀態發展到自覺狀態，主張文學娛情審美的傾向，提倡唯美文學，其主要成就便是推動了宮體詩的創作。《玉臺》中的贈答、擬代、應制詩這三類詩歌都存在著詩人之間的互動交流，是文人間的集體創作、娛人娛己的社交活動，作家群體生成與文化場域之間的密切互動，從而引發讀者走進文學社群的文化之鄉和精神世界。梁代宮體詩家或可謂之宮體詩人群體或宮體詩派，「即在於它有理論標誌，有創作潮流，有龐大的詩人群體，有代表作家」[15]。《花間》十八家，其中有十六人有官位，且詞人署名皆列官銜，通過這種署名方式，明示作者們的「詩客」身分，宣告《花間》專收文人雅詞，表明與民間俗詞分道揚鑣。他們用華美的文字、細膩婉約的手法描寫女性或抒寫離愁別恨，男女相思等，具有崇雅黜俗的傾向，儘可能避免收錄過於冶豔輕浮的詞作。〈花間詞序〉從追溯源流的角度來論析詞的起源與發展，明確詞體應有的特質與功能，因而建立起一種系統的風格譜系。花間詞派可謂詞史上最早的流派，《花間集》所收各家詞人，從晚唐至五代十國，時間跨度近百年，並不自以為屬於同一流派，甚至完全沒有組織流派的動機，但《花間集》的編者趙崇祚發現他

15 引自詹福瑞：〈宮體詩派的形成及發展過程〉，《漳州師院學報》，1997 年第 3 期，頁 1-5。

們的創作具有某些共同的風格特徵，因而將之彙編成集，後人遂將這些作家劃歸為「花間詞派」。所以花間詞派的形成是「無心插柳」式的文學流派[16]，與「有心栽花」是不同的。風格是一個文學流派形成的重要標誌，〈花間詞序〉雖未明確提出主導人物，在文學流派的統系意識的建立上，還不強烈、不完整，然而它「追源溯流」的思路是清晰的。

第五節　文學的流變
《花間》對《玉臺》的反思與超越

創新，是一切藝術創作所追求的目標。創新離不開師承，師承是創新的基礎，創新是師承的目的。文學史實際上是一個審美接受與審美再生產的歷史，接受並不是重複「過去」，而是要超越過去，要填補空白。〈花間集序〉在繼承《玉臺》的同時，亦提出了對宮體的反思，歐陽炯對齊梁宮體淫靡冶蕩之弊評之曰：「何止言之不文，所謂秀而不實」，前言是針對語言的批評，後句是針對內涵的批評，批評的目的是為了超越，超越才有出路，《花間》詞作必須要在「言之成文」與「秀而有實」中超越前人。在表情達意上，《花間》便以情真、思深、言雅而超越《玉臺》，而並非僅為尋歡作樂之態。

以下分別從語言風格與內涵上探究《花間》對《玉臺》的超越。

壹、批評宮體「言之不文」：
樹立「清絕、豔雅」的審美標準

《玉臺新詠序》提出其選錄的標準：

16 參考自陳文新：〈論文學流派與總集的三種關係──以《花間集》、《西崑酬唱集》、《江湖集》為例〉，《廈門廣播電視大學學報》第2期，2014年5月，頁33-38。

豈如鄧學《春秋》，儒者之功難習；竇專黃老，金丹之術不成。

因勝西蜀豪家，託情窮於《魯殿》；東儲甲觀，流詠止於洞簫。

《玉臺》的選錄標準，一來是題材，二來是要易懂。題材以豔情為主，而且是以真正吟咏出宮中女性感情的作品。文字要通俗易懂。《春秋》與黃老經傳都是難懂難學的，《玉臺》選錄的標準是深奧不取，典重嚴肅不取，而以俚俗易解為主。若依其標準所選錄的作品並不能保證其為優秀的文質並重之作，只能方便讀者閱讀。《花間集》的創作主旨誠如其序所寫，主要是提供動盪時期的文人們在宴席上助興高歌，以擺脫戰亂的苦楚。但和南朝宮體詩不同之處便在於「清」與「雅」。《花間集序》針對《玉臺》過於浮豔輕薄的缺憾，提出了「清」與「雅」的審美標準，改變了詞在初起時的粗糙質野，使詞發展到一個新的階段。

一、清絕

歐陽炯與趙崇祚《花間集》的理論與實踐的契合之處在哪裡？「清絕」絕對是值得關注的重點所在，無論從歐陽炯行文的語氣，還是文中所提及的歷史典故，都以格高韻絕為基本宗旨。歐陽炯表明自己對語言風格的看法是「清豔」。他提出了「清」的審美標準：

是以唱雲謠則金母詞清，挹霞醴則穆王心醉。名高〈白雪〉，聲聲而自合鸞歌；響遏〈青雲〉，字字而偏諧鳳律。〈楊柳〉、〈大堤〉之句，樂府相傳；〈芙蓉〉、〈曲渚〉之篇，豪家自製。莫不爭高門下，三千玳瑁之簪；競富罇前，數十珊瑚之樹。則有綺筵公子，繡幌佳人，遞葉葉之花箋，文抽麗錦；舉纖纖之玉指，拍按香檀，不無清絕之辭，用助嬌饒之態。

他認為西王母〈白雲謠〉之辭是歷史上最早的可歌之詞，不但具有可歌之宴飲佐歡之功能和令人心醉的藝術效果，而且還具備「詞清」的特點。〈芙蓉〉、〈曲渚〉之篇是「豪家自制」，專以富豔為尚，但仍然肯定豪家自制曲中，亦不乏一二清新之作。從開頭的「金母詞清」到晉朝詩歌的「清絕之詞」，歐陽炯對「清」的審美觀念的崇尚是清晰可感的。如果再把序中提到的歷史典故，如「陽春白雪」等對勘，則「清美」意識更是洋溢在序文的字裡行間。其傾心的美學趣味在於婉約、空靈、沖淡、自然、細膩、含蓄、微妙、朦朧，就《花間集》中入選的詞人而言，溫庭筠的「深美閎約」、皇甫松的「 措詞閒雅」、和凝的「清秀富豔」、韋莊的「清疏」，都在詞學史上得到了相當程度的認同。清，便是淡化情欲的表現，而以景寫情，化情為景，《花間集》中具備清美風格的作品，不煩例舉，尤其寫景之作，更是清麗者居多。〈花間集序〉以清絕為審美標準，力避《玉臺》之淫麗，得清新俊潔之姿。

二、豔雅

歐陽炯他讚美「清」，提出「清絕」這個審美標準，然並非排斥豔美，只是反對過於浮靡與輕薄，強調要有「雅」。〈花間集序〉云：

> 有唐已降，率土之濱，家家之香徑春風，寧尋越艷；處處之紅樓夜月，自鎖嫦娥。在明皇朝，則有李太白應制〈清平樂〉詞四首，近代溫飛卿復有《金荃集》，邇來作者，無愧前人。

歐陽炯提及「昔郢人有歌〈陽春〉者，號為絕唱，乃命之為《花間集》」，〈陽春〉乃高雅之樂曲，為了超越宮體綺靡之失，《花間集》之豔，不同《玉臺》宮體之豔，歐序所用的「越豔」是形容《花間集》的文辭清美，超越濃豔、浮豔。小詞盡可以用「豔語」寫「豔情」，但要豔而不俗、不淫，這便是「雅」、便是「清」。《花間集》在用「豔詞」抒寫「豔情」，景真情真，自然動人。「豔」和「清」取得了和諧性，因為文雅，便能「情真而調逸，思深而言婉」[17]。宮體詩本是反映宮廷浮華

17 晁謙之，〈花間集跋語〉，引自金啟華、張惠民、王恒展、張宇聲、王增學合著：

生活，帶有一定的世俗性，加上帶有一些刻露的描寫，故豔而不雅。「在明皇朝」數句突出李白、溫庭筠二家，尤其拈出李白的應制之詞，其意在於暗示它與前面的「南朝宮體」、「香徑春風」等的不同。「邇來作者」，指的是與他同時代的作者，「無愧前人」中的「前人」，當指宮體香豔之作以外的歌詞作者。趙崇祚又明其輯錄《花間集》的主要目的：

> 今衛尉少卿字弘基，以拾翠洲邊，自得羽毛之異；織綃泉底，獨殊機杼之功。廣會眾賓，時延佳論。因集近來詩客曲子詞五百首，分為十卷。以炯粗遇知音，辱請命題，仍為序引。昔郢人有歌〈陽春〉者，號為絕唱，乃命之為《花間集》。庶使西園英哲，用資羽蓋之歡；南國嬋娟，休唱蓮舟之引。

歐陽炯很自信地說《花間集》是「拾翠洲之邊，自得羽毛之異」，是「無愧前人」的詞集，因為《花間》詞作能去俗復雅，摒棄胡夷里巷之曲不「雅」的那部分。強調是「詩客曲子詞」，只收文人雅詞，以便取代「采蓮曲」一類的民歌，即是用以作為一個高雅清絕的歌唱腳本，將情感內涵濃縮在一個狹窄的範圍。當文人染指詞之後，用它來抒寫愛情題材，對詞的藝術性和審美性作出相應的雅化。雅化主要表現在語言和樂律上。在《花間集》中，幾乎全是癡情、悵憶、傷懷、憂傷的文字，那端麗的形式、幽婉的辭句，豔麗而不失清絕與文雅，以此有別於南朝宮體詩和下層民間社會所唱的俚俗不文之作。

《花間集序》在追求「雅」的過程中並不反對用「豔」的形式表達。「豔」只是詞在追求藝術形式完美方面的表現。文學本身是由傳承而來，歐陽炯並沒有否定宮體對《花間》的影響，〈花間集序〉所關心的是語言的經營、詞與音樂的和諧，否定的是宮體粗俗、浮華，以及不合乎詞體審美要求的那部分。因為民間俗文化要想進入文學的殿堂就必須經過

《唐宋詞集序跋匯編》（台北：臺灣商務印書館，1993 年 2 月在台發行第一版），頁 339。

文人加工雅化。而「詩客曲子詞」的文雅就在於善於雕章琢句、詞清豔麗、精緻典雅。自《花間》詞作品流傳文人手中之後，便正式和民間原生狀態的俗詞分立異流。歐陽炯所談論到民間曲子詞與詩客曲子詞之別，是「雅」、「俗」之辯，《花間集》明確地與民間俗詞劃清界限，成為第一部文人詞的總集。

貳、批評宮體「秀而不實」：
從世俗趨向內心探勘的深化隱幽

《花間集》與《玉臺新詠》描寫情境雖然相同，作品的描寫的主體也同樣是女性，但在藝術表現上卻頗有不同。最大的差異卻在於宮體詩以女性作為尋歡之物，有如珍寶般，女子們綺靡的姿態可供皇室玩賞，宮體詩注重感官化，審美意象偏於直觀化，形成了一種以描摹寫實為主的範式，沒有作者自我的感情，有意置身情外，以客觀的姿態描寫女性，女性是外在的「他者」，只成了美色情欲的符號，體現了對感官聲色的滿足。宮體詩是梁朝蕭氏父子所倡導，富麗堂皇，多用狎玩的眼光審視女子，以女子的體態情貌為創作主題。《玉臺新詠》許多對女性吟詠之作，乃以女性的容貌身體或床帷之間的行動為主體，以詠物方式吟詠女人，情感的抒發並未成為主導，只是表現一種誘惑的點綴而已。且大多數是以男性的口吻來寫男女的交往，以男性自我為中心。

若說宮體詩表現一個「色」字，則《花間》詞集中表現一個「情」字，深沉而不輕薄，清麗而不膚淺，造境深而美，抒情細而厚，因此才能打動讀者。《花間》詞更在宮體詩基礎上的內在化與細膩化。《花間》詞多用細微的動作諸如「停梭」、「髻墮」、「懶妝」等具體情景，藉由微小而纖細的橋段，表現女主角的心情變化，而不再只是停留在宮體詩直白的怨君、思君、憔悴、徘徊爾爾，此為藝術以及寫作手法的進步。從使用的意象、語言以及寫作手法，可知同樣以艷情作為題材，宮體詩與

《花間》詞之間，何者是真正的愛情，何者是賞玩；作者們寫作的心境是什麼、目的是什麼。在《花間集》中，女性由附屬而成為主角：不再以男性口吻吟詠女性，而是「男子而作閨音」的創作視角變化，《花間》詞雖柔婉纖麗，卻極少淺薄輕浮之作，而是指向人物的內心世界，透過景物烘染心境，有別於宮體詩的浮薄輕挑，有別於民間俗詞的直白通俗，有別於中唐詞明朗秀潔，朝向內心世界的深化與隱幽化。

第六節　「文體規範」下的文學史地位

〈玉臺新詠序〉與〈花間集序〉在精神內涵與審美風格如此接拍合律的兩篇序文，在文學史上所引起的效應卻大有不同。〈花間集序〉雖然承襲了〈玉臺新詠序〉寫作模式與文學觀念，卻以濫觴之姿而確立了詞的審美特徵、價值功能，奠定了千古詞宗之地位，因首出之功，被後世的詞學批評不斷論及，奠定了傳統詞學觀念的基礎。相形之下，〈玉臺新詠序〉卻未曾受到應有的關注，個中緣由，究竟為何？我們可從文體規範的角度來論述。

壹、文體有其自身在歷史和傳統中形成的制約規範

中國文學史發展到魏晉六朝，因文學自覺，已形成對文學「依體分類」和「依類辨體」的事實。創作需要根據題材主題、風格的特質而選擇某種特定的文體形態，諸多文體形態都各有自己在歷史和傳統中形成的制約準則，這便是「文體規範」。作家便在這種文體形式的內部發揮自己的思想情感與個性。文體規範一經建立，便使得文學創作不同於一般日常生活的書寫，而有其專業性的規律與法度。文體是人們所創造的、服務於人群。宮體詩或豔情詞之誕生，其生存方式和價值意義，都是在

人們的社會活動中實現的。不論是從文人群體在社交往來之用，或是從文體建立審美形態上的範式效用而言，文體規範都是魏晉六朝文學自覺之後，文人們無法忽視的問題。

《玉臺》與《花間》兩序所附麗的文體，一則為詩，一則為詞。詩為中國正統文學，〈詩大序〉強調「詩言志」的倫理教化作用，在人們心中已是不刊之論。詩以典雅整飾的語言、雄渾開闊的境界來表現有關政治社會、歷史文化等嚴肅的內容，具有「文質彬彬」的君子風範，具莊重的陽剛之美，這便是詩的文體規範。儒家思想在魏晉南北朝雖然中衰，但是自從先秦以來，詩在人們心中的地位已經根深蒂固，不容撼動。與儒家詩教尖銳衝突的〈玉臺新詠序〉，亦難逃被撻伐而長期打入冷宮。宮體詩的不成熟之處也是較為明顯的，主要是豔情與詠物之間存在著難以分割的關係，豔情詩作中對女性描摹在總體上也接近於當時的詠物詩，作者大多以旁觀的身份進行客觀靜態的描寫，幾無投入自身的感情，給人觀賞圖畫的感覺，動態感不足，使宮體終究缺乏真情實感，浮浪的氣息也在消解宮體詩的生命。

而詞誕生在晚唐這樣的一個衰世，加上詞本身就是為合樂應歌而生的新興文體，詞以其自身文體優勢取代了宮體詩的地位，歐陽炯在〈花間集敘〉中道：

> 昔郢人有歌〈陽春〉者，號為絕唱，乃命之為《花間集》。庶使西園英哲，用資羽蓋之歡；南國嬋娟，休唱蓮舟之引。

表明《花間集》成書是趙崇祚有意收集文人詩客作品的結果，僅供上流社會玩樂的一種消遣，顯然並不是廟堂之上的載道文體。《花間》詞從誕生的第一天起，就沒有擔負尋常詩歌被賦予的載道言志的功用，未受到儒家思想的束縛，而〈花間集敘〉也因為「量體裁衣」、「依體而裁」，便十分熨切地吻合了詞這一當時新興的文體的質性要求，正如楊培森所言：

> 宮體詩花間詞，恰如一母先後所生的一子一女，兒子因為脂粉氣濃

而令人看不順眼，招來一片責罵，女兒因為盛裝打扮而讓人悅目悅心，獲得眾多好評。但，一母同胞的血脈姻緣是割裂不斷的。[18]

詩與詞不同的「文體規範」乃在漫長的文學史進程中由歷代作家創作實踐不斷在發生、演變，而形成「傳統」；另一方面又經由文人群體在觀念上取得共識，甚至約定，而逐漸定型。再經由文論家以反思而抽象化出一些有關「文類」與「文體」的概念性知識，而被普遍認同。在這種發展歷程的存在情境中，詩與詞的文體概念已有其歷史向度。不同語境、不同體製，不同意域，對同樣的一種文學現象會產生完全不同的闡釋與評價。中國古代對文體看法表面看來似乎很古板，其實是具有「尊體」與「遵體」（「尊重」與「遵從」文體規範)的合理性，同時，他們在處理文學問題時充滿了兼收並蓄的靈活性，同樣允許適當的「破體」與「越界」（宮體詩的存在即是詩的變形)，顯示了巨大的包容性。

貳、文學的「本體精神」，決定作品內涵的審美價值

關於審美價值的評判乃是基於個人趣味的一種言說，無法用對錯來衡量，但因在中國古代，人們對於文體有雅俗尊卑之分，凡是嚴肅正統的主題和題材便要用正統嚴肅的雅文體來寫，對於近乎不登大雅的情欲豔語之類，便不宜用正統的文體來表現。正是這種等級森嚴的文體觀念，形成了「文體規範」。一個詩人如果熱中於豔情這類題材，往往會被列入另冊，齊梁的宮體詩在後世屢遭抨擊正是現成的例證。即使到了唐代後期在國勢沒落下沉的歷史背景下，當時都市的畸形發展，士大夫奢華作樂、冶遊尋芳的風氣，不僅促成當時人們對官能感受的追求，也為詩人們苦悶心理的排遣找到了出路。於是，濃麗的色彩、芳香的氣息、柔弱的形貌、朦朧的意象，以及作為這些因素的集中體現的女性和愛情生

18 楊培森：〈《花間集序》與《玉臺新詠序》比較談〉，《中文自學指導》，1998年2月，頁47-49。

活，就成了詩人們最為關注的創作焦點。韓偓等人濃豔纖細的「香奩體」詩，就是這一時代傾向的典型表現。不過，詩教作為中國詩歌傳統的審美要求，早已成為一種不容撼動的審美標準。綺麗浮豔的詩風，不僅受到貶斥，甚至也為士大夫自己所不齒。於是，這種濃豔纖細的詩風，開始更多地轉向詞體創作中，而這種刻紅剪翠、綺情怨思的詩歌境界，在曲子詞中正好找到了它更為合適的表現。詞代詩興，從《香奩體》過渡轉換到《花間》詞，成為文體發展的必然，正如楊海明《唐宋詞史》所云：

> 特定的社會思潮還會選擇「最佳」的文體來得到「最佳」的表現。這種「選擇性」看起來似乎有些玄虛，但實際上又是客觀存在的，它正體現了「內容決定形式」、「形式又反作用於內容」的發展規律。……從而產生了「詞代詩興」的現象──原先以《香奩》詩為其主要表現形式的愛情意識，通過「自我選擇」和「自我調節」，終於尋覓到另一種更為「愜意」的形式作為自己理想的「歸宿」。於是，《花間》式的豔詞就應運而登上了文學舞台。[19]

晚唐時候的《香奩》詩之所以被《花間》詞取代，是因為「時代精神」在詞裡找到了理想的「歸宿」，便得到了「最佳」的表現。晚唐，詞作為一種新興的文學體式，開始迅速興盛起來。但引人注目的是，愛情意識和女性生活在詩中被視為題材禁區，在詞中卻被認為是恰如其分、合理而正當。如同錢鍾書所言：「愛情，尤其是封建禮教眼開眼閉監視之下那種公然走私的愛情，從古體詩裡差不多全部撤退到近體詩裡，又從近體詩大部分遷移到詞裡。」[20]正是這種尊卑階級森嚴的文學觀念，恰好賜予非正統的小詞留出了一塊生存的空間，它自可以保住豔情詞的合法性，而不至於像宮體詩那樣遭到幾乎是毀滅性的打擊，這也使

---

19 楊海明：《唐宋詞史》（高雄：麗文文化公司，1996年2月），頁111-112。
20 錢鍾書：《宋詩選注》（北京：人民文學出版社，1989年），頁7。

得後來文人在寫詞的時候心態較能暢所欲言，不必端起嚴肅的姿態。詞便以清麗華美、旖旎近情的語言、活潑變化的節奏、優美動聽的音樂來表現人情與人性，具有一種婉轉嫵媚的陰柔之美。顧農〈《花間集》的意義〉提及，在文學批評、文學闡釋中，古人對待非正宗或異端文學的辦法至少有下列三種：

> 一是通過巧妙的解釋將它們拉入正宗，甚至可以成為經典，如《詩經》的有關部分；二是既指出其問題所在，而仍然承認其主流是好的，並給予高度評價，同意它也是經典，如《楚辭》；三是設立文學特區，放寬標準，讓一些難登大雅的東西在邊緣地帶自己去發展，承認它們已經進入了體制之內，取得了合法的地位，如詞曲。[21]

宮體詩與豔情詞的文學觀念發展，便是第三種。「宮體」在詩裡從來不曾擁有合法的地位，「豔情」卻是詞的大宗。這種文體規範與傳統觀念反而大有利於豔情文學的發展。《花間集》事實上已繼承了《玉臺新詠》的傾向，在《玉臺》無法取得被認同的地位，反而在《花間集》成就愛情文學的一塊領地，為中國文學的豐富性做出了重大貢獻。南朝的豔詩在《玉臺》開花不結果，反而在《花間》修成正果。

> 則有綺筵公子，繡幌佳人，遞葉葉之花箋，文抽麗錦；舉纖纖之玉指，拍按香檀，不無清絕之辭，用助嬌饒之態。

文人作詞，歌妓演唱，清辭與豔色美聲並重的情況描寫的清清楚楚，文人的才情化為作品的清詞麗句，再借助歌妓的聲色與豔詞這一載體而互增其美，正是由於文學的「本體精神」，決定了文學的審美價值。

序文中的文學理論作為一種闡釋活動，它所能做的只是在一定範圍內、一定層次上對文學現象進行有限的說明。〈花間集序〉作為一篇詞

---

21 顧農：〈《花間集》的意義〉，《天中學刊》第30卷第4期，2015年8月，頁94-99。

論，仍嫌單薄，其中涉及到的問題並不是很多，而〈玉臺新詠序〉以豔情宮體詩為主，在自己論述的體系裡最多只能獲得有限的合理性，二序所發出的言說和聲響都只是眾聲喧嘩中的一種聲音，差別僅僅在於，因為聲音所依附的樂器不同，聲音的力度不同，音色不同，它們在相近的時空背景裡會得到不同的反響。

值得重視的是《玉臺新詠》雖是豔情文學的開創者，但它之所以評價不及《花間集》，這除了文體本身的社會期許與歷史定勢之外，便在於《玉臺新詠》對審美愉情悅性的追求遠勝於情感思想內涵的追求，而《花間》詞中文學的審美追求與情感內涵的深沉含蓄是統一的。假如真情實感缺席，心不在焉，就會失去文學自身的價值與特質。宮體詩以失落告終，原因即在於此。《花間》是以貌似遊戲的方式來實現對文學本質的回歸。《花間》以清麗華美、旖旎近情的語言、活潑變化的節奏、優美動聽的音樂來表現人情與人性，具有一種婉轉嫵媚的陰柔之美。並以主觀的感受、心靈的表現、表情的細密、用意的含蓄、韻味的無窮，提高了豔情文學的藝術境界。這世界有各種各樣的生活內涵，只要善於選擇、集中和提煉，使之能深入地展示出某方面的生活真實，就能給人以美感享受。

小　結：《玉臺》、《花間》的關聯與定位

文學活動在經歷漫長的階段之後，常常需要總結與反思，梳理自身的發展脈絡，以此認識自身的規律，由此形成「文學觀」。「選本」是一種涵蓋面廣的獨特文本形態，它往往經過編選情況與序文來呈現作家們的創作實踐與相關論述，並將文學活動置入「歷史存在」、「空間位置」與「社會關係」的「經緯關係情境」中去詮釋。一部嚴肅的選本，

總要通過對文本的認真考察，形成一定的觀念體系，最後通過序文把這個觀念系統表現出來。本文所論述的對象並不是一般選本，而是針對「豔情文學」這一特殊類型，透過選本與序文所透露的訊息探討豔情文學創作的性質和規律，以及形成的背景。

在南朝成書的《玉臺新詠》和在五代編選的《花間集》皆為具有成熟編輯理念的選本。選本的編訂者，一般通過編選作品表達自己的文學主張、審美趣尚。選本具有兩套話語系統：一為序文、一為編選之作，二者共同闡釋著編選者的文學觀。選本是文學的自覺性與序文自身屬性相結合的產物，強化了對文學理論闡釋與保存的途徑。序文往往具文學理論成分，本文從《玉臺新詠》和《花間集》序文中所體現的編輯旨趣出發，分析二者的文學觀點、文體意識、文學史意義，以及彼此之間的關係。以豔情文學和現實的關係為視角對宮體詩與豔情詞進行「動態」的考察，通過豔情文學活動的描述和分析，探索豔情文學發展演變的規律，明辨豔情文學創作的動機與歷程。重點如下：

壹、確立豔情的文化闡釋、文體規範與審美價值

豔情，並不等同於愛情，它有其特定的文化內涵，多半是指違背封建禮教的男女情愛，偏向於人的本能情欲。豔情離不開對女子美色的渲染，文辭的華美是它語言上的特徵。豔情，具有「緣情而綺靡」的體性特徵，具有「情必極貌以寫物，辭必窮力而追新」(《文心雕龍・物色》)的特點。

豔情是中國古代詩歌中情愛主題在特定的歷史條件下的繼承與發展，正是對文學傳統觀念的突破，為文學的表現範圍拓展了新的空間，在某種程度上具有反封建倫理教化、張揚人性的價值。傳達出特定的時代精神、審美意趣的價值。在中國古代，在儒家為主導的文學長河中強調「詩以言志」、「文以載道」的傳統，文學獨立的形式美或審美意識常

被排斥，自六朝出現了齊梁浮豔詩風，在文學觀念演變的過程中，人文思潮也經歷了從政治化到世俗化的過程，從而導致了文學內在審美意識的演變。重欲望的年代消解了人們對責任的深度追尋，同時也使人的性情欲望得到了認同與解放。到了五代《花間》詞出現，雖然繼承了齊梁宮體的審美觀，但卻反思了其中的世俗浮薄的成份，追求人情人性和審美藝術的融合，使得《花間》詞風雖「豔」而能「雅」，雖「麗」卻能「清」，在娛情悅性的同時，仍有著有內在精神的充實。

從《玉臺》與《花間》的二序觀之，其產生的時空背景是在宮廷與貴族文人的文藝沙龍裡，而非百姓平民的市井土壤。較之胡夷里巷歌謠或敦煌民間曲子詞，《玉臺》與《花間》應是雅文學。但若從二者之間的發展與嬗變觀之，從《玉臺》的「世俗浮豔」到《花間》的「清絕雅豔」，體現了「由俗復雅」的昇華。從雅正文學的視角來看「豔情文學」究竟是「高雅」還是「世俗」，是「中心」還是「邊緣」，便很難有絕對的答案。文學創作是一項複雜的精神活動，很難以偏概全地予以一筆論定。是以文學史若能超越「經典」與「通俗本」的空間對立，消弭「中心」與「邊緣」的空間僵持，回歸到人的行為所由的內在主體性來衡量文學作品的地位，具實的彰顯創作主體在時空中的「存在位置」，或許更為公正客觀。

貳、豔情文學創作是在特定的時空與文學社群關係中展開

一般學者在詮釋古代豔情文學的創作論時，幾乎僅限於語言的形式結構及修辭技巧，因此，近現代對中國古典「豔情文學創作論」的研究，幾乎集中在表現技巧或創作手法的「語言層」、「技巧論」或「修辭學」。其實，每種作品都存在於某一特定的歷史時期、空間環境、社會階層、功能需求的特定時空位置上。從而形成因循沿革、相互依存及彼此詮釋的辯證關係。如果將創作活動從時間性的「文學歷史」與空間性的「文

學社群」抽離出來，這樣所探討的就只是表淺的技巧問題，缺乏文學創作活動的「歷史」與「社會」向度。

寫作不是作家自我的想像飛躍，所有的文學文本其實都是由空間特徵非常鮮明的共時性文本「編織」而形成，它們向空間敞開也向時間滲透，既有歷史性的繼承，也有共時性的吸納。透過《玉臺》與《花間》的選本活動，我們可以發現，中國古代的文學家不管創作實踐或論述，皆明白地意識到自己的文學活動乃在「文學時空」與「文學社群」的存在情境中展開；文學創作不是一種在個人孤立狀態下的憑空想像與修辭技巧操作；而是明顯的有其「歷史存在」與「社會存在」的時空經緯向度。《花間集》與《玉臺新詠》的創作時代背景與地域文化，兩者極為接近。同樣處於動盪不安的分裂時期，皆偏安於南方的地理區域，面對來自北方的侵襲壓力，皇族們無力抵抗，只好盡情歡歌，在富貴奢侈的宮廷裡終日尋歡作樂。

本文將豔情文學的創作實踐與論述置入「文學歷史」、「空間向度」與「文學社群」經緯交涉的結構與歷程中，去進行意義詮釋。透過文體規範而論述豔情文學創作的原則問題，強調文學活動乃在特定的時空與文學社群的存在情境中展開，從「詩道不出乎變復」的「歷時性」與「群體的選擇與互動」的「共時性」論述豔情文學創作的規律，期望可以突破了一般論述多以修辭技法來論作品的簡單化、狹隘化之失，展現較為全面性觀照。透過二書與序文，讓我們理解到，豔情文學的內涵與發展，既有文學自覺的內部動力作用，又受到不同歷史時期特定環境的外部影響而不斷變化。

參、從文體規範的視角審視《玉臺》、《花間》兩者在文學史上的關聯與定位

所謂的「文體規範」，指作品的體裁對作品的結構類型具有規定性，

作者必須順應它的特定風格，這種規定性頗類似於「文學的紀律」。文學之所以重紀律，為的是要求文學的合體、適體的健康。明辨文體規範是為評價各種文體的整體成就及其作家作品提供可信的依據。《花間》詞人之於前代宮體豔情作品必有承，但《花間》和《玉臺》在文學史的地位卻成為兩極，這便是涉及到文體規範的問題，是否達到「因情立體」。

儒家詩教過於重視詩歌的道德作用，在歷代的不斷被強化而演變為排他性的獨尊之論，這便使得豔情詩在古代難以得到公正的評價。由於《昭明文選》時常被作為《玉臺新詠》的對照組討論，以至於文學史上對《玉臺》經常抱有輕靡浮豔、頹廢放蕩的成見，認為它功用甚少，缺乏洩導人情、文以載道等等的功用。《玉臺》雖非文學正宗，亦無《詩經》的教化功用，但它在《文選》之外，為後人收錄保存了許多作品，例如〈陌上桑〉、〈孔雀東南飛〉、曹植〈棄婦詩〉，端賴《玉臺》而得以傳世。即使那些受後人非議的宮體之作，作為一個時代文學風氣的產物，亦為後人提供了一時期的文學與歷史真實的材料。若純然以社會功能性來衡量文學作品，那麼豔情詩作確實是無用的，「詩」這種正統文體甚至不該有豔情題材的出現，但事實上豔情詩作卻是三千年來，文化淵遠流長的一支傳統，自《詩經》書寫愛情的篇章就佔了全書的一部份。人情欲求本難以抑制，人道當情，自然如此，如果我們以純藝術的角度重新審視豔情文本的優點，例如其優美的場景描繪、以景襯人的筆法、對女子嬌豔情態形象的描寫，以及奔放的愛情表現、對人起到一種解悶去憂的功能等等，便會發現豔情詩也有值得賞愛之處。正如莊子所言：「自其異者視之，肝膽楚越也；自其同者視之，萬物皆一也。」(《莊子・內篇・德充符》)若永遠以偏見衡量，則《玉臺新詠》永遠不會有存在的價值。倘若《玉臺》豔情詩全然無用，又何以成為「詞史之祖」《花間集》最直接的養料呢？《花間集》體現了純粹的詞體文學之美，以情為主的題材取向、以柔婉為風格取向，正與《玉臺》一脈相承。《花間》成為文學史上對《玉臺新詠》接受的「主要讀者」。《玉臺》亦因《花間》的接受而成為一種可供後人學習的典型範式，詞體亦因《花間》而定型為婉約嫵媚的女性文體。《玉臺新詠》與《花間集》皆為純文學選集，揭示詩歌「緣情」的內涵，二者皆在最大限度內網羅表現男女之情及與女性相關的詩歌。二書為「緣情而綺靡」、「吟詠性情」諸命題提供了範式、典型的依據，對傳統重政教功能的文論是一種顛覆，呈現人們自身的人情天性及某種秘而不宣的私情俗情，向傳統文學宣告豔情題材與情感已堂而皇之地進入詩歌的聖殿。

作家往往面對具有「示範效用」的前代作品、其「文體規範」中的「體式」，進行模習或創變，從〈花間集序〉對《玉臺》宮體的反思與超越，也說明了文學理論的作用不僅僅是詮釋，更是一種匡正裨益、繼往開來的表現。透過男性作家筆下的女性文本在「詩」與「詞」不同載體中的表現差異，有助於我們觀察「代言體」的「客觀照鏡」式和詩人「自道其情」兩種寫作模式的差異。同時《花間》以獨有的藝術個性和特殊的美學趣味，證實了民間詞已經變成為文人手中的工具，標誌了豔情詞作為一種文學樣式正式地登上了歷史上的文壇，名正言順地取代了宮體詩。

〈文體規範下的豔情文學觀——〈玉臺新詠序〉和〈花間集序〉的選本批評〉，2015年12月發表於中國・湖南文理學院學報《武陵學刊》，2015年第6期，總第175期，頁80-95。

第二章　明代詞學主要論題辨析

眾所周知，明詞的成就，上不及宋代的創作繁榮、思想活躍，下不逮清代的理論嚴謹、成就卓著，與宋代百家爭鳴的詞作表現、清代波瀾壯闊的詞學建樹相比，明詞的表現，多被認為無足輕重[1]；明代的詞學，向來也被認為不足為道[2]，在唐宋詞的研究碩果累累、清詞研究屢有創獲的背景下，對於明詞的研究，則相對冷清得多。現今的文學批評史或發展史著作一般也不設專節講述明代詞論，只有陳伯海、蔣哲倫主編的《中國詩學史》其中的「詞學卷」第四章專設「元明詞學」一節[3]，方智範、鄧喬彬等人主編的《中國詞學批評史》第五章「明代詞論」[4]、丁放的《金元明清詩詞理論史》下篇第二章「明代詞論」[5]、張仲謀《明詞史》[6]「第八章　明代詞學的建構」中涉及，然而，相對於其他朝代的詞論研究而言，也是筆墨甚少。

---

1 清・陳廷焯《白雨齋詞話》引言：「詞興于唐，盛于宋，衰于元，亡于明，再振于我國初。」見唐圭璋編《詞話叢編》（台北：新文豐出版社，1988 年 2 月），頁 3775。

2 清・丁紹儀《聽秋聲館詞話》卷九「明中烈偉人詞」云：「就明而論，詞學幾失傳矣。」見《詞話叢編》，頁 2689。

3 蔣哲倫、傅蓉蓉合著《中國詩學史・詞學卷》（廈門：鷺江出版社，2002 年 9 月），第四章「元明詞學」，頁 150 至 190。

4 方智範、鄧喬彬、周聖偉、高建中合著《中國詞學批評史》（北京：中國社會科學出版社，1994 年 7 月），「上篇第五章　明代詞論」，頁 149 至 176。

5 丁放《金元明清詩詞理論史》（合肥：安徽大學出版社，2002 年 2 月），頁 324 至 352。

6 張仲謀《明詞史》「第八章　明代詞學的建構」（北京：人民文學出版社，2002 年 2 月）。

其實，明代作為詞學發展史上一個重要的轉折環節，其上承宋元、下啟清代，自有其重要的歷史地位，它的存在也有許多值得注意的地方。事實上，明人在詞學領域所涉及的範圍是相當廣泛的，除了現存最早的詞譜和詞韻專書均產生於明代，同時，還編纂了許多大型詞集叢刻和選本，並且，出現了幾部可觀的詞學論著，如楊慎《詞品》、陳霆《渚山堂詞話》、俞彥《爰園詞話》、王世貞《藝苑卮言》、吳訥《文章辨體》中的「近代詞曲序說」部份、徐師曾《文章辨體》中「詩餘」篇，還有散見在各種筆記雜著及別集、選集序跋中的大量相關論述[7]，這些論著在數量上其實已超越了宋、金、元三代。趙尊岳〈惜陰堂匯刻明詞記略〉曾言：「有明以三百年之享國，作者實繁有徒，必以衰歇為言，未免淪於武斷。」[8]明白告訴我們，明代有詞，且作者實繁，而他也強調明詞：「前承宋元，繼開清代，作者更僕，越世三百年，又豈可漫加鄙薄！」強調清初詞派，詞學之盛，大都因循明季之遺風。又二○○四年，《全明詞》出版，出版者引饒宗頤之語強調：「千年詞史，鼎盛於宋，中興於清。明詞雖呈『中衰』局面，然『三百年中，能詞者為數仍夥』，清詞中興，實始自明末。明詞承上啟下、繼往開來之功，誠不可沒。」[9]方智範等人亦認為明詞與兩宋詞論相比，各有特色：「宋人重講論詞法，用以指導創作，故有較切近的功利性，明代詞學理論批評則經過由宋至元的時間積淀，開始採取冷靜

---

7 根據張仲謀《明詞史》「第八章　明代詞學的建構」中已提到：「明人所作詞集序跋一百六十餘篇，散見於明人文集、詩話中的詞話六百餘條。其中，以人而論，論詞文字較多，可以以詞話名書獨立成卷的，如單宇《菊坡詞話》、黃溥《石崖詞話》、陸深《儼山詞話》、郎瑛《草橋詞話》、俞弁《山樵暇語》、郭子章《豫章詞話》、胡應麟《少室山房詞話》、曹學佺《石倉詞話》等，至少不下十餘家。如果把這些散見的論詞文字匯成一編，當成數十萬字的巨帙。目前一般人看到的、提到的明代論詞文字，不過是其中很少的一部分而已。」頁343。

8 趙尊岳〈惜陰堂匯刻明詞記略〉，見《明詞匯刊》（上海：上海古籍出版社，1992年）。

9 饒宗頤、張璋纂《全明詞》（北京：中華書局，2004年1月）「出版說明」。

地整理、總結、研究的態度，在一定程度上可說進入了具有學術研究意義的層次。」[10]因此，對明代詞論的考察不僅有裨補詞學史的意義，且對清代詞學亦有不可或缺的作用。

其次，歷代文化氛圍不同，文化心態有異，所以歷代詞論又各有其時代的特色。明代詞論的特色也正是明人的文化氣質、精神澆灌的結果。明代正處置於對通俗文學徹底認同的文化背景中，明代社會的趨俗性也使得其詞學在嬗變和復歸之中，努力試探了詞體對於風格、境界、審美等方面的出格所能承受的限度，所以在中國詞學史上別具一格，獨樹一幟，反映出明人詞學審美理想與宋人、清人迥不相侔之處。同時，它不僅影響了清詞的局面，也足使清代詞學流派中人更自覺地反思詞的美學特徵究竟應停泊於何處。本章擬就明代詞學中幾個重要論題如主情說、本色論、正變論、近俗說、詞的起源論等進行分析，以見明代詞學迥異於其他朝代的特色。

第一節　明代詞學的生成背景

任何文學現象都是主體與客觀、外緣與內部相互作用的結果。在一定社會歷史運動或時代變革的推動下，便會形成帶有廣泛作社會傾向性的文學運動。明代詞學思想的生成有其鮮明的時代背景和文化風尚，也有文體內部演變的因素。以下分五點說明之：

壹、特殊的社會政治氣候與文人的精神

一、政治的高壓統治

10 方智範、鄧喬彬、周聖偉、高建中合著《中國詞學批評史》，「上篇第五章　明代詞論」，頁153。

明朝處於中國封建社會的晚期，與封建時代的其他君主集權一樣，明興之初也採取了一些有利於發展社會政治的措施。朱元璋起自草莽，缺少文化修養，儘管天生聰穎睿智，但在那些學富五車的文化雅士面前，仍顯得出身低微，為克服自卑，加強統治，使中央集權制度更加完備和嚴密，他大興黨獄和文字獄，借此以翦除異己。僅洪武一朝，明史所記的重典懲處豪紳案就有十餘起，這不僅消除功臣宿將對新興皇權的威脅，而且從根本上摧垮了當時文化訕謗的銳氣。

與這種恐怖政治氣候相映照的明初文壇，自然廣布著一股淒迷愁苦之音。元明之際作家們的慷慨感時，抒發壯志的豪情消失了。朱元璋而後諸帝，除明成祖朱棣專制獨裁酷肖乃父外，大多凡庸。明中葉及後期政治的特點是輔臣爭權。尤其明武宗正德年間，是明史上有名的黑暗時期，宦官劉瑾專權，大學士劉健、謝遷和郎中李夢陽被污蔑成「奸黨」，一代鴻儒王守仁也遭廷杖之辱。嘉靖前期，明世宗因「議大禮」事，喪心病狂地處置那些與己意不合者。嘉靖後期，嚴嵩當政，一意媚上，竊權圖利，夏言、楊繼盛等人先後被論斬。明末閹黨首領魏忠賢竊弄權柄，順者昌，逆者亡，殘酷迫害東林黨人。這種種慘痛的事實所造成的惡果，不僅僅從肉體上消滅了一批詞人的才華，給明詞來帶了有形的損失，更嚴重的是在精神上消磨去了一代詞人的稜角，使明詞的水平受到無形的戕害。與前朝相比，明代文人不敢自由思想，對人生和命運常充滿著一種無法掌控的恐懼心理。為了生存，要麼磨去稜角，向現實妥協，要麼「佯狂自放」，以一種玩世不恭的態度遊戲人生、苟全性命。

明代對士人來說是生存艱難的時代，從開國的明太祖到最後的崇禎帝，統治術都極其殘忍。終明一代，廷杖之聲不絕於耳。在宋、元，雖也出現過文人因屢遭貶謫而創作風貌為之一變的情況，如宋代的蘇軾、秦觀、周邦彥等，雖經歷過人生磨難，但至少沒有殺身之虞，還能擁有創作上的自由，還可以進一步加深對人生和命運的思考。然而，明代的文人大多已從肉體與精神的折磨上被耗損，還談什麼創作？劫後餘生者，也時刻處在恐怖的政治環境中，文人們這種心態，自然不能企求創作量與質的提高。

二、八股文的束縛

明代文人不僅承受政治上的高壓，更有來自八股文[11]的束縛。朱元璋為了嚴加控制人們思想而推行八股取士制度，於洪武三年（1370)下詔定科舉法，規定「中外文臣皆由科舉而選，非科舉毋得為官」[12]，直接影響著明代文人的價值取向：「眾情所趨向，專在甲科」[13]。八股文取士是明代的基本國策之一，成為統治者極力修補封建國家機器，強化專制集權服務，加強政治、思想統治的手段之一。它普遍影響到明人的價值取向，對明代文學創作產生了負面的影響。其最主要功能在禁錮知識分子的思想，使舉國上下的讀書人從小到老囚禁在程朱注疏、八股章句的精神牢籠裡，把全部精力耗費在從童生、秀才到舉人進士這連架的文化專制主義的獨木橋上。在明代中葉，士人熱衷科舉已成一時風尚。錢允治作於萬曆四十二年（1614)的《類編箋國朝詩餘・序》說：「我朝悉摒詩賦，以經術程式。士不囿于俗，間多染指，非不斐然。求其專工稱麗，千萬之一耳。」[14]此言頗有明代以經術程式而導致明詞創作衰微之意味。在士大夫看來，非科舉不僅無以自見，也無以榮耀家人，為博得一介功名，許多有才華和創作個性的作家，焚膏繼晷，窮主要精力於八股文的寫作。

---

11 八股文，就是在沿襲宋朝科舉考試文體的基礎上，形成一種以四書、五經為命題，限制一定的格式、體裁、語言、字數的應考文章，或稱作經義、制義、時文、四書文。八股文必須遵循四書、五經及朱熹的注疏，即所謂「代聖人立言」，不許稍有超越、背離，更不允許有獨立的見解和思想。

12 《明史》卷七十《選舉志》二。

13 《明史》卷六九《選舉志》一。

14 錢允治《類編箋國朝詩餘・序》，見顧從敬、錢允治著，錢允治、陳仁錫箋釋，《類編箋國朝詩餘》，明萬曆四十二年刻本。

嘉靖年間的歸有光就是一個典型，他壯年有為的生命和精力長久地被科舉考試消耗了大半，因此深有感觸地說：「科舉之學，驅一世利祿之中，而成一番人材世道，其敝已極。」[15]

三、對正統文化的掙扎與享樂風尚的形成

中國傳統的文學發展到了明代，已然翻過了唐宋的崢嶸高峰，同樣，也渡過了金元的低谷丘陵。明人既看到了唐宋詩文之不可及，也看到了金元詩文之不可取。何以為文、為詩？是擺在明代文人面前的一大難題。為此，明代文人進行了艱苦的探索和反復的論辯。如前後七子聯袂登壇，主張「文必秦漢，詩必盛唐」的復古，但隨即便有「唐宋派」以唐宋古文來反駁「文必秦漢」，有「公安派」以性靈之說來反對「詩必盛唐」。中晚明之際，復古和創新兩大派展開拉鋸。延至晚明，求新求變之風日盛，給泥於古者以極大的打擊，然而「公安」、「竟陵」諸家的詩歌卻又遠遠未能真正實現他們自身所提出的詩學理論。復古固未脫前人藩籬，創新也未見別開生面。明代文人，在如何發展傳統文學的問題上，似乎總在無休止地探索著、論爭著，這正好說明了明代文化在盛唐隆宋的高峰面前無法突破而又力求突破的一種徘徊與掙扎，也正標誌著中國傳統文化發展到明代已不得不進入一個自我反思、自我調節的必然階段。

明代是思想文化急遽動蕩的時期，傳統觀念不斷地受到沖擊。尤其是明代中後期，社會生產力有了很大的發展，資本主義萌芽，城市經濟繁榮，市民階層擴大。儒業多少失卻它籠絡士心的魅力，棄儒從商或士商兼作的社會角色開始出現，士商關係的轉換，重商觀念的深入，使「世俗以縱欲為尚，人情以放蕩為快」的放縱不羈的世風得到蔓延，社會享樂思想迅速膨脹，縱情聲色成了官僚文化生活中不可缺少的內容，在這

15 歸有光〈與潘子實書〉，見《震川先生全集》卷七。

種背景下，曾被宋人賦予娛賓遣興色彩的詞體觀被明人進一步強化。

貳、「真詩在民間」觀念所展現的對通俗文學徹底認同

宋元時期，以話本、雜劇、戲曲為代表的俗文學勃興，對傳統文學形成強而有力的衝擊，但這只是一種文學現象，並不意味著宋元時期文學觀念的轉變。直到明初，人們才真正開始把俗文學當作文學看待，並不斷提高它的地位，使之與傳統雅文學並駕齊驅，進而占壓倒性的優勢。正是由於文人的文學觀念發生了巨大的變化，才導致了中國文學發展過程中一次至關重要的自我調節。而這種文學自身調節的主要表現形態就是明代文學觀念由雅向俗的轉化。

「真詩在民間」，這是明代詩學中出現多次的一個論點。李夢陽、袁宏道、馮夢龍等人，儘管年代不同，詩學的總主張也不盡相同，甚至有所差異，但是對於「真詩在民間」的命題，卻都一致熱情地加以肯定。明代民歌時調所取得的成就尤其輝煌[16]，民歌時曲也影響著明代文人，使他們的文學觀念發生著巨大而深刻的變化，也使得他們在從事傳統詩文的創作時自覺或不自覺地吸取民歌時調求真求俗的精神，從而使那曾經稱雄八代的楚騷唐律終於在明代這麼一個特殊的歷史階段中不得不發生由雅而俗的傾斜與轉化。例如李夢陽這位明代復古派的中堅分子、「前七子」的領袖，竭盡全力倡言復古三十年，但他在生命最後幾年終於也承認「今真詩乃在民間」，並自我批評曰：「予之詩，非真也」[17]。李夢陽的

16 沈德符《萬曆野獲編》記載曰：「自宣、正至化、治後，中原又興〈鎖南枝〉、〈傍妝臺〉、〈山坡羊〉之屬。……自茲以後，又有〈耍孩兒〉、〈駐雲飛〉、〈醉太平〉諸曲，然不如三曲之盛。嘉、隆間乃興〈鬧五更〉、〈寄生草〉、〈羅江怨〉、〈哭皇天〉、〈乾荷葉〉、〈粉紅蓮〉、〈桐城歌〉、〈銀紋絲〉之屬，……比年以來，又有〈打棗竿〉、〈掛枝兒〉二曲，其腔調約略相似，則不問南北，不問男女，不問老幼良賤，人人習之，人人喜聽之，以至刊布成帙，與世傳誦，沁人心腑，其譜不知從而來，真可駭歎！」

17 李夢陽《詩集自序》，見明萬曆浙江思山堂本《李空同全集》卷五十。

這個結論，與其復古的主張有著明顯的矛盾。李夢陽之所以肯定民間歌謠為「真詩」，謂文人學士之詩「非真也」，乃因為他體認出詩歌的本質：「夫詩者，天地自然之音也」，所謂「自然」，乃發自真心也，而「真者，音之發而情之原也，非雅俗之辨也。」[18]判斷是不是真詩，關鍵不在於雅俗，而在於其具有特定風格的音調節奏是否真切地傳達出某種情感或心緒。里巷歌謠都是老百姓真情的自然抒發。正是這樣一種時代風氣、文學氛圍，使中國傳統詩歌的寫作在明代才真正出現了自十五國風以來前所未有的歷史危機，遭受到民歌強而有力的挑戰，從而不得不自正統的殿堂中走下來，去和民歌俗風握手。

當明代的傳統詩文經受著民歌時調的衝擊而未能免「俗」的同時，諸如戲曲小說這些本不登大雅之堂的俗文學更加得到明代文人的特殊重視。有明一代，對俗文學的喜愛蔚然成風，不少文人十分敏感地意識到俗文學那不可遏止發展趨勢和撥山撼石的社會功能。他們逐漸認識到，利用俗文學，同樣可以言志抒情，同樣可以救世道、懲人心，同樣可以進行道德評判，甚至同樣可以展現自己的文學才能，便開始對俗文進行重新估價、重新認識。正是因為有了這種觀念的轉變，明代文人才能在傳統詩文「山重水複疑無路」之際，找到了通俗文學這「柳暗花明又一村」，在明代這樣一個文學領域發生翻天覆地的變化的特殊時代，明代文化始而被動地接受著俗文學的沖擊，繼而逐步看清了俗文學生生不息的發展趨勢。

市民文化意識的世俗風氣，給明代文學最大的影響是重情。被壓抑得許久的文人個性在情的感召下得以張揚，文化對於人的本體感情與欲望需求的關注達到了空前的程度。這種對情的張揚突破了傳統禮教觀念的束縛。明代後期，在思想解放的文化背景之下，由此而形成對詞的體

18 同上註。

性觀念的超越和反撥。

參、心學的流行

明代詞學思潮的形成，自有其深刻的文化底蘊，那就是「心學」的流行。

明代文壇尊情、主情之風瀰漫，是與王守仁的「心學」在同一文化母體中生成的。王守仁說：「學者學聖人，不過是去人欲而存天理。」(《傳習錄》上[19])「心即理」、「致良知」這樣的命題，始終將超越性的倫理原則與具體的感覺統一起來，良知歸結為是非之心，是非之心歸結為好惡，這就把情感、欲望從外在的嚴格約束下解放了出來。使明代文學批評把學者的注意力從外部世界轉入人的內心世界，所以，心學的另一特點是對個性的極度張揚，開始注重人本和個體的價值，所謂「我的靈明便是天地鬼神的主宰」(《傳習錄》下)。特別是在明代中期以後，隨著「心學」的深入人心，情的觀念愈益受到重視，如李夢陽之「今真詩乃在民間」[20]、李贄之「童心說」[21]、馮夢龍之「情教說」[22]，一線貫通。在這種文學思潮的風行下，明人論詩、詞、文、小說、戲曲，其審美價值取向都注重一個「情」字，他們把「情」視為萬事萬物的推動力，更是文學創作的源泉。

其次，與詞在明人心目中的地位和功用有關。在明人心中，詞如同小說、戲曲一樣，是小道，無非是歌宴酒席間賞心悅目的豔科小道，那

---

19 王陽明《傳習錄》，見葉紹鈞的校注本《王文成公全書》（上海：商務印書館影印隆慶六年《王文成公全書》作為四部叢刊本，上海商務印書館，1927 年版）。

20 明・李夢陽〈詩集自序〉，見《李空同全集》（北京 :人民出版社，1984 年 5 月）卷五十。

21 明・李贄〈童心說〉，《焚書》卷三（北京：中華書局，1975 年）。

22 明・馮夢龍〈敘《山歌》〉，見馮夢龍著、劉瑞明注：《馮夢龍民歌集三種注解》（北京：中華書局，2005 年版）。

麼正統的理學對詞的束縛自然要比詩文少得多。詞因地位不高而少了這些約束，也就更容易受心學等思潮的影響，主情論的呼聲，自然也更能大膽強烈地表現。

導致詞學中的主情意識風起雲湧，這也是文人對正統文化意識束縛的一種掙扎，對市民文化心理的靠近與認同。因此，在金元以來漸漸失去的兒女情長之作，又在明代重新被人所重視，成為明代詞學的主導風尚。

肆、文體的更替與曲代詞興的現象

文學的發展和其他事物一樣，都有一個漸變發展的歷程。明詞的衰微更多是因為曲的勃興，這是文學體裁更替的必然。明人王世貞《藝苑卮言》即謂：

> 詞興而樂府亡矣，曲興而詞亡矣，非樂府與詞之亡，其調亡矣。[23]

王氏指出詩、詞、曲的傳遞嬗變並不是一個詩體相互取代的過程，而是每一詩體因其所賴以存在的音樂的消亡而在新的時代無復再見盛時的光彩，而不能與新興詩體相抗衡。錢允治《類編箋國朝詩餘・序》說：

> 詞者，詩之餘也。詞興而詩亡，詩非亡也，事理填塞，情景兩傷者也。曲者，詞之餘也。曲盛而詞泯，詞非泯也，雕琢太過，旨趣反觸者也。[24]

錢允治從不同文學之體在藝術表現的旨趣上，論析詞與詩、曲與詞相互間的遞變與差異。他指出了詞衰微的原因之一在於用語及聲律方面過於講究雕飾，這使詞作為文學之體的旨趣被消除了，最終被富有生趣的曲所替代。錢允治之論富於對文學歷史發展的辯證認識。

---

23 王世貞《藝苑卮言》，《詞話叢編》，頁 385。

24 錢允治《類編箋國朝詩餘序》，見顧從敬、錢允治著，錢允治、陳仁錫箋釋，《類編箋國朝詩餘》，明萬曆四十二年刻本。

明代能曲的作者儘管熱衷詞，但比較而言，對曲的興趣要遠勝於詞。王驥德《曲律》卷四在指出「詩不如詞，詞不如曲，故是漸近人情」時說：

> 詞之限于調也，即不盡于物，欲為一語之益，不可得也。若曲，則調可累用，字可襯增。詩與詞不得以諧語方言入，而曲則惟吾意之欲至，口之欲宣，縱橫出入，無之而無不可也。
>
> 宋詞句有長短，聲有次第矣，亦尚限邊幅，未暢人情。至金、元之南北曲而極之長套，欲之小令，能令聽者色飛，觸者腸靡，洋洋緬緬，聲蔑以加矣。[25]

文學體裁的更替根因於不同時代人們的性情之異，根因於不同時代的人們審美風氣的變更。王氏從藝術形式的特性來考察文體與人情的因緣關係，就語言形式和音樂形式相比，明人更醉心於漸近人情的曲體，詞之創作自然不盛。這是因為詞的黃金時代已經過去了，詞之音律與辭章分離，詞不能按而付之歌喉，曲卻傳唱於伶工，這為曲的盛行提供了現實基礎。另一方面，從「盛極之下，難乎為繼」的客觀現實來看，詞作為一文體，發展至明已有五、六百年的歷史，確已存在著「文體通行既久，染指遂多，自成習套。豪傑之士，亦難於其中自出新意」[26]的現象，況且明人又缺乏創新開嬗的精神。從詩、詞、曲三者的關係看，詩屬正統文學，正統文學有著其根深蒂固的傳統，詞、曲同屬末技小道，然而在明代，曲的發展正如日中天，明人對曲趨之若鶩，無疑分散了他們對詞的熱情，詞自然只能在夾縫中求生存，其地位可想而知。

劉熙載《藝概・詞曲概》說：

> 未有曲時，詞即是曲；既有曲時，曲可悟詞。苟曲理未明，詞亦

25 王驥德著，陳多、葉長海注譯，《王驥德曲律》（長沙：湖南人民出版社，1983年），頁22。

26 引自王國維《人間詞話》「文體始盛終衰」條下，見《詞話叢編》，頁4252。

恐難獨善。[27]

這裡已提出了「詞的曲化」現象，由於詞、曲相近的關係為它們二者提供了相互承襲滲透的基礎。「詞曲相互滲透在宋、金時期，曲完全受詞的支配，詞處于主導地位，到了元、明，詞反退居其次。」[28]所以在明代，用曲的聲情填詞，使詞中滲透著曲的活潑、世俗的情調。

詞曲的產生雖不同時，但在各自演進的過程中，相互滲透和影響卻是存在的，詞曲交融乃至曲代詞興無疑是宋以後文體的自然發展，而詞的「曲化」現象，反過來削弱詞體本身的藝術特性。

通過上述，我們不難看出，明代統治者採取政治上的高壓、推行八股文，明代文壇復古風氣濃厚，但社會卻因資本主義的萌芽而瀰漫著享樂風尚，因此明代社會漸趨俗化，在這種背景之下，文人在正統文化與世俗風尚下的掙扎，加上文體自身的發展演變和創作主體的精神面貌的改變，當時文學風氣正實現新的轉移，凡此種種，確實是制約明詞表現的主要原因，明代詞論就產生在這樣一個特殊的文化背景之下。

第二節　「主情說」的極度張揚
對宋以來以詩教傳統衡詞的詞學觀之發難

在明人的文學批評中，不論何家何派，崇情重情、尚情尊情都是一條綿延不絕的主軸，在明人心中，情高於一切，主情說，更是明人論詞最重要的觀念，它貫穿了有明一代。方智範等人在《中國詞學批評史》中說：

關於詞體「主情」，明人論述中既反映出傳統觀念的影響，也體現

27 劉熙載《藝概・曲概》（台北：金楓出版有限公司，1986年12月），頁144。
28 引自孫家政〈論明衰蔽的原因〉，《寧波大學學報》（人文科學版），第12卷第4期，1999年12月，頁17至21。

出新的思想內蘊。所謂傳統觀念，主要是指「詩莊詞媚」的體性觀和「詩言志，詞言情」的功能觀。唐、宋以還幾乎始終居于主流地位的這種詞學觀念，在明代文人中還是有相當影響的。[29]

「主情說」在明代詞論中隨處可見，而且還鮮明地體現出與傳統詞學觀念的差異，它直接決定了明代詞學的走向。王世貞《藝苑卮言》是傳統觀念的代表：

即詞號稱詩餘，然而詩人不為也。何者，其婉孌而近情也，足以移情而奪嗜，其柔靡而近俗也。[30]

詞，詩人不為，乃是因為詩以「言志」為傳統，而詞的特色在於「婉孌近情」和「移情奪嗜」，最能讓讀者心搖神馳，強調和肯定詞的移情作用和審美價值。詞也正是以「主情」而區別於詩，如此，也就劃清了「言情」的詞與「言志」的詩之間的界線。周遜《刻詞品・序》云：

是故山林之詞清以激，感遇之詞淒以哀，閨閣之詞悅以解，登覽之詞悲以壯，諷諭之詞宛以切。之數者，人之情也。[31]

概括出不同題材詞作所蘊涵的不同情感內涵，並指出詞與人情是分不開的。

王、周二人的理念仍停留在傳統的「詩言志，詞言情」的功能觀。然而，我們在考察明代詞論中的「主情說」時，更要注意的是其與傳統觀念的差異，正在於「某些詞論家特別強調情性的重要，把言情看成詩體最基本的藝術特質，而且對『情』的關注到了無以復加的程度，對『情』的含義的理解也有所擴大，似乎由『情性』而指向『情欲』。」[32]楊慎在論韓琦、范仲淹這兩位宋代名公的詞情致委婉的言情特徵時，借題發揮

29 方智範、鄧喬彬、周聖偉、高建中合著《中國詞學批評史》，頁 162。
30 王世貞《藝苑卮言》「詞之正宗與變體」條，《詞話叢編》，頁 385。
31 見楊慎《詞品》周遜前序，《詞話叢編》，頁 407。
32 方智範、鄧喬彬、周聖偉、高建中合著《中國詞學批評史》，頁 163。

云：

> 大抵人自情中生，焉能無情，但不過甚而已。宋儒云：「禪家有為絕欲之說者，欲之所以益熾也。道家有為忘情之說者，情之所以益蕩也。聖賢但云寡欲養心，約情合中而已。」予友朱良矩嘗云：「天之風月，地之花柳，與人之歌舞，無不成三才。」雖戲語亦有理也。[33]

楊慎認為「人自情中生，焉能無情」，而情，正是詞的存在基礎，雖仍有主張情感要合中適度而有約束，但他顯然對禪家的「絕欲」與道家的「忘情」持否定的態度。且他所指的情與欲，並非政治社會性的情感，而是「風月」、「歌舞」、「花柳」之類，即指人的生存和享樂欲望之滿足。他認為詞應當傳情，正常的情感得不到宣泄與表現，必然導致人生的缺憾。楊慎顯然從「以理節情」向「以欲激情」邁出了有力的一步。

如果說楊慎的論述尚浮在表層，還未直接觸及到詞的體性問題，那麼，沈際飛《草堂詩餘四集・序》中，就明確地把言情視為詞體基本的藝術特質：

> 於呼！文章殆莫備於是矣！非體備也，情至也。情生文，文生情，何文非情，而以參差不齊之句，寫鬱勃難狀之情，則尤至也。[34]

「情」是一切文學創作的根本，沈際飛繼承這個優良傳統來論詞，認為詞由於句式參差不齊，最善於描摹鬱勃難狀之情，這一點上要勝於任何其他表現情感的文體。那麼他所說的「鬱勃難狀之情」主要指的是哪一類的情感呢？他提出：

> 甚而遠方女子，讀淮海詞，亦解膾炙，繼之以死（長沙妓愛秦少游詞，許嫁之，後聞秦訃，一慟而絕)。非針石芥珀之投，曷由至是？雖其鐫鏤脂粉，意專閨襜，安在乎好色而不淫？而我師尼

33 楊慎《詞品》卷三，《詞話叢編》，頁467。
34 沈際飛《草堂詩餘四集・序》，見沈際飛編《草堂詩餘新集》，明刊本。

氏刪《國風》，逮〈仲子〉、〈狡童〉之作，則不忍抹去，曰：「人之情，至男女乃極。」未有不篤於男女之情而君臣、父子、兄弟、朋友間反有鍾吾情者。況借美人以喻君，借佳人以喻友，其旨遠，其諷微」……故詩餘之傳，非傳詩也，傳情也，傳其縱古橫今，體莫備于斯也。余之津津焉評之而訂之，釋且廣之，情所不自已也。[35]

淮海詞有重情的特點，以致女子鍾愛之陷溺之而身殉，足見詞情感人動人撼人之深了。詞的存在價值，就在於它的抒情性上，而且也不以「意專閨襜」而嫌之，因為「人之情，至男女乃極」，「未有不篤于男女情而君臣、父子、兄弟、朋友間反有鍾吾情者。」因此，「意專閨襜」沒有應受指責的地方，在此，沈際飛將漢宋儒講的「夫婦之義」置換為「男女之情」，可以說，在最大限度之中打破了籠罩於其上的倫理規範，雖然自稱「我師尼氏」，恐孔子也不肯收入門牆了。沈氏又云詞「借美人以喻君，借佳人以喻友，其旨遠，其諷微」，「意專閨襜」反而是值得肯定的寫作技巧。由此可見明人對詞的體性探索是在逐漸深化之中，特別是他堅持抒發男女之情的合理性，斷然否定「好色而不淫」的迂腐說教，為人世間的男女之情申辨，甚至認為男女之情是種種情感的基礎，是一切人情之「極」，又力圖把讀者的注意力引向它所可能具有的隱喻寄託意義上去，完全可以視為浙、常二派比興寄託說詞論的先聲，儘管沈際飛與浙、常二派有著根本不同的思想基礎。沈氏的理論，其是非對錯姑且不談，但由於詞被視為最佳抒情形式，詞的價值就建立於此，比興寄託不過是有益的補充罷了。由於男女之情不再受到鄙視，沈際飛在此便輕易地擺脫了「詞為小道」觀念的羈絆，比起清人為了解決「緣情」與「言志」在詞中的衝突而費盡心機創制的種種「尊體說」來，明代詞論中的

35 沈際飛《草堂詩餘四集‧序》，見沈際飛編《草堂詩餘新集》，明刊本。

「主情說」反而顯示出自在自得的淋漓盡致。明人從這樣一個視角來肯定男女私情、肯定豔詞，其反傳統、違禮教的意義，是不言可喻了。由此，詞獲得了崇高的地位。孟稱舜更說：

> 蓋詞與詩、曲，詩格雖異，而同本于作者之情。古來人才豪客，淑姝名媛，悲者喜者，怨者慕者，懷者想者，寄興不一。或言之而低徊焉，宛孌焉，或言之而纏綿焉，悽愴焉；又或言之而嘲笑焉，憤怒焉，淋漓痛快焉，作者極情盡態而聽者洞心聳耳，如是者皆為當行，皆為本色，寧必姝姝媛媛，學兒女子語而後為詞哉！[36]

由於作者身分的差異、人類感情的多元，詞作就必然要呈現出不同的風格。但是他認為婉約與豪放風格的差異，都是「末」而不是「本」，是表象而不是本質。何謂「本」？即「情」是也。孟稱舜把「作者之情」定為詞之「本」，他略去風格之差異，而鎖定一個「情」字，「情」即是孟稱舜所謂的「當行」、「本色」，不但含孕極其豪、極其壯，也極其香、極其豔。推崇作者「極情盡態」，追求「洞心聳耳」的效果，任何一種風格，都追求趨於極致的美，完全以「情」作為詞的創作原則。這就打破了豪放、婉約的界限，而以「情」統攝一切的最高原則了。

陳子龍也有主情之論：

> 宋人不知詩而強作詩，其為詩也，言理而不言情，終宋之世無詩。然宋人歡愉愁怨之致，動于中而不能抑者，類發于詩餘，故其所造獨工，非後世所及。[37]

指出因為宋詩「主理而不主情」，所以歡愉愁怨之情只好在詞中表現，這樣宋詞便理所當然地遠勝於宋詩了。故詞壇作詞、論詞偏嗜於情，

---

36 孟稱舜《古今詞統序》，見明・卓人月、徐士俊編輯《古今詞統》（瀋陽：遼寧教育出版社，2000 年 1 月）。

37 《王介人詩餘・序》，清嘉慶刊本《陳裕公全集》，《陳子龍文集》（上海：華東師範大學出版社，1988 年），頁 354。

乃明人特定的「期待視野」作用下的必然選擇。

與主情說相表裡，明人對詞之價值的認定在於感人動人，而非教化，如周遜《刻詞品・序》申明：「不感人非詞也」[38]，王世貞強調詞的創作要做到「一語之艷，令人魂絕；一字之工，令人色飛，乃為貴耳。」[39]這是就作品要感人的效果而言，徐師曾更強調：「詞能感人」，「殆不可謂俗體而廢之也。」[40]明人因主情，故而他們認為詞人在創作時應滿懷深情，以深情的心靈觀照外物，在批評詞作高下的時候，更是將抒情的優劣作為品評詞作高下的重要標準。例如王世貞在《藝苑卮言》中高度評李煜詞云：「『問君能有幾多愁？恰似一江春水向東流』，情語也。後主直是詞手。」[41]李後主詞中描愁寫恨的詞句淒婉動人，因而成為明人品評賞玩的熱點，如〈烏夜啼〉(無言獨立西樓)一詞以抒寫「別是一番滋味」的離愁著稱，沈際飛評云：「七情所至，淺嚐者說破，深嚐者說不破。破之淺，不破之深，『別是』句妙。」[42]明人這種對詞之特有的「移情而奪嗜」的審美價值的肯定，實際上是對於過去將詞納入詩教傳統詞學觀的發難。

宋人和清人論詞也重情，卻無法像明人那樣大膽放手，他們的「情」總是受到道德、政治乃至文學形式本身的嚴重束縛。明代主情論的特色在它並不鄙視男女之情，它放棄以男女之情作為寄託載體的夾帶走私的作法，轉而正面提升男女情的地位和性質，把它當作詩歌創作的本然產物。正如何景明所說：「夫詩本性情之發者也，其切而易見者莫如夫婦之間。是《三百篇》首乎〈雎鳩〉，六義首乎風；而漢魏作者，義關君臣朋友，辭必托諸夫婦，以宣鬱而達情焉，其旨遠矣。」[43]這裡雖也談比興寄

---

38 周遜《刻詞品・序》，《詞話叢編》，頁 407。
39 王世貞《藝苑卮言》，《詞話叢編》，頁 385。
40 徐師曾《文體明辨序說・詩餘》（北京：人民文學出版社，1982 年），頁 223。
41 王世貞《藝苑卮言》，《詞話叢編》，頁 388。
42 沈際飛《草堂詩餘四集・序》，見沈際飛編《草堂詩餘新集》，明刊本。
43 何景明〈明月篇序〉，見《何大復先生集》卷十四。

託，但心態與宋、清人是不同的。宋代詞論中已開比興寄託解詞之風的先河，清代更是蔚為大國，其原因乃對詞中盛言男女之情表示輕蔑，但又要為它的存在作出辯護，其理論武器就是漢代經學中解《詩》、《騷》的「比興寄託」說。然而，明人認為夫婦之情是有價值的，君臣朋友之義只有托於夫婦之辭後，才能獲得審美價值。所以，宋人和清人的情從未能獲得像明詞如此崇高的地位，相形之下，明代詞論的「主情說」這一特色就顯得分外鮮明，甚至把「情性」片面發展為「情欲」，擺脫了種種傳統詞學觀念的影響，言論更顯大膽而熱烈，完全是名教所不能束縛的，這是「情」的解放思潮在詞體上的投射，具有鮮明的時代特色，是前所未有的獨特表現。

由以上對明詞「主情說」的論述，我們可見明人對兒女之情極度發揮，體現了明人有意恢復且大肆宏揚「詞以緣情」的傳統，主情緣情即是明人對詞的體性認知的主流，於是主情的詞體觀在客觀上起到了推尊詞體的作用，從詞主情的角度定位，明人已為尊體觀的確立提供了一個全新的視角。我們甚至可以說，明人對詞體的認識，較之清人更為符合詞的本來面目，然而，明人對詞體關注的程度及推尊詞體的努力卻往往為人所漠視，對後世影響不大，相反的還遭到清人的不屑，可知，維護詞之本色與推尊詞體之間是很難取得平衡的。其實，文學既是人學，文如其人，言為心聲，詞更是表現人心的載體，那麼「情」就應當是詞創作的最初發源。詞由於其「要眇宜修」的文體特色，最能充分表達人類內心世界的幽深、微妙、曲折的感觸，這就是詞超越於詩的特質，這樣，明人在主情的基礎上，詞體的地位得到充分的肯定。正如論者所言：「明代詞學批評中的主情理論，表明了明人對詞體的情感特徵有了更為明確深入的認識，而就其總體背景及思想內涵而言，又具有對抗封建理學和張揚個性的思想解放意義，的確並非宋元詞論的簡單重複。」[44]而明人「重視以詞緣兒女之情的觀念，對於明代詞學的體派之論、正變之爭均有深刻的影響。」[45]以下即針對明人對詞的體性論說明之。

第三節　辨體論：以香豔綺靡爲詞之本色

中國古代文論經常強調「文各有體」，其中的一層含義即是文體對於所表達的內容有選擇的功能，它只能容納與它特性相通那一部分的人生體驗，而對於不適合的那一部分，則必須加以改造或排除。各種文體獨特審美風格就是由此而產生的。要求特定的文學體裁尊重自它生成之日所形成的創作傳統，這一點是大家都認同的。詞的體性問題，一直是詞論家關注的焦點，它構成了詞論史的核心。在宋代，就已有李之儀的「自有一種風格」說、陳師道「本色說」、李清照「別是一家」說等對詞的體性進行論述，提出了本色理論，但進入了金元之後，詩、詞、曲不分的現象就越來越突出，所以，劃分詩、詞、曲之疆域，辨明詞的體性，便成了明代詞學必須要處理的一個問題。

探討這個問題，一般都從詩詞比較的角度入手。從這個角度，人們一眼就可看出，詞與詩在形上存在著顯著的差異，即詞必須播之於弦歌。然而，隨著宋室南渡，作詞便與律呂多有相悖之處，到了明代，詞的音譜已經失傳，明人填詞多不解音聲，俞彥曾對此進批評，他說：

> 詞全以調為主，調全以字之音為主。音有平仄，多必不可移者，間有可移者。仄有上去入，多可移者，間有必不可移者。儻必不可移者，任意出入，則歌時有棘喉澀舌之病。故宋時有一調，作

---

44 方智範、鄧喬彬、周聖偉、高建中合著《中國詞學批評史》，頁 169

45 引自蔣哲倫、傅蓉蓉合著《中國詩學史・詞學卷》，第四章「元明詞學」，頁 171。

> 者多至數十人，如出一吻。今人既不解歌，而詞家染指，不過小令、中調，尚多以律詩手為之，不知孰為音、孰為調，何怪乎詞亡之也。[46]

面對這種詞壇失律的現實狀況，明人是充滿遺憾的，當詞的音譜即曲調宮商失傳以後，詞調的音樂性便主要表現為字音即平仄四聲的調配協調了。所以俞彥針對明人填詞不解音聲，以「律詩手為詞」，因而造成詩、詞體製相混的問題，具體論述了「字之音」在維護詞體特性方面的重要性，所以在此強調字聲運用的基本規律。明人不僅努力整理、研究和制定詞調詞譜，如《詩餘圖譜》、《嘯餘譜》的編定[47]，還希望通過保留合樂之詞來存留和追和古人詞樂。詞譜的出現說明在詞體與「樂」完全分離的歷史條件下，明人努力從前人詞作出發，通過歸納和總結，尋求維護詞體的音樂特徵的途徑。

雖然明人是從保存詞的音樂性角度出發而制訂詞譜，但與宋代的李清照、張炎等人所追求詞與樂合相比，情況已大有不同，實際上，他們不再去管五音、五聲、六律、清濁等問題，只是從平仄與押韻出發，這樣一來，即使合「格」之詞也未必能唱。由於明人將詞腔簡單化了，所以混淆了詞樂的本來面貌，反而推動了詞向格律詩方向的轉化。

詞發展至南宋，詞、樂逐漸分離，在元、明以來，曲繼起而詞被摒逐於管弦的情況下，如果僅從音樂的角度辨明詞的體性，仍然一味地強調應歌合律，只注重其音樂抒情功能而忽視其文學功能，就無法順應詞體演變的趨勢。在明代，在這樣一個早已丟失了詞樂的傳統演唱方法的時代，就不能抱守殘缺，不能再斤斤計較詞樂的宮調所屬，為了「順應

---

46 俞彥的《爰園詞話》「詞須注意音調」條，《詞話叢編》，頁 400。

47 根據張仲謀《明詞史》（北京：人民文學出版社，2002 年 2 月）「第八章　明代詞學的建構」中對明代的「音韻譜律之學」分析甚深，其中提到：「第一部詞譜就是明人張綖的《詩餘圖譜》」，「比張綖《詩餘圖譜》影響更大的，是晚明程明善編撰的《嘯餘譜》。」頁 333 至 334。

這一詞體演變趨勢，依托著新的思想文化背景，明代詞家紛紛把注意力投向詞體『主情』的特性，古代詩學中『吟詠性情』的傳統觀點被賦予了某些新的內容。」[48]出於對南宋詞學詩化傾向的反撥，明人尤其重視詞體自身的品格特徵。最早提出詩詞之別的是何良俊《草堂詩餘・序》：

> 樂府以皦逕揚厲為工，詩餘以婉麗流暢為美，如周清真、張子野、秦少游、晁叔原諸人之作，柔情曼聲，摹寫殆盡，正辭家所謂當行，所謂本色者也。[49]

此指出了樂府詩的「皦逕揚厲」與詞的「婉麗流暢」的風格差異，旨在強調詩詞的文體區別。以「柔情曼聲，摹寫殆盡」作為詞體的「當行」、「本色」的概括。明人論詩詞文體的差異主要表現在兩方面，一是內容，二是風格。從內容而言，「詩言志，詞言情」，這是詩詞內容題材上的差別，明人仍以言情為詞的主要內容，且認為所言之情是一種「婉孌」之情，一種委婉動人的男女之情，而且越出了詩教的規範，正如王世貞《藝苑卮言》所言：

> 故詞須宛轉綿麗，淺至儇俏，挾春月煙花於閨幨內奏之，一語之豔，一字之工，令人色飛，乃為貴耳。至於慷慨磊落，縱橫豪爽，抑亦其次，不作可耳。作則寧為大雅罪人，勿儒冠而胡服也。[50]

若將王氏的「春月煙花」之「宛轉綿麗」與南宋末年張炎所提倡的「性情之正」、「使情而不為情所役」(《詞源》)相比較，可發現明人所謂的「情」更多具有個人化和私密性。為了強調男女私情的特性，他們並不主張以詞言志，所以辛詞「慷慨磊落，縱橫豪爽」的情志在詞中是不被接受的，王氏甚至說出了「寧為大雅罪人，勿儒冠而胡服也」，意為寧

48 方智範、鄧喬彬、周聖偉、高建中合著《中國詞學批評史》，頁 162。

49 何良俊《草堂詩餘・序》，《草堂詩餘》（台北：臺灣中華書局，1971 年 11 月初版），頁 2。

50 王世貞《藝苑卮言》，「隋煬帝望江南為詞祖」條，《詞話叢編》，頁 385。

要本色，也不要不倫不類的「雅」，表裡不一的「雅」。

周永年《豔雪集・原序》云：

> 〈文賦〉有之曰：「詩緣情而綺靡。」夫情則上溯〈風〉、〈雅〉，下沿詞曲，莫不緣以為準。若「綺靡」兩字，用以為詩法，則其病必至於巧累於理；僭以為詩餘法，則其妙更在情生于文。故詩餘之為物，本緣情之旨，而極綺靡之變者也。[51]

周永年雖然沒有提出「本色」二字，但在這裡論述的就是詞的體性問題。他在探討詞的體性時基本上把音樂問題置之度外，而是從「情」入手，把「主情說」與「詩詞之辨」的話題結合起來。又拈出了「綺靡」二字。「綺靡」二字由陸機〈文賦〉[52]提出，標誌文學觀念劃時代的轉折。周永年以為「綺靡」二字，用以為詩法，其病「必至於巧累於理」，但是若改作「詞緣情而綺靡」更為確當，「詩餘之為物，本緣情之旨，而極綺靡之變者也。」「極」之一字，就突出了詞與詩同中有異的文體個性。本來，「綺靡」是「緣情」的必然要求，單拈「綺靡」，並不能截然劃分出詩詞的界限，周永年倡言「極」綺靡之「變」，既闡明了詩詞之同，又抓住了詞的特殊性，「極」其「變」的觀念使得詞在接續詩的傳統之時劃清了與它的界限。

明末陳子龍《三子詩餘・序》云：

> 夫風騷之旨，皆本言情，言情之作，必托閨襜之際。代有新聲，而想窮擬議，于是以溫厚之篇、含蓄之旨，未足以寫哀而宣志也，思極于追琢而纖刻之辭來，情深于柔靡而婉孌之趣合，志溺于燕婧而妍綺之境出，態趨于蕩逸而流暢之調生。[53]

---

51 周永年《豔雪集・原序》，見《明詞匯刊》本（上海：上海古籍出版社，1992 年），〈豔雪篇〉，頁 261。

52 陸機〈文賦〉：「詩緣情而綺靡，賦體物而瀏亮。」見梁・蕭統編、唐・李善注《昭明文選》（台北：文津出版社，1987 年）第十七卷「論文」，頁 761。

53 清嘉慶刊本《陳裕公全集》，《陳子龍文集》（上海：華東師範大學出版社，1988

指出詞之情乃出於閨襜，而且越出了溫厚含蓄的規範，是柔靡、婉孌甚至蕩逸的，它強調一種出自於內心不加矯飾的真情。這種大膽潑灑的言情超越了南宋後期詞學的核心觀點——「雅正說」，上溯至《花間》傳統。陳子龍《幽蘭草・題詞》又指出了崇尚晚唐五代及北宋詞，以「言情」為主旨：

> 自金陵二主以至靖康，代有作者，或穠纖婉麗，極哀豔之情，或流暢淡逸，窮盼倩之趣。然皆境由情生，辭隨意啟，天機偶發，元音自成，繁促之中尚存高渾，斯為最盛也。[54]

陳子龍對五代、宋、元詞作風格特徵論述、概述，他認為此期詞作都能立足在由「情意」而「言辭」，由「言辭」而「詞境」的審美生發的基礎上，通過渾然天成的詞境表現出創作者的「哀豔之情」或「盼倩之趣」，標舉「境由情生，辭隨意啟，天機偶發，元音自成」為詞的最高標準，這是晚唐、五代以及北宋詞的最大特點。肯定南唐、北宋詞，對南宋較多詰責，對元詞則整體否定。陳子龍較早表現出了詞趣審美表現是落足在詞境的基礎上的。陳子龍在《王介人詩餘・序》又論道：

> 故凡其歡愉愁怨之致，動於中而不能抑者，類發於詩餘，故其所造獨工，非後世可及。以沈摯之思，而出之必淺近，使讀之者驟遇之，如在耳目之前，久誦之，而得雋永之趣，則用意難也。……其為體也纖弱，所謂明珠翠羽，尚嫌其重，何況龍鸞。必有鮮妍之姿，而不借粉澤，則設色難也。其為境也婉媚，雖以警露取妍，實貴含蓄。有餘不盡，時在低回唱歎之際，則命篇難也。[55]

陳子龍對詞體的審美特徵深有體認，他認為詞「其為體也纖弱」、「其

年），頁354。

54 清嘉慶刊本《陳裕公全集》，《陳子龍文集》（上海：華東師範大學出版社，1988年），頁352。

55 嘉慶刊本《陳裕公全集》，陳良運主編《中國歷代詞學》（南昌：百花洲文藝出版社，1998年8月），頁344。

為境也婉媚」，但這些本色不過是詞的表面特徵，透過這些外在形態，陳子龍對思、情、志、意等詞的內部特徵做了深入分析，指出了正是「凡其歡愉愁怨之致，動於中而不能抑者，類發於詩餘」，決定了詞當有纖刻之辭、婉孌之趣、妍綺之境、流暢之調等外在型態。要做到這些必須在用意上以沉摯之思出之必淺近。

由上述諸說可見明代詞論家簡略地概括出詞有婉孌近情、柔靡近俗、婉麗流暢、柔情曼聲的特點，仍是嚴守詩詞之別、突出詞體的個性，由這一點可見明人不無受到宋元以來傳統詞學觀念中的「陶寫性情，詞婉於詩」[56]的體性觀和「詩言志，詞語情」的功能觀的影響，但明人更趨向淺俗和香弱的詞體審美觀，偏嗜綺豔的詞學觀，一反宋人重教化、崇雅正的詞學觀念。

第四節　正變觀「崇婉抑豪」，嚴分體派

辨別體、性，區分正、變，是明代詞學批評的又一重要特色，也顯示了中國詞學批評發展的一大趨勢。「正變」，實際上是結合著文學的發展變化，對文學風格或流派作出的總體性評斷。所謂的「正」，即是正宗、正體、正調等；「變」即是遠離本位的變調、變格、變體等。「正宗」、「本色」是對詞的主體審美特性的認識。基本的含義是：詞要婉約柔美，合樂歌唱，區別於詩。這種認識始終貫穿在整個詞史的發展。它強調的是維護詞體的純潔性，以求得獨立發展。與之相對的概念是「別調」、「變體」，主要特色是以詩為詞，疏於音律，風格剛健。

56 張炎《詞源》卷下，「賦情」條，《詞話叢編》，頁263。

壹、宋元以來正變說的發展

一、終宋之世，始終以婉約風格為正

詞的正變論這場糾纏難斷的公案，乃始自於北宋。宋人還沒有產生明確系統的詞派觀念，不過宋人在考察詞體的源流及辨體的過程中，已產生了朦朧的派別意識。宋代俞文豹的《吹劍續錄》中就記錄了蘇軾問門客自己的詞與柳七郎相比如何，而各以關西大漢銅琶鐵板唱詞與十七八女郎按紅牙拍而歌，作為蘇、柳詞差異的對比：

> 東坡在玉堂，有幕士善謳。因問：「我詞比柳詞如何？」對曰：「柳中郎詞，只好十七、八女孩兒，執紅牙拍板，唱『楊柳岸，曉風殘月』；學士詞，須關西大漢，執鐵板，唱『大江東去』，」公為之絕倒。[57]

蘇軾欲與柳永爭雄，其實便是詞的風格進行分派之始。正變之爭，往往是與婉約、豪放之爭聯繫在一起的。

大體而言，宋代詞學「正變觀」的發展，從最初的「本色論」開始，詞體因倚聲應歌、娛賓遣興的最初的抒情格調彷彿根深蒂固地扭結在人們的意識深處。但文學自身有不得不變之勢，詞史上的「變體」始於蘇軾以「自是一家」的豪放詞風與柳永爭雄，蘇軾的「變體」是自覺意識的「變」，借助於個體的逸懷浩氣而開創出豪放的新風格。所以，宋代的「正變觀」始於對蘇軾以「自是一家」開創新詞風的論述，陳後山評東坡詞「如教坊雷大使之舞，雖極天下之工，要非本色」[58]，要非本色，實質就是「變體」、「別格」之意。除了陳後山「本色」說、晁補之「當行」

57 俞文豹：《吹劍續錄》，見《吹劍錄全編》（上海：古典文學出版社，1958 年 2 月），頁 38。

58 陳師道：《後山詞話》，見清・何文煥輯：《歷代詩話》（北京：中華書局，1981 年 4 月），頁 309。

說、李之儀「詞自有一種風格」，還有李清照認為「詞別是一家」，批評蘇軾、王安石、曾幾等詞是「句讀不葺之詩爾」(《詞論》)，以上皆強調詞的本質屬性。

但也有人不同意這種觀念，王灼說：「為此論者，乃是遭柳永野狐涎之毒」(《碧雞漫志》卷二)。兩種觀念的對立體現了人們對詞體審美特性及社會功能的不同理解，各有利弊，但客觀上促進了詞的發展。

宋人雖然沒有分派立說，但已有朦朧的分派意識。例如陳鬚《燕喜詞敘》云：

> 議者曰：少游詩似曲，東坡曲似詩。蓋東坡平日耿介直諒，故其為文似為人。歌〈赤壁〉之詞，使人抵掌激昂而有擊楫中流之心；歌〈哨遍〉之詞，使人甘心澹泊而有種菊東籬之興；俗士則酣寐而不聞。少游情意嫵媚，見於詞則穠豔纖麗，類多脂粉氣味，至今膾炙人口，寧不有愧於東坡耶。[59]

對秦少游和東坡詞進行對比，已有分派的意味。又如王灼《碧雞漫志》卷二說：

> 晁無咎、黃魯直皆學東坡，韻製得七八。黃晚年閒放於狹邪，故有少疎蕩處。後來學東坡者，葉少蘊、蒲大受亦得六七，其才力比晁、黃差劣。黃晚年閒放於狹邪，故有少疎處。後來學東坡者，葉少蘊、蒲大受亦得六七，其才力比晁、黃差劣。蘇在庭、石耆翁入東坡之門矣，短氣跼步，不能進也。趙德麟、李方叔皆東坡客，其氣味殊不近，趙婉而李俊，各有所長。沈公述、李景元、孔方平、處度叔姪、晁次膺、萬俟雅言，皆有佳句，就中雅言又絕出。然六人者，源流從柳氏來。長短句中作滑稽無賴語，起於至和。熙豐、元祐間，兗州張山人以詼諧獨步京師，元祐間，王齊叟彥齡，政和間，曹組

59 金啟華、張惠民、王恒展、張宇聲、王增學合著《唐宋詞集序跋匯編》（台北：臺灣商務印書館，1993年2月在台第一版），頁150。

> 元寵，皆能文，每出長短句，膾炙人口。彥齡以滑稽語噪河朔，滑稽無賴之魁也。[60]

王灼對北宋五十多位詞人的創作得失的批評中流露出朦朧的詞派意識，其中可稱一派的計有：以蘇軾為領袖的「以詩為詞派」，以柳永為領袖的「俚俗側豔派」，以曹元寵為代的「滑稽無賴派」。而明確提出詞派觀念的是南宋人滕仲因，他在為郭應祥《笑笑詞》所作的「後記」云：

> 詞章之派，端有自來，溯源徂流，蓋可考也。昔聞張于湖一傳而得吳敬齋，再傳而得郭遁齋，源深流長，故其詞或如驚濤出壑，或如皺縠紋江，或如淨練赴海，可謂冰生於水而寒於水矣。[61]

從張孝祥到吳敬齋，再到郭應祥的詞學源流演變，準確與否姑且不論，但詞派概念則由此確立。宋人論詞已模糊意識到婉約與豪放二品的分野，王炎在《雙溪詩餘自序》即認為「長短句宜歌而不宜誦，非朱唇皓齒無以發其要妙之聲」，並批評：

> 今之為長短句者，字字言閨閫事，故語懦而意卑。或者欲為豪壯語以矯之，古律詩且不以豪壯語為貴，長短句命名曰曲，取其曲盡人情，惟婉轉嫵媚為善，豪壯語何貴焉？[62]

所謂「豪壯語」與「婉轉嫵媚語」雖然指的是語言的姿態，但已隱含豪放與婉約之義。

我們可以發現豪放詞的抒情風格、抒情方式在宋代詞壇與傳統文化的中心並沒有得到一席穩固的位置。宋代詞史發展，始終是一個以「婉約」為正宗的歷史，婉約纏綿是詞審美總體的特徵，它影響和規定了宋詞的面貌和發展。至明清，正變論才得以系統化，成為對詞的正宗與別

---

60 王灼《碧雞漫志》卷二，《詞話叢編》，頁 84。

61 滕仲因《笑笑詞後記》，見金啟華、張惠民、王恒展、張宇聲、王增學合著《唐宋詞集序跋匯編》，頁 230。

62 王炎《雙溪詩餘自序》，見金啟華、張惠民、王恒展、張宇聲、王增學合著《唐宋詞集序跋匯編》，頁 170。

調的明確劃分，即詞的體派辨析，這部份將於下文再敘。

二、金、元雖尚豪放，然未形成系統的正變觀

詞體在宋代本來就存在婉約和豪放兩種風格類型，但在金元特定的歷史時期，已演化成為一種具有地理文化風情的體派概念。金元時期，由於曲的盛行，無論是詞的創作或是理論，均有式微之勢，加上詞的流變大部份形成在北方的地域上，所以詞的基本風格體現了一種北方文化所賦予的審美特質。豪放詞在南宋始終不被立為「雅詞」和「正宗」之列，但金元異族其剛健粗豪的北方氣質導致其時多推崇蘇、辛[63]，曠達剛健的豪放詞風、開闊的詞境遂成為當時的主流，強調吟詠性情之真、強調自家面目的抒發，在這種重情尚真的詞學觀影響下，傳統的婉約風調當然受到忽視和排斥。如王若虛評蘇詞：

> 為古今第一。蓋詩詞只是一理，不容異觀。自世之末作習為纖豔柔脆，以投流俗之好；高人勝士，亦或以是相勝，而日趨於委靡，遂謂其體當然，而不知流弊之至此也。文伯起曰：「先生慮其不幸而溺於彼，故援而止之，特立新意，寓以詩人句法」，是亦不然，公雄文大手，樂府乃其遊戲，顧豈與流俗爭勝哉。蓋其天資不凡，辭氣邁往，故落筆皆絕塵耳。[64]

王氏又說：

> 哀樂之真，發乎情性，此詩之正理也。[65]

王若虛作為金代詞論家，從詞的本體論立說，否認婉約豔情為正宗

63 陳廷焯：《白雨齋詞話》卷三說：「元代尚曲，曲愈工而詞愈晦。周、秦、姜、史之風，不可復見矣。」見唐圭璋編：《詞話叢編》（台北：新文豐出版公司，1988 年），頁 3822。

64 金・王若虛：《滹南遺老集》，《四部叢刊初編・集部》縮印舊鈔本（上海：上海商務印書館，1965 年），卷 39，頁 200。

65 同上，頁 196

的傳統本色觀念，以「詩詞一理」反對「詞別是一家」，推蘇軾為「古今第一」，欣賞蘇軾發自內在不凡天資之作，以自然性情做為審美標準，傾向詞氣豪健之作。王氏又以為「寓以詩人句法」之說欠妥，這也可見王氏「詩詞一理」的觀念並非從表現手法、寫作技巧的層面上立說。

王若虛的觀念也影響到了與他有所往來的元好問，在〈新軒樂府引〉對蘇軾的推崇：

> 自東坡一出，情性之外，不知有文字，真有「一洗萬古凡馬空」氣象。[66]

元好問成長於北方，質樸自然的黃河文化養育了他，金戈鐵馬的生活造就了他，必然以豪邁不羈的蘇詞作為抒情的典範，展現了至情流露、自寫性情的創作風貌，其審美觀則偏重於自然情性。

王若虛、元好問等人將人將詩學中的「吟咏性情」命題引入詞學中，並進而把「性情」視為衡量作品的評判標準，在這種文學思潮影響下，金元詞家崇豪抑婉的態度相當明顯，但仍未能從根本上動搖宋代以來根深蒂固的主流觀念。由於他們以性情為本，以形式為末，對詞的文體特徵和表現藝術缺乏深刻分析，他們的論述，在於絕對的內容決定作品的價值，只重視內容，而有著忽視形式、否定法度之嫌。反對「形式主義」，並非不要形式，如果因太過強調性情，忽視表現手法與藝術技巧，論述便難深中肯綮。加上論者不多，因此金元時期並未能形成比較成熟、系統的正變理論，也無法對明清以來的正變論產生太大的影響。

貳、明人分派意識的形成

明代是一個思想解放、人性覺醒的時代，肯定人的真心真情，在這

---

66 元好問：〈新軒樂府引〉，《遺山先生文集》，《四部叢刊初編・集部》影印烏程蔣氏密韻樓藏明弘治刊本》（上海：上海商務印書館，1965 年版），卷 36，頁 379。

種特殊的文化思潮之下，反對壓抑情感的明人當然肯定詞長於言情、抒發性情的文體特性和美學意義，提倡淺俗香弱的詞體觀，多數詞論家接受由宋以來就形成的「崇婉抑豪」的傳統觀念，並將其進一步地深刻化、明確化。

一、張綖開始以婉約、豪放風格論正變

明代正變說最具有代表性的，莫過於張綖，他在宋代相關論述的基礎上對詞的分辨開啟了明代詞學正變論的先河，他在《詩餘圖譜・凡例》提出「詞有婉約豪放二體」說影響後世深遠：

> 李氏、晏氏父子、耆卿、子野、美成、少游、易安至矣，詞之正宗也。溫、韋豔而促，黃九精而刻，長公麗而壯，幼安辨而奇，又其次也，詞之變體也。詞體大略有二：一體婉約，一體豪放，婉約者欲其詞情蘊藉，豪放者欲其氣象恢宏。然亦存乎其人。如秦少游之作，多是婉約；蘇子瞻之作，多是豪放。大約詞體以婉約為正，故東坡稱少游為今之詞手，後山評東坡詞雖極天下之工，要非本色。[67]

他這段話所論約有五個重點：第一是詞學史上首次明確地從「體」論定詞作之別，其「體」實際上是指「體貌」，乃風格概念。第二是標舉「豪放」、「婉約」二詞，並以「詞情蘊藉」和「氣象恢弘」對於這兩個概念做出「質的規定性」。在唐宋詞中，確乎存在婉約與豪放兩種類型的風格，只是唐宋人未曾以語言明確指出。第三是將婉約和豪放對舉，從而形成一種相對立的範疇。其四，究竟趨向那一種風格美，「亦存乎其人」，乃取決於個人的氣質才性。張綖已認識到創作主體的性情對於作品風格具有決定性的意義。重視個人的才性才氣，順任本性發展，人才則

67 《詩餘圖譜》通行者為明汲古閣刊本，但無〈凡例〉，〈凡例〉僅見於《增正詩餘圖譜》，這裡節錄的是〈凡例〉後所附按語，轉引自王水照：《唐宋文學論集》（濟南：齊魯書社，1984 年版），頁 297。

各盡風格。其五，以婉約為正，但沒有指出以婉約為正的依據，也沒有對兩者有很明顯的褒貶。但已形成了明代主流詞論以婉約為正聲，豪放為變調的基本「正變」批評取向。

二、張綖正變觀的影響

張綖所論對後世的詞論產生了深遠的影響。其影響有二：第一，「明確地提出『詞體』概念，豐富了『詞體』這一概念的內涵，完成了從作家作品論到風格論的拓展。」[68]原本「詞體」是指相對於詩體的體制結構[69]，是詞賴以存在的物質形態，是詞人的思想感情表現的載體，它也是詞作為一種音樂文學樣式得以傳播於世的最基本的條件。但，在宋金元時期人們亦有用「體」來指風格，如「易安體」[70]、「稼軒體」，如張炎《詞源・雜論》也使用了「體制」評秦觀詞作的風格特色：「秦少游詞體制淡雅，氣骨不衰。」[71]。又有用「體」來指稱表現手法，「檃括體」、「回文體」[72]，是一種追求文字之工的審美表現。又如王灼《碧雞漫志》卷二說柳永詞：「序事閑暇，有首有尾，亦間出佳語，又能擇聲律諧美者用之，唯是淺近卑俗，自成一體。」[73]張炎《詞源》談到周邦彥的詞說：「所作

68 朱崇才：〈論張綖婉約、豪放二體說的成及理論貢獻〉，《文學遺產》2007 年第一期，頁 72 至 79。

69 例如兩宋之交的吳可：《藏海詩話》云：「晚唐詩失之太巧，只務外華，而氣弱格卑，流為詞體耳。」這裡的「詞體」，即是相對於詩體的另一文學體製。

70 例如南宋侯置：〈眼兒媚・效易安體〉，見《全宋詞》（北京：中華書局，1991 年），頁 1437。

71 張炎：《詞源》卷下，《詞話叢編》，頁 265。

72 宋詞之「檃括體」，其名稱出於蘇軾，其〈水調歌頭〉（昵昵兒女語）一詞，系檃括韓退之〈聽穎師詩〉詩成。又有〈哨遍〉（為米折腰）詞，系檃括陶淵明〈歸去來辭〉而成。回文體之詞，源於回文之詩，蘇軾亦有〈菩薩蠻〉回文體七首，參見《全宋詞》。

73 宋・王灼：《碧雞漫志》卷二，《詞話叢編》，頁 84。

之詞，渾厚和雅，善於融化詞句……作詞者多效其體制。」[74]乃指表現手法。以上對「體」的說法只具有描述性，而沒有一個比較概括、確定性的概念，且偏於作家作品論範疇。然而，張綖的二體說的「詞體」一詞，是「對於詞這一體諸多風格的總體概括，屬於風格論的範疇，從而擴大並豐富了詞體這一概念的外延及內涵。」[75]

第二，將婉約與豪放對舉並承認婉約詞的本色正宗地位，掌握到詞學發展的歷史現況，強化了這一概念的闡釋功能。張綖雖然承認「婉約」的正宗地位，但並不偏廢「豪放」，也未對二者作出明顯的褒貶，這樣一來，便可以解決詞體發展過程中的矛盾。由於詞必須有別於詩，而且詞的發展源流及詞體的主流，是為「婉約」；然而，詞的發展過程中也出現過不以「婉約」見長的蘇、辛詞。為了給不具「婉約」的詞作風格一個適當的名稱，以解決此一矛盾，張綖的二體說，恰當解決了這一矛盾。以「婉約」為「正」，以「豪放」為「變」，不僅肯定了「豪放」與「婉約」相對舉的資格，又顧慮到了蘇、辛詞的實際地位。

張綖的劃分方式有簡明之長，因而得到詞學家的普遍認同，如徐師曾《文體明辨・詩餘》云：

> 至論其詞，則有婉約者，有豪放者，婉約者欲其辭情蘊藉，豪放者欲其氣象恢宏，蓋雖各因其質，而詞貴感人，要以婉約為正。否則雖極精工，終乖本色，非有識之所取也。[76]

徐氏從「正變」的角度論婉約與豪放，進一步發揮了張綖的說法，明確提出「以婉約為正」，傾向含蓄蘊藉的詞學旨趣，流露出明顯的崇婉約抑豪放的傾向。

張、徐二人從「正變」的角度論婉約與豪放，並以為「當以婉約為

---

74 宋・張炎：《詞源》卷下，《詞話叢編》，頁255。
75 朱崇才：〈論張綖婉約、豪放二體說的成及理論貢獻〉。
76 明・徐師曾：《文體明辨・詩餘序》（北京：人民文學出版社，1982年），頁223。

正」，其主要根據，即宋代陳師道、李清照等人所強調的本色論。從張、徐二人的說法中，最不易被讀者所區分的是「婉約」與「婉約者」、「豪放」與「豪放者」這兩對概念。很明顯，張、徐認為婉約與豪放是兩種詞體風格，而這兩種詞體風格是由「婉約者」與「豪放者」創造出來的。這正是詞品與人品的關係，文學風格與創作主體的個性氣質的關係。作家的創作個性究竟是怎樣轉化為風格，成為形成風格的內在根據呢？此中的關鍵就在於審美把握。作家對生活的把握不是純客觀的把握，而是審美把握。所謂審美把握就是一種充滿主觀感受、想像的把握，作家在對生活內容的把握中，生活已被評價改造、加工選擇過了，作品中的生活已浸透了作家的創作個性，變成為一個被豐富、加深、昇華和淨化的藝術世界。這個藝術世界只屬於作家本人，在內容與形式的每一點上，在作品的整體上，都打上了創作個性的獨特印記，顯示出獨特的審美效應和特殊的格調、神韻和風致，而這就是文學的風格。如少游具婉約之「質」，故所作多是婉約；子瞻具豪放之「質」，故所作多是豪放。因此，所謂的「婉約」與「豪放」，應是指由詞人的性情、氣質、襟懷等諸多主觀因素所形成的獨具個性的心理特徵或性格特徵。而只有具有這種性情、氣質的詞人，發而為詞，即成「婉約詞」或「豪放詞」。

此外，沈際飛《草堂詩餘四集・序》云：

> 詞貴香而弱，雄豪放者次之。[77]

明確地把「香而弱」定為詞體性質。

又如王驥德《曲律》卷四「雜論」亦云：

> 詞曲不尚雄勁險峻，只一味嫵媚閑豔，便稱合作。是故蘇長公、辛幼安並置兩廡，不得入室。[78]

77 明・沈際飛：《草堂詩餘四集・序》，見沈際飛編《草堂詩餘》（台北：臺灣中華書局，1971 年 11 月，初版），頁 1。

78 明・王驥德著、陳多、葉長海注譯：《王驥德曲律》，「雜論」（長沙：湖南人王驥德對於詞尚情的特徵，更以「嫵媚閑豔」論之，蘇辛的豪放詞風不得登堂入室。

張綖對詞的分辨開啟了明代詞體正變論的先河。之後徐師曾《文體明辨序說・詩餘》、沈際飛《草堂詩餘四集・序》等篇什都步軌張論，形成了明代主流詞論以婉約詞為本色、正聲，豪氣詞為非本色、變調的基本正變批評取向。

宋人陳師道《後山詩話》提出本色的概念，有意區別詩詞界限，李清照〈詞論〉標舉「詞別是一家」，建立本色的詞學觀，但他們都沒有明確指出詞的本色主要體現在「詞」之的體貌、體性、體要上，而真正將詞分為兩個對立的風格則始自明代。明代詞論家已明確指出詞之綺麗、豔麗的本色乃詞在「體要」（即美學標準）上對「體貌」（即風格）的要求，標誌著詞論視野的深化。

參、伸正詘變，嚴分詩詞之別

一、延續宋代以「婉」為正，更以「豔麗」為詞之審美屬性

上述所列舉的明人詞論內容已充分說明明人注意婉約詞長於言情的功能，肯定其獨特的審美價值。這雖與宋代以來的傳統觀念一脈相通，但並不表示明人拘守傳統，因為這種對詞體長於言情的婉約風貌的肯定，正與明代對情慾的徹底解放之特殊文化背景相聯繫。明人不但延續宋代以「婉」為正，更以「豔麗」為詞之審美屬性。

王世貞通過詩與詞的比較，本著崇婉約抑豪放的觀點，在《藝苑卮言》更強調詞之「豔」：

> 詞須宛轉綿麗，淺至儇俏，挾春月煙花於閨襜內奏之，一語之豔，令人魂絕；一字之工，令人色飛，乃為貴耳。至於慷慨磊落，縱

民出版社，1983 年），頁 22。

橫豪爽，抑亦其次，不可作耳。作則寧為大雅罪人，勿儒冠胡服也。[79]

就婉約詞與豪放詞而言，王世貞以為「宛轉綿麗，淺至儇俏」方為詞之正體，因為婉約詞才真正體現了詞之所以為詞的本色。那種纏綿悱惻、綺豔動人的閨情綺思，與詩中所寫的「大雅」莊端之情全然不同。詞是可作可不作的，但如果一定要作的話，就必須要做到「寧為大雅罪人」，也要具有「宛轉綿麗」、「婉孌近情」、「柔靡近俗」之質，否則把詞寫成「慷慨磊落，縱橫豪爽」，便是「儒冠胡服」，不倫不類了。

二、嚴分詩詞之別，伸正詘變

明人最早提出詩詞之別的是何良俊《草堂詩餘・序》：

樂府以皦逕揚厲為工，詩餘以婉麗流暢為美，如周清真、張子野、秦少游、晁叔原諸人之作，柔情曼聲，摹寫殆盡，正辭家所謂當行，所謂本色者也。[80]

何氏指出了樂府詩的「皦逕揚厲」與詞的「婉麗流暢」的風格差異，旨在強調詩詞的文體區別。以「柔情曼聲，摹寫殆盡」作為詞體的「當行」、「本色」的概括，何良俊認為詞以婉麗為美，以婉麗為正，以言情主要內容，且所言之情是一種「婉孌」之情，一種委婉動人的男女之情。

周永年《豔雪集・原序》云：

〈文賦〉有之曰：「詩緣情而綺靡。」夫情則上溯〈風〉、〈雅〉，下沿詞曲，莫不緣以為準。若「綺靡」兩字，用以為詩法，則其病必至於巧累於理；僭以為詩餘法，則其妙更在情生于文。故詩餘之為物，本緣情之旨，而極綺靡之變者也。試取其《豔雪集》

79　明・王世貞：《藝苑卮言》「隋煬帝望江南為詞祖」條，《詞話叢編》，頁385。
80　明・何良俊：《草堂詩餘・序》，《草堂詩餘》（台北：臺灣中華書局，1971年11月，初版），頁2。

一再歌之，奇不傷骨，靡不傷氣，而追風入麗，沿波得奇，瀟灑婉孌情，無不備寫。蓋舉樂府方俗之詞，〈玉壺〉工豔之語，〈香奩〉纖媚之調，一一寄之於詞。而得其詞者，知其深於詩；愛其詞者，並忘其工於詩也。[81]

周永年雖然沒有提出「本色」和「正變」字眼，但在這裡論述的就是詞的體性問題。他從「情」入手，把豔麗看成是詞的審美體性，說明了這種「麗」的具體表現為：「〈玉壺〉工豔之語，〈香奩〉纖媚之調」，倡言「極綺靡之變」，足見對豔情的高度重視，情溢則表現出詞之「婉」、詞之「麗」、詞之「豔」等詞體美學特性。

上述何、周二人皆以豔麗、婉麗為詞之本色，這種詞學觀在當時得到了普遍認同。此外，楊慎的詞學觀亦是以「麗」為詞之本色，他在《詞品》中說：

大率六朝人詩，風華情致，若作長短句，即是詞也。宋人長短句雖盛，而其下者，有曲詩、曲論之弊，終非詞之本色。予論填詞必溯六朝，亦昔窮探黃河源之意也。[82]

六朝詩歌主要美學特徵是「綺麗華美」，楊氏主張填詞上溯六朝，表明他認同六朝綺靡為詞之本色。正為後來的清代廣陵詞人彭孫遹標舉「詞以豔麗為本色，要是體製使然」[83]作了導夫先路的作用。

肆、承襲宋人，以《花間》為詞之本色

詞體有正變之說由來已久。首先倡導尊《花間》詞為正宗的是北宋後期的李之儀。[84]他在《跋吳思道小詞》中說：

81 明‧周永年：《豔雪集‧原序》，見《明詞匯刊》本（上海：上海古籍出版社，1992 年），〈豔雪篇〉，頁 261。
82 明‧楊慎：《詞品》卷一，《詞話叢編》，頁 424。
83 清‧彭孫遹：《金粟詞話》，《詞話叢編》，頁 721。
84 參考拙作〈李之儀的詞學觀在宋代詞論中的位置〉，國立東華大學《東華人文學

> 長短句于遺詞中最為難工，自有一種風格，稍不如格，便覺齟齬，……大抵以《花間集》所載為宗。[85]

這段話雖未明確標舉正變，但已包含了正變說的核心內容。與此說前後呼應，或批評東坡詞「不諧音律」，或指責為「句讀不葺之詩」，都與李之儀的「不如格」是同一腔調。宋人本色論乃以《花間》詞為宗。

明代中期社會審美風潮主淺近婉麗，對詞的本色說以豔麗為準，其實這都是從《花間》直承而來。宋人本色論乃以《花間》詞為宗，明代大體繼承宋人以《花間》為本色的理論，如毛晉在《花間集・跋》云：

> 若彼白眼罵坐，臧不人物，自詫辛稼軒後身者；譬如雷大起舞，縱使極工，要非本色。……亟梓斯集，以為倚聲填詞之祖。[86]

再如王世貞云：

> 溫飛卿所作詞曰《金荃集》，唐人詞有集曰《蘭畹》，蓋皆取其香而弱也。然則雄壯者，固次之矣。[87]

上述毛、王二人認為辛稼軒之風「要非本色」、「固次之矣」，乃以《花間》為宗。儘管這些詞家依據的標準和列舉的代表不盡相同，甚至他們之間也有所爭論，但皆以溫庭筠為代表的《花間》詞風作為詞之本色典範，乃延續《花間》豔科傳統而來。宋人本色論雖以《花間集》為宗，但在宋代崇雅的風尚中，詞論中並不涉豔麗；而明代論本色，卻極度強調詞的綺靡香豔，這與歐陽炯〈花間集敘〉[88]的詞體觀是一致的，歐序強

報》第九期，2006年7月，頁135至175。

85 見金啟華、張惠民、王恒展、張宇聲、王增學合著：《唐宋詞集序跋匯編》，頁58。

86 見金啟華、張惠民、王恒展、張宇聲、王增學合著：《唐宋詞集序跋匯編》，頁73。

87 明・王世貞：《藝苑卮言》「金荃蘭畹之取義」，《詞話叢編》，頁386。

88 五代・歐陽炯：〈花間集原敘〉：「鏤玉雕瓊，擬化工而迥巧，裁花翦葉，奪春豔以爭鮮。是以唱雲謠則金母詞清，挹霞醴則穆王心醉。名高白雪，聲聲而自合鸞歌；響遏行雲，字字而偏諧鳳律。綺筵公子，繡幌佳人，遞葉葉之花牋，文抽

調詞的審美娛樂的非倫理功利觀，顯示出對詞之綺靡香豔的認同。由此可見明人的正變觀受《花間》詞統的影響甚深。

毛、王二人皆以《花間》作為詞之本色代表，表明了以婉約正，豪放為變，正優變劣的立場。這些立論都是從詞的發展源流來認識正變，雖有其合理之處，但容易泥於復古，以正變定優劣的立論，其實是不合文學批評的原則，漠視了創新與嬗變的重要性，易流於主觀上的偏見。所以當詞壇上流行著以婉約為正、豪放為變，崇正抑變的觀念時，詞論家也不免要對《花間》詞的正宗或本色地位開始產生質疑，從而使正變觀產生些許變化。

王世貞更進一步發揮了張綖的正變觀，並在該書中專列「詞之正宗與變體」條，以此把唐宋詞人劃分了兩大陣營：

> 《花間》以小語致巧，世說靡也。《草堂》以麗字取妍，六朝隃也。即詞號稱詩餘，然而詩人不為也。何者，其婉孌而近情也，足以移情而奪嗜。其柔靡而近俗也，詩嘽緩而就之，而不知其下也。之詩而詞，非詞也。之詞而詩，非詩也。言其業，李氏、晏氏父子、耆卿、子野、美成、少游、易安，至也，詞之正宗也。溫、韋豔而促，黃九精而險，長公麗而壯，幼安辯而奇，又其次也，詞之變體也。[89]

王氏在此雖未有婉約、豪放的觀念，但他所舉出的人都是被公認為道地的婉約派中人，標舉的蘇、辛也儼然是指豪放一路。然而，值得我們注意的是：王世貞在對溫、韋等《花間》詞人的進行定位時，卻產生了和前代不同的說法。將蘇、黃歸為豪放派，我們可以理解，但因溫韋詞「豔而促」將之打入變體，這是較特殊的。其實，晏氏父子、柳耆卿、

麗錦；與纖纖之玉指，拍案香檀。不無清絕之詞，用助嬌嬈之態。」《花間集》，後蜀・趙崇祚輯、蕭繼宗評點校注，臺北：學生書局，1981 年 10 月。

89　明・王世貞：《藝苑卮言》「詞之正宗與變體」條，《詞話叢編》，頁 385。

張子野、周美成、秦少游、李易安，何人不豔？此乃因王世貞對詞正宗的要求，不止在語言風格，還包括題材、意境、語言等多方面的總體要求，所以溫韋之「豔而促」仍不符婉孌柔媚之致。這裡的褒貶是分明的，王世貞以「麗」作為詞之正、變的區別，而「麗」在他的觀念裡也有正、變的不同。他以清麗、典麗、婉麗、綿麗為「正」，而以豔麗、壯麗、奇麗等為「變」。但立下此界限，易生混淆不清之嫌，王世貞強調詞之「婉孌而近情」、「柔靡而近俗」，尋其源，皆來自《花間》，來自溫、韋，王氏推後主父子、晏氏父子、張、柳、周、秦等為之正宗，但卻拋卻《花間》，捨去溫、韋，以李氏父子為祖，實有割斷歷史之疑慮。同時，味其語意，又包含有獨尊北宋與貶抑南宋的觀念在內。他把「正宗」看成是「至也」，最好的上品，而把「變體」看成是「又其次也」，次一等的下品，褒貶之意是分明的。他把寫「慷慨磊落，縱橫豪爽」的詞斥為「罪人」，是「儒冠胡服」，對於那些「婉轉綿麗」之作卻讚賞備至，認為那怕有「一語之絕」、「一字之工」，便是「乃為貴耳」，乃偏狹的門戶之見。

與王世貞同時代的胡應麟也表明了大致相似的觀點：

> **蓋溫、韋雖藻麗，而氣頗傷促，意不勝辭，至此君（李後主)方是當行作家，清便宛轉，詞家王、孟。[90]**

他們把溫、韋與蘇、辛並列同為變體，說明他們心中詞之正宗乃是婉孌近情、雅言致語的婉約詞，因此尚處於詞體探索時期柔靡綺豔、憂傷促碎的溫、韋等《花間》詞家，及詞體變革之後形成的慷慨雄放的蘇、辛豪放詞皆被視為變體。另外，推李煜為詞之正宗，從而給李詞以極高的評價，但由於時空的阻隔和心理距離的拉遠，明人對李煜詞史地位的肯定並不像宋人那樣對李煜作為亡國之君的身份的關注，因而也漸漸淡化了對亡國之意做為政教倫理型態的體認。

90　明・胡應麟：《詩藪》（上海：上海古籍出版社，1979 年），頁 291。

王世貞、胡應麟等人的這種正變觀似乎與前面提及的張綖所論不同，不再是從詞的發展源流立論婉約為正宗，而是單單從詞之風調與自己的偏好出發，其立論基礎本身是不穩固的，所得的觀點自然不可能是全面而客觀的。不過，論述角度的不同和對部份詞家正變定位的差異，並不能動搖「婉約」為正、「豪放」為變、崇正抑變的傳統觀念，而論述角度及詞家正變論定位的矛盾性正反映了明人在正變理論上的探討還不夠深入和成熟。

伍、不泥於復古的通達之論

明代這些立論都是從詞的發展源流來認識正變，雖有其合理之處，但容易泥於復古，以正變定優劣的立論，其實是不合文學批評的原則，漠視了創新與嬗變的必然性，流於主觀偏見。所以當詞壇上流行著以婉約為正、豪放為變，崇正抑變的觀念時，詞論家也不免要對《花間》詞的正宗或本色地位開始產生質疑，從而使正變觀開始產生些許變化。

在明代詞壇上，人們對婉約、豪放進行正變之辯，基本上是遵循著傳統觀點。因此明詞大都婉麗，較少豪氣，風格單一，陳陳相因，缺乏創新的變化，這也是造成明詞不振的一個主要原因。基於此，在詞的正變問題上，明人也有持通達之論者，如俞彥高度讚揚蘇軾詞：

> 子瞻詞無一語著人間煙火，此自大羅天上一種，不必與少游、易安輩較量體裁也。其豪放亦止「大江東去」一詞。何物袁綯，妄加品騭，後代奉為美談，似欲以概子瞻生平。不知萬頃波濤，來自萬里，吞天浴日，古豪傑英爽都在。[91]

乃從詞人的胸襟氣度著眼，推重氣象恢宏的豪放詞。

楊慎《詞品》對南宋豪放詞作了很高的評價：

---

91 明・俞彥：《爰園詞話》「柳詞之所本」條，《詞話叢編》，頁402。

近日作詞者，惟說周美成、姜堯章，而以東坡為詞詩，稼軒為詞論。此說固當，蓋曲著曲也，固當以委曲為體。然徒狃於風情婉孌，則亦易厭。回視稼軒所作，豈非萬古一清風哉！[92]

楊慎醉心的雖是清新綺麗的本色之作，但其口味是較寬的，雖於稼軒所作，亦能不廢，許為「萬古一清風哉」。正如他評陸游的詞：

放翁詞纖麗處似淮海，雄慨處似東坡。[93]

同時看到陸游詞的多樣化表現，既有纖麗之作，亦有雄慨之作，由此可見他論詞是根據作品實際面貌來分析，而不執著於婉約為正的陳說。

孟稱舜更超越了婉約、豪放的限制，對前人的詩詞異同之辨、豪放婉約之爭，作出了比較公允的評價：

樂府以皦逕揚厲為工，詩餘以婉麗流暢為美。故作詞者率取柔音曼聲，如張三影、柳三變之屬。而蘇子瞻、辛稼軒之清俊雄放，皆以為豪而不入於格。宋伶人所評〈雨霖鈴〉、〈酹江月〉之優劣，遂為後世填詞者定律矣。予竊以為不然。蓋詞與詩、曲，詩格雖異，而同本于作者之情。古來人才豪客，淑姝名媛，悲者喜者，怨者慕者，懷者想者，寄興不一。或言之而低徊焉，婉孌焉，或言之而纏綿焉，悽愴焉；又或言之而嘲笑焉，憤怒焉，淋漓痛快焉，作者極情盡態而聽者洞心聳耳，如是者皆為當行，皆為本色，寧必姝姝媛媛，學兒女子語而後為詞哉！[94]

這段話的開頭兩句是出於前文提及的何良俊《草堂詩餘・序》之語，孟稱舜顯然是不以為然的。他認為詞與詩、曲在形式上的差異，以及為婉約與豪放風格的差異，都是「末」而不是「本」，是表象而不是本質。

92　明・楊慎：《詞品》卷四，《詞話叢編》，頁 503。

93　明・楊慎：《詞品》卷五，《詞話叢編》，頁 513。

94　明・孟稱舜：《古今詞統・序》，見卓人月編《古今詞統》明崇禎刊本（瀋陽：遼寧教育出版社，2000 年）。

孟稱舜把「作者之情」定為詞之「本」，他略去形式之異、風格之變，而鎖定一個「情」字，他認為由於作者身分的差異、人類感情的多元，詞作就必然要呈現出不同的風格，或婉孌、或凄愴、或嘲笑、或憤怒，只要合乎情感的本質，這都是「本色」。詞的創作只要做到「作者極情盡能而聽者洞心聳耳」，就是本色，因此任何一種風格，都必須追求一種趨於極致的美；而且每一種風格特徵也往往是作者對人生意義和價值的追索和思考。足見孟稱舜的「當行」、「本色」，不但含孕極其豪、極其壯，也極其香、極其豔。他推崇作者「極情盡態」，追求「洞心聳耳」的效果，完全以「情」作為詞的創作原則。孟氏也是詞史上最早主張填詞應「本於作者之情」的人，後來清初的王士禎、徐喈鳳都延續了這個思想，提出了「不離性情」、「各因其質」的新的正變觀，為後世的詞學正變觀的發展做一種有益的補充與整合。這種觀念，較之死守「婉約為正」者更有提出理論的勇氣與明達的開拓精神。

由上述的分析可見，明人的正變觀是延襲宋人以婉約為正，豪放為變的觀念，此外，明人受到《花間》詞統的影響甚深，不但以「婉約」為正，更強調「豔」與「麗」的極致之美。然而，人的感情有細緻含蓄和粗獷雄放之別，人的性情也有陽剛陰柔之異，創作即是「以我感物觀物」的結果，只以婉、麗為正，其實是不合文學批評實是求是的原則，流於主觀偏見。所以當詞壇上流行著以婉約為正、豪放為變，崇正抑變的觀念時，詞論家也不免要對《花間》詞的正宗或本色地位開始產生質疑，從而使正變觀開始產生些許變化。明人有持通達之論者，從性情本質來肯定豪放詞本於情性的存在價值，明人的正變觀因此有了突破性的發展。

第五節　淺俗自然的審美理想
遠離政教功利目的俗文學觀

明代戲曲勃興，世俗文化得到進一步的發展，從統治階級到民間大眾，都熱衷於民間世俗娛樂生活。同時，明人重情，尤重個人內在情感的抒發，「『主情』的傾向與要求『近俗』的體貌互為表裡。因為詞人尚情，所以在創作中不會因為執著於含蓄而故用曲筆，也不會因為醉心于雅正而欲言又止。」[95]以下分別從其淺俗切近的美學觀、崇尚自然的語言觀兩方面來談，再說明明人對《花間集》和《草堂詩餘》的推崇與其重情主俗觀的聯繫。

壹、淺俗切近的美學觀：對雅詞論者的一大反動

詞在明人心目中的地位和功用和曲一樣，不過是豔科小道，其作用無非是娛賓遣興而已。俞彥說：「詞于不朽之業，最為小乘」[96]，認為詞的傳世功用遠不能和詩文相比。陳霆也在《渚山堂詞話》中宣稱：「嗟乎，詞曲于道末矣，纖言麗語，大雅是病。」把詞看作小道，並指明因其「纖言麗語」的特質而不能登大雅之堂。徐渭曰：「詞須淺近，晚唐詩文最淺，鄰于同調，故臻上品。」[97]皆以淺而近為審美理想。王世貞《藝苑卮言》云：

> 即詞號稱詩餘，然而詩人不為也。何者，其婉孌而近情也，足以移

95　蔣哲倫、傅蓉蓉合著《中國詩學史‧詞學卷》，頁175。

96　俞彥《爰園詞話》，《詞話叢編》，頁399。

97　徐渭〈南詞敘錄〉，《中國古典戲曲論著集成》三（北京：中國戲劇出版社，1959年），頁223。

情而奪嗜。其柔靡而近俗也，詩嘽緩而就之，而不知其下也。[98]

王氏在此提出「近情」與「近俗」的關聯，顯然是以「俗」作為區分詩、詞之別一個重要標誌，從一個側面反映出明人對俗風的認同。這裡的「俗」，並不是道德觀念的淫俗，而是指內容上的淺近。所謂「近俗」就是指語言要平易，能適應下層讀者或聽眾的欣賞習慣。近於情就不能「儒冠而胡服」，近於俗則寧為「大雅罪人」[99]，「近情」與「近俗」的審美傾向與儒家的傳統詩教是完全背道而馳的。俞彥的《爰園詞話》云：

(詞)古拙而今佻，古樸而今俚，古渾涵而今率露也。[100]

佻、俚，皆俗的表現。「這種近俗的理論是對南宋以姜、張為代表的騷雅詞風的一大反動，並使詞學史上雅俗之辨的主俗論達到高峰」[101]。在明人心中，詞淺俗切近的價值、品位與長於言志載道的正統典雅文學詩、文是迥然異趣的。

貳、崇尚自然

明人非常重視詞語的自然之美，反對陳腐，因為「詞發展到明代，音律方面已不太合乎規範，明人在進行詞的創作時，一種傾向是操斛率爾，不合律呂；而另一種傾向則是字斟句酌，扭造音律。針對這現實情況，明代論詞者自然地用重自然、反雕琢的批評標準來衡量和要求詞作。」[102]

例如王世貞論詞，主張天真自然：

「油壁車輕金犢肥，流蘇帳暖春雞報」，非歌行麗對乎。「細雨夢

98　王世貞《藝苑卮言》，「詞之正宗與變體」，《詞話叢編》，頁 385。
99　「隋煬帝望江南為詞祖」，《詞話叢編》，頁 385。
100 俞彥《爰園詞話》，《詞話叢編》，頁 399。
101 引自孫克強〈《草堂詩餘》在詞學批評史上的影響和意義〉，《詞學論考》（天津：延邊大學出版社，2001 年 9 月），頁 35。
102 引自葉輝〈從明代的《草堂詩餘》批評看明人的詞學思想〉，《人文雜誌‧文學研究》，2002 年第 6 期，頁 95 至 97。

回雞塞遠，小樓吹徹玉笙寒」，「青鳥不傳雲外信，丁香空結雨中愁」，「無可奈何花落去，似曾相似燕歸來」，非律詩俊語乎。然是天成一段詞也，著詩不得。「斜陽只送平波遠」，又「春來依舊生芳草」，淡語之有致者也。「角聲吹落梅花月」，又「滿院落花春寂寂」，……此淡語之有景者也。「平蕪盡處是青山，行人更在青山外」，又「郴江幸自繞郴山，為誰流下瀟湘去」，此淡語之有情者也。「拚則今已拚了，忘則怎生便忘得」，又「斷送一生憔悴，能消幾箇黃昏」，此恆語之有情者也。詠雨「點點不離楊柳外，聲聲只在芭蕉裏」，此淺語之有情者也。淡語、恆語、淺語，極不易工，因為拈出。[103]

王世貞對「天然」、「天成」之詞較為重視，認為淡語、恆語、淺語很值得欣賞，且能站在超脫於婉約與豪放兩派之外的高度來看問題，對後世詞人的語言選擇，具有一定的指導意義。

楊慎也在《詞品》中讚譽李清照〈永遇樂〉(元宵詞)詞語自然：

宋人中填詞，李易安亦稱冠絕。使在衣冠，當與秦七、黃九爭雄，不獨雄於閨閣也。其詞名《漱玉集》，尋之未得。〈聲聲慢〉一詞，最為婉妙。……晚年自南渡後，懷京洛舊事，賦元宵〈永遇樂〉詞云：「落日鎔金，暮雲合璧。」已自工緻。至於「染柳煙輕，吹梅笛怨，春意知幾許」，氣象更好。後疊云：「於今憔悴，風鬟霜鬢，怕見夜間出去。」皆以尋常言語，度入音律。鍊句精巧則易，平淡入妙者難。山谷所謂以故為新，以俗為雅者，易安先得之矣。[104]

李清照詞以自然之筆寫自然之心，得到楊慎的高度讚許。

明人在對《草堂詩餘》的批評中還流露出明確的重自然、反雕琢的傾向，沈際飛在評劉過的〈唐多令・武昌〉曰：「情暢、語俊、韻協，音

103 王世貞《藝苑卮言》，《詞話叢編》，頁 388。
104 楊慎《詞品》卷二，《詞話叢編》，頁 450 至 451。

調不見扭造」[105]，讚賞其於自然而然間達到「情暢、語俊、韻協」的境界。他評李白〈菩薩蠻・平林漠漠煙如織〉時，情不自禁地總結說：「古詞妙處只是天然無雕飾」。他評秦觀〈搗練子〉曰：「斜月斜風秋方不同。只一句含無盡意，且從尋常中領取，手眼最高。」[106]認為從尋常生活中發掘題材，創造出平易自然的風格最不容易，境界也最高。他評秦觀〈滿庭芳・曉色雲開〉曰：「悠澹語不覺其妙而自妙」[107]，歎服其造語命意不加雕飾，渾然天成。

陳子龍《幽蘭草・題詞》指出了晚唐五代及北宋詞的自然之美：

> 自金陵二主以至靖康，代有作者，或穠纖婉麗，極哀豔之情，或流暢淡逸，窮盼倩之趣。然皆境由情生，辭隨意啟，天機偶發，元音自成，繁促之中尚存高渾，斯為最盛也。[108]

從詞藝進化的角度來看自然與雕琢之美，初期之詞出於自然，故唐五代小令以自然取勝，北宋尚處於「自然時代」，陳子龍以南唐北宋詞為典範，標榜「境由情生，辭隨意發」的。這種美學思潮強調造「境」由「情」，遣「辭」隨「意」，實際上就是以「自然」做為倚聲的立足點，強調情感的自然流露，靈感的自然到來，即所謂「天機」。五代北宋詞獨絕之處正在於以深情遠韻「元音」，以自然之筆寫自然之天籟，詞境有著婉轉天成之妙。所以陳子龍讚許唐五詞北宋詞通過天成的詞境表出創作者的「哀豔之情」或「盼倩之趣」，標舉「境由情生，辭隨意啟，天機偶發，元音自成」為詞的最高標準。陳子龍《王介人詩餘序》又論道：「以沈摯之思，

---

105 沈際飛評點《草常詩餘正集六卷續集二卷附別集四卷新集五卷》，晚明刻本，明代善本。

106 沈際飛評點《草常詩餘正集六卷續集二卷附別集四卷新集五卷》，晚明刻本，明代善本。

107 同上註。

108 清嘉慶刊本《陳裕公全集》，《陳子龍文集》（上海：華東師範大學出版社，1988年），頁354。

而出之必淺近，使讀之者驟遇之，如在耳目之前，久誦之，而得雋永之趣，則用意難也。」[109]道出了詞作意趣表現中存在一個難題，這便是如何以淺近之筆寫出沈摯之思，在審美表現上既產生如在目前的效果，同時又含蘊雋永之趣。

綜上所述，可見「自然」，確是明代詞論家普遍肯定的藝術極高的境界。自然不需假借雕琢，不需鉛華粉飾，自然是天生好言語，是清水芙蓉之境。因此，發自然之語，唱自然之音，成自然之至美境界，這是明代詞評家重視的審美理想。

參、對《花間集》和《草堂詩餘》的推崇

明代是思想文化急遽動盪的時期，城市經濟繁榮，市民階層擴大，社會享樂思想迅速膨脹，文人也醉心於感官聲色的生活，在這種情況下，明人自然對詞體言情淺俗的特質認同，也因為「明人論詞主情，所以不會摒棄那些情真而淺露的『曲化』的詞，相反把它們當作自己提倡的範本。」[110]明代中期以前，獨《草堂詩餘》廣泛流行於文人雅士與市井百姓之中，嘉靖之後《花間集》始與之並行詞壇。

一、明人對俗風的認同與對《草堂詩餘》的接受

前已述及，明代詞論表現出淺俗的傾向，王世貞所謂的「(詞)柔靡而近俗也，詩嘽緩而就之」[111]，顯然是以「俗」作為區別詩詞之體的一個重要標誌。明人對俗體的認同，導致明人將《草堂詩餘》視為創作範本。

---

109 清嘉慶刊本《陳裕公全集》，《陳子龍文集》（上海：華東師範大學出版社，1988年），頁344。

110 蔣哲倫、傅蓉蓉合著《中國詩學史・詞學卷》（廈門：鷺江出版社，2002 年 9月），第四章「元明詞學」，頁175。

111 王世貞的《藝苑卮言》，《詞話叢編》，頁385。

《草堂詩餘》就其本質而言，是一部南宋書坊商人根據當時市井選歌說唱的需要而編輯的一部詞選，陳振孫《直齋書錄解題》題為「書坊編集」[112]，「專供社會中下層人士消遣娛樂之用，這種『取便時俗』的編選正迎合了明人較為庸俗的審美取向。」[113]孫克強在〈《草堂詩餘》在詞學批評史上的影響和意義〉中歸納了此部選集體現了三點值得注意的審美傾向：

> 第一，選詞範圍雖然包括唐五代兩宋，然而並非對各個歷史階段均等選取，而是偏重于北宋以前，所收詞人大多數為北宋人，作品大多數為北宋人的作品。
>
> 第二，對各種風格流派的作品並非兼採並收，而是獨尚婉麗柔靡，其它風格均遭排斥。周、秦等人之婉約詞多被選入，辛詞中為人所稱道的豪放詞皆棄而未收，所取亦皆婉約之作；姜夔詞風清空騷雅，有別於婉麗柔曼而別具情貌，《草堂》也一概不取。
>
> 第三是《草堂詩餘》的編排體制。《草堂詩餘》現有分類本和分調本二種。分類本分前、後二集，前集分春、夏、秋、冬四景，後集則分節序、天文、地理、人物、人事、飲饌器用、花禽等七類，每類下又分若干子目，共六十六目。分類本是為了適應歌伎們應歌之需，實際上就是歌伎們在賓宴娛樂，吉慶壽席上應景選題的歌本。[114]

明人之所以選擇《草堂詩餘》，乃因為該選集所體現出來的編選體例和詞品風格滿足了時人的需要和愛好。何良俊《草堂詩餘・序》云：「詩

112 陳振孫《直齋書錄解題》卷二十一，上海：上海古籍出版社，1987 年 11 月出版，頁 633。

113 引自丁建東〈《花間》與《草堂》在明代的接受比較〉，《棗莊學院學報》第 22 卷第 6 期，2005 年 12 月，頁 35 至 38。

114 〈《草堂詩餘》在詞學批評史上的影響和意義〉，孫克強《詞學論考》（天津：延邊大學出版社，2001 年 9 月），頁 31。

餘以婉麗流暢為美，如周清真、張子野、秦少游、晏叔原諸人之作，柔情曼聲，摹寫殆盡，正辭家所謂當行，所謂本色也。後人即其舊詞，稍加檃括，便成名曲，至今歌之，猶聳以動聽。嗚呼！是可不謂工哉！余家有宋人詩餘六十餘種，求其精絕者，要皆不出此編矣！……勿謂其文句之工，足以備歌曲之用，為賓燕之娛耳也。」其主要功用為便於歌伎選詞傳唱，故內容多為倚紅偎翠之語，甚至淫靡淺薄。

毛晉的《草堂詩餘跋》對《草堂詩餘》在明代的流行更是作了生動的描述：

> 宋元間詞林選本，幾屈百指。惟《草堂》一編飛馳。幾百年來，凡歌欄酒樹、絲而竹之者，無不拊髀雀躍，幾至寒窗腐儒，挑燈閑看，亦未嘗欠伸魚睨，不知何動人，一至此也。[115]

雖然對明代這種《草堂》獨盛的局面感到困惑不解，但由此可見明人對《草堂》這個近俗歌本的喜愛。清人宋翔鳳《樂府餘論》云：「《草堂》一集，蓋以徵歌而設，故別題春景、夏景等名，使隨時即景，歌以娛客。題吉席慶壽，更是此意。」[116]《草堂詩餘》分調分類編排，給原本無題的詞都加上一「春景」、「夏景」之類的題目，使原來的「無標題音樂」與世俗的感情生活對應起來，這不僅取便歌者，也為試圖學習填詞而又貪圖省力的明人提供了一個速成的讀本。《草堂詩餘》這種具有民俗性的分類，使明人可以很輕鬆地在此找到與消費場所和時間相宜的作品，對應時需，故而備受歡迎。據孫克強統計今存明本《草堂詩餘》有三十五種之多，參與注解、評點、校正等工作的多是當時名流如楊慎、李東陽、湯顯祖等人，此外還有十餘種續編、擴編的《草堂詩餘》，足見《草堂詩餘》在明代流行的盛況。[117]

---

115 毛晉《草堂詩餘跋》，《詞苑英華》本，見《唐宋詞集序跋匯編》，頁 393。
116 宋翔鳳《樂府餘論》「論令引近慢」條下，見《詞話叢編》，頁 2500。
117 孫克強：《清代詞學》（北京：社會科學出版社，2004 年 7 月，一版一刷），

二、明人的重情與對《花間集》的接受

此外，被一種綺靡婉約、香豔近俗的詞風所籠罩的明代詞壇，也給《花間集》的接受與傳播提供了良好的環境。《花間集》一改金元以來長達百年的沈寂寞落的狀態，如春草繁衍，顯示出強大的生命力，尤其在嘉靖後大放異彩。明末毛晉刻《花間集》作跋二則，其一云：

> 近來填詞家輒效顰柳屯田，作閨幃穢媟之語，無論筆墨勸淫，應墮犁舌地獄。……若彼白眼罵坐，臧否人物，自託辛稼軒後身者；譬如雷大起舞，縱使極工，要非本色。……亟梓斯集，以為倚聲填詞之祖。[118]

毛晉以《花間集》為「倚聲填詞之祖」，與徐師曾的復古觀點相同。但毛氏刊刻《花間集》還有其現實的針對性。毛晉指出當時詞壇有兩種不良風氣：一為效仿柳永作的「閨幃穢媟之語」，一為效仿辛棄疾而「白眼罵坐，臧否人物」，他對此皆持否定之態度，所以他接著說「亟梓斯集，以為倚聲填詞之祖」，即是盼望透過《花間集》能夠成為改變詞壇風氣的妙方。

其次，《花間集》在明代的盛行也因明代的社會觀念與和審美思潮有利於《花間集》的傳播，由於市民階級的不斷地擴大，市民大眾需要的是富刺激性的文學作品。《花間集》多描寫花前月下、男女情思，風格香豔，這一點正符合明人口味，所以溫博《花間集補序》引茅貞叔之語曰：「昔人稱長短句情真而調逸，思深而言婉者，莫過《花間》」[119]。

三、《草堂》與《花間》在明代接受程度的差異與原因

頁 91-94。

118 見《唐宋詞集序跋匯編》，頁 342。

119 溫博《明萬曆刊花間集補序》，見《唐宋詞集序跋匯編》，頁 340。

溫博《花間集補序》云：「古今詞選，無慮數家，而《花間》、《草堂》二集最著者也。」[120]認為《花》、《草》是歷代詞集中的佼佼者，其他詞選不可比擬。

清人王昶《明詞綜》自序云：

> **及（明)永樂後，南宋諸名家詞皆不顯於世，惟《花間》、《草堂》諸集盛行。**[121]

明永樂以後，前代詞選與宋詞別集尤其是南宋詞別集大多不顯於世，南宋的一些大家，如姜夔、吳文英、張炎等人的詞集在明代不傳或稀見，南宋詞風對時人影響小，與此同時，唐五代北宋人的詞集則保存得相對完整，這些詞作與《花》、《草》整體美學風貌是一致的，這正是《花》、《草》的歷史際遇，詞壇上逐漸形成了二選同領風騷的局面。但如果較《花間》、《草堂》相比，明人更重視《草堂詩餘》。其原因有二：

其一，嘉靖以前，明代詞壇可以說是《草堂詩餘》的天下，人們唱詞、作詞、談詞必及於《草堂》，而於《花間》卻較少提及，對於這種現象，陳耀文編選《花草粹編》，於序中提出了自己的看法：

> **夫填詞者，古樂府流也。自昔選次者眾矣，唐則有《花間集》，宋則有《草堂詩餘》。……然世之《草堂》盛行而《花間》不顯，故知宣情易感，含思難諧者矣。余自牽拙多暇，嘗欲詮粹二集，以備一代典章。**[122]

認為《草堂》直意宣泄，粗疏不精，易為人所學，所以容易與大眾產生共鳴，因而得以流行。《花間》抒發情感，含蓄深致且精構巧緻，不易為人所解，雖好但不適合大眾，故處於不顯的狀態。正如清人納蘭性

---

120 溫博《明萬曆刊花間集補序》，見《唐宋詞集序跋匯編》，頁 340。

121 清・王昶著，近人王兆鵬校點、曾昭岷審訂《明詞綜》（瀋陽：遼寧教育出版社），1992 年。

122 《花草粹編敘》，見《唐宋詞集序跋匯編》，頁 406。

德所說：「《花間》詞，如古玉器，貴重而不適用。」[123]

其次，詞音譜發展到了明代早已失傳，明人填詞多不諳音律。所以明人希望通過保留合樂之作來保存及追和古人的詞樂。從諧律之精粗的角度來比較《花間》和《草堂》：產生於詞體初成時期的《花間集》，其中的調式與音樂尚不成熟，不諧律的現象時有所見，且多為小令；《草堂詩餘》一編多收北宋名家之作，此時詞樂已趨成熟，小令長調各體兼備，又加上其所編選之目的即為應歌，所選詞多協律，其音調也為大眾所熟知。這也是《草堂》較之《花間》傳播較廣的原因。

雖然因上述二個原因使得《花間》在明代的流行不及《草堂》，但《花間集》做為詞開山之祖的地位並沒有因《草堂詩餘》的流行而被忽視，到了清代，《花間集》反而獲得了更大範圍和更深層次的接受，其對清代詞學的影響遠超越了《草堂詩餘》。

第六節　從「起源論」以推尊詞體

明代詞學，學界多目之為中衰，但這並不表示，明人對推尊詞體毫無貢獻。誠然，明人以香弱、綺豔為詞體之本性，在創作上無特色，且以《花間》、《草堂》為範本，在理論方面沒有突破宋人的成就，但就其尊詞的表現，明人有著自己獨特的見解。明人推尊詞體的方式，便是透過詞的起源說以推尊詞體。

大體說來，明人對於詞的起源說有兩種較具代表性的觀念：一是起源於六朝樂府，二是起源於《詩經》。以下分述其狀況與意義。

---

123 納蘭性德《淥水亭雜識》卷四，《通志堂集》卷十三（上海：上海古籍出版社），1979 年。

壹、論詞起源於六朝樂府：以情之高下來肯定詞體

明人推尊詞體的第一條途徑是：以情作為衡量文學作品高下的標準。明人崇尚情，情高於一切，而詞是最適於抒情的文體，這樣，自然就提高了詞的地位。主情之說和復古思潮同樣盛行於明代，二者在正、反對立中取得一致的和諧。

復古意識給詞學帶來很大的影響。所謂「文必秦漢，詩必盛唐」正是明人文學復古心態的典型概括，「就詞學而言，所謂的『復古』，就是要求詞回歸於『曲子』本位」，「在無法復原詞樂的情況下，他們研究前人詞的平仄押韻，以保持詞的音樂性。」[124]。就「主情近俗」的文學風尚而言，明人看重色彩絢麗、風情婉轉的文學。從合樂與主情的角度出發，明人選擇六朝樂府做為詞的源頭。所以，明人論詞起源於樂府也與他們「主情近俗」的核心詞學觀念有關。明人要為他們的詞學理論找到恰當的依據，而六朝樂府恰恰又頗近於他們的要求。王世貞《藝苑卮言》云：

> 詞者，樂府之變也。昔人謂李太白〈菩薩蠻〉、〈憶秦娥〉，楊用修又傳其〈清平樂〉二首，以為詞祖。不知隋煬帝已有〈望江南〉詞。蓋六朝諸君臣，頌酒賡色，務裁豔語，默啟詞端，實為濫觴之始。故詞須宛轉綿麗，淺至儇俏，挾春月煙花於閨幨內奏之。……寧為大雅罪人，勿儒冠而胡服也。[125]

王世貞對詞的起源與宋人王灼相近，王灼《碧雞漫志》云：「蓋隋以來，今之謂曲子者漸興，至唐稍盛，今則繁聲淫奏，殆不可數。古歌變為古樂府，古樂府變為今曲子，其本一也。」[126]以為詞起於樂府至隋始生這一點，王世貞與王灼的看法是一致的。但王世貞又在王灼的基礎上有

---

124 引自蔣哲倫、傅蓉蓉合著《中國詩學史‧詞學卷》，頁 169。
125 王世貞《藝苑卮言》，《詞話叢編》，頁 385。
126 王灼《碧雞漫志》，見《詞話叢編》，頁 74。

所發展：一是否定了詞起於李白〈菩薩蠻〉、〈憶秦娥〉的說法，以隋煬帝之〈望江南〉為詞之初祖。二是透過起源來說明詞的文體特質，認為詞是在六朝君臣酒色享樂之間制成的豔語的基礎上形成的，當為婉轉動聽，辭采華麗。王世貞還進一步地指出作詞的態度是「寧為大雅罪人，勿儒冠而胡服也」，這是一個大膽的宣言。他認為詞可以寫男女閨房之情而不必去寫那些莊重嚴肅的大事，他所批評的「儒冠而胡服」，當是指那些以本質軟媚的小詞去寫大雅之音的作品，這樣容易顯得不倫不類。

楊慎《詞品‧序》云：

> 詩詞同工而異曲，共源而分派。在六朝，若陶弘景之〈寒夜怨〉、梁武帝之〈江南弄〉、陸瓊之〈飲酒樂〉、隋煬帝之〈望江南〉，填詞之體已具矣。[127]

在此，楊慎指出詩詞「同工異曲」，把六朝的樂府視為詞之源頭，中間經過唐人「新聲」的完善，至五代而成。陳霆《渚山堂詞話‧序》亦曰：

> 始余著詞話，謂南詞起於唐，蓋本諸玉林之說。至其以李白〈菩薩蠻〉為百代詞曲祖，以今考之，殆非也。隋煬帝築西苑，鑿五湖，上環十六院，帝嘗泛舟湖中，作〈望江南〉等闋，令宮人倚聲為棹歌。〈望江南〉列今樂府。以是又疑南詞起于隋，然亦非也。北齊蘭陵王長恭及周戰而勝，於軍中作〈蘭陵王〉曲歌之。今樂府〈蘭陵王〉是也。然則南詞詞始於南北朝，轉入隋而著，至唐宋昉制耳。[128]

陳霆從與相同調名的樂府詩出現的時間為出發點，認為詞起於南北朝。

綜合上述，可知在明人眼裡，詞是濫觴於六朝的。或許有人要認為明人不懂樂府依托的「清樂」與詞所依托的「燕樂」，是兩種不同的音樂系統，明人僅僅借樂府舊名而另譜新聲，所以名同者往往實異。殊不知，

---

127 楊慎《詞品‧序》，《詞話叢編》，頁 408。
128 陳霆《渚山堂詞話‧序》，《詞話叢編》，頁 347。

誤解反是另一種層次的理解。在明人的心目中，詞特別類如六朝樂府，並從外在的形式上考量詞這種體裁，重新建立起對詞體文學特徵的認識。應該說，將樂府詩視為詞的源頭是有一定理由的，六朝樂府風情婉轉，在諸種詩體中與詞的體貌最為接近，而且樂府詩也時有長短句出現，同為合樂之作，種種的相似性，所以被明人視之為詞之祖。

貳、論詞起源於《詩經》：從詩歌發展變遷的角度正視詞體

湯顯祖《玉茗堂評花間集・序》云：

> 自三百篇降而騷、賦，騷、賦不便入樂；降而古樂府，樂府不入俗；降而以絕句為樂府，絕句少宛轉；則又降而為詞。故宋人遂以為詞者詩之餘也。[129]

湯氏將詞與《詩三百》直接聯繫起來，把詞作詩歌發展鏈上不可或缺的一環，而且認為推動這種發展的動力便是音樂的變化，特別是辭與樂的離合關係。持這一說法的還有溫博《花間集補敘》：

> 夫《三百篇》變而騷賦，騷賦變而古樂府，古樂府變為詞，詞變為曲。[130]

在探討詞的起源的各種說法中，這一種是影響後世最大的。它主張的「詩詞同源」在一定程度上擡升了詞的地位，具有尊體的意味。俞彥《爰園詞話》云：

> 周東遷以後，世競新聲，三百之音節始廢。至漢而樂府出。樂府不能行之民間，而雜歌出。六朝至唐，樂府又不勝詰曲，而近體

129 湯顯祖《玉茗堂評花間集・序》，金啟華、張惠民、王恒展、張宇聲、王增學合者《唐宋詞集序跋匯編》，頁 341。

130 溫博《花間集補敘》，金啟華、張惠民、王恒展、張宇聲、王增學合者《唐宋詞集序跋匯編》，頁 340。

出。五代至宋，詩又不勝方板而詩餘出。唐之詩，宋之詞，甫脫穎，已遍傳歌工之口。元世猶然，至今則絕響矣。[131]

俞彥的這一說法與湯顯祖相同，他又從「論歷代詩歌之變遷」的角度來看，強調「詞何以名詩餘？詩亡而后詞作，非詩亡，所以歌詠詩者亡也。謂詩餘興而樂府亡，南北曲興而詩亡者，否也。」他雖用「詩餘」之稱，但他的論述不存在「格以代降」的偏見，強調詩歌隨音樂的變遷而變遷，實際就是為了指出詞以其合樂的特性取代詩是對詩的發展。這理論對清人啟發很大，清人論詞，推尊詞體的主要途徑就是認定詞與《三百篇》、《風騷》一脈相承，從而進一步指出其「風人之旨」或「比興寄託」的內涵。強調詞的遠源，一直追溯至《詩經》，是在強調一種文化傳統，一種文學源流的一脈相承。

上述諸家，從詞體發生的角度把詞體接於詩之源，表明詞的來頭不小，因而也就擡高了詞的地位。詞的起源，本來該是一種歷史發生的事實而應不是一個理論的發展，但事實上卻成了詞學研究領域歷來眾說紛紜的問題。「明人在詞體起源問題上的探討，其主要的意義不在於給人一個正確的結論，而在于彰顯他們推尊詞體的努力。因為其推尊詞體和宋人、清人不同，明人是在確認詞體的前提下攀附《詩》、《騷》的。」[132]

明人對於詞體的認識，比清人更符合於詞體的本來面目，將詞之來源上溯至《詩經》與六朝樂府亦未嘗不可，而以「情之高下」為標準來評論詞的起源更是頗為中肯的見解。「詞之為體，要眇宜修」，婉約抒情固其所長，詩詞得以分擔不同的抒情內容，有其合理性；倘若以正統的詩道規範詞體，要求詞必要同於詩，反是忽視了詞體的本質。然而，明人的尊詞體的表現，一直被學界所忽視，認為對後世的影響並不大，且

131 俞彥《爰園詞話》「歷代詩歌之變遷」條，見《詞話叢編》，頁 400。
132 李康化〈明代詞論主潮辨述〉，《華東師範大學學報》（哲社版），1992 年第二期，頁 40 至 67。

反遭清人唾棄。清人批評明代詞學甚力，殊不知受益於明人者亦不少：浙西詞派把詞與《詩經》大義拉上聯繫，常州詞派更從《易經》中尋找詞的源頭，實承明人而來。清人雖承明人而有所發展，然而，與明人相比，明、清在「詞源於《詩經》」一說上，是外在形似而內在實異：明人主情重情，言詞起源於六朝樂府及《詩經》多從「情」字入手。清人重詩教，言及《詩經》等傳統文學，多從「言志」、「載道」理解之，其「志」乃是封建倫理教化的儒家思想而非個人私情，由此可見，明清對於「詞起源於《詩經》」一說上，其形似而實異。憑心而論，明人較之清人更理解詞體的本色，但是，明人欲從本色重情的角度來推尊詞體並非可行之道，雖然清人對詞體的本性並沒有真正把握，甚至是對詞的曲解，然而在推尊詞體方面卻成就斐然。他們力圖把詞納入溫柔敦厚的「詩教」軌道，符合儒家倫理的政治規範。以比興寄託認識詞體，無視於詞體的審美性和形象性。這反映出傳統詩教的言志載道觀念在中國人心目中的地位是何等的根深蒂固。

小　結：明代詞學在詞史上的價值與意義

明詞雖被視為中衰期，但自有其理論的意義和影響價值。首先，詞在明代被視為世俗文化、風情生活的點綴，遠離政治教化，但卻因此而較少受到理學和正統文學教化觀念的影響，在觀念的發展具有相對的自由。其次，在市井文化上昇的大背景下，詞的音樂性和娛樂功能有所回復。其三，由於在詞樂與音律上不可能像宋人那樣錙銖必較，反而使明代文人更加注重詞的文學特徵，並從詞自身的音節音調出發探求、總結詞律，為詞與音樂的徹底分離，充分發揮其文學表現功能創造了條件，為詞作為獨立文學形式的復興提供了前提。

明代對詞人個性化的才和情的張揚，思想解放，批評家勇於立論，對詞學的諸多領域都做出可貴的探索，其重要貢獻有五：

其一，「主情說」的極度張揚：正面提昇男女之情的地位和價值，對「情」的關注到了無以復加的程度，甚至由「情性」片面發展至「情欲」，擺脫種種傳統觀念的束縛，較之任何朝代，言論更顯汪洋宏肆。

其二，是「辨體論」的提出：不同於宋代黏著於音樂，明人在辨明詞的體性時基本上是把音樂問題置之度外，而是從「情」入手，把「主情說」與「詩詞之辨」的論題結合起來，特別強調詞與詩之異，在於詞的特殊性，不只是「緣情而綺靡」，更在於抒情乃「極」綺靡之「變」。「極其變」的觀念使得詞在接續詩的傳統之時劃清了與它的界限。

其三，是「詞派」意識與「正變論」的關係：真正將詞分為婉約與豪放兩個對立的流派是始自於明代的張綖。他著眼於詞人的個性氣質而形成的獨特風格，再聯繫眾多相似風格的群體而概括出來的「體」，即「流派」。張綖對詞派的分辨開啟了明代詞體「正變論」的先河，對明人而言，他們嚴分體派的目的是在伸正詘變，即強調婉約詞的正宗地位。

其四，是淺俗自然的審美理想的提出：乃與其「主情說」互為表裡，因為明人尚情，所以不會因執著於含蓄而故用曲筆，也不會因醉心於雅正而刻意雕飾，這種淺俗切近的審美理論是對南宋以姜、張為代表的騷雅詞風的一大反動，使詞學史上的雅俗之辨達到高峰。因為主情近俗，明人選擇《花間集》和《草堂詩餘》作為創作的範本，這兩個範本分別對清代詞壇的常州與雲間詞派理論的提出產生深遠的影響。

其五，透過詞的起源說以推尊詞體：其主要說法有二，一是以「情」之高下來肯定詞體，論詞起源於六朝樂府。二是從詩歌發展變遷的角度正視詞體，將詞體溯源至《詩經》。二種管道都可見明人對詞體其實並不卑視，而是正視。

與宋、清兩代精微細膩的詞學論述相比，明代詞學呈現出宏觀舉其大要的思維方式，且由於體例所限，很少有大範圍的完整論述，儘管可能由於認知不足而顯得空疏，但明代詞論重情、重個性的自由發揮，從而表現出其獨特的面貌。就整個詞史而言，明代詞論一方面延伸了宋元詞論的話題，並予以拓展和深化，一方面又開闢出新的論題，為清代詞學奠定了基礎。從史的角度來看，「明詞不論是詞學理論或是文學作品，都居於一個積累、發展的過渡階段」[133]，自有其地位，而且如前所述，明代開闢了一些詞學研究領域，提出了不少詞學範疇的重要論題，如詞的起源、詞的正變觀、詩詞之辨的認識，已達到了相當的水平，並對清人產生了深遠的影響，所以，明代後期到清代初年的詞學理論是一個承先啟後的連貫路線，因此將明詞視為詞學的衰退期的說法並不公允。事實上，明代詞論是一個有價值、且無法回避的課題。

明代詞論折射著一種時代的精神，積澱著一定的審美心理，歸根究底，是時代特定的政治、文化、思想等綜合因素所共同凝聚而成的產物，賦予整個明代詞史一種有別於前代的特色。對明詞的研究除了有助於對整部詞史的完型研究之外，同時也有助於對詞體的總體美學建構，因為即使明詞偏離人們對詞的美學期待，它作為異類教材也可收到反證、旁敲側擊之功，其參照價值也是不言而喻的。

〈明代詞學主要論題辨析〉，2007 年 8 月發表於彰師大國文系《彰師大國文學誌》，第十四期，頁 55-100。

133 參考孫克強《清代詞學》（北京：中國社科學出版社，2004 年 7 月），頁 99。

第三章　明末詞法意識的濫觴
— 李漁《窺詞管見》析論

李漁是明末清初之際的人，入清後絕意仕進。他是文學史上一位難得的全才，於詩、詞、文、小說、戲曲方面有多方建樹，著有小說集《十二樓》、詩文集《一家言》、戲曲集《笠翁十種曲》等。此外，他也是一位傑出的文藝理論家，他從自己的創作實踐中總結、歸納、提煉出一些有關文藝的理論命題。李漁最主要的成就是在戲劇理論方面，把他稱為中國古代第一流的戲劇美學家，是當之無愧的實在。人們所熟悉的主要是他的《閒情偶寄》，然而，李漁也是一位卓有見第的詞學評批家。他的詞學理論，在詞學批評史上也有獨到的價值。在其詞話著作《窺詞管見》中表達了他對詞學的見解。本章乃就李漁《窺詞管見》所提出幾個理論問題展開論述。

第一節　李漁生平與所處時代背景

李漁（1611—1680），浙江蘭溪人，原名仙侶，字謫凡，號天徒，中年後改名為李漁，字笠鴻，號笠翁，乃明末清初著名的文學家，也是一位受到矚目的特殊人物。他出生於明朝萬曆三十九年（1611），歷經萬曆、崇禎及清代順治、康熙四朝，卒於清康熙十九年（1680）。

李漁出世之時，明王朝經歷了二百五十年的風雨，已是搖搖欲墜，改朝換代成了李漁生命歷程中最大的變化。李漁的人生經驗可謂輾轉複雜。他自幼聰穎，擅長古文詞，少年時生活優裕，然而在十九歲時，父親突然去世，家道中落，只得舉家回到原籍蘭溪，為的是參加科舉考試，開始了他的應舉之路。明崇禎八年（1635)，二十五歲的他應童子試，考中成為秀才，被譽稱為「五經童子」。考取秀才後至明崇禎十二年（1639)，李漁赴省城杭州準備鄉試，不料卻名落孫山。他滿腹牢騷，卻未死心，於明崇禎十五年（1641)再度應試，但這也是明王朝最後一次舉行鄉試，李漁準備應試時已是瀕臨戰亂時期，他在前往杭州途中遇到了警報，去路受阻，只好放棄考試回家。在動蕩的時局下，接二連三的打擊，使李漁心灰意冷，從此結束了自己的科舉之路，讀書做官的理想化為煙塵。他渴望有所建樹且又壯志難酬，在三十歲左右，他浪遊在廣陵等地，經歷了受異族統治、剃髮、兵焚、亂離的現世苦難，在這段戰火紛飛的年代裡，李漁親眼看到了老百姓所遭受到的深重災難，也親身飽嚐了戰亂之苦，為了逃避戰亂，他曾四處躲藏，嘗言:「甲申乙酉之變，予雖避兵山中，然亦有時入郭。其至幸者，才徙家而家焚，甫出城而城陷。其出生于死，皆在斯須倏忽之間。」[1]李漁雖未親身投入到反清的戰鬥中，但也用自己的詩文表達了對清兵入關的憤慨，如〈甲申紀亂〉[2]、〈甲申避亂〉、〈避兵行〉[3]等作品。

---

1 李漁《閑情偶寄・飲撰部・鱉》（長沙：岳麓書社，2006 年 6 月，第一版），頁 505。

2 李漁〈甲申紀亂〉：「初聞鼓鼙喧，避難若嘗試。盡日偶然爾，須臾即平治。豈知天未厭，烽火日以熾。賊多請益兵，兵多適增厲。兵去賊復來，賊來兵不至。兵括賊所遺，賊享兵之利。如其吝不與，肝腦悉塗地。即為亂世民，蜉蝣即同類。」（見《李笠翁一家言》卷五）其中可見李漁對於滿族統治者逐鹿中原內心是有抵觸情緒的，功名的失意加上時局的動亂，他心中不僅牢騷滿腹，而且進退失據，茫然無措。

3 李漁〈避兵行〉：「八幅裙拖改作囊，朝朝暮暮裹糇糧。只待一聲鼙鼓近，全家盡陟山之崗。新時戎馬不如故，搜山熟識桃源路。太平歲月渺難期，莫恃中山千日酒」（見《李笠翁一家言》卷五）在李漁看來，明清之際的戰亂，較之秦朝的苛政更勝一籌，逼得人民走投無路。

清軍攻佔金華後便一一平定了零星抵抗的明朝各散部，後更消滅了南明小朝廷，鎮壓了吳三桂等藩王的叛亂，平定了天下。身為亂世遺民，李漁對故國故主的緬懷和新政新貴的排拒是其情感世界的聚焦點，亂世中為人不易，遑論追求功名利祿，他對滿清的統治者是採取不合作態度，他決心賣山歸隱，在家鄉伊山蓋了幾間茅屋，依山傍水，認為自己並非「仙侶」，也非「天徒」，只不過是凡夫俗子而已，此後易名改字，名漁，號笠翁。此時他全家的生活又陷入困境，滿腹才華，無用武之地，於是決定遠走高飛。李漁四十一歲時，全家去杭州，開始了「賣賦以餬其口」的生活，但仍不足以負擔一家的開支，後移家金陵，遊歷四方，廣交名士，繼續寫作，《閑情偶寄》便完成於六十歲時（清康熙十年，1671 年)。李漁在金陵時，住處稱芥子園，設有芥子書肆。李漁女婿沈心友，請王概等編《芥子園畫譜》，流傳甚廣。

李漁早歲無子，五十歲以後，一連生了七個兒子，人口驟增使他入不敷出，為了生活計，他自辦了家庭劇團，親自編劇、導演，帶著家庭劇團先後到過北京、陝西、甘肅、山西、廣東、廣西、福建、浙江、湖北、安徽、河北、江蘇等地。在各地演出中積累了豐富的戲曲創作、演出經驗。晚年，李漁心中生發了首丘之念，清康熙十六年（1677），復舉家移居杭州西湖，於雲居山東麓修築層園。這次的搬遷，使他大傷元氣，也陷入了貧病交加的困境，康熙十九年（1680）正月十三日，年近古稀的李漁溘然長逝，葬於西湖邊九曜山之陽，實現了他「老將詩骨葬西湖」的宿願。

綜觀李漁的一生，以明清易代的動亂為界，分成兩個時期。前期的他，主要攻讀舉業，一心想讀書作官，所以在文學上沒有太大的成就。後期，李漁以創作小說、編撰劇本和組織戲班演出作為自己的職業，他在小說與戲曲上的成就，也正是在這段時期中取得的，因此，特殊的社會環境，造成了李漁特殊的生活經歷，也造就了一代的戲曲大家。李漁素有才子之譽，世稱「李十郎」，他重視戲曲文學，著有雜作《閑情偶寄》、戲曲《笠翁十種曲》、小說《無聲戲》、《連城璧全集》、《十二樓》、《合錦回文傳》、《肉蒲團》等。[4]

本章主要論述其詞學論著《窺詞管見》的詞體觀。《窺詞管見》一卷，共有二十二則，見於唐圭璋先生所編之《詞話叢編》，張晶認為「它既非紀事輯佚，亦非品悟鑑賞，而是以一種較為純粹的理論思路正面地表述作者的詞學觀念。各則之間，不是無聯繫的板塊堆積，而是有著頗為密切的邏輯關係。在詞學發展史上，這是有重要意義的。它標誌著詞學進一步理論自覺，也體現了詞學家的思維方式由古典向近代式的轉換。」[5] 足見對李漁《窺詞管見》推崇備至，李漁以一戲曲大家卻能在其中表達了他對詞學見解，《窺詞管見》重要性不言可喻，以下論述之。

第二節　詞之體性論：辨體批評

文藝作品其自身的規律很多，其中極為重要的一條即是文體的創造規律。文體也是文學區別於其他文類、其他藝術形式的不同的外觀表現形態。「體制為先」[6]，探究一種文體的發展之前，必先「辨明」其體之特色。既然體制對創作非常重要，那麼「辨體」——辨明各類文體之異同，就成為一項重要的理論課題。詞究竟是何種體性的文學？詞的審美理想

4 以上有關李漁的生平大要乃參考歸納自沈新林：《李漁評傳》（南京：南京師範大學出版社，1998 年 12 月第一版）。袁震宇：《李漁生平考略》，《中國古典文學叢考》第一輯（上海：復旦大學出版社，1987 年初版），頁 292 頁。陳蓉：〈李漁的生平與創作〉，《文藝評論》，2008 年第 6 期，頁 113。

5 見張晶〈詞的本體特徵：李漁詞論的焦點〉，《社會科學戰線・文藝學研究》，1998 年第 6 期，頁 125。

6 明末・許學夷《詩源辨體》（北京：人民文學出版社，1978 年），頁 57。

和它的歷史表現之間是不是完全統一？它和其他文體相比有什麼特性？這一問題的解決是進行「內部研究」的基礎。基礎不作，大廈焉立？

詩、詞、曲是中國古代韻文史上有先後傳承關係的三種文體，它們之間既有著淵源繼承關係，又有著明顯的區別，而三者之間的文體嬗變又體現著中國古代文學的發展趨勢。每種文體都有其文體定性，進行文體比較學的研究，就是為了清楚地區別出不同文體的藝術精神、文體風格、語言特點、表達方式、美感類型等方面的差異。在清代，詩、詞、曲在文體上已經全面成熟，歷史提供了條件，也向詞學家們提出了挑戰。如何超越外在形式的格律層面，從較為內在的角度來看，詞何以區別詩與曲，這是一個有重要理論意義和實踐意義的論題。將詞與詩進行比較，強調詞與詩的不同，突出詞獨具的審美價值與藝術魅力，是清初詞壇尊詞體的另一個顯著的特徵。由是之故，李漁提出詞之辨體，更有助於清人對詞學批評進行回顧、反思、與肯定的重要意義。李漁詞論中對於詞與詩、曲相比較，已相當切實具體地描述出詞之不同於詩、曲的特色所在。而且李漁並不是一般性地論述出詞之不同於詩、曲的形式特徵，而是從美學屬性的內在層面上深刻地闡述了詞的本體特徵。茲將李漁對於詞之辨體理論，分為以下幾點說明。

壹、詞立於詩曲二者之間

李漁早年創作過詩歌，中年作了大量的戲曲，晚年又有詞作結集，對詩、詞、曲的區別體會較為具體，因此，在談及詞與詩、曲區別的議論中，他是從創作的角度來看，其看法是較為獨特的。他在《窺詞管見》中第一則「詞立於詩曲二者之間」說：

> 作詞之難，難於上不似詩，下不類曲，不淄不磷，立於二者之中。[7]

7 李漁《窺詞管見》，唐圭璋編《詞話叢編》卷一（臺北：新文豐出版社，1989 年李漁點出詞「上不可似詩，下不可似曲」，實已道出詞介於詩、曲之間的語體特徵與獨特的藝術風貌。詞之為體，「白描不可近俗，修飾不可太文」[8]，掌握到詞介於雅、俗之間的語體特質，方不失詞之正位也。

長期以來，我國古代文論中關於文體的研究只涉及「體裁」及「風格」兩個概念，認為「文體」是指不同文類的體統、體制、規則，或是指作家創作個性在作品的內容和形式統一中所形成的總體特色——風格。甚至針對「文體」與「風格」的聯繫性而提出「文體風格」的概念。「文體風格」是指不同的文學體裁由於從不同的方面去概括生活，各有著與它自己相適應的特殊內容，因而帶來了風格上的差異，因此體裁對風格有著制約作用，這種由於不同的體裁所導致的不同風格，就叫「文體風格」。然而，認為體裁可以決定、制約風格，並提出「文體風格」這一概念，卻未必是科學的。因為忽略了體裁作為文體的一個範疇是靠什麼來體現呢？這主要是靠不同的語體加以體現。語體就是語言的體式。就廣義而言，語體是指人們在不同場合、不同情境中所講的語話在選詞、語法、語調等方面的不同所形成的特徵。就狹義而言，就是指用以體現文學的體裁並與特定體裁相匹配的文學語言。就以詩、詞、曲二者來說，雖然它們都以生活體驗為對象，但是它們的寫作目的、價值觀念及具體對象又有所不同，所採用的語體也就有所不同。「語體」作為「文體」的仲介概念，其自覺成熟期是魏晉南北朝時期，曹丕《典論・論文》已把不同體裁對語體的不同要求作了規定：「夫人善於自見，而文非一體，鮮能備善，是以所長，相輕所短。」[9]這裡的「體」顯然是指體裁，意謂各種文體很多，對一個作家而言，他必然有所擅長，不可能各種文學體裁

3 月第一版），頁 549。

8 引自清・沈謙：《填詞雜說》，《詞話叢編》卷一，頁 629。

9 魏・曹丕：《典論・論文》，見梁・蕭統編、唐・李善注《昭明文選》第五十二卷「論二」（臺北：文津出版社，1987 年），頁 2270。

都能把握。後文又說：「夫文本同而末異：蓋奏議宜雅，書論宜理，銘誄尚實，詩賦欲麗，此四科不同，故能之者偏也；唯通才能備其體。」這裡的「體」已不是指體裁，因為這裡的八種體裁——奏議、書論、銘誄、詩賦——被合稱為「四科」，「唯通才能備其體」的「體」是指「四科」分別要求「雅」、「理」、「實」、「麗」等四種不同的語體。雅、理、實、麗都是指語體，「雅」是指適於奏議體裁的雅正語體，「理」是指符合於書論的說理議論語體，「實」是指適應於銘誄體裁的簡潔、記實語體，「麗」是指符合於詩賦等純文學作品講究修辭的秀麗語體。

在中國古代詩歌形式的「語言」結構中，詩、詞、曲分屬三個不同的話語系統，其體性既相互聯繫又互相排斥，而其中詩與曲則處於這個結構性的兩極，詞正介於中間。例如在言志與緣情、古雅與通俗等方面，詩體與曲體的表現明顯地呈現為兩個相反的方向。詞體受到來自詩與曲這兩極強力的牽引，其體性由此而發生某種程度的變異，它一方面從宋代蘇軾標舉「以詩為詞」觀念已被詞壇普遍接受，詩體進一步向詞體滲透，另一方面，又由於新興曲體文學的繁盛和詞與曲的天然聯繫，詞體創作也無可避免地受到了曲體文學的影響，這就使得詞的體式格調呈現出立於詩、曲二者之間，既不似詩，又不似曲，有著自己獨特的審美特徵。

李漁他是從創作（填詞）的角度來談詞體之辨，他敏銳地意識到詞有不同於詩也有別於曲的微妙之處：

> 大約空疏者作詞，無意肖曲，而不覺彷彿乎曲。有學問人作詞，儘力避詩，而究竟不離於詩。一則苦於習久難變，一則迫於舍此實無也。欲為天下詞人去此二弊，當令淺者深之，高者下之，一俛一仰，而處於才不才之間，詞之三昧得矣。[10]

10 李漁《窺詞管見》，唐圭璋編《詞話叢編》卷一（臺北：新文豐出版社，1989年詞，其介於詩之「雅」與曲之「俗」之間，他指出腹內空疏、不具風雅品格的人，寫詞容易類曲，有學問的人寫詞容易類詩。原因是一則苦於習久難變，一則捨此實無。改變這種狀態的方法，是學問淺的加深學問，學問高的降低一下學問，折中調合，詞才能上不似詩，下不類曲。

如何才能做到詞「別是一家」、「當行本色」呢？李漁認為必須瞭解詞體的特性及要求。文體功能、價值取向，往往決定著作家的創作方向和某一文體的基本面貌。中國古代詩、詞、曲三者的文體功能、價值取向不同，一言以蔽之，詩注重社會功利，詞注重抒情娛樂價值，曲則追求平民的俗情俗趣，以俗為美。詩歌的表現注重社會功利而輕視娛樂價值，言志、宗經、徵聖成為詩歌的中心內容。長期以來，詩歌的社會使命不是來自它自身的性質，而是來自於它對政治教化應盡的義務。在情感的基調上，強調溫柔敦厚，情理中和。宗經用典是詩體莊重典雅風格的外在表現。詩歌一方面要學習經書的語言，「稟經以制式，酌雅以富言」[11]，和「宗經」的創作主張相表裡；另一方面，較多用典，以期實現於古有徵、借古諷今的目的。這需要有學問的積累與古籍的醞釀。

與詩歌注重社會功利形成鮮明對比的是詞。詞被文人染指，強調的就是它的抒情娛樂功能。戀情與閑愁是宋詞的兩大主題，這兩大主題都是對人性與人情的肯定與弘揚。其展現人們深層細膩的內心世界，給人們帶來審美快感是詞的根本任務；擺脫政治倫理的束縛，肯定人的生命價值，倡導個性的解放意識是詞的思想傾向。由於詞多抒發自然真率的人性人情，尤其側重表現女子人生命運、心靈世界和纏綿悱惻的相思之情，崇尚旖旎近情的清詞麗句，語帶豔彩。詞因為具有這審美功能，體現了真正的藝術精神。

---

3 月第一版），頁 549。

11 梁・劉勰著，范文瀾注：《文心雕龍注》，（北京：人民文學出版社，1978 年版），頁 64。

如果說詞追求是雅俗共賞的審美趣味的話，那麼曲追求的主要是平民階層的俚俗風情。以俗語方言表達平民階層的俗情俗趣，詼諧幽默，以俗為美。中國古典詩歌受到儒家詩教影響較大，其感情基調和表達方式往往是「怨而不怒，哀而不傷」和含蓄不露。詞對此雖有所突破，但仍以哀婉纏綿、含蓄蘊藉為主；而曲則直率無忌，真情流露。詞的思想情感內涵帶有世俗化傾向，元曲對詞的世俗化傾向有繼承，有發展，更深刻地表現出鮮明的平民化傾向，典籍知識含量較少。相對於「詩莊詞媚」，曲體風格具有民間風味和潑辣的俗趣，即「蛤蜊風味」和「蒜酪風味」的巧妙調配[12]，「蛤蜊」是一種平常的水產品，百姓所食之物，所謂「蛤蜊風味」就是與「高尚之士」、「性理之學」的正統官方風味相對的民間風味。「蒜酪」就是蒜汁，是一種帶有辛辣刺激性的調味品，所謂「蒜酪風味」就是元曲特有的潑辣詼諧的情味。任二北對元曲的文體風格作了精當地概括：

> 曲以說得急切透闢，極情盡致為尚，不但不寬弛，不含蓄，且多沖口而出，若不能待者，用意則全然暴露於詞面。……此其態度為迫切，為坦率，可謂恰與詩餘相反也。……總之，詞靜而曲動；詞斂而曲放；詞縱而曲橫；詞深而曲廣；詞內旋而曲外旋；詞靜而曲動；詞陰柔而曲陽剛；詞以婉約為主，別體為豪放；曲以豪放為主，別體則為婉約；詞尚意內言外，曲竟為言外而意亦外。[13]

正如任二北透過比較而突顯出詞和曲彼此間的差異，李漁亦透過參照對比而掌握詞、曲二者之別。由於曲在表現手法上的淋漓盡致，入木

---

12 元・鍾嗣成《錄鬼簿》云：「若夫高尚之士，性理之學，以為得罪於聖門者，吾黨且啖蛤蜊，別與知味道者。」明人何良俊《四友齋叢說》在評《琵琶記》時說：「高則誠才藻富麗，如《琵琶記》「長空萬裡」，是一篇好賦，豈詞曲能盡之！然既謂之曲，須要有『蒜酪』，而此曲全無，正如王公大人席，駝峰、熊掌，肥腯盈前，而無疏筍，蜆蛤，所欠者，風味耳。」

13 任二北《散曲概論・作法》（臺北：復華書局，1963 年）。

三分，直言無忌，實不同於以含蓄為貴的詞。

李漁對詞辨體的獨特之處是透過詩、詞、曲三者的對比發現了其中的差異，並以「詞立于詩曲二者之間」的原則來確定。其次，他提出了「語言風格」的問題對於「辨體」的重要性。

貳、辨體之法

一、以摹腔鍊吻之法以區別

詩、詞、曲皆有其文體特性，進行文體的比較，就是為了清楚地區別出不同文體的藝術精神、文體風格、美感類型等方面的差異。吾人既已明白詞不同於詩與曲，那麼，從創作實踐的角度來看，怎樣使自己寫的詞，上不似詩，下不類曲呢？李漁提出以「摹腔煉吻」的方法來分別：

> 詞之關鍵，首在有別於詩固矣。但有名則為詞，而考其體段，按其聲律，則又儼然一詩，覓相去之垠而不得者。如〈生查子〉前後二段，與兩首五言絕句何異。〈竹枝〉第二體、〈柳枝〉第一體、〈小秦王〉、〈清不平調〉、〈八拍蠻〉、〈阿那曲〉第二體，與一首七言絕句何異。……凡作此等詞，更難下筆，肖詩既不可得，欲不肖詩又不能，則將何自而可。曰，不難，有摹腔鍊吻之法在。詩有詩之腔調，曲有曲之腔調，詩之腔調宜古雅，曲之腔調宜近俗，詞之腔調，則在雅俗相和之間。[14]

李漁認為僅從名稱上來區別詞與詩有時未必能清晰奏效。面對與整齊的近體詩相同體段的詞牌，該何以處之？李漁認為從「腔調」的角度可以較具體地領會詞的特徵。所謂「腔調」實指「語言風格」，詞之「腔調」即詞的語言風格是雅俗相兼，處在詩之「雅」與曲之「俗」之間。詞的文體風格應當是不雅不俗、亦雅亦俗。文體是語言的藝術，語言無

14 李漁《窺詞管見》，第二則「詞與詩有別」，見《詞話叢編》，頁549。

疑在文體中佔有重要地位。詩、詞、曲三者的本體特徵與文體風格的不同，也表現在三者的語言不同上。明代戲曲批評家王驥德說：

> 詞之異於詩也，曲之異於詞也，道迥不侔也。詩人而以詩為詞也，文人而以詞為曲也，誤也。[15]

詩、詞、曲三者的不同，首先體現在語言上，假若說詩的語言與曲的語言處於兩極對立的話，那麼詞的語言則正好處於二者之間的過渡狀態，顯示出二者之間的漸近、嬗變的過程。詩歌語言以書面文言為基礎，從語言的內涵到語言的形式都有較多的人工修飾；詞的語言以淺近的書面語言為基礎，兼採口語，語言的感情內涵和形式都自然近俗；曲的語言則基本上是口頭的語言，也就是本色通俗的白話。

二、從字句入手

其次，如果再不會摹腔分別呢？李漁教初學者「從字句入手」（即煉字煉句）來區別詞與詩、曲的不同，他說：

> 如畏摹腔鍊吻之法難，請從字句入手。取曲中常用之字，習見之句，去其甚俗，而存其稍雅，又不數見於詩者，入於諸調之中，則是一儼然一詞，而非詩矣。

又說：

> 有同一字義，而可詞可曲者。有止宜在曲，斷斷不可混用於詞者。試舉一二言之，如閨人口中之自呼為妾，呼壻為郎，此可詞可曲之稱也。若稍異其文，而自呼為奴家，呼壻為夫君，則止宜在曲，則斷斷不可混用於詞矣。如稱彼此二處為這廂、那廂，此可詞可曲之文地，若略換一字，為這裏、那裏，亦止宜在曲，斷斷不可混用於詞矣。大率如爾我之稱者，奴字、你字，不宜多用。呼物

15 明．王驥德《曲律》，《續修四庫全書》第 1758 冊，上海：上海古籍出版社，2002）。

之名者，貓兒、狗兒諸兒字，不宜多用。用作語尾句者，罷了、來了，諸了字，不宜多用。諸如此類。實難枚舉，僅可舉一概百。……一字一句之微，即是詞曲分歧之界。[16]

李漁舉這些具體語詞，雖然未必絕對準確，且這一區分方法未免有流於八股之嫌，然而倒也揭示出詞雅俗相濟的審美特點。詞作為音樂文學，其聲情主要訴諸於人的聽覺，抒發感情發自肺腑，自然率真，故表現這種感情的語言也就自然近俗，曲盡人情，使人入耳消融。清人沈祥龍說：「詞以自然為尚。自然者，不雕琢，不假借，不著色相，不落言詮也。古人名句如『梅子黃時雨』、『雲破月來花弄影』，不外自然而已。」[17]柳永詞因「明白而家常」、「言近意遠」，而贏得了「凡有井水飲處即能歌柳詞」的盛譽。李清照因「皆用淺俗之語，發清新之思」，而被稱為「本色當行」的婉約之宗。宋詞之所以能雅俗共賞，佔有廣闊的文學市場，其根本原因就在於它是以通俗化的語言表達大眾化的情緒。曲的語言在詞的語言自然近俗的基礎上進一步地通俗化，俗語方言、街談巷議等口頭語言，兼融並蓄，成為真正運用白話創作的俗文學。詞、曲二者在字句上的差異，在於曲更追求活潑俏皮、幽默詼諧的諧趣[18]，體現出平民階層的活生生的以「俗」為美的情趣。

三、從神情氣度以區別

最後，李漁強調詞、曲之別，除摹腔用字外，它們分別還表現在「神情氣度」方面：

至論神情氣度，則紙上之憂樂笑啼，與場上之悲歡離合，亦有似

---

16 李漁《窺詞管見》，第三則「詞與曲有別」，見《詞話叢編》，頁550。

17 沈祥龍《論詞隨筆》，見《詞話叢編》，頁4043。

18 王驥德《曲律》說：「俳諧之曲，東方滑稽之雄也」，說明曲具有獨特的諧趣之美。」

同而實別，可意而不可言詮者。慧業之人，自能默探其祕。[19]

李漁認為在「神情氣度」這方面，詞、曲之間也有彷彿相同而實別的地方，這是更深一層的探討，他認為這卻是「可意會而不可言詮」的了。其實「神情氣度」涉及各人修養和氣質，即風格個性。前面述及做為文體的一個層次的語體雖然還不是風格，但並不是與風格無關。因為在作家的自由創造和語體的運用中，或多或少地活躍著作家親切的內心生活，體現了作家的創作個性。語體若想成熟，就必然轉化為對文體的最高和最後的範疇——風格的追求。語體還不是風格，只有當作家將語體品格穩定地發揮到一種極致，其與作品的其他因素有機地整合在一起，這才形成風格。風格是文體呈現的最高範疇，是文體完全成熟的標誌。

風格是作家內心世界特徵和外在語體特徵的切合與統一，作家的精神氣質類型對於文體會產生直接的影響，因為氣質作為一與生俱來的先天素質，埋藏於作家的內在心理，在他所從事的創作活動中，這種先天埋藏的線路的特點和傾向就會不自覺地接通，從而在語言的選擇、運用中，不受控制地流露出來，從而給文體貼上「商標」。所以文體的外在表現，如辭理的庸俗或俊美、事義的深刻或浮淺、體式的雅正或華靡，都是作家氣質個性輻射的結果。

李漁進行詞、曲之異的觀照時，指出：一為「紙上之憂樂笑啼」，一為「場上之悲歡離合」，實屬發人所未發的深刻之思，這段話已點明瞭詞曲二者不同的精神氣度。「紙上」與「場上」，是從外在形態的表現看詞、曲二者風格的不同，而外在的風格表現根源於內在的個性作用。詩詞往往通過景物、氣氛的烘托和比興手法來暗示情感，較少直接描寫人物行動。元曲作為「場上之曲」，即使是清唱的散曲也帶有一定的表演性質，

19 李漁《窺詞管見》，第三則「詞與曲有別」，見《詞話叢編》，頁550。

追求聳動聽聞的藝術效果，所以曲的語言帶有動作性、戲劇性，寫情必須具體化、行動化。如查德卿的〈寄生草・間別〉：

> 姻緣簿剪做鞋樣，比翼鳥搏了翅翰。火燒殘連理枝成炭，針簽瞎比目魚兒眼，手挼散並蒂蓮花辦。擲金釵擷斷鳳凰頭，繞池塘挼碎鴛鴦彈。

這首曲寫一個女子失戀後悲憤至極的心情和徹底決絕的態度。作者以賦的手法，突出女子的動態，用一連串動態，表現出女子斷然向負心漢決裂的決心和力量，手法獨特新穎，人物性格鮮明。一句話就是一個行動，可以用戲劇動作表演出來。曲中很少靜止地寫景，或像詩詞那樣情景交融，讓讀者自己去玩味。而是把景物與人物的感情、行動結合起來寫，寫得有聲有色。任二北在《散曲概論・作法》中說：

> 詞靜而曲動，詞斂而曲放；詞縱而曲橫；詞深而曲廣；詞內旋而曲外旋。[20]

就指出了元曲語言顯豁直露、富於行動性的特點。

關於詞體之辨，李漁分別從摹腔鍊吻、字句、精神氣度等不同角度、不同層面比較辨析詞與詩、曲的區別，嘗試把握詞之美學品格，確立詞之獨立價值。

第三節　詞之創作論

壹、法古與創新

某種詩文體制，若千古不變，那就成為了人人摹仿的陳詞濫調，所以高明的作家在文體的創造中，必須既似舊體，有所繼承，又不似舊體，有所創造，這樣才能使文體不斷得到更新和發展，文體才不會僵化。迷

20 任二北，《散曲概論》，《中國古典戲曲論著集成》。

信傳統、墨守傳統，就會限制創造和發展，最終會導致傳統的僵化，並葬送傳統的本身。但是，完全否定傳統同樣是不明智的。在這方面李漁有著進步通達的創作觀，他認為詞既要取法於古，又不宜泥古不化。他說：

> 詞當取法于古是已。然古人佳處宜法，常有瑕瑜並見處，則當取瑜擲瑕。若古人在在堪師，語言足法，吾不信也。[21]

李漁在此提到法古（即對待古典遺產）的原則，認為古籍有瑕瑜並見處，當取瑜擲瑕，李漁這一看法很合理，但如何分清瑜瑕，因詞人愛好不同較難分辨。他批評唐人〈菩薩蠻〉「牡丹滴露真珠顆」一詞寫美人姿態是「戲場花面之態，非繡閣麗人之容」；又批評李煜〈一斛珠〉結句「繡床斜倚嬌無那，爛嚼紅絨，笑向檀郎唾」是「娼婦倚門腔，梨園獻醜態」。評語稍嫌過分，是因為李漁主張對待古籍的標準，當取瑜擲瑕，取其精華、去其糟粕，因為這些句子，所寫形象的確浮蕩，是近乎曲的句子。

李漁反對泥古不化，他認為藝術必須要不斷地創新，惟有創新，方能發展，方能突破，方能傳之於後。這種創新的觀點，同樣表現在他的戲創理論中，他在《閒情偶寄》說：

> 人惟求舊，物惟求新。新也者，天下事物之美稱也。而文章一道，較之他物尤加倍焉。戛戛乎陳言務去，求新之謂也。至於填詞一道，較之詩賦古文又加倍焉。[22]

這雖是論及傳奇創作新穎要求，然而也是對文學創作創新之普遍認識。李漁認為藝術必須要不斷地創新，惟有創新，方能發展，方能突破，方能傳之於後。他認為「新」是文學的生命所在，也是時代進步的要求。

他也在《窺詞管見》中強調「詞的創新」：

---

21 李漁《窺詞管見》，第四則「古詞當取瑜擲瑕」，見《詞話叢編》，頁551。
22 李漁《閒情偶寄・脫窠臼》（長沙：嶽麓書社2000年6 月出版），頁32。

> 文字莫不貴新，而詞為尤甚。不新可以不作，意新為上，語新次之，字句之新又次之。所謂意新者，非於尋常聞見之外，而後謂之新也。即在飲食居處之內，布帛菽粟之間，儘有事之極奇，情之極豔，詢諸耳目，則為習見習聞，考諸詩詞，實為罕聽罕覩，以此為新，方為詞內之新，非齊諧志怪、南華志誕之所謂新也。[23]

他認為「新」是文學的生命所在，也是時代進步的要求。且將「新」的涵義分為「意新」、「語新」、「字句之新」三種。這三者並非平行同位，他認為「意新」的重要性高於「語新」與「字句之新」。

所謂「意新」不是去追求脫離生活的怪誕離奇，而是要置身於現實生活之中，在習見習聞的生活中去發現前人尚未寫過或寫得不充分的「情」與「事」。「新」就在日常生活之中，作者對於生活有獨特的體驗和審美發現，察人所未察，發人所未發，這才是真正的「新」。有創見的作者，都十分注重獨闢蹊徑，不落窠臼，力求以「反常」的構思、新穎的手法表現主題思想，這樣，往往可以使故事情節更加曲折驚險，人物性格更加鮮明突出，收到出人意料、使人震動的藝術效果。一篇優秀的作品，往往是以構思精妙取勝。構思上的巧妙，既要出人意料之外，又要在精理之中。這種「巧」，要巧得合情合理，符合生活的邏輯和人們認識的規律。要想從所選取的材料中感悟出「新」和「深」的意蘊，涉及到作者對事物的觀察、感受、認識、思考事物等問題，能不能以令人耳目一新的方式表現。由此可見李漁他認為創作必須符合人情物理，力戒荒唐怪異。

「語新」根據張晶的解釋乃指「整體性的語言範式，或即目下所說的『話語系統』。通俗一點說，則是詞中的語言『調子』，用李漁的話來說，就是所謂的『腔調』。」「字句之新」則是「詞的創作中具體的字、

---

23 李漁，第五則「詞意貴新」，《詞話叢編》，頁 551。

詞的運用」[24]。關於詞語、字句的新，李漁認為「亦復如是」，即「言人所未言，而又不出尋常見聞之外」[25]，即在自然平實的風貌中見新奇，這才是最為理想的：

> 意新語新，而又字句皆新，是謂諸美皆備，由武而進韶矣。然具八門才者，亦不能存在如是。以鄙見論之，意之極新，則不妨詞語稍舊，尤物衣敝衣，愈覺美好。且新奇未覩之語，務使一目瞭然，不煩思繹。若復追琢字句，而後出之，恐稍稍不近自然，反使玉宇瓊樓，墮入雲霧，非勝算也。[26]

李漁還認為能做到意新、語新、字句又新是「諸美皆備」，但這樣的要求實際上是難以達到的。所以他以「自然」濟「新奇」，將「新奇」與「自然」融而為一，「意之極新，則不妨詞語稍舊」，主張用較平實的詞語來表達新的立意，其目的是使作品風貌顯得自然而不突兀。他又說：

> 同是一語，人人如此說，我之說法獨異。或人正我反，人直我曲，或隱約其詞以出之，或顛倒字句而出之，為法不一。(《窺詞管見》)

「同是一語，人人如此說，我之說法獨異」，李漁強調創作應追求在束縛中的突破，限制中的恣縱；用不同的方式表現，自有其意想不到之處，綻放出語言藝術之花。創意搜尋、想像，猶如智慧大海的探險之旅。無奇不有，充滿無限驚喜，這樣的方式，讓寫作者走出慣性，放眼於新意，講究陌生化，更講究藝術化，化腐朽為神奇，迸發出令人驚豔的創意光彩。

然而，李漁強調創新的「反常」或「顛倒」應當注意，「反常」只是一種手段，它是為昇華藝術形象，深化作品主題服務的。若離開這一根

24 見張晶〈詞的本體特徵：李漁詞論的焦點〉，《社會科學戰線・文藝學研究》，1998 年第 6 期，頁 127。

25 李漁《窺詞管見》，第五則「詞意貴新」，《詞話叢編》，頁 552。

26 李漁《窺詞管見》，第六則「詞語貴自然」，《詞話叢編》，頁 552。

本目的，一味追求「反常」，致力於虛構驚險情節，描繪奇特場面，定然會妨礙主題思想的充分表達，削弱了主題思想的社會意義。另外，「反常」應常是形如違常理，實為合情合理，是在符合常規的基礎上求「新穎」，求「反常」；如果任意違反常情常理，牽強附會，「倒行逆施」，文章就將失去真實，流於虛假。所以李漁強調要在淺處求新，在這樣的要求下就能保持自然真切。

為此，他對創新提出了下幾點要求[27]：

其一，「意之極新，反不妨詞語稍舊」。用舊語、尋常語來表現新意，讓新意與舊語之間取得平衡。

其二，即使是語新也應近於自然。「新奇未睹之語，務使一目了然，不煩思繹。若復追琢字句，而後出之，恐稍稍不近自然，反使玉宇瓊樓，墮入雲霧，非勝算也。」李漁強調藝術描寫要「自然」，所謂「自然」者，也就是真實可感，若讓人讀來如墜入五里迷霧中則非成功的作品。

其三，字句新要能做到合乎情理。「琢句鍊字，雖貴新奇，亦須新而妥，奇而確。妥與確，總不越一理字，欲望句之驚人，先求理之服眾。」李漁在此把描寫事物是否「妥」與「確」，同合「理」聯繫在一起 。這裡強調合「理」，只有合「理」，即描對對象做到「妥」而「確」，才能「驚人」，才能「服眾」。雖然求新求變是文學創作的規律，但這種出人意料之外的表現，是要在情理之中。這種巧，要巧的合情合理，符合生活的邏輯和人們認識的規律。李漁提倡寫「人情物理」，也就是要求描寫事物須妥帖、確實，即真實。他認為填詞必須符合人情物理，力戒荒唐怪異，他認為那些怪誕不經的事物是不合人之常情常理、違反生活真實的。即如他在《閒情偶寄》中所說：

凡作傳奇，只當求於耳目之前，不當索諸聞見之外，無論詞曲，

---

27 以下三點參考《窺詞管見》第六則「詞語貴自然」，《詞話叢編》，頁 553。

古今文字皆然。凡說人情物理者，千古相傳；凡涉荒康怪異者，當日即朽。[28]

這裡分明是把能否符合「人情物理」視為傳奇創作的根本規律，力圖尋找和闡發傳奇作品之不巧或速朽的根本原因所在。在以談論戲劇表演和導演問題為主的《演習部》中，李漁又強調「傳奇妙在入情」，要求在選劇時，要選擇那些「離合悲歡，皆為人情必至」，因而具有強烈藝術感染力的劇本。

總之，在李漁看來，創作必須符合「人情物理」，描寫事物必須妥當而確實，這是一條根本規律。

李漁所提出這些創新要求雖然有理，也都是從他的曲論注意俗俚演繹出來的。因為李漁是著名的戲曲家，論詞與詩、曲之別，多取由「曲」返視的角度。

貳、詞之取材與情景的關係

中國古典詩詞的創作不在於再現生活，而在於表達感情、心境。詩歌總要在有限的字數裡，盡可能地表現出豐富的思想內容，展現出一定的氣韻氛圍。這就要求詩詞創作既善於通過形象思維，運用熟練的技巧把客觀的物象與主觀的心意結合起來，構成各種各樣的意象。早期的詩中，自然景物往往只作為起興或比喻的作用。借景抒情在《詩經》時代即有，不過那時的寫景與抒情的契合度並不高，經過魏晉南北朝的發展，意象越見豐富，契合的程度也更高，但終未臻於完美。經過長期的創作實踐，到了唐代景物的運用已有了較大的飛躍。它不僅作為詩人所活動的環境出現，而且已與詩人的感情融為一體，成為意境中的重要組成部分。唐詩的寫景抒情總體說來已發展得十分完美，其特點是情景組合中

28 李漁〈戒荒唐〉，《閒情偶寄》（長沙：岳麓書社，2000年6 月出版），頁40。

暗示性、隱喻性的程度愈來愈高。如李商隱、杜牧、溫庭筠等人皆是如此，這種技法運用的一個前提，就是情與景的契合程度、景物的暗示性與隱喻性程度的進一步加強。詞由於其寫景抒情更多地宗法晚唐，加上寫景抒情自身發展的規律，寫景抒情在宋詞中不僅變得更精巧細膩，而且契合程度也更高了，主觀力度也更強了。如果說，在唐詩的情景交融中，自然景物已無所不在；那麼，在宋詞，若失卻自然景物，則幾乎難以成詞。吳衡照《蓮子居詞話》卷二云：「言情之詞，必藉景色映襯，迺具深婉流美之致。」[29]提到以言情為主的詞必然要透過自然景物表現人物的內心世界。景物是有形的、實的；情思是無形的、虛的。化情思為景物，景中含情，情中生景，情景交融，緊密呼應，渾然一體，從而形成一種動人的意境，使得作品意味深長，耐人玩味。這就成為詞創作普遍性的技巧之一。李漁《窺詞管見》說：

> 詞之最忌者有道學氣，有書本氣，有禪和子氣。吾觀近日之詞，禪和子氣絕無，道學氣亦少，所不能盡除者，惟書本氣耳。……作詞之料，不過情景二字，非對眼前寫景，即據心上說情，說得情出，寫得景明，便是好詞。[30]

李漁堅決反對詞體的藝術創作中具有「書本氣」、「道學氣」、「禪和子氣」，他反對在詞中抽象說教，反對在創作中堆砌古人古事，大量用典、排列故實，認為這是不符合詞的審美特徵，也就不自然。這就從反面強調了藝術形象性的重要。所強調作詞之料，亦即眼前之景與心中之情，這種情景須是作者自己親身所體驗和經歷之事，他強調藝術形象的鮮明性、具體可感性。李漁的說法，已經涉及到詩詞藝術生成的兩大要素，即主觀的「情」和客觀的「景」的關係。詞不僅重視意象和寫景抒情手法的運用，也重視意境的創造，甚至在這方面還有更深刻的發展。

---

29 吳衡照《蓮子居詞話》卷二，《詞話叢編》，頁 2423。

30 李漁《窺詞管見》第八則「詞忌有書本氣」，《詞話叢編》，頁 553。

詩重在抒情，而詞更注重詞人主觀情感的抒發，沒有主觀精神的滲入，就不可能具有審美意識。藝術的美並不存在於客體本身，也不存在於主體精神，而在於主體和客體之間的融合。詞人的情感與自然景物有緊密相連的關係。主觀與客觀、心與物、情與景的融合體，構成所謂的意象，「意」謂心聲心情，「象」是外在景物，探討詩詞作品的意象，是瞭解作品情感基調，掌握創作意圖所必經的橋樑。一方面我們注重詞人的主觀感受，一方面強調客觀自然景物的引發，詞中的情感通過具體的景象表現出來，另外，對外界景物的描寫帶上豐富的情感色彩，情景的描寫已成為詞的主要材料、主要表現手法，二者的結合已形成詞的複雜多重的結構關係。李漁又說：

> 情景都是現在事，舍現在不求，而求諸千里之外，百世之上，是舍易求難，路頭先左，安得復有好詞。(《窺詞管見》)

這裡強調「現在」，即是一種當下的自然感發。李漁論詞重視取材，主張即景即事，它強調創作中情與景的當下性，認為情與景二者的結合是創作主體的當下感發與隨機感興，無須其他因素參雜其間。李漁強調詞的創作是詞人有感於客觀外物召喚的結果，詞情的產生必須通過「物」的「引發」。物能「引發」詞人內在的詞心，從而使詞人產生感情。這裡的「情」與「景」的關係是一種引發與被引發，它強調的是外物給予主觀情緒的感發作用。就像姜夔〈江梅行〉：「人間離別多時，見梅枝，忽相思。」把寫景作為手段、媒介來達到寫情的目的。李漁展現了一種「自然化」的創作觀，這裡所謂的「自然」不是客觀存在的自然，是指人類作為審美主體所培養而成的一種本色的情感內涵及其外化形態。

然而在情、景結合的關係中，並非二者並行共尊，而是以情為主，以景為賓，李漁說：

> 詞雖不出情景二字，然二字亦分主客。情為主，景是客，說景即是說情，非借物遣懷，即將人喻物。有全篇不露秋毫情意，而實

句句是情，字字關情者。切勿泥定即景詠物之說，為題字所誤，認真做向外面去。[31]

李漁對清代詞學理論的重要貢獻之一，就是對詞的創作主體和客體的辨證認識。立足於心與物、情與景、主體與客體的關係，來探討詞創作和詞發生的基本規律，從主客的關係來認識詞本質和產生的條件，李漁有著精闢的見解。有了現實世界，才有精神世界，而後才有藝術世界，誠如劉勰所說的：「歲有其物，物有其容；情以物遷，辭以情發」[32]，李漁認為作詞不出「情」、「景」二字，情、景兩者又有主客之分。他說：「情為主，景是客，說景即是說情，非借物遣懷，即將人喻物。有全篇不露秋毫情意，而實句句是情，字字關情者」。一切文學作品主要是表達感情的，但與詩、文比較起來，詞的「多情」特點卻更為突出。詩，除抒情外，還有敘事、寫景、詠物之作，而詞則全是抒情的，沒有或絕少單純敘事、寫景或詠物的詞。情景交融原為中國古典詩詞的傳統特點，而詞表現得尤其突出，形成更強烈、更外溢主觀情緒表現。這種更強烈的情感表現，即王國維所謂的「有我之境」[33]，例如王國維所舉的例子，歐陽修的「淚眼問花花不語，亂紅飛過秋千去」、秦觀的「可堪孤館閉春寒，杜鵑聲裡斜陽暮」是「有我之境」。為什麼它們是「有我之境」呢？就是因為它們不僅僅是一般地寫景真切，而且在這較為客觀的寫景抒情之外，還融入了更直接、鮮明的主觀表現。歐陽修在「亂紅」句之前加上了一個更具有強烈主觀色彩的「淚眼問花花不語」，雖然「花」仍然是景，但「淚眼問花」、甚至「花不語」，就不是單純的寫景抒情了，而是「花」也和「亂紅」一句聯繫在一起的主觀表現了，這樣，就使一個從整體上看仍是寫景抒情的句子，有了更強烈的主觀情感的融入和外溢。

---

31 李漁《窺詞管見》第九則「情景須分主客」，《詞話叢編》，頁 553。

32 劉勰《文心雕龍・物色篇》，范文瀾注本。

33 王國維《人間詞話》，《詞話叢編》，頁 4233。

「有我之境」應當說就是宋詞在寫景抒情之中更注重主觀力度的一種表現，它不是個別的，而是一種普遍的現象；它是由宋詞自身「言長」、「緣情」的特性所決定的；宋詞要注重抒情的韻味，而且要講究傾訴式的抒情，它在寫景抒情方面，就不能如詩那樣，停留在較為純粹的「無我之境」的寫法上，它必須在寫景抒情方面，融入更強烈的主觀表現。無論如何，詞人都不能只用眼睛觀景，而必須以心觀景，以心會景。詞人的眼睛只是攝景的鏡頭，而他的心，才是感光的底片。只有在心的底片上感光，才能浸透感情的色彩。唐以前的寫景抒情意象大致是客觀性勝於主觀性，到了唐詩，則是主、客觀處於融合無間的狀態，而到了宋詞，則更傾向於主觀情緒的融入，是主觀性溢於客觀性了。詞人的「心中景」，即他對「眼前景」的感受傳達給他的讀者。詞人的「心中景」，便是浸透了他的感情，並為傳達這一感情服務的景物形象。

李漁認為，詞創作中情與景都應該是得之於親身經歷和感受，因為詞是主體心靈對客觀世界和社會生活的審美感受和藝術表現，主體心靈的能量在創作中居於主導地位。李漁的情、景理論對於中國古典詩詞中關於情景關係的認識作了總括性的論述。

參、結構的安排

作家嘔心瀝血營造屬於自己心靈獨特的情感載體，其目的就是為了獲得獨具藝術魅力的效果，盡可能發揮文體的功能。在藝術表現上，講究煉字煉句、結構的形式安排，目的就是為了營造文體，發揮文體獨特的表現功能，增加思想、情感的藝術效能。

從章法、結構上看，詞在寫景抒情比起詩更加靈活和灑脫。這主要因為詞的句式更為靈活，又更為通俗，這就為寫景抒情的靈活灑脫運用創造了條件。詞以抒情為目的，詞所表現的是「吾心醞釀而出」[34]的種種體驗或感情。但這並不是詞，它需要一個物化的過程。首先是將內在情感勃動、思想湧動「外物化」為自然意象的樣式，因為感情和體驗往往是人們在特定的時間、特定的場景中有所觸動而生成的，它有一個從開始到結束的持續性歷程。如此，詞人在表現某種情感狀態時，也必須考慮情感狀態其過程的完整性，以富有個性化的抒情方式傳達出來。當作者依據心中的法則，來構築詞境，安排作品的內涵，表現詞人的情感心緒時，勢必要通過一種形式來表現。換言之，在文學創作的過程中，作者所要表現的生活內容及思想情感，必須通過一定的語言描述出來，並把這些內容按其內在的規律，用一定的方式加以組織安排，使它構成一個完整的統一體，此即所謂「結構」。李漁對於詞的結構安排，也有其精密深刻的見解。

一、結構的重要性

詞的結構，前人或稱章法，或稱佈局[35]。所謂詞創作中的結構藝術，就是詞人在構思及表達的過程中，對材料的安排處理。將作品所反映的生活內容和思想情感、審美需求，按一定的邏輯組織安排在一個有機整體。一首詞，其結構的營造首先必須循著反映情感變化的過程來進行。其中的組織構造，即詞之結構。詞的篇章結構以及佈局，實為創作中的一大功夫，李漁即強調結構的重要性：

> 至於「結構」二字，則在引商刻羽之先，拈韻抽毫之始，如造物之賦形，當其精血初凝，胞胎未就，先為制定有全形，使點血而

34 況周頤《蕙風詞話》，見唐圭璋《詞話叢編》，頁 4389。

35 劉熙載《藝概・詞概》云：「詞之章法，不外相摩相蕩，如奇正、空實、抑揚、開合、工易、寬緊之類是已。」又云：「詞中承接轉換，大抵不外紆徐鬥健，交相為用。所貴融合章法，按脈理節拍而出之。見《詞話叢編》，頁 3698。

> 具五官百骸之勢。倘先無成局，而由頂及踵，逐段滋生，則人之一身，當有無數斷續之痕，而血氣為之中阻矣。工師之建宅亦然，基址初平，間架未立，先籌何處建，何方開方戶，架用何材，必俟成局了然，始可揮斤運斧。倘造成一架，而後再籌一架，則便於前者不便於後，勢必改而就之，未成先毀。猶之築舍道旁，兼數之匠、資，不足供一一堂之用矣。故作傳奇者，不宜迮急拈毫，抽手於前，始能疾書於後。[36]

可知結構安排的不易。講求寫作技巧的人都注重結構的安排。詞家的審美感覺，最終要通過結構方式加以固定化、物質化，才得以完美的表現。結構在詞的創作中具有重要意義。通過結構，作家就能把分散、零碎的感性材料組織起來，使之成為既符合生活客觀規律又能充分體現主題思想的完美藝術形象體系。文學創作中的剪裁、佈局、銜接等等，是作品結構的具體環節。從這個意義上來說，我們對結構的內涵也可以作這樣的概括：所謂結構，就是通過佈局、剪裁、銜接等方法安排內容，使之成為一個有機整體的藝術手段。詞尤其講究章法藝術，要求作者根據主題的需要謀篇佈局，恰當地安排內容層次，形成自然而完美的結構，達到藝術上的完整與和諧。

就詞而言，其外部結構就是體製上的要求。詞由詩體演化而與音樂有密切關係，上不同於詩，下不似於曲。詞的體製基本上是固定的，正如《詞譜・序》所言的：「詞寄於調，字之多寡有定數，句之長短有定式，韻之平仄有定聲，杪忽無差，始能諧合」。[37]這種「定數」、「定式」與「定聲」，即依曲拍填詞的律化要求，也是構成詞體的基本方法。作者按照音

---

36 見李漁《閒情偶寄・詞曲部・結構第一》（長沙：嶽麓書店，2000 年 6 月），頁 17。

37 〈御制詞譜序〉，見清・王奕清、陳廷敬等人編《康熙詞譜》（長沙：岳麓書社，1999 年），頁 1。

譜所定的樂段、字句、音節和聲調，按譜填詞，構成了詞的體制特點。每種詞調根據其音樂與文學的特點，或抒纏綿悱惻之情，或發出慷慨悲壯之音，如此看來，要在這眾多體製中，歸納出章法結構的規律來，無怪乎困難得很。但儘管困難，清代詞話家還是總結出值得我們重視的章法結構方面的經驗之談。李漁歸納出幾個原則，例如詞須注重後篇、詞要善於煞尾、結句述景、前後段必須聯屬，都有其深刻的見解。分別探討如下：

二、詞須注重後篇

詞家注意詞的關鍵部位，一般指開頭、前結、換頭、及後結等部位，在字聲的安排、句式的設計及作法，都要特別的講究，以體現各詞調的聲情特徵。李漁《窺詞管見》強調詞須注重後篇：

> 詩詞之內，好句原難，如不能字字皆工，語語盡善，須擇其菁華所萃處，留備後半幅之用。寧為處女於前，勿作強弩之末。大約選詞之家，遇前工後拙者，欲收不能。有前不甚佳而能善其後者，即釋手不得。闈中閱卷亦然。[38]

李漁這段話已指出了詞在結構安排上的美學功能。詞因押韻而形成一回環往復的相應之美，在情感內容的表達上，它也是一種精美、圓熟的結構。它之精美圓熟就在於，它恰好構成了一種自我完足的表達方式，即「起承轉合」的結構模式。「起」是開頭，「合」是結尾，「承」、「轉」是中間過程。而中間過程又有著一個層折，這樣一種結構的安排，給人一種絲絲入扣、精美圓熟的感覺。當然，起承轉合之說用之於詞，過於呆板，且不能囊括詞的作法，不過這種結構規律，也顯現了後篇對於全篇的重要性。

38 李漁，第十三則「詞須注重後篇」，《窺詞管見》，見《詞話叢編》，頁 555。

三、詞要善於結尾

綜觀詞家所論，一調之中，以起、結、過片為最重要，而又以結為難。後篇的重要性尤在於結句，李漁強調：

> 詞要住得恰好，小令不能續之使長，長調不能縮之使短。調之單者，欲增之使雙而不得，調之雙者，欲去半調，而使單亦不能，如此方是好詞。其不可斷續增減處，全在善於煞尾。無論說善之話，使人不能再贅一詞。即有有意蘊藉，不吐而吞，若為歇後語者，亦不能為蛇添足，纔是善於煞尾。[39]

又說：

> 蓋主司之取捨，全定於終篇之一刻，臨去秋波那一轉，未有不令人消魂欲絕者也。[40]

詞的結句，在李漁的心中尤非一般，是筆頭倍下力氣處。這種看法，也為其他評論家所強調，例如姜夔《白石道人詩說》聲稱：「一篇全在尾句，如截奔馬。」[41]清代沈祥龍《論詞隨筆》亦強調：「詞起結最難，而結尤難於起」[42]。結句之佳，論者多主「豹尾」[43]。「豹尾」的喻意，即謂「結」要響亮，如豹尾般短小、有力。即如張炎《詞源》所云：「末句最當留意，有餘不盡之意，乃佳」[44]。劉熙載《詞概》云：「收句非繞回，

---

39 李漁，第十四則「詞要善於煞尾」，《窺詞管見》，見《詞話叢編》，頁 556。

40 李漁，第十三則「詞須注重後篇」，《窺詞管見》，見《詞話叢編》，頁 555。

41 姜夔《白石道人詩說》，見清・何文煥輯《歷代詩話》（北京：中華書局，1981 年 4 月），頁 256。

42 清・沈祥龍《論詞隨筆》，見《詞話叢編》，頁 4043。

43 元人喬吉〈作樂府亦有法〉曰：「鳳頭、豬肚、豹尾六字是也。大概起要美麗，中要冶蕩，結要響亮。尤貴在首尾貫穿，意思清新。」（見清・陶宗儀〈作今樂府話〉，見《輟耕錄》，北京：中華書局，1985 年）。

44 張炎《詞源》卷下，見《詞話叢編》，頁 265。

即宕開，其妙在言雖止而意無窮。」[45]以上諸說的共同意見，皆說明詞的結尾是全篇精神，要講求含蓄，要言有盡而意無窮，要「有餘不盡之意始佳」。

四、結句述景

詞之結句如何做到有餘不盡？李漁提出一法，即「結句述景」：

> 有以淡語收濃詞者，別是一法。……大約此結法，用之憂怨處居多，如懷人、送客、寫憂、寄慨之詞，自首至終，皆訴淒怨。其結句獨不言情，而反述眼前所見者，皆自狀無可奈何之情，謂思之無益，留之不得，不若且顧目前。而目前無人，止有此物，如「心事竟誰知，月門花滿枝」、「曲中人不見，江山數峰青」之類是也。此等結法最難，非負雄才，具大力者不能，即前人亦偶一為之，學填詞者慎勿輕效。[46]
>
> 蓋主司之取舍，全定於終篇之一刻，臨去秋波那一轉，未有不令人消魂欲絕者也。[47]

人類的心理，通常受「最後的印象」很大的影響，詩詞創作的「以景結情」，特別注意最後一筆的力道，有一個鮮明的審美特徵，就是它的結句是將具體景象訴諸於讀者的視覺，具有強烈的畫面感，有著形象性強、直觀性強的審美功能，從接受者的心理感受考察，強烈的視覺刺激，通常能給人留下深刻的印象，特別用心於結拍的形象勾勒和畫境詩情雙美並舉，巧妙地集含蓄美、畫面美於結尾，其實質就精心凝聚「最後印象」的強大衝擊波，通過直觀畫面銜接軌道，以有力的一擊啟動讀者的

45 劉熙載《詞概》，見《詞話叢編》，頁 3683。
46 李漁《窺詞管見》，見《詞話叢編》，頁 556。
47 李漁，第十三則「詞須注重後篇」，《窺詞管見》，見《詞話叢編》，頁 555。

形象思維馬達，從而獲得藝術審美的奇特效果。蘇軾名篇〈江城子〉（十年生死兩茫茫）寫悼念亡妻的悽惻情懷，其中下片追述夢遇，不勝感傷，結拍云：「料得年年腸斷處，明月夜，短松崗」，「料得」，測度之詞，詞人年年月月思念掛慮、縈懷於心的總不外是埋葬在遍植松樹的小山崗的妻子。月照當空，墳地寂冷，皎月慘淡，松影森森，那是教人年年歲歲為之腸斷之處啊！這用淚水揮染而成的幽暗畫面，凝聚著詞人無限的淒涼之情。這景象是那麼具體實在，令人如臨甚境，感慨萬端。詞人對妻子的永遠不能忘懷的愛，都在這虛景中滲透出來。這種以景結情的寫法，就是通過展示富有暗示或象徵意味的詩歌意象的圖形符號，激起讀者強烈的視覺刺激，全詞就在這樣的畫面中結束，含不盡之意於言外。李漁風趣地譬為「臨去秋波那一轉」，「臨去秋波那一轉，未有不令人消魂欲絕者也」，言外之意，弦外之音，於有形之景寄託無形之情。寫景並寫情，情以景幽，景以情妍。詞結句宕開寫景，最是含有不盡之意，顯示出詞人感情的深沈和凝重，又豐富、擴大了詞篇的內涵和意蘊，起到了「言有盡而意無窮」的藝術效果。

日常生活中，語言傳遞著思想，但往往又遮蔽了意義，不能完滿地表達人們複雜的思想情感。同樣，在藝術創作中，語言也無法完全傳達藝術家豐富的審美體驗。許多詩歌理論家都認識到語言這無法「盡意」的局限性。陸機存在「意不稱物，文不逮意」[48]的憂患，劉勰也陷入「意翻空而易奇，言徵實而難巧」[49]的困境……。正是因為「言不盡意」，所以人們訴求超越語言，唐代的皎然道出「寄意於言外」的極致，「但見情性，不睹文字，蓋詩之道極也」[50]，讓人們在言外獲得無窮的意蘊。把欲

---

48 晉・陸機：〈文賦〉見蕭統編、李善注《昭明文選》第十七卷「論文」（臺北：文津出版社，1987年），頁761。

49 梁・劉勰著，范文瀾注：《文心雕龍注》（北京：人民文學出版社，1978年版）。

50 唐・皎然《詩式》，何文煥輯《歷代詩話》（北京：中華書局1981年版）。

道之情按下，以景代之，比直說更深婉，因而也更耐人尋味。沈義父《樂府指迷》亦云：

> 結句須要放開，含有餘不盡之意，以景結情最好。如清真之「斷腸院落，一簾風絮」，又「掩重關、遍城鍾鼓」之類是也[51]。

以景結情，用筆十分簡約，常常只著墨於寒塘雁跡、太虛雲片等細微之處，抓住生活中富有包孕性的一點進行集中描寫，萬取一收，以少總多，以創造意境空白，這種表現正如作畫留白的藝術技巧，在詞的意境結構中存在「空白」，所謂空白，是指由實境所誘發開拓的審美想像空間，即言外之意、象外之象、景外之景、韻外之致、味外之旨等。人們已經忘記「言不盡意」的缺憾，沈浸在意境的「空白」之中。文學空白作為特殊的藝術形態，在作品中表現是無言之美，誠如朱光潛指出的：

> 無窮之意達之以有盡之言，所以有許多意，盡在不言中。文學之所以美，不在有盡之意，而尤在無窮之意。[52]

詩人心中紛紜的萬物物化做了特定的藝術形象，讀者由這特定的形象展開聯想。空白與實境，一隱一顯，相互作用，形成巨大的藝術張力，拓寬了詩歌的審美空間。更能帶給讀者無限的想像空間，言有盡而意無窮。優秀的詩人，能夠避開語言的局限，寄意於言外，在言外建立一個真摯感人、風光無限的世界，讀者亦陶醉其中，得意忘言。

李漁強調「以景結情」的表現手法，傳達了他的藝術理想。因為現實生活包羅萬象，作家的感情豐富多樣，詩人無法通過作品有限的體制完全地複製生活，同樣，也無法通過寥寥數語直接再現自己豐富的心靈，他們往往突破有限，追求無限，企圖在「言外」建立一個無限豐富的藝術世界。以景結情、以象結意的空間模式，它所追求的是情與景交融所形成的立體的富有膨脹感的藝術空間。這種藝術空間以空白、空靈、空

51 沈義父《樂府指迷》，見《詞話叢編》，頁 279。
52 朱光潛《朱光潛美學文集》第二卷（上海：上海文藝出版社，1982 年），頁 200。

闊為特點，讀者可以充分地運用自己的心理投射機制。無限的意味也就寓含在這藝術空間中，讀者也就從這藝術空間裡去領略那「不盡之意」、「弦外之響」，詞體的表現功能也就得到充分的發揮。

五、前後段必須連屬

關於過片的作法，早在李漁之前南宋·張炎《詞源》即云：「最是過片不要斷了曲意，須要承上接下。」[53]沈義父《樂府指迷》亦云：「過處多是自敘，若才高者方能發起別意，然不可太野，走了原意。」[54]李漁承襲前人說法更加深化：

> 雙調雖分二段，前後意思，必須聯屬，若判然兩截，則是兩首單調，非一首雙調矣。大約前段佈景，後半說情者居多，即毛詩之興比二體。若首尾皆述情事，則賦體也。即使判然兩事，亦必於頭尾相續處，用一二語或一二字作過文，與作帖括中搭題文字，同是一法。[55]

李漁這段話說明詞雖分片，亦要做到承上啟下，血脈相連，即使是對那些看上去判然兩事的內容，也要暗中埋有伏筆。由於合樂的緣故，詞的章法與詩有一個顯著的不同：詩，除了遠古的《詩經》外，一般不用分段；一些長詩，雖可分段，但它們的運行也仍然是直線向前的，間或雖也有些回環照應，但那往往只是作者偶然運用的寫作技巧，它總是一首自成起訖。而詞卻不同，絕大多數的詞分為兩片。片與片之間往往是既斷且連，相似中有變化，變化中有相似，形成一種回環往復及照應的音響之美，這種回環往復對情感的表現及其技法也是有相當的影響。

雙調的詞無論是音韻上還是情感表現上，都有一種回環往復之感，

53 張炎《詞源》卷下，《詞話叢編》，頁 265。
54 沈義父《樂府指迷》，《詞話叢編》，頁 278。
55 李漁，第十六則「前後段必須聯屬」，《窺詞管見》，見《詞話叢編》，頁 556。

這種回環往復對於情感的表現顯然能起到一種渲染和強化的作用。另外，這種回環往復又不是完全的重複，它有時或由於音節上的細小區別，有時或由於內容上的差別，它是有變化的、是行進的，只不過它不是直線的進行，而是回環的、螺旋式的進行。這也是為什麼詞家講究過片、或換頭寫作的重要原因。因為換頭處，既是音韻、情感上對前片的一個重複，又是情感、音韻的一個重新進行，展示一個新天地，吟詠出一種新韻味的地方，在此處要做到重複中有進行，進行中有重複，相似中有變化，變化中有相似。如此緊要關節處，當然要十分講究。李漁之後，劉體仁《七頌堂詞繹》承襲李說：「中調、長調轉換處，不欲全脫，不欲明粘，如畫家開闔之法，須一氣而成，則神味自足。」[56]上、下片之間在音樂上是暫時休止，而非全曲終了，在詞的章法上，必須注意承上啟下，周濟在《宋四家詞選目錄序論》中則說：「古人換頭為過變，或藕斷絲連，或異軍突起，皆須令讀者耳目振動，方成佳製。」[57]以上的意見總的精神還是在過片不要走了原意。這些都是前人過片作法的經驗之談。脈絡貫串，若承若轉，顧首顧尾，似斷非斷，分開來似乎可獨立，合起來方為整體，即筆斷而意不斷，內容承前深入、拓展，使全篇情感意脈一氣貫通，方稱佳妙。

小　結：李漁論詞之貢獻

綜合以上所論，我們可見李漁對詞的體性特徵有著深入的探討，李漁早年創作過詩歌，中年作了大量的戲曲，晚年又有詞作結集，對詩、詞、曲的區別體會較為具體，因此，在講詞與詩、曲區別的議論中，他

56 劉體仁《七頌堂詞繹》，《詞話叢編》，頁 619。
57 周濟《宋四家詞選目錄序論》，《詞話叢編》，頁 1646。

是從創作的角度來看，其看法是較為深刻的。由於李漁是著名的戲曲家，論詞與詩、學曲之別，多取由「曲」返視的角度，由新體文學——曲來做為詩、詞二者的對照，可使其論說更為具體。詩、詞、曲是中國古代韻文史上有先後傳承關係的三種文體，它們之間既有著淵源繼承的關係，又有著明顯的區別，而三者之間文體嬗變又體現著中國古代文學的發展趨勢，具有某種規律可尋。體制對創作十分重要，創作必須合乎體制，正如劉勰所言：「夫才童學文，宜正體制，必以情志為神明，事義為骨髓，辭采為肌膚，宮商為聲氣」[58]，創作之前，「宜正體制」，創作之後，要「不失體裁」。寫詩要像詩，寫詞要像詞，不能不遵體制隨意亂寫，如果體制得不到大體的遵守，勢必產生非驢非馬的東西，非驢非馬的「四不像」在動物界是允許存在的，但在創作中則不允許存在，既然體制如此重要，那麼「辨體」——辨明各類文體之異同，就成為一項重要的理論課題。李漁的對詞之辨體的論說，使得詞的本體特徵，即詞體現的獨特藝術精神得以明確地區別於詩與曲。關於詞體之辨，李漁分別從摹腔鍊吻、字句、神情氣度等不同角度、不同層面比較辨析詞與詩、曲的區別，嘗試把握詞之美學品格，確立詞之獨立價值。

其次，李漁對詞之創作態度的看法是法古與創新並重，尤其格外重視創新，認為新穎是文學作品的首要特徵。他強調「詞意貴新」，所謂「意新」不是去追求脫離生活的新奇，而是要置身於現實生活之中，在習見習聞的生活中去發現前人尚未寫過或寫得不充分的「情」與「事」。在李漁看來，創作必須符合「人情物理」，描寫事物必須妥當而確實，這是一條根本規律。

其三，李漁對清代詞學理論的重要貢獻之一，就是對詞的創作主體和客體的辨證認識。立足於心與物、情與景、主體與客體的關係，來探

58 梁・劉勰《文心雕龍・附會》。

討詞創作和詞發生的基本規律，從主、客的關係來認識詞的本質和產生的條件。李漁認為，詞創作中情與景都應該是得之於親身經歷和感受，因為詞是主體心靈對客觀世界和社會生活的審美感受和藝術表現，主體心靈的能量在創作中居於主導地位。李漁的情景理論對於中國古典詩詞中關於情景關係的認識作了總括性的論述。

其四，李漁提出「結構第一」的觀點，把結構問題放在創作的第一階段上最突出的地位，要求予以充分地重視。他強調「詞須注重後篇」、「詞須善於結尾」、「前後段必須連屬」，更重要是李漁強調「以景結情」的表現手法，傳達了他的藝術理想。因為現實生活包羅萬象，作家的感情豐富多樣，詩人無法通過作品有限的體制完全地複製生活，同樣，也無法通過寥寥數語直接再現自己豐富的心靈，他們往往突破有限，追求無限，企圖在「言外」建立一個無限豐富的藝術世界。以景結情、以象結意的空間模式，它所追求的是情與景交融所形成的立體的富有膨脹感的藝術空間。這種藝術空間以空白、空靈、空闊為特點，讀者可以充分地運用自己的心理投射機制。無限的意味也就寓含在這藝術空間中，讀者也就從這藝術空間裡去領略那「不盡之意」、「弦外之響」，詞體的表現功能也就得到充分的發揮。

李漁通過對詩、詞、曲的辨體，揭示了詞雅俗相濟的審美特徵，又通過對取材與情景的關係、結構安排的辨析，揭示了詞之為詞的特點。而詞的辨體之論，發展到清代中、後期，已成為尊體之說，表徵著人們對詞的美學品格的重視，李漁詞學辨體批評，是清代詞學正變論的基礎，也為清代詞論奠定了基調，其價值不可忽視。

綜合上述，可見李漁雖然謙言這部詞論乃為一己的「管窺之見」，但在清代詞學形成之初，他能清晰地闡述作詞之「理」與「法」，即詞之文體論與創作論。對詞體研究的具體性表現在對於詞體的認識與詞的創作實踐密不可分，對於詞體的特徵也往往是以創作的技術性要求加以體現，對學詞者頗有啟迪，且其中不及軼事趣聞，是清初詞話中較具理論色彩的一部。其中對於許多相關的論題，例如對詩詞曲三種文體的區別、詞之創作的法古與創新、詞之取材與情景的關係、詞的結構安排的問題等，他都進行了許多有意義的探索，相應地提高了詞的總體地位。

〈李漁《窺詞管見》淺析〉，2005 年 12 月發表於新竹教育大學語文系《語文學報》第十二期，頁 28 至 39。

第四章　明末詞壇雅化的苗裔

—陳子龍詞學析論

雲間詞派興起於明末江南松江（今上海松江)地區，以突出的詞學理論與創作表現振興明詞之衰，並開啟了清詞中興之格局，尤其是雲間詞派主將陳子龍的詞被譽為「明詞第一」[1]，且其詞學理論在明清之交的詞學批評中佔有重要地位，龍榆生說：「詞學衰於明代，至子龍出，宗風大振，遂開三百年來詞學中興之盛。」[2]這實際上已認定陳子龍及其所創導的雲間詞派與近三百來詞風演變的重要關係。但歷來針對雲間詞派的研究，往往集中在討論陳子龍詞作的婉約之風、閨閣題材、華麗詞藻，對於陳子龍的詞學理論的探討卻非常有限，截至目前為止，針對其詞學思想專論的約有王英志〈陳子龍詞學觀芻議〉、王英志〈陳子龍詞學觀初論〉[3]、涂茂齡、費臻懿〈明代陳子龍詞學觀析論〉[4]、李越深〈論陳子龍的詞學思想〉[5]、邱世友〈陳子龍「警露取妍，意含不盡」的詞學思想〉[6]、趙

---

1 清・譚獻：《復堂日記》（石家莊：河北教育出版社，2001 年），頁 37。

2 龍榆生：《近三百年名家詞選・陳子龍小傳》（台北：世界書局，1972 年），頁 2。

3 王英志：〈陳子龍詞學觀芻議〉，《明清詩文研究叢刊》第一輯（無錫：江蘇師範學院中文系明清詩文研究室，1982 年 7 月）。王英志〈陳子龍詞學觀初論〉，《齊魯學刊》1984 年 3 期。

4 涂茂齡、費臻懿：〈明代陳子龍詞學觀析論〉，《建國學報》1999 年 6 月。

5 李越深：〈論陳子龍的詞學思想〉，《內蒙古大學學報》第 38 卷第 4 期，2006 年 7 月，頁 106 至 111。

6 邱世友：〈陳子龍「警露取妍，意含不盡」的詞學思想〉，《詞論史論稿》（北京：人民文學出版社，2002 年 2 月），頁 97 至 120。

山林〈陳子龍的詞和詞論〉[7]，學位論文有蘇菁媛《陳子龍詞學理論及其詞研究》[8]。然而，上述諸篇所論尚屬陳子龍詞論的本質性與單向性探討，筆者以為，研究一種理論，必須要了解文學嬗變的過程及嬗變的原因，也必須了解在嬗變過程所體現的文學發展趨勢，必須了解每位詞家在詞史流程中的重要地位。換言之，我們應將一部文學史、詩詞史視為一個完整的生命，就明清詞史而言，陳子龍之所以為陳子龍，除了他個人因素之外，主要是詞史內部的要求所致。換言之，每個里程碑式的大詞人，就本質而言，都是詞史浪潮捲到岸邊的珠貝。如果不能鳥瞰到詞史的流程而去孤立探討每個個別的詞人，則無異於盲人摸象矣。上述的研究成果，其共同的缺憾在於未能見陳子龍其理論在詞學史上的影響與地位，未能挖掘其詞論的意義，筆者意欲在前人已有的研究基礎之上，將陳子龍的詞學理論置於詞學發展史的長流中，以見其在承傳與發展方面的重要性，並確立其對於明代與清代詞學之承傳、融通、影響的詞史地位。

陳子龍的詞學理論主要散見于其〈幽蘭草題詞〉、〈王介人詩餘序〉、〈三子詩餘序〉、〈宋子九秋詞稿序〉等序跋類文章，篇目雖不多，但所涉及的範圍頗廣。若「僅從單篇文章來看，陳子龍的詞學觀點似乎顯得零散。然而，如果把這些詞評詞論整合起來解讀，就不難發現，作者的詞學思想是非常清楚而穩定的。」[9]本章期望透過詳密的辨析整理，能夠提供讀者更全面地掌握陳子龍詞學理論在詞史中的位置。

本章進行的方式乃先從陳子龍所處的時代背景、生平及著作的外緣條件做觀照，再針對陳子龍詞學中的幾個重要主題分析，在分析這些重

---

7 趙山林：〈陳子龍的詞和詞論〉，《詞學》第七輯（上海：華東師範大學出版社，1995 年），頁 187 至 196。

8 蘇菁媛：《陳子龍詞學理論及其詞研究》（彰化：國立彰師範大學國文研究所碩士論文，2004 年）。

9 引自李越深：〈論陳子龍的詞學思想〉，《內蒙古大學學報》第 38 卷第 4 期，2006 年 7 月，頁 106 至 111。

要理論的同時，也順勢拈出了這些理論在詞學發展史上所代表的意涵，最後再根據以上幾個論題的重要義涵歸納論述其詞史地位。

第一節　陳子龍詞學產生之時代背景

陳子龍生活的時代是一個令人歌哭悲傷的時代，統治者無能，官場黑暗無比，明王朝已經搖搖欲墜。天啟、崇禎之後，階級矛盾和民族矛盾非常尖銳，政治黑暗腐敗，國家多難，社會動蕩，尤其是崇禎十七年後，清兵入關，大肆殺戮，恣意焚掠，社會巨變，實已影響生活在其中的每一個人。這樣的歷史現實，促使人們要求文學應具有反映自身所處時代的精神。詞學因為這樣的時代背景，頗有復興之勢，這時的作家們便意欲崇尚雅正，袪除庸濫，以適應時代的要求。

陳子龍（1608-1647)，字人中、臥子，號軼符，晚年號大樽，松江府華亭縣人（今上海松江)人，明末文壇著名詩人，雲間詞派的代表，幾社的名流[10]。同時也是明王朝精明強幹的官員、明末松江地區抗清運動的組織者。因參與松江提督吳勝兆的反清活動，被清兵逮捕，後趁看守不備，跳水殉節，為自己的一生劃上了悲壯的句號，也為後人留下了崇高的人格榜樣。[11]相似的歷史現象總不斷淪胥重複，在改朝換代之際，總有

10 以陳子龍為首的幾社，其涵義則是「幾者，絕學有再興之機，而得知機其神之義也。」幾社是明末著名的文學社團，也是帶有明顯的政治團體色彩，它在明末清初之際不僅有過抗清的悲壯活動，而且幾社的重要成員如陳子龍、徐孚遠、何剛等人，都還留下不朽的詩文。雲間詞人的唱和活動，群體之間的文學交流，是文學流派形成整體風格的重要手段。雲間三子透過唱和活動展開文學交流。可參考李越深：〈松江幾社與雲間詞派〉，《浙江大學學報》，第 34 卷第 3 期，2004 年 5 月，頁 143 至 148。

11 可參考姚蓉：〈雲間三子的後期活動與生死抉擇〉，《明末雲間三子研究》上篇第四章（廣州：廣東高等教育出版社，2004 年），頁 96 至 135

一批士人輔佐新的統治者登上權力的舞臺，但同時也必有一批士子成為舊政權的殉葬品。隨著明王朝的土崩瓦解，就有許多士人為著一個道德理想，一個心中堅持的正統，爭相趨向死亡，為志意理念而殉節。陳子龍就是這樣的一個人，他毅然地用自己的死，明白地向後人宣告他的朝代歸屬，他只能算是明人。不像他的好友，同為「雲間三子」的李雯、宋徵輿因為再仕清朝而成為清人。陳子龍的詩高華雄渾，成就頗高，他的詞數量雖不及詩之多，但其地位與影響要更勝於詩一等。陳子龍原有《湘真閣》、《江蘺檻》二卷，但都早已散佚。陳子龍這二卷詞作最初主要收錄在《幽蘭草》和《唱和詩餘》兩部詞集。但因清初文網酷嚴，禁忌森嚴，極少流傳。[12]後來，乾、嘉年間王昶所輯《陳忠裕公全集》(卷十八)收入其詞作。《幽蘭草》作於甲申國變之前，是「雲間三子」的唱和之作，全集共分上、中、下三卷，上卷收李雯詞四十二首，中卷收陳子龍詞五十五首，下卷收宋徵輿詞四十八首。版心下分別刻有三人的堂號：李雯是「彷彿樓」，陳子龍是「江蘺檻」，宋徵輿是「風想樓」。[13]「江蘺檻」一詞取自屈原〈離騷〉「扈江蘺而僻芷兮，紉秋蘭以為佩」句[14]，可見陳子龍意欲在詞中效法屈原香草美人筆法，然而《江蘺檻》所存陳子龍詞作五十五首，詞題多為「春風」、「春雨」、「楊花」、「畫眉」以至「閨怨」一類，內容不外傷春悲秋、男歡女愛，其中有著與江南名妓柳如是

12 見《雲間子新詩和稿・幽蘭草・倡和詩餘》點校本（瀋陽：遼寧教育出版社「新世紀萬有文庫」出版，2000 年版），頁 1。陳子龍、李雯、宋徵輿等合著的明刻本《幽蘭草》，對於雲間詞派研究來說，《幽蘭草》是最重要的詞集。但由於該刻本長期湮沒無聞，清代藏書家皆無著錄，致使此前雲間詞派的研究一直疑雲重重。近年來，《幽蘭草》和有關雲間派的另兩部重要文本：詩集《雲間三子新詩合稿》和詞集《倡和詩餘》已由遼寧教育出版社合為一書，並重新出版，為雲間派提供了極佳的文獻依據。

13 見《雲間子新詩和稿・幽蘭草・倡和詩餘》點校本，「本書說明」，頁 1。

14 屈原：〈雜騷經〉，見梁・蕭統編，唐・李善注《昭明文選》卷三十二（台北：文津出版社，1987 年 7 月），頁 1487。

相戀之本事，情感頗為真切動人，未有時代的反映。陳子龍後期詞作主要收錄在《倡和詩餘》中，共二十九首，題名為《湘真閣存稿》，是甲申國變之後作。《明詞史》的作者張仲謀認為「在明詞史上，陳子龍是一位不可多得又不可或缺的傑出人物」：

> 陳子龍以其詞創作的傑出成就，為明詞史留下了晚霞璀璨的輝煌尾聲。若無陳子龍，一代明詞將會減卻許多成色。[15]

張先生高度評價了陳子龍在明、清之際的詞史地位，而陳子龍之所以能夠佔有這樣舉足輕重的位置，不僅在於他有重要的詞學理論提出，而且也有創作的優秀表現，對於當時及後代詞人無疑起了有益的引導作用。以下即針對陳子龍所提出的重要詞學觀點做一番探討，並將之置於詞學史上以見其詞史地位。

第二節　陳子龍詞學的重要觀點

陳子龍詞學有幾個重要的觀點，筆者歸納如下：

壹、復古尚雅觀

崛起於明清代之際的雲間詞派，其努力的方向是接續唐五代以來的詞統觀念，陳子龍是這一派理論的主要貢獻者，他的詞學思想受到七子深刻的影響，他在〈佩月堂詩稿序〉中云：「文以範古為美」[16]，認為只有師法古人的格調法度，才能寫出美文佳作。陳子龍將「師心」和「尚古」統一起來，這種以傳統源頭為最高範本和價值標準來評判詩歌的模

15 張仲謀：〈明代詞學的建構〉，見氏著《明詞史》（北京：人民文學出版社，2002年2月），頁288。

16 陳子龍：《陳忠裕公全集》卷七，嘉慶八年王昶輯《乾坤正氣集》本。

式帶來的直接後果是：後代的詩歌發展越遠離源頭，其價值就越低。所謂「詩之格以代降也」[17]，陳子龍在評斷詩歌尺度上即以此來衡量：

> 既生於古人之後，其體格之雅，音調之美，此前哲之所已備，無可獨造也。[18]

他認為詩文的形式發展到一定的時候，就會漸趨於一種成熟的格式，這種成熟格式在前人的手中早已奠定基礎，體製大備，使得後人在它的盛德之下，著實難乎為繼。換言之，陳子龍他只肯定每一種文體由最初而成的特質，而完全否定盛極之後的「變化」，根據這個標準，後世作者唯一可以走的路便是規摹前代。因此，一切獨造的、創新的努力，已被他視為衰變之舉，所以在詩歌的形式上他一直反對刻意求新求異，要求尊重幾千年來形成的正宗和法度。對詩文如此，對於詞，他同樣有著尊重前哲的復古觀。

抱持著這樣的復古觀，陳子龍對於唐宋詞之後的衰微的明詞自然抱著針貶的態度，〈幽蘭草題詞〉一文指出明詞衰落的原因：

> 明興以來，才人輩出，文宗兩漢，詩儷開元。獨斯小道，有慚宋轍。其最著者為青田、新都、婁江。然誠意音體俱合，實無驚魄動魄之之處。用修以學問為巧便，如明眸玉屑，纖眉積黛，只為累耳。元美取境似酌蘇、柳間，然如「鳳凰橋下」語，未免時墮吳歌。此非才之不逮也。鉅手鴻筆，既不經意，荒才蕩色，時竊濫觴。且南北九宮既盛，而綺袖紅牙，不復按度。其用既少，作者自稀，宜其鮮工也。[19]

陳子龍在序中批評劉基（青田人，封誠意伯)詞平庸無奇，楊慎（新

17 明・胡應麟：《詩藪》（北京：中華書局，1967 年）內篇卷一。

18 陳子龍：《皇明詩選・序》「弁首」（上海：華東師範大學，1991），頁 1。

19 陳子龍：〈幽蘭草題詞〉，陳子龍、李雯、宋徵輿《雲間三子新詩合稿・幽蘭草・倡和詩餘》（瀋陽：遼寧教育出版社，2003 年，頁 1 至 2。以下再次徵引甚多，概見此本，不一一附註。

都人，字用修）詞為學問所累，王世貞（樓江人，字元美）詞纖弱不振，在此明確指出明詞「鮮工」，既「有慚宋轍」，亦無法與同時的詩文成就媲美。在陳子龍的心目中，詞為「小道」，陳子龍固然沒有突破詞為小道之說，可是他仍追求心中體認的最高境界，那就是尊詞體。他認為明詞衰弊的其中原因一是明人過於低估詞的價值，導致作詞的態度過於輕率，「鉅手鴻筆，既不經意；荒才蕩色，時竊濫觴」，即缺乏積極莊重的創作思想，作品立意當然不高。其次，由於北雜劇、南傳奇等俗文學的盛行對詞的影響很大，明人對新興的戲曲文學投注比詞更多的心力。

由於曲興而詞衰，加上明人率性而為詞，詞最終走向衰敝。面對明詞日益衰微的局面，陳子龍對此深感不滿，自會有一種振衰救弊的期許。陳子龍在對明詞中衰的檢討反思中，他必然要去尋求詞的本源正宗，以革除流弊。那麼，本源在哪裡呢？他在〈幽蘭草題詞〉有云：

> 晚唐語多俊巧而意鮮深至，比之于詩，猶齊梁對偶之開律也。自金陵二主以至靖康，代有作者，或穠纖婉麗，極哀豔之情，或流暢淡逸，窮盼倩之趣。然皆境由情生，辭隨意啟，天機偶發，元音自成，繁促之中尚存高渾，斯為最盛也。南渡以還，此聲遂渺。寄慨者亢率於傖武，諧俗者鄙淺而入於優伶，以視周、李諸君，即有彼都人士之歎。元濫填詞，茲無論焉。[20]

在〈三子詩餘序〉云：

> 詩餘始於唐末，而婉暢穠逸極於北宋。[21]

在〈宋子九秋詞稿序〉亦云：

> 文詞之婉麗，音調之鏗鏘，則方駕金陵、齊鑣汴洛矣。[22]

---

20 同上註。

21 陳子龍：〈三子詩餘序〉，陳子龍《陳臥子先生安雅堂稿》卷二，《陳子龍文集》（上海：華東師範大學出版社，1988 年），頁 54。以下再次徵引甚多，概見此本，不一一附註。

22 陳子龍：〈宋子九秋詞稿序〉，陳子龍《陳忠裕全集》卷二十六，《陳子龍文集》，陳子龍從梳理詞史入手總結了詞自五代以迄宋室南渡之時的發展，並闡發了自己的詞學觀，其提出的「本色論」意旨並非風格上的斤斤計較，而是重在抒情之純真自在，即標舉所謂「境由情生，辭隨意啟，天機偶發，元音自成，繁促之中尚存高渾。」為詞的最高標準，這是晚唐、五代以及北宋詞的最大特點，他認為此期詞作都能立足在由「情意」而「言辭」，由「言辭」而「詞境」的審美生發的基礎上，通過天成的詞境表出創作者的「哀豔之情」或「盼倩之趣」。

陳子龍不但要求「正本」，同時也要求「清源」，從時間來看，晚唐詞雖是源頭，但陳子龍認為晚唐詞雖具有語言之美，但意蘊尚淺，並未臻於成熟完美，因此不足以成為後代詞的楷模。在他看來，南唐、北宋詞不僅「境由情生，辭隨意啟」，形式與內涵達到了完美的結合，而且「天機偶發，元音自成，繁促之中尚存高渾」，保持了詞的自然渾成的狀態，追求純情自然的渾化之路，由此推尊南唐李璟、李煜父子、北宋周邦彥等人為詞之典範。

陳子龍稱許北宋詞意境渾融自然，因此復古的標尺，就非其莫屬。後來陳子龍的學生蔣平階和的弟子諸人編《支機集》，亦秉承師教，並加以發揮，甚至連北宋詞也拋棄了。蔣平階的弟子學生沈億年述〈支機集‧凡例〉就說：

> **詞雖小道，亦風人餘事。吾黨持論，頗極謹嚴。五季猶有唐風，入宋便開元曲。故專意小令，冀復古音，屏去宋調，庶防流失。**[23]

他們以為當時的詞人，受到南曲興盛的影響太大，所作的詞，已漸失去詞的風貌而趨近曲化，他們努力恢復詞的本色，要把詞從曲的影響中拯救出來，因此他們主張作詞應以唐五代詞為典範，連宋詞都不屑學，「五

頁 435 至 436。

23 蔣平階：《支機集》，見沈億年述〈凡例〉，施蟄存主編《詞學》第二輯（上海：華東師範大學出版社，1983 年版），頁 241。

代猶有唐風，入宋便開元曲」，在他們看來，宋詞是元曲的先聲，元曲既是俗曲，那麼宋詞亦不存古音，雲間詞派其他詞人連北宋詞也不屑學了，實乃因雲間詞人提倡雅正是鑑於明詞創作中「時復近曲」的現象，所以「摒去宋調」，全以南唐為師，「專意小令」。也因為五代、北宋詞人多作小令，所以在詞的各種體裁中，陳子龍最重視的就是小令，其創作也以小令為主，這在於陳子龍來說，並不是體裁的偏嗜，而是對風格之別擇。南唐、北宋詞以小令為主，而這種嬌小的體製與婉約輕柔的詞風是相關聯的。陳子龍既然選擇了南唐北宋詞為基本範式，創作的選擇自然趨向小令一途。

陳子龍追本究源，對詞史進行了梳理，雖然這一梳理還比較粗疏，但其指出向上一路、反對粗俗的動機卻是非常明確的。其復古、尚雅觀主要在脫卸明詞萎靡之氣，回歸南唐北宋。

儘管蔣平階、沈億年師生在詞學上的持論確實比陳子龍要謹嚴，但在精神本質上仍然一脈相承，有著共同的思路，這表現在，他們所反對的詞學弊端是「粗」和「俗」，他們追求的詞學高境是尚「古」和「雅」。「古」和「雅」往往是聯繫在一起的，在對「雅」的重視這方面，雲間詞人還沒有後來浙西詞家朱彝尊等人那樣對復雅的自覺，但也部份涉及了這個問題，並在一定程度上為浙西詞派提供了參考。

貳、詩、詞辨體觀

一、「詩言志」與「詞緣情」的文體分工

陳子龍對於詞的價值評估主要是透過與詩歌的互相比較與關照中獲得的。詩、詞兩種文體既有著雅與俗、正統與娛樂的高下之分，又具有功能上的分工互補作用，所以陳子龍具有自覺意識即需要在詩與詞之間劃分界限。陳子龍對詩詞之間的辨體意識非常鮮明，他在〈六子詩序〉

中說：

> **詩之本不在是，蓋憂時托志者之所作也。**[24]

他認為詩歌的抒情不只是抒發「喜怒哀樂愛惡欲」等一己之性靈，更主要的還是與家國之念聯繫在一起，也就是「憂時托志」，如果「作詩而不足以導揚盛美，刺譏當時，托物聯類而見其志，則是《風》不必列十五國，而《雅》不必分大小也。雖工而餘不好也。」[25]就是說詩應該積極投入現實，參與時政。他論詩特別注重詩的社會功能，他在〈白雲草自序〉[26]說：

> **詩者，非僅以適己，將以施諸遠也。**

所謂「施諸遠」，即必須有上達下諭、忠君愛民的功效。

在對詩體的見解上，陳子龍顯得更多偏向於君臣朋友之義，即使是抒寫夫婦男女之情的詩歌也必須托古體而賦大我之抒情。這有兩個原因，其一：七子徒重格調，忽略情感內質的修正，倡導風雅而實與詩教相違；其二，公安派一味強調一己的情感，徹底背離溫柔敦厚的詩教，都促使陳子龍對詩體的看法強調深厚博大情感的原因。陳子龍他的詩歌創作在「言志」這一主題上則是在憂戚悲愴的抒情中努力定位自己的道德抉擇，這類詩歌主要集中在明亡之際，特別是在明亡後的詩歌，雖只有短短四年的時間詩人就壯烈犧牲了，留下的詩歌輯為《焚餘草》，不過一百首，但這些詩歌無疑是詩人集中最優秀的，於其中皆可見其忠愛奮發之志。

陳子龍的詩蒼勁高古，然而，他的詞所呈現的風貌卻大異其趣，是在纖細婉孌、妍麗流轉中抒寫倜儻才子內在的風流蘊藉。作為明末的風流倜儻的才子，陳子龍的現實生活當不全然如其詩所展現的那般理直氣

---

24 陳子龍：〈六子詩序〉，《安雅堂稿》，見《陳子龍文集》，頁48。
25 同上註。
26 陳子龍：〈白雲草自序〉，《安雅堂稿》，見《陳子龍文集》。

壯和質木古板，他和江南名妓柳如是之間的一段情緣便是其多情的折射。然而，在陳子龍詩集裡沒有一首詩是明明白白描寫他們的聚會，但是陳子龍詞作卻能於婀娜多姿中蘊深情，於纏綿中見寄託，其風格妍麗婉轉，非纖靡之作所能比。他在〈王介人詩餘序〉中云：

> 宋人不知詩而強作詩，其為詩也，言理而不言情，故終宋之世無詩焉。然宋人亦不免有情也。故凡其愉愁怨之致，動於中而不能抑者，類發於詩餘。故其所造獨工，非後世可及。[27]

他批評宋詩過度言理，而漠視了詩的抒情特質。他肯定詩是抒情的，而詞的抒情性能，較之於詩，更是青出於藍而勝於藍，進一步地強調詞的抒情功能。詞作為抒情文學的一種，其特質在於擅長言情，最能表現人們心靈深處的動態過程。清人查禮在《銅鼓書堂詞話》中言：「情有文不能達者，詩不能道者，而獨於長短句中可以委婉形容之。」[28]詞的抒情功能之強大，實非詩文之可比。所以，陳子龍極力推崇宋詞，原因乃在於宋詞以情之哀樂取勝。「幾社六子」之一的彭賓〈二宋倡和春詞序〉也引述了陳子龍關於「詩詞有別」的觀點云：

> 大樽每與舒章作詞最盛，客有嗤之者，謂得毋傷綺語戒耶？大樽答云：「吾等方少年，綺羅香澤之態，綢繆婉孌之情，當不能免。若芳心花夢，不于鬥詞游戲時發露而傾泄之，則短長諸調與近體相混，才人之致不得盡展，必至濫觴於格律之間。西崑之漸流於靡蕩，勢使然也。[29]

「鬥詞游戲」一語表明，在青年時代的陳子龍眼裡，詞不過是抒寫名

27 陳子龍：〈王介人詩餘序〉，陳子龍《臥龍先生安雅堂稿》卷二，見《陳子龍文集》，頁55至56。

28 查禮：《銅鼓書堂詞話》，見唐圭璋編：《詞話叢編》，頁1481。

29 彭賓：〈二宋倡和春詞序〉，見《彭燕又先生文集》三卷詩集一，清康熙六十一年（1722），彭士超刻本，四庫全書存目叢書編纂委員會《四庫全書存目叢書》集部第197冊（濟南：齊魯書社，1997年），頁345。

士風流的遊戲。陳子龍主張「少年有才，宜大作詞」，是從「詩莊詞媚」的觀點出發，在詩中不宜出現「綺羅香澤之態，綢繆婉孌之情」，所以應該以填詞來宣泄年少時的兒女之情。加上晚明文人的詩酒集會，也是男女之間相對自由和開放的場合，是浪漫文士和名妓之間滋生愛情的園地。這樣的詩酒唱和，又助長了他們文學思想中的「詩莊詞媚」、「詞為豔科」的觀念。從雲間三子的詞集《幽蘭草》來看，大抵是「綺羅香澤之態，綢繆婉孌之情」，也就是少年的「芳心花夢」，形成了雲間詞風突出的柔媚婉約的特色。在陳子龍看來，短長諸調（即詞)，與近體（詩)是不得相混的，這其實就是李清照〈詞論〉所講的「詞別是一家」，陳子龍承繼了這一觀點，認為詞不僅有別於詩，而且不同於文，不同於曲，陳子龍不僅強調短長諸調不能與近體相混，甚至批評西崑詩因為與詞風相近而「流於靡蕩」。披覽「雲間三子」的《幽蘭草》，字字句句盡是「綺羅香澤之態，綢繆婉孌之情」，尤以陳子龍的「芳心花夢」最為動人。

陳子龍作為雲間詞派的主將，在明末清初享有極高的聲譽。他的詞尊崇南唐北宋，尚婉麗當行，極纖穠哀豔之情、澹逸盼倩之趣，這與他的詩歌創作形成極大的反差。這其中的原因，自然是他謹守詩莊詞媚、詩詞有別、詩詞分流的觀點，這實際上體現的是一種「詞別是一家」的辨體意識。

二、境由情生：將詞境定位於「情」之境

「意境」是中國古典詩詞美學一個重要範疇。「意境」與「境界」又常混合來說。所謂「境界」就是出現在文學作品裡由主觀情意與客觀景物相結合而構成的一藝術化的生活範圍。它不止是靜止的畫面，更是充滿情感氛圍的立體景象。外在的景是可見的，內在的情是可感的。它是指藝術活動中的情景交融、人與自然審美統一的意象結構和美感形態，更是體現作品的力度和價值的一個重要因素。詞是最能表現人們心靈深

處的動態過程的文體，其抒情功能之強大，實非詩文之可比，王國維《人間詞話》為中國詞學建立了批評體系，其標誌就是「境界說」的提出：

詞以境界為最上。有境界則自成高格，自有名句。[30]

詩以言志，文以載道，而詞以境界為上，境界是詞的最高審美標準，詞有意境就「自成高格，自有名句」，境界是詞是否具有藝術成就的一個重要標準。

王國維被公認是在詞論中對境界說做出最完整的論述者，但事物的發展是連續的、漸進的，在王國維之前，即有前人為詞境說的發展做出鋪路的貢獻。如果不限於有在理論字面上有無「境界」一詞，關於詞的審美境界的描述，宋末張炎的《詞源》中就出現了，即是：

詞要清空，不要質實。清空則古雅峭拔，質實則凝澀晦味。姜白石詞如野雲孤飛，去留無迹。吳夢窗詞如七寶樓台，眩人眼目，碎拆下來，不成片段。此清空質實之說。[31]

雖然，王國維與張炎對姜夔詞的看法大相逕庭，然而，我們卻可看到王國維《人間詞話》的境界說實是由張炎對姜詞的評論啟示而來。張炎對詞境界說的說法即是「空」而又「清」，即是說「詞要展現一個澄明的審美空間，此正合於『境界』之本義。」[32]惟有審美境界清澈開闊的作品，才能使人讀之神觀飛越。後來謝章鋌承張炎之說又加稍進一層：

夫詞欲清空，忌填實。清空生于靜，靜則心妙。其寄意也微，其托興也孤。[33]

沈祥龍《論詞隨筆》則專就「空」說：

30 王國維：《人間詞話》，見唐圭璋編：《詞話叢編》，頁 4239。

31 張炎：《詞源》卷下，見唐圭璋編：《詞話叢編》，頁 259。

32 參閱陳良運〈境界・意境・無我之境〉，《文藝理論研究》，2003 年第 3 期，頁 23。

33 這段文字出於謝章鋌為清人張炳堃詞集所做的〈抱山樓詞敘〉，見陳良運編《中國歷代詞學論著選》（南昌：百花洲文藝出版社，1998 年 8 月），頁 620。

> **詞當於空處起步，閑處著想。空則不佔實位，而實意自籠住；閑則不犯正位，而正意自顯出。若開口便實便正，神味索然矣。**[34]

謝、沈之說與後來況周頤言「詞境以深靜為至」、王國維言「無我之境，人惟于靜中得之」，皆可見「清空」說影響之深遠。

張炎之後，論詞境者當屬陳子龍。陳子龍〈幽蘭草題序〉中始說：「或穠纖婉麗，極哀豔之情；或流暢淡逸，窮盼倩之趣」，後隨之出現言「境」之語：

> **然皆境由情生，辭隨意啟，天機偶發，元音自成。**

詞之境，主要是詞家表現於詞的感情境界。王國維說：「境非獨謂景物也，喜怒哀樂亦人心中之一境界。」[35]在王氏看來，「境」不僅包含景物，還應包含情感在內，正因為如此，談論詞境，切不可忽視感情因素，情感是構成詞境的重要條件。真實是感情的生命，也是詞骨力度的保證。陳子龍始終把感情置於其詞論的核心地位，從「風騷之旨，皆本言情」的觀點出發，要求詞應「寫哀而宣志」[36]，盛讚五代北宋詞人「境由情生，辭隨意啟」[37]，更把「凡其歡愉愁怨之致，動於中而不能抑者，類發於詩餘」[38]作為宋詞獨工的主要原因。但與詩論中強調情感之「正」是不同的，陳子龍所論之情乃指「歡愉愁怨之致，動於中而不能抑者」，並自覺將「芳心花夢」及「綺羅香澤之態，綢繆婉孌之情」等加入個人化的情感內涵中。陳子龍總是以一顆赤子之心來創作，不論是前期的豔詞還是甲申國變後的黍離麥秀之作，都寫得真情流溢，真摯感人。在陳子龍看來，南唐、北宋詞的最高境界，是達到表象與內蘊的完美結合，即〈幽蘭草題詞〉所謂的「境由情生，辭隨意啟，天機偶發，元音自成，繁促之中尚

---

34 沈祥龍：《論詞隨筆》，見《詞話叢編》，頁 4055。
35 王國維：《人間詞話》，《詞話叢編》，頁 4240。
36 陳子龍：〈三子詩餘序〉。
37 陳子龍：〈幽蘭草題詞〉。
38 陳子龍：〈王介人詩餘序〉。

存高渾」。在創作實踐中，陳子龍在追求詞的這種情境結合方面付出了很大的努力，《幽蘭草》中許多作品寫得自然渾成，內蘊厚重，這是與明詞之間最大的本質性差別，也是陳子龍回歸南唐、北宋詞的最多彩之處。刊行清順治十七年（1660)的大型詞選集《倚聲初集》，由王士禎、鄒祇謨選輯並評點，王、鄒二人曾獲睹《幽蘭草》，鄒祇謨評價曰：「詞至幽蘭諸調，言內言外，神韻各足，不善學者辭多意少，風韻索然矣。」[39]足見陳子龍在他的詞作中已實踐了他的詞境理論。

參、詞的內涵觀

前已述及，陳子龍推崇南唐北宋詞，而南唐北宋多為歌兒舞女所作，內容多吟詠男女情，形成了「詞為豔科」的特色，造成了「詩莊詞媚」的分野。雲間詞派既以南唐北宋詞為依歸，故而認同詞為言情之作，主張正宗的婉約詞風，以含蓄的方式抒情。陳子龍在〈王介人詩餘序〉中提出：「其為境也婉媚，雖以警露取妍，實貴含蓄不盡，時在低回唱歎之際，則命篇難也。」陳子龍強調詞境婉轉嫵媚，要達到這種境界，在表達方式上便不宜直說，而要曲折含蓄，也就是要多用比興，所以在構思上比須經過安排。陳子龍在其詞的創作實踐中自覺地遵循著他的詞學觀，其詞多表達愛情與閨情，有意識地追求並創造意境含蓄婉約的詞。

一般而言，明人宗婉約者對詞之內蘊的追求，大多停留在「主情」的層面，所謂「婉孌而近情」。明人所理解的情主要是指男女私情，而陳子龍對詞體的審美標準的體認則大大超越了明人，他對於「意」(即內在意蘊)，比起前人來有著更深的體認和更多的關注。陳子龍肯定詞應言情，尤其他早期的詞論還偏重於言情主情，強調詞表現「綢繆婉孌之情」、「穠纖婉麗極哀豔之情」，但總體上講，陳子龍對詞之內蘊的理解似乎更深更

39 王士禎、鄒祇謨選評《倚聲初集》，《續修四庫全書》編委會《續修四庫全書》第十三卷 1729 冊（上海：上海古籍出版社，2003 年），頁 353。

廣。李越深〈論陳子龍的詞學思想〉也以為他的詞論中以「意」為主題的論述頻繁出現，如：

> 語多儁巧，而意鮮深至。境由情生，辭隨意啟。(〈幽蘭草題詞〉)
>
> 蓋以沉摯之思，而出之必淺近，使讀之者驟遇如在耳目之表，久誦而得沉永之趣，則用意難也。(〈王介人詩餘序〉)
>
> 警露已深而意含未盡。(〈三子詩餘序〉)

從上述幾段文句可見：「陳子龍在表述『意』時，是通過『語』、『辭』、『耳目之表』等表象詞觀照對比而彰顯的，則『意』顯然是指詞之內蘊、志趣、情志、主旨，所以他有時也用『旨』的概念，如『端人麗而不淫，荒才刺而實諛，其旨殊也』」(〈三子詩餘序〉)。[40]李越深認為陳子龍在充分肯定詞體言情特點的同時，又對所言之情給以偏嗜的規定性。

陳子龍對於詞之「意」的理解和闡述具有完整的架構，他既繼承了明人主情的觀點，又將詞之內蘊擴展至內在意念、主旨、志趣等方面，具有主體人格的理想性，而且強調詞意必須「深」和「沉」，這種對詞體原有的含蓄深婉特質的強調自然會走向比興寄託的層面。詞的風騷之旨正是陳子龍特別強調的重點。由於陳子龍強調言情，然而情又決非濫情、矯情，而是「動於中而不能抑」之情(〈王介人詩餘序〉)。只不過，這種「真情」並不局限於「喜怒哀樂惡欲」等一己之性靈，而包括了更為深刻的內涵，更主要是與家國之念聯在一起，較之一己之情更加受到他的重視。以閨情述君國之思，是雲間詞人遵循的創作方法，早在甲申國變之前，陳子龍〈三子詩餘序〉云：

> 詩餘始於唐末，而婉暢穠逸極於北宋。然斯時也，並律詩亦亡。是則詩餘者，匪獨莊士之所當疾，抑亦風人之所宜戒也。然亦有不可廢者，夫風騷之旨，皆本言情，言情之作，必托於閨襜之際。

40 李越深：〈論陳子龍的詞學思想〉，《內蒙谷大學學報》第 38 卷第 4 期，2006 年 7 月，頁 110。

> 代有新聲，而想窮擬議。于是以溫厚之篇、含蓄之旨，未足以寫哀而宣志也，思極于追琢而纖刻之辭來，情深于柔靡而婉孌之趣合，志溺于燕婧而妍綺之境出，態趨于蕩逸而流暢之調生。……同郡徐子麗沖、計子子山、王子匯升，年並韶茂，有斐然著作之志。……示予一編，婉弱情豔，俊辭絡繹，纏綿猗娜，逸態橫生，真宋人流業也。或曰：「是無傷於大雅乎？」予曰：「不然。夫「并刀吳鹽」，美成以被貶；「瓊樓玉宇」，子瞻遂稱愛君。端人麗而不淫，荒才刺而實腴，其旨殊也。三子者，托貞心於妍貌，隱摯念於佻言。」[41]

文學作品的立意可深可淺，可露可藏，然而詞基於婉媚的風格特徵，比起詩文來說，其立意更須要「深至」和「沉摯」。要達到這樣的境界，便需要用一種「深藏」與「曲折」的手段，使詞的內在意蘊與外在事象之間保持一定的距離。陳子龍對此頗有體認，所以十分強調在運意過程中內蘊意旨必然要和外在表象維維持一定的距離。陳子龍從「風騷之旨，皆本言情」的觀點出發，要求詞應「寫哀而宣志」。陳子龍雖然高舉主情的大旗，但他的詞學觀念和大多數明人只追求感官豔情是不同的，他雖沒有擺脫詞為小道的觀念，但他將詞之「不可廢者」歸於「風騷之旨」，並且倡言「風騷之旨，皆本言情；言情之作，必托於閨襜之際」，但是言「風騷之旨」，本來就與一味地講求兒女情長的觀點拉開了距離。「托貞心於妍貌，隱摯念於佻言」，亦即詞要繼承美人香草的比興傳統，以象喻之筆曲折傳達君國之念、身世之感。陳子龍在這段文中借周邦彥和蘇軾的故事來表明他對指詞旨的理解。據張端義《貴耳錄》卷下載，周邦彥曾作〈少年游〉(并刀如水)詞以檃括宋徽宗與李師師事而被貶。[42]蘇軾事

41 陳子龍：〈三子詩餘序〉，陳子龍《陳臥子先生安雅堂稿》卷二，《陳子龍文集》，頁 54。

42 見卓人月、徐士俊：《古今詞統》（瀋陽：遼寧教育出版社，2000 年），頁 458。

見《歲時廣記》卷三一引《復雅歌詞》，蘇軾作〈水調歌頭・中秋〉，神宗讀至「瓊樓玉宇，高處不勝寒」，乃歎曰：「蘇軾終是愛君」。即量移汝州。[43]陳子龍舉出這兩則典故，表明他對詞之內蘊的理解已從單純的「男女之情」伸展到「君臣之大義」層面。「因此，陳子龍強調的『主意』顯然超越了明人的『主情』，增加了詞的內涵，提昇了詞的品位。」[44]

詞是一種抒情文體，最能表人的心靈深處的動態過程，陳子龍從青年時期的《江蘺檻》到明清易代之後的《湘真閣存稿》，一以貫之都是屬於婉麗之風。但由於作者遭逢天崩地裂的時代巨變，心境已有極大變化，詞作的精神內蘊顯然有著前後期的不同，後期更顯淒惻深婉，正如劉勇剛所言：

> 陳子龍的人生經歷了名士——志士——戰士的變遷，他的詞也實現了一個美學歷程的演進——從「芳心花夢」的名士風流到「香草美人」的隱喻寄託。[45]

人生三階段，構築了小我生命歷程與時代發展的密切關係。朱東潤在《陳子龍及其時代》[46]也把陳子龍的一生分為三個階段：青年到三十歲為名士，關心的是文學；三十歲到甲申出任兵科給事之前，由於接觸到黃道周，認清了對於國家的責任和國步的艱難，是志士；出任兵科給事之後，他是戰士，把自己的一切都獻給了國家，甚至連生命。從創作實踐來看，陳子龍後期詞內蘊深厚，飽含著對時代盛衰、民族興亡的深深哀痛，其內涵與品位遠非前「主情」之詞可以相比。陳子龍以比興論詞，

43 同上註，頁 308。

44 李越深：〈論陳子龍的詞學思想〉，《內蒙谷大學學報》第 38 卷第 4 期，2006 年 7 月，頁 110。

45 劉勇剛：〈從芳心花夢的名士風流到香草美人的隱喻寄託——論陳子龍詞的審美意趣〉，《常州工學院學報》，第 23 卷第 1 期，2005 年 3 月，頁 69 至 73。

46 朱東潤《陳子龍及其時代》，收在《朱東潤傳記作品全集》第三卷（上海：東方出版中心，1999 年）。

給詞注入了深層的內涵，指出詞之情乃出於閨襜，從表面上看，是柔靡、婉孌甚至蕩逸的，它出自於內心不加矯飾的真情，但在明末風雨飄搖的時代，倚聲不再是花鳥贈答之小道，而是有了生存憂患、心靈悲歡的時代精神。

陳子龍雖執著於愛情，但他畢竟是一位憂國的志士。他投身到反清抗爭中，承受了血與火的殘酷，義軍屢次失敗，復國無望，在此特定的時空中，陳子龍的綺麗懷思之詞又怎能不隱喻著亡國破家之痛呢？陳子龍在〈宋子九秋詞稿序〉針對「熙熙焉，蠢蠢焉，今之人也。感之而不知，觸之而不痛，則秋之威亦已殫矣，而文人之技亦已窮也」的現實，深知「夫一人之私悲而不能以悲天下之人也」，了解一般的文學手法根本不足以觸動時人的共同痛點，因此，作者不得不採取一種特殊手段：不直接頌美或怨刺，而是以言在此而喻在彼的手法，寄寓內心的深沉悲慨，使讀者「樂極而思，思之而悲可知已。」讀者在吟詠著豔麗的字句，玩味著歡愉的表面意義時，逐漸受到隱含於文字背面的深層之情、憤切之感、激楚之景的感染，引發〈黍離〉之悲、〈九辯〉之痛的深切共鳴。

陳子龍正是本著這樣的觀念而創作，儘管字面上仍然是閨情，不出風花雪月的窠臼，內中卻深含國事和身世之憂。雲間詞人的亂離之悲、黍離之歎，那些隱藏在內心深處最婉曲、最痛苦的感情，都在詞中表出來。正如葉嘉瑩所言：雲間詞風的轉變，在於「在他們的詞裡面有了這麼言外之意的潛能，而這種潛藏的作用是小詞的一個美感的特質。」[47]詞人們在唱和之中，深化了雲間詞風，不僅體現了詞派的創作主張，而且世變所激發出來的憂愁感歎之詞，更傳達出一種可貴的憂患意識。至此我們可以看到，陳子龍對詞社會價值的重視已大大超越了以往的認識，也大大超越了同時代的詞人。他有意在香弱側豔的詞體中注入深沉重大

47 葉嘉瑩：《清詞論叢》（石家莊：河北教育出版社，1997 年），頁 34。

的社會內涵，甲申國變之後的詞作所表現的不再是紅香翠豔的浮靡，而是一振衰起弊、救世濟時的責任心。《湘真閣存稿》較之年青時代的《江蘺檻》更多了一份美人香草的寄託，這是時代精神的折光。吳梅在《詞學通論》中謂陳子龍詞「其能上接風騷，得倚聲之正則」[48]，可謂知言。尤其是國變後所作，寄意更加綿邈淒惻，所謂「上接風騷」即謂其具有寄興深微的整體特質。其以閨情述君國之思，儘管字面上仍然是閨思，不出風花雪月的窠臼，內中卻深含國事和身世之憂。陳子龍的審美觀念即「言情之作，必托於閨襜之際」的自覺意識，必然會在創作實踐中顯現出來。如〈唐多令・寒食〉詞序曰：「時聞先朝陵寢，有不忍言者」，其詞如下：

> 碧草帶芳林，寒塘漲水深。五更風雨斷遙岑。雨下飛花花上淚，吹不去，兩難禁。　　雙縷繡盤金，平沙油壁侵。宮人斜外柳陰陰。回首西陵松柏路，腸斷也，結同心。

這是一篇痛悼明主噩耗的詞。如果詞序未提「時聞先朝陵寢，有不忍言者。」則整首〈唐多令〉確可視為一首情歌。孫康宜曾探討過陳子龍詞「情」與「忠」的內涵與關係，認為「他把『情』和『忠』這兩個不同的主題交織成為一體。」[49] 詞這種文體在明末社會現實面前，在傳統的文人之技「亦已窮也」的無奈當中，被陳子龍視為最後一種救世的手段和警世的鐘聲。他的弟子蔣平階繼承了這一觀點，蔣氏在〈支機集序〉中說：「托情閨閣，盡後庭玉樹之悲；寄傲蓬壺，即九鼎龍髯之墓」[50]，這本是《詩經》、《楚辭》以來的詩文傳統，所謂「善鳥香草，以配忠貞；惡禽臭物，以比讒佞；靈修美人，以媲於君；宓妃佚女，以譬賢臣」[51]，

48 吳梅：《詞學通論》（上海：華東師範大學出版社，1996 年 11 月），頁 150。
49 孫康宜：《陳子龍柳如是詩詞情緣》（西安：陝西師範大學出版社，1998 年）。
50 蔣平階：《支機集》，見沈億年述〈凡例〉，施蟄存主編《詞學》第二輯（上海：華東師範大學出版社，1983 年版），頁 241。
51 王逸：《楚辭章句・離騷經序》。

陳子龍及其他雲間詞人以之言詞，或許並非完全自覺，但已經為詞的創作指出向上一路。

肆、詞的體性觀

陳子龍一開始把詞作詩餘、小道、末技，但這一看法卻在後來發生變化。

陳子龍曾多次論及詞之價值問題。據彭賓〈二宋倡和春詞序〉引述了陳子龍對詞體的看法：

> 二十五年前，大樽方弱冠……每與舒章作詞最盛，客有啁之者，謂得毋傷綺語戒耶？大樽答云：「吾等方少年，綺羅香澤之態，綢繆婉孌之情，當融不能免。若芳心花夢，不于鬥詞游戲時發露而傾泄之，則短長諸調與近體相混，才人之致不得盡展，必至濫觴於格律之間。西昆之漸，流為靡蕩，勢使然也。故少年有才，宜大作詞。[52]

其中流露出自我解嘲的況味，不難看出，陳子龍只是把詞當做是少年寄情的娛興手段，與正統雅調的詩歌界限分明。他也在〈幽蘭草題詞〉云：

> 明興以來，才人輩出，文宗兩漢，詩儷開元，獨斯小道，有慚宋轍。……吾友李子、宋子，當今文章之雄也，又以妙有才情，性通宮徵，時屆其班、張宏博之姿，枚、馬大雅之致，作為小詞，以當博弈。予以暇日，每懷見獵之心，偶有屬和。

陳子龍認為有明一代人才輩出，文自宗法兩漢，詩則上擬開元，「獨斯小道，有慚宋轍」，可見三子作詞之始，雖不無有著接踵宋轍，「以飾我明一代之盛」的動機，但大體是以「作為小詞，以當博弈」的態度為之，明確地把填詞當作小道和遊戲。〈三子詩餘序〉又云：

---

52 彭賓：〈二宋倡和春詞序〉，見《彭燕又先生文集》三卷詩集一。

> **是則詩餘者，匪獨莊士之所當疾，抑亦風人之所宜戒也。然亦有不可廢者。**

從「詩餘」的角度將詞定位在小道，乃莊士與風人所不取者，乃因詞本身就是適應於宴會場合中的娛樂之用，南唐、北宋酒宴之會更是助長了詞的興盛，雲間詞派在明末文壇以主張文學復古著稱，而以填詞為風雅的舉動，本身就是對南唐、北宋歌筵酒席傳統的一種復歸，這正是他們文學復古活動的有機組成部份。這種復歸，讓雲間諸子更能體會南唐、北宋詞的娛樂性質。正因為陳子龍等人在宴集時選擇填詞以為娛樂，復歸詞在南唐北宋的娛樂性質，正如宋徵璧在〈倡和詩餘再序〉[53]中說他們相與唱和填詞的活動，是「相訂為鬥詞之戲，以代博弈」，雲間諸子把填詞作為一種友朋宴集時替代博弈的遊戲活動，借以顯示才華。陳子龍他們的文人集會，通過詩酒唱和，既達到自娛娛人的效果，又給生活增添了雅趣。他們以遊戲的態度對待詞作，所以在雲間詞家的心中，詞是篇章之餘，是娛情怡性的手段。這種看法與之前明人的說法不二，如俞彥《爰園詞話》云：「詞於不朽之業，最為小乘」[54]，陳霆〈渚山堂詞話序〉云：「詞曲於道末矣。」[55]在陳子龍的意識深處，詞的價值品位是無法與長於言志載道的詩文相提並論的。但另一方面，陳子龍又對明代「巨手鴻筆，既不經意，荒才蕩色，時竊濫觴」輕忽詞的現象有所不滿。陳子龍不同於傳統說法之處是他雖反復強調詞雖為小道，卻認為詞並非毫無可取之處，仍然有其獨立存在的價值。在陳子龍看來，詞的價值主要體現在它長於言情。詞，基於其產生的背景、場合、作用、基本體性等方

53 《倡和詩餘》六卷刊刻於清順治七年（1650），有宋徵璧序二篇。見《雲間子新詩和稿・幽蘭草・倡和詩餘》點校本（瀋陽：遼寧教育出版社「新世紀萬有文庫」出版，2000 年版）。

54 俞彥：《爰園詞話》，見唐圭璋編：《詞話叢編》（台北：新文豐出版社，1988 年），頁 399。

55 陳霆〈渚山堂詞話序〉，見唐圭璋編《詞話叢編》，頁 347。

面的特殊性，尤其適合於情感的寄托和表達，因而在以後的發展中始終是以言情為主的最佳載體。詞和詩形成了作用與功能上的互補，詞體也因此而確立了自身存在的價值，這就是詞「不可廢」的原因。他在〈三子詩餘序〉中云：「托貞心於妍貌，隱摯念於佻言。」儘管仍以「妍貌」、「佻言」為宗，畢竟指出了詞當有「貞心」和「摯念」。詞雖為小道，也不免要求在婉妍的體貌下融入某種有關進退生死重大抉擇的人生情志。陳子龍強調「端人麗而不淫，荒才刺而實腴」的區別，力倡風騷之旨，要求作詞者應「寄情於思士怨女，以陶詠物色，怯遣伊鬱」。這樣，揚風騷寄託之旨，寫端麗不淫之情，詞雖小道，也關乎大雅。雖然在明人心中，詞不是一種可以用來體現忠愛之志的表達工具，但在明清易代的特殊時空，需要一種特別的文體表達特殊的情感。尤其在明末這個天崩地裂的時代，文人士大夫普遍地遭遇了國破家亡的時代痛苦，此情此景讓每位士人都不免痛苦徬徨，在晚明動蕩不安的社會政治狀況下，面對君王的昏庸，如何拯救時弊成為知識份子關注的重心。陳子龍是一深受儒家思想薰陶的文人，有著深厚的愛國情懷和強烈的民族意識。甲申國變之後，衰亂的世變在他心理產生了某種對位效應，使其心靈蒙上了一層濃重的感傷色彩。面對清人入主中原，江山易姓，山河破碎，朝代更替所帶來的家國之痛，更讓他的性情襟抱為之一變，他以沾著心靈之血，寫下了身世之感、宗社淪亡之悲，這時候詞不再是「小道末技」，它已在時代的風雨中得到了創作價值的自贖。它以其深沉、厚重的意蘊，攝人靈府。詞這種純粹的抒情文體，確能傳達人們心靈細微曲折的意緒，使得文人內心的隱痛無可避免地融入詞作中。豔情與忠君在一定程度上相通。在這種特殊的歷史背景下，陳子龍肯定詞雖小道，但仍有可觀。

然而，綜觀陳子龍一生詞作，真正能夠體現出「風騷之旨」，寄寓人生大節的作品卻為數不多，陳子龍的詞作主要收錄在《幽蘭草》和《倡和詩餘》兩部詞集中，其中以閨情和閨怨為內容的佔了絕大多數。其中《幽蘭草》中的詞作於甲申國變之前，是「雲間三子」的唱和之作，陳子龍的部份是《江蘺檻》。子龍在詞中效法屈原香草美人筆法，然而《江蘺檻》所存陳子龍詞五十五首，詞題多為「春風」、「春雨」、「楊花」、「畫眉」以至「閨怨」一類，內容不外傷春悲秋、男歡女愛，其中有著與柳如是相戀之本事，情感頗為真切動人，但未有時代的反映。陳子龍後期詞作主要收錄在《倡和詩餘》中，共二十九首，題名為《湘真閣存稿》，是甲申國變之後「兵火以來」之作。但內容濃豔且並無寄託的詞作仍然佔有很大的比例。從陳子龍在理論與創作的背離現象中，可見其對詞的認識仍處於矛盾、搖擺的狀態，一方面，詞人已經體認到只有摒除俚豔、推尊詞體才能使詞得到全面性的發展，但由於長期以來詞一直被視為「聊佐清歡」、「析酲解慍」的娛樂工具，使得陳子龍在推尊詞體的問題上常常表現出矛盾心態，這一心態所產生的直接後果就是其詞創作表現往往與其理論出現明顯的背離。但不管如何，陳子龍的對詞體的重視，實已為清代詞壇的尊體說奠立了基礎。

伍、詞的審美觀

一、重天機元音的自然感發

陳子龍〈幽蘭草題詞〉指出了該宗尚晚唐五代及北宋詞，以「言情」為主旨，有一重要原因在於對文藝創作中純任自然的重視：

> 自金陵二主以至靖康，代有作者，或穠纖婉麗，極哀豔之情，或流暢淡逸，窮盼倩之趣。然皆境由情生，辭隨意啟，天機偶發，元音自成，繁促之中尚存高渾，斯為最盛也。

陳子龍認為五代、北宋此期詞作都能立足在由情意而言辭，由言辭而詞境的審美生發的基礎，通過天成的詞境表現出創作者的「哀豔之情」或「盼倩之趣」，而達到「天機偶發，元音自成」的最高標準。南唐、北宋是處在詞的發展前期，尚處於一個較為樸實的階段，詞中情感多來自於客觀外物的直接觸發，就體物來看，具有寫實傳真的特點；就抒情來看，多為即景抒情，其抒寫的情本身就是動於中而不能抑的歡愉愁怨之情，這種飽滿充實的情感狀態以及它對具體真切之境界的追求，正體現了其時的審美風尚，即尚實，這種「實」具體表現為生動傳神的意象中具有強烈的質感，它以明朗、外向為特徵。而且小令那種質輕體小的格局和生動自然的寫作方式，更加呈現出具體貼切、質實求真的特色。因為南唐、北宋詞既脫離了詞體雛型而臻於成熟，又尚未受到其它文學樣式的浸染，保持了自然天成的狀態和純粹性。反之，陳子龍對南宋以後的詞持批評態度，也是因為南宋以後純粹之詞漸少而非詞非詩、非詞非曲之作漸多，自然天成漸少而人工雕琢漸多，乖離了詞的自然狀態。陳子龍以自然作為倚聲填詞的立足點，強調情感的自然流露，靈感的自然到來，即其所謂的「天機」、「元音」，他認為南唐北宋的詞獨特之處正在於此。

二、「四難說」所體現的「自然從追琢中來」的審美觀

唐・釋皎然的《詩式》曾云：

> 或云「詩不假修飾，任其醜樸，但風韻正，天真全，既名上等」。予曰：不然，無鹽闕容而有德，曷若文王太姒而有容而有德乎？又云：「不要苦思，苦思則喪自然之質」。此亦不然。夫不入虎穴，焉得虎子？取境之時，須至難、至險，始見奇句。成篇之後，觀其氣貌，有似等閒，不思而得，此高手也。[56]

皎然是唐代一位著名的詩僧，他的詩歌審美觀最重要的一個準則是「自然」，不能有人工雕琢的斧痕，這是佛家也是道家美學的特色。但在崇尚自然的同時，皎然也看到了問題的另一面：詩歌創作中有時任憑自然並不見得能得好詩。他認為詩歌之美尚須具有最佳的審美表現，這種

---

56 唐・釋皎然的《詩式》「取境」一節，見清・何文煥輯《歷代詩話》上（北京：中華書局，1981 年 4 月初版），頁 31。

審美效果有時是出自於詩人的艱苦思慮的「有所為」而來，只是在成章之後，「觀其氣貌，有似等閒」，令人看不出是苦思所得，反像是「不思而得」，給人妙手偶得之感，彷彿得來全不費工夫，那才是最高的境界。詩之渾然天成的美，背後人工的苦思作用但又不見其作用，這是皎然所提出的具有辯證法則的審美觀。

陳子龍在皎然提出「成篇之後，觀其氣貌，有似等閒，不思而得，此高手也」的審美觀之後，同樣思考到「自然天成」與「苦思雕鍊」的辯證法則，他雖然特別推崇非出於人為的「觸境皆會」、「境由情生」，同時，又不反對「鏤裁至巧」，這就是他在〈王介人詩餘序〉中所提到的四難：

> 蓋以沉摯之思，而出之必淺近，使讀之者驟遇如在耳目之前，久誦而得雋永之趣，則用意難也。以嬛利之詞，而制之實工煉，使篇無累字，圓潤明密，言如貫珠，則鑄調難也。其為體也纖弱，所謂明珠翠羽，尚嫌其重，何況龍鸞？必有鮮妍之姿，而不借粉澤，則設色難也。其為境也婉媚，雖以警露取妍，實貴含蓄，有餘不盡、時在低徊唱歎之際，則命篇難也。

陳子龍總結詞的創作經驗，提出作詞「四難」之說，從思想內容到藝術形式諸方面比較全面地闡述了詞的創作特點。所謂「四難」，「處理得好即為『四貴』。即立意貴沉摯而淺近，鑄調貴嬛利而工練，設色貴鮮妍而本色（不借粉澤)，命篇貴婉媚而含蓄。」[57]同篇又以「俊逸之韻，深刻之思，流暢之調，穠麗之態」對四難說強調或補充。

陸、詞的技巧論

陳子龍道出了詞在意趣表現中所存在的一個難題，這便是如何以淺

57 張仲謀〈明代詞學的建構〉，見《明詞史》，頁 292。

近之筆寫出沉摯之思，在審美表現上既產生如在目前的效果，同時又含蘊雋永之趣。陳子龍對詞作審美表現的探討寓示出明代詞趣理論內涵得到進一步的充實與提升。

陳子龍的論述實已影響到清人劉熙載《藝概・詞概》中云：

> 古樂府中，至語本是常語，一經道出，便成獨得。詞得此意，則極鍊如不鍊，出色如本色，人籟悉歸天籟矣。[58]

劉熙載所言的「極鍊如不鍊，出色如本色，人籟悉歸天籟」實與陳子龍的「自然從追琢中來」的審美觀精神相通。由此可見陳子龍理論在「承先」(從唐・釋皎然《詩式》而來)與「啟後」的重要地位。

陳子龍強調詞創作的艱苦性，其實也是針對明代詞壇的實際狀況有感而發的。明代詞壇的弊病，或對詞的創作漫不經意，粗製濫造，或忽視詞的特質，不懂得詞「上不似詩，下不似曲」。針對這兩種積弊，陳子龍要反覆強調詞的特點，反覆強調詞創作的艱苦性。這對於扭轉詞壇的不良風氣，無疑起了積極的作用。較之明代大多數詞人，陳子龍對於推動詞學向雅化方向走的更深。總而言之，他的「天機偶發，元音自成」的自然渾成，與對高度藝術技巧的追求是相互統一，而非相互排斥。至於自然既出於真情，又能做到自然從工煉中得來，他認為好的詞應當是自然和工巧的結合，正如他所謂的「鏤裁至巧而若出自然，警露已深而意含未盡」(〈三子詩餘序〉)。因為陳子龍特別推崇「境由情生」的自然感發，同時又不反對鏤裁至巧，這也是他之所以要感歎「用意難」、「鑄調難」、「設色難」、「命篇難」的緣由所在，以沉摯、流利、自然、含蓄作為詞的藝術要求，從意趣和形式兩個方面對詞作了規範，並以「深入淺出」間接化解了明詞的「趣淺」之譏。

綜合上述，接下來，筆者意欲把陳子龍的詞學觀放在詞學史上以見

58 劉熙載《詞概》，見唐圭璋《詞話叢編》，頁 3708。

其重要地位。

第三節　陳子龍詞論在詞學史中的地位

壹、在明詞中衰困境中率先努力，接續詞統回歸本源

以陳子龍為代表的早期雲間詞派在兩個問題上多遭後人詬病。其一，作詞多取小令，忽略長調。其二，論詞僅尊北宋而排斥南宋，未免偏頗。但如果我們聯繫當時的背景來看，就不得不對陳子龍的這般持論存在著一定程度的諒解。在陳子龍生活的晚明時代，由於俗世流風的長期浸染，不僅詞的風格由雅而俗，且樂律也與曲調相混，而詞一旦失去原有的本質特徵，也就不可避免地走向衰落。在當時的背景下，極需要有識者起而振衰救弊，陳子龍正是順應了這個要求。以復古為革新，率先在理論和創作實踐方面進行了正本清源。出於對南宋以來的詞的「詩化」和「曲化」傾向的反叛，陳子龍才會以這種極端的評判標準和價值觀義無反顧地驅使詞回歸本源，恢復詞本來面目。

明代詞以曲化和俗化為主要特徵，以一個不同於南宋雅詞的變異面貌立於詞壇兩百餘年，積蓄了巨大的負面慣性能量，當詞發展到明末清初時，雲間詞派崛起於易代之際，陳子龍是雲間詞派的主將，在明詞中衰之際，以其明確的詞學思想作為指導，以自己的創作實踐在詞壇異軍突起，在變革中起到了開風氣的作用。陳子龍在理論上的最大貢獻就是在審查了詞的盛衰史後得出結論：「自金陵二主以至靖康」，「斯為最盛」，「皆境由情生，辭隨意啟，天機偶發，元音自成，繁促之中，尚存高渾」，既是他之所以認為南唐北宋詞為「最盛」的理由，也是他對詞提出的要求和所要接續的「詞統」。「南渡以還，此聲遂渺」，「元濫填詞，茲無論

焉」。在他看來，南宋以後，「詞統」已絕，作為想要振衰救弊、力挽「詞統」於既墜的意態表述和思及救治明詞之弊的醫方，就必須回歸本源，以南唐、北宋詞為標尺，宗婉約、尚雅正，此論不僅使人耳目一新，同時也與明詞劃出了一道界線。陳子龍是晚明詞學界發生質的變化的重要標誌，也是結束明詞頹勢，使詞重新回到本體軌道上來的一個閃亮的起點。

貳、影響來者突破辨體視域，兼取衆家、各體之長

陳子龍認為詞有其本質的規定性，他努力追求詞體本質的純粹性，在詞與詩、詞與曲之間劃出一道界限。在明末清初的詞壇，我們可以看到陳子龍的辨體意識和追求詞不應失去其本質的純粹性理念在革除流弊、推動詞學復興中確實發揮了非常積極的作用。

當詞學開始走向復興的局面之後，如果仍守在獨偏一隅的狹小境域，勢必會導致詞體的僵化。純粹性的辨體理念會導致詞的取徑過於逼狹，失去了生命活力。所以在保持詞體本質特性的前提之下，若能拓寬容受度，去接納各種風格、表現手法、體制的存在，方能使詞走向全面興盛。

清代田同之《西圃詞說》就對早期雲間詞派的取徑逼狹提出批評：

> 雲間諸公，論詩宗初唐，論詞宗北宋，此其能合而不能離也。夫離而得合，乃為大家。若優孟衣冠，天壤間只生古人已足，何用有我。[59]

與雲間派關係較近的王士禎《花草蒙拾》亦云：

> 雲間數公論詩拘格律，崇神韻。然拘于方幅，泥于時代，不免為識

59 田同之：《西圃詞說》，見唐圭璋編《詞話叢編》，頁 1453。

者所少。其于詞，亦不欲涉南宋一筆，佳處在此，短處亦在此。[60]

由於雲間詞派只師法南唐北宋，所以南宋辛派詞人的胸次浩然，筆力遒勁，而雲間詞派目之為粗豪，不能欣賞其生命力充實之美。姜夔、張炎一派詞人以健筆寫柔情，不同於《花間》的軟媚之筆，雲間詞派亦不能識其佳處。王士禛《花草蒙拾》又云：

宋南渡後，梅溪、白石、竹屋、夢窗諸子，極妍盡態，反有秦、李未到者。雖神韻天然處或減，要自令人有觀止之歎。正如唐絕句，至晚唐劉賓客、杜京兆，妙處反進青蓮、龍標一塵。[61]

陳子龍專意師法南唐北宋的狹隘思想對雲間詞派的後輩產生了負面的影響，使他們的詞學見解越趨狹隘。例如陳子龍的學生蔣平階的弟子周積賢、沈億年諸人編《支機集》三卷，亦秉承師教，並加以發揮，甚至連北宋詞也拋棄了。蔣平階的學生沈億年和周積賢在〈支機集凡例〉就說：「五季猶有唐風，入宋便開元曲。故專意小令，冀復古音，摒去宋調，庶防流失。」[62]在他們看來，宋詞是元曲的先聲，元曲既是俗曲，那麼宋詞亦不存古音，因此「屏去宋調」，一以南唐為師，「專意小令」，因而《支機集》三卷全為小令。雖不乏佳作，但畢竟取徑太狹，格局太小。所以王士禛《花草蒙拾》批駁曰：

僕謂此論雖高，殊屬孟浪。廢宋詞而宗唐，廢唐詩而宗漢魏，廢唐宋大家之文而宗秦漢，然則古今文章，一畫足矣，不必三墳八索至六經三尺，不幾幾贅疣乎？[63]

王氏對於雲間後人的取徑偏狹，作繭自縛的評語，可謂一針見血。到了雲間詞派的後期，這個問題更引起了人們的反思，陳子龍同郡的後

60 王士禛：《花草蒙拾》「雲間數公詞不涉南宋」條，《詞話叢編》，頁 685。
61 王士禛：《花草蒙拾》「南渡諸子極妍盡態」條，《詞話叢編》，頁 682。
62 蔣平階：《支機集》，見沈義年述〈凡例〉，施蟄存主編《詞學》第二輯，華東師範大學出版社，1983 年版。
63 王士禛：《花草蒙拾》「南渡諸子極妍盡態」條，《詞話叢編》，頁 686。

起之秀張淵懿與田茂遇在編選《清平初選後集》[64]時就突破了雲間前輩的局限，論詞既主張變化，也強調多樣性，例如田茂遇〈清平初選後集敘〉曰：

> 顧《三百篇》辭旨深厚，賦則灝闊波衍。循源溯流，勢則然爾。竊謂詞亦唐律體之流。律體以五七言為準，至於詞錯綜變化，視五七言而加而殺，繁簡雖懸，尺度判不可越，即謂之曰長短句律可也。我鄉前輩言詞者以《花間》為宗，幾置長調不作，戒勿涉《草堂》以後蹊徑。弱歲側聞斯論，信疑半之。蓋詞既唐律體之流，則其時代升降、體裁正變，亦猶詩在唐時，武、貞而後，景、乾以前，人不一家，家不一轍，安能比而同之，率歸太始耶！今海內工詞者不乏人，風氣日上，與詩格略同，遂覺我鄉主一不變之說似嚴實隘。譬諸粉黛嫌視鬟眉，貴鏞讓能弦管，即美人香草，作者間有遐情，而空中綴色，已墮思維塵境矣。無怪乎莊士薄等冶游，理家譏同玩物，此未必非持論者失也。大抵偏倚則拘曲易窮，集成則弘廓有本。才人性情，儒者學問，安往而不獲見焉？[65]

文學傳統對作家的吸引力量是難以抗拒的，但決不等於銷解了作家的創新精神。若完全使自己拘囿於傳統之中，劃地自限，傳統便成為創新的障礙。在這篇敘文中，可見田茂遇對於雲間前輩取徑逼狹、固守一體的主張頗有微詞。陳子龍主張詩詞分流，判定詩詞的界限；而田茂遇則尋根溯源，把詞看作是唐律體之流，強調詩與詞具有承繼關係。陳子龍強調五代北宋詞與南宋以後的應壁壘分明；田茂遇則闡明了詞應富於

---

64 《清平初選後集》十卷四冊，是清初重要的詞選集，是研究雲間詞派的重要依據。根據李越深〈《清平初選後集》三題〉（《浙江大學學報》第 32 卷第 3 期，2002 年 5 月，頁 49 至 56）一文說明，《清平初選後集》今已成珍本，僅藏於北京國家圖書館和上海圖書館。本文限於能力無法查詢影印本書，凡關於《清平初選後集》內容，只能轉引自李越深〈《清平初選後集》三題〉的介紹。

65 田茂遇：〈清平初選後集敘〉，《清平初選後集》。

變化和多樣性的主張，強調「人不一家，家不一轍」，才人性情、儒者學問皆可入詞。選詞亦取徑寬泛，涵納多樣風格、各種體裁的詞。與田茂遇相呼應，張淵懿所撰〈凡例〉在言及《清平初選後集》的編選原則和範圍時亦云：

> 詞雖雕蟲小技，亦本性情所近。周、柳、蘇、辛，各存本色，總之情景兩協，才法兼備，洪昔纖響，豪放幽懷，俱屬擅揚，是選亟為登刊。[66]

此語表明，無論是從風格還是從體裁的角度，編選者都持兼容並包的態度。從《清平初選後集》的〈敘〉和〈凡例〉到編選實況都充分表明，雲間詞派的後期，許多人都持變革與兼容寬廣的詞學觀點，選詞亦取徑寬泛，各種體裁、各種風格，中調和長調幾佔全書的一半篇幅，彰顯出後期雲間與廣陵詞壇、陽羨、浙西諸派融合的趨勢。

參、開啓清代詞學盛衰之辨與南、北宋之爭

關於詞的盛衰之辨這一話題，既關係到對詞之體性的認識，也涉及到對千年詞的總體估價。所謂「盛」、「衰」指的是文學發展的繁榮與衰落，這個問題在清初爭論的非常激烈，其實是由陳子龍對於詞的盛衰思考發展而來的。他說：

> 詞者，樂府之衰變，而歌曲之將啟也。然就其本制，厥有盛衰。晚唐語多俊巧，而意鮮深至，比之於詩，猶齊梁對偶之開律也。自金陵二主以至靖康，代有作者，或穠纖婉麗，極哀豔之情，或流暢淡逸，窮盼倩之趣。然皆境由情生，辭隨意啟，天機偶發，元音自成，繁促之中尚存高渾，斯為最盛也。南渡以還，此聲遂渺，寄慨者亢率而近于傖武，諧俗者鄙淺而入於優伶。以視周、

66 張淵懿：〈清平初選後集凡例〉，《清平初選後集》。

> 李諸君，即有「彼都人士」之歎。元濫填詞，茲無論焉。明興以來，人才輩出，文宗兩漢，詩儷開元，獨斯小道，有慚宋轍。此非才之不逮也。巨手鴻筆，既不經意，荒才蕩色，時竊濫觴。且南北九宮既盛，而綺袖紅牙，不復按度，其用既少，作者自希，宜其鮮工也。(〈幽蘭草題詞〉)

陳子龍從梳理詞史入手闡發了詞的時代盛衰之辨，提出了「就其體制，厥有盛衰」，意在說明詞有盛亦有衰的規則。他把詞的發展史分成晚唐、五代北宋、南宋和元明四個時期，勾勒出詞學盛衰發展之基本脈絡。陳子龍以為，晚唐是詞的發軔期；五代北宋是詞的高峰期；南渡後為詞的變調階段；元明則是詞趨於衰落的階段。他把詞史的發展概括為由盛轉衰的進程，面對元明以來詞壇的不振，有一種強烈的振衰救弊的願望。為了正本清源，他借用了明代復古運動所打出的旗幟與思維方式：「文宗兩漢，詩儷開元」，詩文創作皆以此為標尺；然而在詞學界，明人不僅沒有從前人那裡為自己尋找到一個可資效法的標尺，反而率性而為，任憑詞隨流風而蛻變得非詞非曲，最終走向衰蔽。陳子龍對此感到不滿，在對詞學中衰的檢討和反思之中，他必然會去尋求詞的本源以革除流弊，以復古求革新。若從時間之源來考察，晚唐、《花間》詞才可稱得上是文人詞的源頭，「復古」本當應以復歸晚唐、《花間》詞之「古」為是，但是陳子龍不但要求清源，更講究正本。「文宗兩漢，詩儷開元」，從時間上講，兩漢、開元都不是詩文的源頭，卻代表著正宗和完美。同樣的道理，陳子龍認為晚唐詞雖然具有語言的華美與音律的婉美，但意蘊尚為淺薄，只在男歡女愛、相思離別的圈子中打轉，因此不足以成為後代詞的楷模。在他看來，南唐、北宋詞不僅「境由情生，辭隨意啟」，形式與內涵達到了完美的結合，他以南唐北宋詞為「最盛期」，以李璟父子、周邦彥為最盛的典範，目的是在尋找明詞衰弱不振的根源，以求挽救南渡以來詞的衰弱格局，力圖恢復最盛期——南唐、北宋時期所呈現出來的自然、蘊藉、宏麗的風貌。

陳子龍認為南唐北宋為詞史發展的頂峰，為最盛的典範，南宋以後存在著粗獷直露和鄙俚淺俗之弊。入清以後，他的思想為後期雲間詞派所承襲，如宋徵輿就是堅持宗五代、北宋的觀點，以三李（李白、李煜、李清照)作為詞史發展三階段的代表。宋徵璧也特別標舉北宋七大詞人——歐陽修、蘇軾、秦觀、張先、賀鑄、晏幾道、李清照，認為「詞至南宋而繁，亦至南宋而蔽」(〈倡和詩餘序〉[67])。這裡的「繁」，是指南宋詞風格的多樣，「蔽」是指宋詞存在的流弊。

清代詞壇上或宗北宋，或宗南宋，南北宋之爭的情形正如詩壇上的唐、宋詩之爭，究其源流，其實正是導源於陳子龍。

肆、為清人的尊詞而立下了契機

詞的尊體意識的真正覺醒始於明末清初，雲間詞派已經意識到「托體不尊」將成為詞發展的嚴重障礙，並努力通過各種方式如攀附《詩》、《騷》和「寄寓」等抬高詞體。雲間詞派主將陳子龍是最早提出「風騷之旨，皆本言情」和詞應「寫哀而宣志」的觀點。[68]提倡古雅，以復古為旗幟，反俗豔，通過對從宋至明的某些詞學現象的批評，確立了復雅歸宗的創作榜樣，接續了南唐北宋的詞統，並在新的時代予以升華。陳子龍在創作和理論上的探索，開創了推尊詞體的清詞復興之路，啟發了朱彝尊、陳維崧、張惠言等人在詞學上的進一步思考，對清詞的發展起到了重要的作用。

---

67 宋徵璧：〈倡和詩餘序〉，見《雲間子新詩和稿・幽蘭草・唱和詩餘》點校本。
68 陳子龍：〈三子詩餘序〉。

小　結：陳子龍已爲清初詞壇揭開新局

明代，被認為詞之衰落期，不足為道。或許，與渾成自然的北宋詞、精緻細膩的南宋詞以及流派紛呈、理論完備的清代詞壇相比，明詞著實顯得較為萎靡、卑弱。隨著社會環境的進一步惡化，士人雖自守而不可得，於是重新尋求人生的寄託和個體價值實現的途徑，呼喚著文學對社會現實全方位的介入。然而，因為出現了一個陳子龍，便使得明詞絕非一無可取，他對詞論及詞作的努力，已在明末為詞壇貢獻了亮眼的成績，為挽救明詞的頹勢和開拓雲間詞論做出了重要的貢獻。

以陳子龍為代表的雲間派詞論，其觀點雖不如後來的「浙西詞派」、「常州詞派」那樣旗幟鮮明，影響深遠，但此派的詞論，對清詞的創作與理論的研究，都起到了積極推動的作用。雲間詞派產生於明末國事日非之際，陳子龍雖一度以小道末技目詞，但由於時代變化導致其詞學觀念的轉變，致使他終究以其突出的創作成就在明末詞壇異軍突起，張揚其強烈的創作個性，樹立起鮮明的時代風格，使明詞發展為之一振，並為清初詞壇揭開新局。

由於雲間派詞派的文學觀念植根於憂時濟世的思想背景，強烈的社會責任，使得陳子龍既重視詞的反映現實的作用，又注重詞的藝術特質，在強調雅正詩教，強化文學反映現實的作用之餘，在另一方面，他又充分肯定詞創作的情采和技法，體現出對文學本質特性的高度重視。陳子龍及其他雲間詞人循流溯源，回歸南唐北宋，能得《花間》麗而有則的精髓，從而橫掃當時詞壇的庸濫，清除詞壇上的荊榛。較之明代大多數提倡主情近俗的詞人而言，陳子龍可以說是推動詞學向雅化方向走了一大步的先峰。陳子龍作為明末詞學的一個轉折的新契機，其詞史地位不容忽視。

陳子龍的詞學見解，既是雲間詞派的基石，亦為雲間詞派的共識。隨著他本人及其他的雲間諸子的生命歷程跨過易代界標，這些見解便成為向清初詞壇提供尊詞的第一批理論文獻和思想材料。陳子龍雖未為明代的詞論作出總結，卻為清代詞論寫下了第一頁。陳子龍代表明末詞壇雅化的星星之火，即將在清代成為燎原之勢。

〈明末詞學雅化的苗裔—陳子龍詞學理論及其在詞學史中的地位〉，2010 年 7 月發表於中國《海南師範大學學報》，2010 年第 4 期，頁 97-108。

第五章　「辨體」、「破體」同歸於「尊詞」

—清代詞體觀的建構

宋、明階段明辨詩詞之界限，並沒有強烈而鮮明的意識要將詞體地位提昇到與詩同尊的意思。要到清人的辨體才有鮮明的尊體色彩。清代以前，人們對詞體文學特質注意得並不多，那時詞家們關注的是協律等形式規範問題。所以，詞史上全面揭示詞之審美特質，表徵著人們對詞之體性自覺的，是在清代。

關於清代詞體觀的建構，現有的研究成果有大陸學者曹明升〈清代詞學中的破體、辨體與推尊詞體〉一文提及：

> 清代詞學的一個顯著特徵就是人們普遍性地自覺運用破體或辨體的方式來推尊詞體。其他諸如本色論、雅俗論等詞學命題均圍繞尊體展開。所以今人常謂，詞體地位在清人手上最終得到了真正提高。如果籠統地說：「詞體至清代始尊」，那就無法解釋清人尊體過程中的一系列矛盾。[1]

伏滌修〈清代詞學由辨體向尊體的批評轉向〉一文亦云：

> 清代詞學經歷著較明顯的由辨體到尊體的理論批評轉向過程，辨體是為了尊體，尊體則更有利於辨體，有利於詞的獨立文體地位的確立。[2]

---

1 曹明升：〈清代詞學中的破體、辨體與推尊詞體〉，《中國文學研究》2005 年第 3 期，頁 51 至 55。

2 伏滌修：〈清代詞學由辨體向尊體的批評轉向〉，《煙臺大學學報》第 17 卷第 4 期，2004 年 10 月，頁 430。

上述二人皆針對清代這一對各種古典文類具有總結性的朝代，針對其詞學理論中的詞體觀為探究中心。二人皆以「辨體」、「破體」到「尊體」來說明清人詞體觀發展，頗值得筆者參考。但二人對於「詞體」的內涵，並未詮釋；而所談的範圍，如曹文聚焦於浙西、常州派，伏文更只縮小於常州派，所述簡略，實不能涵納「清代詞學」的完整範圍。如果把探究範圍只局限於浙派與常派，那就無法解釋清人如何在「辨體」、「破體」的矛盾張力中達到「尊體」的完整歷程。本章意欲在二人原有的研究基礎之上，彌補二人未及的著眼點，其一在於揭示清代詞論中對於詞之為詞的本質屬性的認識。在清人的心中，詞究竟是何種體性的文學？詞的審美理想和它的歷史表現之間是不是完全統一？它和其他文體相比有什麼特性？其二，本章欲對清代詞體觀念的發展階段做一全體性的歷史考察，而以四大詞派和詞史發展進程為緯，以見四大詞派之發展與嬗變之跡。具體來說，清代各詞派的詞體觀是不斷有所變化、轉移的。本章試圖揭示清人對詞之辨體與破體二者消長互補的爭論的內容、實質及其歷史發展過程。旨在以動態的、歷史的、發展的眼光全面地考察詞體觀念的嬗變，探討清代四大詞派對詞體的不同見解，如何在「破體」與「辨體」的矛盾張力中，共同為推尊詞體的形成，提供了前進的動力，並藉此以見清人詩詞異同之爭的最終凝定。

第一節　清代詞體觀建構的發展階段

在詩、詞、曲三種文體樣式並置的清代，為了維護詞的特殊體性，嚴於辨體成了建構詞論體系的一個重要部份。由於詞發展到清，樂譜已失傳，究竟如何與樂曲具體配合已難於知曉，且如果僅從聲律角度來辨體尊詞，顯然難以和體系完善的破體論相抗衡。因此在清代詞論中的辨體論，主要是從文學的角度而非音樂的角度加以闡述。辨體論者從本體論、風格論等方面建構起一套凸顯詞體獨立性與審美價值的理論體系。筆者根據時代發展與詞論側重點的不同將之區分「思索準備」、「充實發展」、「集成凝定」的三大階段，並將詞派之間詞體觀的承接轉移置入其中論述，以下說明之。

壹、順、康年間「思索準備」的第一階段：雲間及其外圍詞家的「辨體論」與陽羨派「破體論」的反動

雲間及其外圍詞家的「辨體論」與陽羨派「破體論」的反動

元明兩代詞學衰微而曲學興起，詞的俗化、綺靡化的趨勢越趨嚴重，這樣，清初一些詞論家普遍對此感到不滿，他們認為詞應該有別於民間演唱之用的戲曲，如清人董文友《蓉渡詞話》提出：

> 詞與詩、曲，界限甚分，似曲不可，似詩仍復不佳。[3]

就神理韻味言，詞貴婉曲，忌直言；貴輕倩，忌莊嚴；貴靈便，忌板滯。而詩較莊重、古雅、剛直，較之柔婉的詞，有時不妨「大氣包舉」地粗線條些。曲則尖新、潑辣、酣暢，較之細緻的詞，曲總是顯得「元氣淋漓」地恣意率性。

清代初年，詞論家們一方面繼前代詞學的餘緒，強調詩詞之別，標榜詩莊詞媚；另一方面也側重辨別詞曲之異，他們努力恢復詞的雅正傳統，在體制上廓清辨正詞體。

一、雲間及其外圍詞家[4]繼承明人以「情」衡詞

---

3 董文友：《蓉渡詞話》，見徐釚編著、王百里校箋《詞苑叢談校箋》（北京：人民文學出版社，1998 年），頁 72。

4 就清代而言的雲間詞派的組成分子，從代表人物到羽翼，到受到影響的外圍份子甚夥，甚至以王士禎為代表的廣陵詞家、西泠十子皆有得自於雲間詞論。根據傳蓉蓉與蔣哲倫的說法，可以做如下的區分：「以雲間大家陳子龍、李雯、宋征璧兄弟即

雲間派的主將陳子龍在〈王介人詩餘序〉中便認為宋詞因主情而勝于宋詩：

> 宋人不知詩而強作詩，其為詩也，言理而不言情，故終宋之世無詩焉。然宋人亦不免有情也，故凡其歡愉愁怨之致，致于中而不能抑者，類發于詩餘，故其所造獨工，非後世可及。[5]

詞正是以其言情區別於詩之言志，而且可以補詩之所無，詩中難言之情可於詞中道之。詞體之言情的特殊品質使其能言詩之所不能言，這正是辨體尊詞者的一個重要理論依據。

此外，受雲間影響的外圍詞家亦承繼李漁與雲間的辨體論，例如劉體仁（1621-1677）的《七頌堂詞繹》說：

> 詞須上脫香奩，下不落元曲，乃稱作手。[6]

他又談到「詩詞分疆」云：

> 詞中境界，有非詩之所能至者，體限之也。大約自古詩「開我東

所謂的『雲間三子』為代表。還有毛先舒、沈謙等『西泠十子』，因其與陳子龍久有淵源，故也認定為該派中人。這十位作家推動了雲間家法在浙中一帶的流行。此外，非雲間人而深受雲間詞派思想與創作影響的有尤侗、劉體仁等可被視為雲間派外圍作家。至於活躍於廣陵詞壇的鄒祇謨、彭孫遹以及詩壇盟主王士禎等人，他們的詞學思想總體而言沒有完全突破雲間窠臼。」參考蔣哲倫、傅蓉蓉合著《中國詩學史・詞學卷》（廈門：鷺江出版社，2002 年 9 月），頁 201。又如孫克強《清代詞學》第七章「廣陵詞壇及西泠詞人的詞學」亦云：「雲間派的詞學理論在當時產生了很大的影響，順末康初在有『文人淵藪』之譽的江浙一帶，詞家皆循雲間所示路徑，以雲間派的理論為指導。他們中有的曾親身受到陳子龍等三子的獎掖，如西泠十子、毛奇齡等，有的則私淑子龍，如王士禎、鄒祇謨、彭孫遹等。他們無論是詞風取向，還是詞學觀念，大旨不出雲間範圍，因而被視為雲間派的餘韻流響。」（孫克強《清代詞學》（北京：中國社會科學出版社，2004 年 7 月，頁 128）根據上述二家之說，所以筆者在此所謂的「雲間詞家」，並不局限於派中之人，還包括受雲間詞風影響的外圍詞家。

5 陳子龍：〈王介人詩餘序〉，清嘉慶刊本《陳裕公全集》，《陳子龍文集》（上海：華東師範大學出版社，1988 年），頁 354。

6 劉體仁：《七頌堂詞繹》，「詞須不類詩與曲」條，《詞話叢編》，頁 621。

閣門，坐我西間床」等句來。[7]

「夜闌更秉燭，相對如夢寐」，叔原則云：「今宵賸把銀釭照，猶恐相逢是夢中。」此詩與詞之分疆也。[8]

是通過境界和語言的不同來分辨詩體與詞體的特點。

沈謙（1620-1670）在《填詞雜說》中云：

承詩啟曲者，詞也，上不可似詩，下不可似曲。然詩曲又俱可入詞，貴人自運。[9]

雖強調詞在抒情詩體發展的鏈上承前啟後的作用，但仍指明了詞體獨特性，在「似」與「不似」之間體現了詞的分寸感。

鄒祗謨（1627-1670)《遠志齋詞衷》也提到「詩詞有別」[10]，並批卓珂月、徐野君詞「過於尖透處，未免浸淫元曲耳。」[11]賀裳《皺水軒詞筌》提及「詞用詩意」[12]、「翻詞入詩」[13]，看似在尋求詩與詞在語言和義理層面上的相互交融，實則這種「交融」的大前提便是詩與詞不可混淆的區別。

王士禎《花草蒙拾》談到詩詞曲分界：

或問詩詞曲分界，予曰：「無可奈何花落去，似曾相識燕歸來」，定非

---

7 劉體仁：《七頌堂詞繹》，「詞境詩不能至」條，《詞話叢編》，頁 619。
8 劉體仁：《七頌堂詞繹》，「詩詞分疆」條，《詞話叢編》，頁 619。
9 沈謙：《填詞雜說》「詞承詩啟曲」條，《詞話叢編》，頁 629。
10 鄒祗謨：《遠志齋詞衷》「詩詞有別」條下云：「詞之紇那曲、長相思，五言絕句也。（俱載《尊前集》中。）柳枝、竹枝、清平調引、小秦王、陽關曲、八拍蠻、浪淘沙，七言絕句也。阿那曲、鷄叫子，仄韻七言絕句也。（《花間集》中多收諸體。）瑞鷓鴣，七言律詩也。（載《草堂集》中）欸殘紅，五言古詩也。（楊用修體。）體裁易混，徵選實繁，故當稍別之，以存詩詞之辨。」《詞話叢編》，頁 655。
11 鄒祗謨：《遠志齋詞衷》，「卓、徐詞浸淫元曲」條，《詞話叢編》，頁 655。
12 賀裳：《皺水軒詞筌》，《詞話叢編》，頁 695。
13 賀裳：《皺水軒詞筌》，《詞話叢編》，頁 696。

香籢詩。「良辰美景奈何天，賞心樂事誰家院」，定非草堂詞也。[14]

前者是詞語，後者是曲語，詞較曲為雅。王士禎沒有明確說明詩、詞、曲的界限，他只是用感性的形象所提供的經驗加以印驗，從而使人們意會到其根本區別之所在。《四庫全書總目提要・珠玉詞》說：「〈浣溪沙〉春恨詞『無可奈何花落去，似曾相似燕歸來，小園香徑獨徘徊』二句，乃殊示張寺丞、王校勘七言律中腹聯。……今復填入詞內，豈自愛其造語之工，故不嫌復用耶？」[15]詩詞互用，誠然有對自己所拈佳句看重的意思，但卻犯了混淆詩詞審美語境的錯誤。張宗橚《詞林紀事》認為：「情致纏綿，音調諧婉，的是倚聲家語，若作七律，未免軟弱矣。」[16]詞誕生在詩之後，不僅是體裁變化上的意義，而且更重要的是審美功能上的互補。詩、詞在審美上有不同的功能特點，也就由此形成了它們在本體上的差別。在詩中存在的話語在詞中並不一定能成立，反之亦然。體裁實際上具有審美的規定性，與不同的話語系統相適應，因此，詩詞話語是無法置換的。這種區別不需要明確的概念加以界定，而是由鑑賞者從經驗現象世界中去領略。因為混淆而引起人們的非議，倒是體現了詞在宋初的規範性特徵。所謂詞乃詩之餘，不是詩的尾巴，而是對詩在體式、規範，甚或話語系統上的變革，進而另自成體。

同時，清人要求在創作中追求詞之「本色」風格。本色在宋人的定位即是婉約細膩的風格，而彭孫遹《金粟詞話》中強調周邦彥詞「如十三女子，玉豔珠鮮，政未可以其軟媚而少之也」，又說李清照詞「皆用淺俗之語，發清新之思，詞意並工，閨情絕調。」[17]他更明確提出詞要「豔麗」：

14 王士禎：《花草蒙拾》，「詩詞曲分界」條，《詞話叢編》，頁 686。
15 《四庫全書總目》（台北：藝文印書館，1976 年）卷 198 集部 51「詞曲類」〈珠玉詞〉，頁 4141。
16 張宗橚輯：《詞林紀事》（成都：古籍書店複印，1982 年），頁 233。
17 彭孫遹：《金粟詞話》，《詞話叢編》，頁 721。

> 詞以豔麗為本色，要是體製使然。如韓魏公、寇萊公、趙忠簡，非不冰心鐵骨，勳德才望，照映千古。而所作小詞，有「人遠波空翠」，「柔情不斷如春水」，「夢回鴛帳餘香嫩」等語，皆極有情致，盡態窮妍。乃知廣平梅花，政自無礙。[18]

彭氏以為「豔麗」是詞的本色，即使像韓琦、寇準、趙抃這樣以忠直聞名的大臣，所作小詞也十分豔情，這好比唐朝名相宋璟（字廣平)雖作了〈梅花賦〉，並不妨礙其清名一樣。他宣稱：「詞以豔麗為本色，要是體製使然。」但以豔麗之筆寫兒女豔麗之情很容易流于穢褻，這對於推尊詞體甚為不利。雲間詞論強調緣情與辨體，體現了雲間詞人對明代詞學的大體繼承，然而這種做法本身在一定程度上限制了詞的伸展天地，它將詞局限於本色而難以向詩靠攏。

雲間詞派的「辨體」論一方面體現清人詞體觀念的高度清晰，他們能夠從宏觀著眼，切實地把握住「詞」這種文學樣式不同於詩、曲的個性與風格，強調詞以言情見長和婉約風格而有別於詩，這對詞學發展經歷了元、明兩代散曲興盛的沖擊之後重新定體是極為重要的。

二、陽羨詞派標舉言志詩化的破體論，形成辨體的反動

與辨體相對的即為破體，破體即是突破文體的界限，使詞向詩靠攏，從而提升詞的地位。詞史上最早破體以尊詞的代表即是北宋蘇軾的「以詩為詞」，蘇軾提出「微詞婉轉，蓋詩之裔」[19]的觀點，並在創作實踐中切實地將詩之題材與風格引入詞中，期望以此來提昇詞之品格。蘇軾雖沒有建構一套完整的破體尊詞理論來論述這些問題，他的表現也未能在當時詞壇引起巨大的回響，但卻為後世詞學開啟了一種新的尊體模式。

---

18 彭孫遹：《金粟詞話》，《詞話叢編》，頁 723。

19 蘇軾：〈祭張子野文〉，《蘇軾文集》卷六三（北京：中華書局，1986），頁 1667。

直到清代，人們才開始從理論上對破體論進行了探討和解釋。

（一）從探本求源的角度來論證詞與經史散文、詩歌同以「言志」爲主

雲間派主張辨體，然而其餘韻流響的「西泠十子」[20]之一的丁澎已開始突破辨體的界限，從文章體式著眼，認為《詩經》已有三五言調、二四言調、六七言調、疊句調、換韻調、換頭調，所以認為「凡此煩促相宣，短長互用，以啟後人協律之原，豈非《三百篇》實祖禰哉？」[21]丁澎已通過對詞之起源的探討，論證了詞為「詩之裔」這個破體尊體的基礎性命題。這種尊詞模式便是沿著蘇軾而來，到了陽羨派手中，在理論的系統性較之丁澎有了更大的發展。陽羨詞家不但把蘇軾開闢的這條道路拓寬延長，為其提供了堅實、系統的理論基礎，並且還將它與辛棄疾所開創的「以文為詞」的創作手法有機結合起來，從而在內容和形式兩方面對傳統詞體掀起了徹底革新。蘇軾「以詩為詞」的目的只是為了讓填詞在一定程度上能突破流行音樂的限制，為寫作爭取更多的自由，其內容亦只是將詞從抒寫男女戀情的豔科、小道引向了對一種更為恆久的生命情懷的觀照，而陳維崧在「以詩為詞」的道路上要比蘇軾走得更為勇敢和徹底，他將詞由抒寫某一類普遍的感性經驗引向對廣闊社會生活的各類事件的關注。陳維崧的詞學思想集中體現在〈詞選序〉一文中，他從尊詞的目的出發，直接駁斥了詞為小道的傳統謬誤，聲明詞不卑於詩，奠定了他在創作中「以詩為詞」的理論基礎：

> 蓋天之生才不盡，文章之體格亦不盡。上下古今，如劉勰、阮孝緒以暨馬貴與鄭夾漈諸家所臚載文體，僅部族其大略耳。至所以

20 關於「西泠十子」與雲間詞派的關係，可參考嚴迪昌：《清詞史》（南京：江蘇古籍出版社，1999年8月），頁22-25。

21 丁澎《藥園閒話》，《詞苑萃編》卷一輯，《詞話叢編》，頁1756。

> **為文不在此間。鴻文巨軸，固與造化相關，下而讕語卮語，亦以精深自命。要之穴幽出險以厲其思，海涵地負以博其氣，窮神知化以觀其變，竭才渺慮以會其通。為經為史，曰詩曰詞，閉門造車，諒無異轍也。**[22]

陳維崧從探本求源的角度來論證詞與經史散文、詩歌是同源而「諒無異轍」，不必強行區分高下、大小。因為從創作的過程而言，任何文體都離不開「穴幽出險以厲其思，海涵地負以博其氣，窮神知化以觀其變，竭才渺慮以會其通」四端，這就決定了詞從本質上與經史散文、詩歌沒有什麼差別，他認為文章體格無高下之分，文體沒有正宗與不正宗的區別，為詞體爭得與其他文體平等的地位。其次，他反對以「豔科」稱詞，他重視詞的表現內容，即「為經為史，曰詩曰詞」，所以他在全文最後總結全書的編輯目的時又說：「選詞所以存詞，其即所以存經存史也夫。」[23]這樣就把詞的地位抬高到了可以和經史散文、詩歌並駕齊驅的程度。

與陳維崧觀點相近的還有任繩隗則在〈學文堂詩餘序〉裡從文體代嬗的角度將詞納入詩統：

> **夫詩之為騷，騷之為樂府，樂府之為長短歌、為五七言古、為律為絕，而至於為詩餘，此正補古人之所未備也，而不得謂詞劣於詩也。**[24]

詞不但不劣於詩而且還是詩淵遠流長之河中的一段，「正補古人之所未備也」，以「補」的意義來強調詞是對詩體形式的補充，正是對詞立價值的肯定。既然詞與詩是同一家族的成員，所以不必厚此薄彼，或截然劃分。

---

22 陳維崧：〈今詞選序〉，《陳迦陵詩文詞集》卷三，《四部叢刊初編縮本》（台北：臺灣商務印書館，1976年6月）「集部」。

23 同上註。

24 任繩隗〈學文堂詩餘序〉，《直木齋全集》卷十一，《四部叢刊初編縮本》（台北：臺灣商務印書館，1976年6月）「集部」。

破體以尊詞，是陽羨詞論的一大特點。陽羨詞家人之所以要通過破體的方式來推尊詞體，除了受到蘇軾的啟發外，還有一種根深柢固的傳統觀念在或明或暗地起著作用。詩、文之所以尊貴於詞，根本原因乃在於它在漫長的歷史發展過程中載負著主流社會提倡的儒家思想所強調的政治教化、社會功利的功能，詩人不論是抒寫忠君報國之志，歷史興亡之感，還是宣泄志不獲展的鬱憤，無不表現對社會功利的追求。詞如欲與詩同尊，就必須與與詩一樣肩負起教化、言志的功能。所以陽羨詞家詞體觀表現出鮮明地與詩同化的特色。

（二）透過訂譜把詞定位在「格律詩」的位置，與詩同化

陽羨派除了透過「存詞以存經存史」的全面詩化之後，其於詞學的另一大貢獻就是「情韻兼求的聲律觀」[25]，其標誌就是萬樹《詞律》的編定。明代張綖的《詩餘圖譜》開了為詞定律作譜的先河要求，另外有程明善的《嘯餘譜》、萬惟檀的《詩餘圖譜》，雖然明人對於詞譜篳路藍縷之功不可沒，但其「觸目瑕瘢，通身罅漏，有不可勝言哉」[26]，其簡單粗陋，早已不能滿足人們的需要，正如清代詞評家所言：「近日詞家，謂詞以琢句練調為工，並不深求於平仄句讀之間，惟斤斤守《嘯餘》一編，《圖譜》數卷，便自以為鐵板金科，於是詞風日盛，詞學日衰矣。」[27]於是另作新譜是乃順應時勢所需，尤其是在詞壇日趨雅化的風氣中。田同之《西圃詞說》云：

> 宋元人所撰詞譜流傳者少。自國初至康熙十年前，填詞家多沿明人，遵守《嘯餘譜》一書。詞句雖勝於前，而音律不協，即《衍

25 引自嚴迪昌《陽羨詞派研究》（濟南：齊魯書社，1993 年 2 月），頁 110。
26 清‧錢同之：《西圃詞說》，「嘯餘譜多誤」條，《詞話叢編》，頁 1470。
27 錢同之《西圃詞說》，「嘯餘譜不可守」條，《詞話叢編》，頁 1470。

波》亦不免矣，此詞律之所由作也。[28]

這段文字已說明萬樹著《詞律》的背景，其意在力挽弊端。然而，陽羨派作為一個以追求詞的「詩化」為核心理念的詞派，本當儘可能突破音律的束縛，全面地追求蘇辛詞家「豪放不喜剪裁以就聲律」的境界，卻為何要訂譜呢？萬樹《詞律・發凡》云：

> 自沈吳興分四聲以來，凡用韻樂府無不調平仄者。至唐律以後，浸淫而為詞，尤以諧聲為主。倘平仄失調，則不可入調。周、柳、万俟等之制腔造譜，皆按宮調，故協於歌喉，播諸弦管，以迄白石、夢窗輩，各有所挧，未有不悉音理而可造格律者。今雖音理失傳，而詞格在，學者但宜依傍舊作，字字恪遵，庶不失其中矩矱。[29]

詞是「倚聲之學」，這個「聲」，意指「樂律」與「格律」，原本這二者是相互協調、配合一致的。然而，詞發展至南宋，音譜漸漸失傳，到了清代便早已失去了它的音樂基礎，可被推究的部份僅存文字定律了。然而文字定律畢竟殘留著原來樂譜的要求，與詞調的音樂旋律相關，所以現存詞調的情韻美與節奏美只能透過平仄四聲、句式長短來體現。清代作為一個對歷代文體總結且有清晰認知的時代，自不可能完全忽視詞本有的獨特音樂性。所以萬樹提及「倘平仄失調，則不可入調」，「未有不悉音理而可造格律者」，所以他編纂《詞律》著重在強調「今雖音理失傳，而詞格在」，要求學者必須「字字恪遵」，方能「不失矩矱」。「同時，也因為清人心中詞早已成為一種特殊體制的詩，那麼為其規定句式與格律也是一件自然的事，所以訂譜的目的不在於把詞推向曲，以音樂來束縛它，而在於把它進一步固定在『詩』的位置上，使人們在作詞有法可

28 錢同之《西圃詞說》，「詞律與詞譜」條，《詞話叢編》，頁1473。
29 萬樹《詞律・發凡》（北京：中華書局，1957年），頁2。

依，一如作格律詩。」[30]

講究詞的格律，其實就是講究其聲情美，講究聲情之美乃是為了使情意能得到更生動感人的表現，正如嚴迪昌所言：

> 萬樹等重視詞律、追求聲情美，還表現在其目的是為了能更廣泛更錯綜地運用聲情特點來為自己抒情達意服務，取得新的非常規路子所能得見的效果。因此，講究詞律，探究的是「定法」，運用聲律，著眼的是「變格」。以一定之法創不定之新變，這正是陽羨詞人識見高超處。[31]

崇尚情意內涵、推崇陽剛氣勢的陽派詞派，並不忽視對外在體製如聲律的追求，其重聲律乃是為了能更好地表現情意。

詞體在清初陽羨詞家手中被政治言志等實用功能強而有力地支撐而破體出位的作法，使詞的詩教功能得以極大地發揮。陳維崧等人「為經為史」的詩化之詞，使得破體尊詞似乎得以風行草偃。但這樣做也使陽羨詞家面臨著一種危機，即如果掌握得不好，「以詩為詞」很可能會引起詞的內容與形式的失衡，使短小的詞章難以負荷具有啟發性和滲透力的經驗主題，所以詞史的方向並未完全朝著破體的一邊過度發展，因為當破體的力量使詞體向儒家詩教回歸而失卻本色之美的同時，詞壇上還存在著另一股強大的辨體的張力在影響詞體觀的走向。

貳、乾、嘉盛世「充實發展」的第二階段：從浙西派到常州派依違在辨體與破體間的調合之道

一、浙西派欲調合「詩化」與「本色」之矛盾而標舉「醇雅」與「合律」

30 參考蔣哲倫、傅蓉蓉合著《中國詩學史・詞學卷》（廈門：鷺江出版社，2002年9月），頁228-229。

31 嚴迪昌：《陽羨詞派研究》（濟南：齊魯書社，1993年2月），頁112。

陽羨詞派在陳維崧去世之後即迅速消失，詩化的理論大旗也隨之失去了號召力，文變染乎世情，因為作為陽羨詞派最深刻沉鬱的心理情結——家國之恨隨著康熙治世的到來漸漸失去了光彩。整個社會逐步經歷了從戰爭到平和、從亂世到盛世的發展歷程，反映在文學上的內容上的，就是從現實漸趨空廓；反映在風格上的，就是從激烈轉向平和。康熙二十年（1681)平定「三藩」後，清朝進入持續百年的「康乾盛世」。博學鴻詞科一開，天下文人的心思漸漸歸攏順應，大一統的政治形勢下，復古思潮重起，「正統」觀念開始主導詞壇。陽羨詞家的抑鬱悲苦之音顯然不合時宜，且陽羨詞派承蘇辛詞學以言志為核心的豪放詞風，畢竟與詞體本身綺錯婉媚的體性有種種的不和諧，浙西詞派應運而生。浙西詞派標舉的兩個重點，即「復雅」與「合律」。「復雅」是詩化，「合律」是詞的本色，足見浙西派欲調合「詩化」與「本色」之矛盾而做的努力。

（一）詞以「醇雅」爲宗：詩化的表現

雲間詞派以豔麗為詞之本色，如彭孫遹《金粟詞話》中宣稱：「詞以豔麗為本色，要是體制使然。」[32]但以豔麗之筆寫兒女豔情很容易流於穢褻，這對於推尊詞體甚為不利。陽羨詞派又強調向儒家精神回歸，發揚詞言志教化之功，贏得主流社會的認可，從而提升詞體的價值與地位。但這樣容易泯滅詞體本身的文學特性。尤其在詞體世俗性與娛樂的功能面前，破體論者極易產生自身理論與創作間的矛盾和錯位。因此徐釚《詞苑叢談》中引宗梅岑（元鼎)的話已對詞之本色稍作修正而云：「詞以豔麗為工，但豔麗中須近自然本色，若流為淺薄一路，則鄙俚不堪入調矣。」[33]詞中豔情以文雅自然之筆出之，這樣既可保持詞體豔麗之本色，又不會因

32　彭孫遹：《金粟詞話》，《詞話叢編》，頁 723。
33　見徐釚編著、王百里校箋《詞苑叢談校箋》（北京：人民文學出版社，1998 年），頁 254。

淺薄鄙俗而降低了詞的格調。辨體論者思考的正是如何讓詞以其善於言情的特殊品質而保持她在文學世界裡的獨特價值與應有地位。

如果說李漁是從創作的深淺和口吻去論述詞與詩、曲之別，雲間詞人是從重情主情的角度去強調詞體特質的話，那麼浙西詞派首領朱彝尊則是從恢復詞的醇雅傳統上著眼大力扭轉時下詞風。浙西詞派代表人物朱彝尊，雖沒有關於詞學的專門著作行世，但他與汪森合纂歷代雅詞為《詞綜》，則更加自覺地為其論說張目，力求從選本上體現醇雅的詞學觀。他力倡「詞以雅為尚」[34]，朱氏認為詞的表現最為傑出處，乃是雅的最高典範：

> 言情之作，易流於穢，此宋人選詞，多以雅為目。……填詞最雅無過石帚。[35]

標舉醇雅，推崇姜夔，是朱氏論詞的核心。「雅」指的是詞之立意與語言須醇美俊，「雅」乃其詞學觀念的集中體現。朱彝尊在主張嚴守詞的體式、規範的基礎上，邁出了由辨體轉向的一步，由辨體進而提出推尊詞體之說。其〈陳緯雲《紅鹽詞》序〉曰：

> 詞雖小技，昔之通儒鉅公，往往為之。蓋有詩之所難言者，委曲倚之於聲，其辭愈微，而其旨益遠。[36]

在〈樂府補題序〉說：

> 誦其詞，可以觀志意所存。雖有山林友朋之娛，而身世之感，別有淒然言外者，其騷人〈橘頌〉之遺音乎？[37]

朱氏在此所說的「志意」意涵極為模糊，並非陽羨詞派明白道出的

---

34 朱彝尊：〈樂府雅詞跋〉，《曝書亭集》卷四十三跋二（台北：世界書局，1989年4月），頁521。

35 朱彝尊：〈詞綜發凡〉，見朱彝尊、汪森合編《詞綜》（上海：上海古籍出版社，1999年11月），頁6。

36 朱彝尊：〈陳緯雲《紅鹽詞》序〉，《曝書亭集》卷四十序一，頁487。

37 朱彝尊：〈樂府補題序〉，《曝書亭集》卷三十六，頁445。

「家國之恨」，而是籠統稱說「身世之感」，而且他所謂的「騷人〈橘頌〉」，乃偏指文人自負其才高志潔而無人賞識的不遇情懷，足見朱氏希望以高潔俊逸的文本營造清醇雅正的詞體特色。至於如何達到這一雅的目標，他說：

> 善言詞者，假閨房兒女之言，以通之于〈離騷〉、變〈雅〉之義。此尤不得志於時者所宜寄情焉者。[38]

〈詞綜發凡〉曰：

> 世人言詞，必稱北宋。然至南宋始極其工，至宋季始極其變。姜堯章氏，最為傑出。[39]

從總來上看，關於兩宋詞，朱認為須由南宋人所作入手；從個別作家看，南宋人中，則當以姜夔最為傑出，這是依據「善言詞者」的經驗所作的判斷，其理由則為：「善于假閨房兒女之言，以通之于〈離騷〉、變〈雅〉之義」。〈離騷〉、變〈雅〉之義，就是朱氏所標榜的雅的最高典範。這裡涉及了一個言傳形式的問題，亦即達到雅的最高典範的具體途徑。所謂「其辭愈微，而其旨益遠」，如何以微小淺近的辭，達到巨大深遠的意旨，朱氏為達到目標的方法和途徑就是「假閨房兒女之言，以通之于〈離騷〉、變〈雅〉之義」。對些寓有深意的詞作予以極高的讚評。朱氏所啟示的，既為「昔之通儒鉅公」之善言詞者的經驗總結，亦為自身體會有得之言。不僅告訴讀者詞的最高境界是什麼，而且告訴讀者如何追求。不同於北宋李清照、沈義父、張炎等人偏於聲音、文字及形式，朱氏似乎較為側重意旨。這是對於第一個階段的重要充實及發展。

厲鶚亦在〈群雅詞集序〉中認為：

> 材之雅者，〈風〉之所由美，〈頌〉之所由成。由《詩》而樂府而

38　同上註。

39　朱彝尊：〈詞綜發凡〉，《詞綜》（上海：上海古籍出版社，1999 年 11 月），頁 6。

詞，必企夫「雅」之一言，而可以卓然自命為作者，故曾端伯選詞，名《樂府雅詞》；周公謹善為詞，題其堂曰「志雅」。詞之為體，委曲嘽緩，非緯之以雅，鮮有不與皮俱靡而失其正者矣。[40]

「《風》之所由美，《頌》之所由成」，全賴其「材之雅者」。在這一點上，由《詩》而樂府而詞，是完全一致的，必出以雅，不論是政治教化、美盛德之形容，都要不失其正。尤其是對於「委曲嘽緩」的詞體來說，更為重要，因為若不選取「材之雅者」進行創作，則「鮮有不與波俱靡，而失其正者矣。」所謂「材之雅者」，也就是詩教標舉為君、為臣、為民、為物、為事而作，如悲天憫人、勸戒諷諫、抨擊時弊、歷史興亡等題材，要表達這樣的「風雅」內容，自然要透過「比興寄託」。這樣，浙西詞派就從詞的體性、風格意境和創作技巧等層面為辨體與破體做了調合，亦為尊詞建構起一套較為完善的理論體系。

（二）詞樂的維護：辨體的表現

由於浙西詞人重視醇雅，「醇雅」的標準究竟如何？除了上述所謂的語言必須要「字琢句煉，歸於醇雅」之外，其次就是合律，合律亦是醇雅的一大關鍵。朱彝尊褒揚明初劉基、高啟等人「溫雅芊麗，咀宮含商」，批評「周白川、夏公謹諸老間有硬語，楊用修、王元美則強作解事，均與樂章未諧」[41]，足見「合律」乃是雅詞不可忽視的一個重要標誌。他說「填詞最雅無過石帚」[42]，「詞莫善于姜夔」[43]，在很大程度上是因為白石

40 厲鶚著、董兆熊注、陳九思標校：《樊榭山房集》卷四（上海：上海古籍出版社，1992年6月，一版一刷）。

41 朱彝尊：〈詞綜發凡〉，《詞綜》（上海：上海古籍出版社，1999年11月），頁9。

42 朱彝尊：〈詞綜發凡〉，《詞綜》（上海：上海古籍出版社，1999年11月），頁9。

43 朱彝尊：《黑蝶齋詞序》，《曝書亭集》卷四十（台北：世界書局，1989年4月），頁488。

知音，且守律一絲不苟。因而，田同之在評價陽羨詞家萬樹《詞律》時特別指明：

> 浙西名家，務求考訂精嚴，不敢出《詞律》範圍以外，誠以《詞律》為確且善耳。[44]

浙西詞家對《詞律》「考訂精嚴」非常認同。可見，浙西派對雅正的規範離不開對萬樹製訂《詞律》功績的肯定。「浙西填詞者，家白石而戶玉田」，確實道出了這一詞派的獨特面目。作為姜、張詞學理論總結的《詞源》，得到了朱彝尊最深切的重視與認同。以朱彝尊為代表的浙西詞人真正理解並努力闡述張炎的詞樂觀。元明以降，雖然「為詞守律」之言時時掛在詞論家的嘴邊，但絕大多數的人只是守住詞的四聲平仄，對詞原初合樂可唱的音樂特徵已經無法掌握。雖然自明代起詞譜之學大盛，但詞卻早已蛻變成特殊形式的格律詩，離開音樂的本能已遠。浙西詞家當然也不能改變詞學發展的趨勢，然而他們並沒有放棄對詞的音樂性進行理論建設的努力。朱彝尊〈詞綜發凡〉中說：

> 四聲二十八調，各有其倫。柳屯田《樂章集》有同一曲名，字數長短不齊，分入各調者。姜石帚〈湘月〉詞注云：「此〈念奴嬌〉之鬲指聲也。」則曲同字數同，而〈湘月〉、〈念奴嬌〉調實不同，合之為一非矣。詞固有一曲而各異其名者。是選悉依集本，不敢更易。[45]

此論雖是為解釋《詞綜》所選詞之調名依據而發，但其立足點並不是尋常的字數長短，而是「調」。朱彝尊認為分辨兩個詞調是否同一，應當依據不同的曲調，所謂「四聲二十八調，各有其倫」，不能僅依據字數同異妄加合併。這種觀點充分地注意到詞調在原初時的音樂狀態，並考慮到

44　錢同之：《西圃詞說》，《詞話叢編》，頁1471。
45　朱彝尊：〈詞綜發凡〉，《詞綜》（上海：上海古籍出版社，1999年11月），頁9。

詞調對作品的殘留影響。

稍晚於朱彝尊的先著（生卒不詳，字謂求，一字染庵，又字遷夫，號盍旦子，晚號之溪老生）在其《詞潔》之中借評張炎的〈湘月・行行且止〉表達了自己的詞樂觀：

> 字數平仄同，而調名各異。且白石創之，玉田做之，必非無謂。然今之言調者雖好生枝節，對此茫然，亦無說以處，不得不強比而同之，於是〈湘月〉之譜仍是〈念奴嬌〉，大堪失笑。故予謂不以四聲平仄言詞者，此是其明證也。魏晉以前，無有四聲，而漢之樂府自若，未聞其時協律者，鮮所依據也，故平仄一法，僅可為律詩言耳。至於詞、曲，當論開闔、斂舒、抑揚、高下，一字之音，辨析入微，決非四聲平仄可盡。猶見里中一前輩，以傳奇擅長，妙嫻音律，每填一曲竟，必使老優展轉歌之。若歌者云有未協，不憚屢易，必求其妥。作曲之時，何嘗不照平仄填定，一入歌喉，輒有不宜，蓋以字有陰陽清濁，非四聲所能該括。故上聲一字不合，易十數上聲字，有一合者。去聲一字不合，易十數去聲字，有一合者。即今崑曲可通於宋詞，豈得以依聲填字，便云毫髮無憾乎？宋詞久不談宮調，既已失考，今之作者，取其長短淋漓、曲折盡致，小有出入，無損其佳。湯臨川云：「此案頭之書，非臺上之觀。」傳奇且持此論，況於詞調去宋數百年，彼此同一不知，何必曲為之說？前此任意游移者，固為茫昧，近日以四聲立譜者，尤屬妄愚。彼自詫為精嚴，吾正笑其淺鄙。既歷詆古人，盡掃時賢，皆謂之不合調，不知彼所自謂合調者，果能悉入歌喉，一一指陳其宮調乎？[46]

這一段話表明先著對於以守平仄四聲為協律的觀點深為不滿。他以為詞、曲應當講究「開闔、斂舒、抑揚、高下」的聲腔微妙變化。他舉

46 先著：《詞潔輯評》卷五，《詞話叢編》，頁1363。

里中前輩每填一曲竟，使老優歌之，至其不協，反覆改竄的例子，幾乎與張炎論音譜中所舉「先人每作一詞，必使歌者按之，稍有不協，隨即改正」的〈瑞鶴仙〉、〈惜花春・起早〉詞[47]的翻版，充分體現了他對於「字有陰陽清濁，非四聲所能該括」的理解。先著之言乃對於一些譜牒作者自謂窮究聲律、嚴辨上去，並以為即此可以「直承清真家法」甚為不滿，提醒人們注意字聲吟誦與歌唱的不同要求。先著之論並非要求人們去窮究詞的音樂本性，他引湯顯祖之言云「此案頭之書，非臺上之觀」，是從文學而非音樂立場論詞，以為「今之作者，取其長短淋漓，曲折盡致」，即使小有出入，在格律上並無損其佳。先著主要是從文學表現來看，而不是音樂美聽來欣賞詞，他對於詞與音樂的關係之論述，可謂自南宋以來，最有見者。足見浙西派對詞文本形式更為重視。

浙西詞家的詞樂觀強調維護了詞體本有的音樂特性，或以為只要能守住研劃聲律這一特殊性，詞體自然而尊，便可心安理得地在作詞時描寫豔情，以為如此便能對詞之辨體有所堅守。然而，這種做法固然可在客觀上阻止詞完全淪為詩之一體，但是作為其底層支撐的娛樂功能卻與浙派前期所主張的儒家詩教精神相背離，所以詞為「小道」的觀念也就無法得到真正的改變，限於自身的認識局限，朱彝尊一方面把詞推到了「通之於〈離騷〉、變〈雅〉之義」[48]的高度，想通過詞的教化言志功能來推尊詞體；但另一方面在世俗的環境中面對詞體的娛樂功能，又不禁大作豔詞，正如他在〈紫雲詞序〉中云：

> 昌黎子曰：「歡愉之言難工，愁苦之言易好」。斯亦善言詩矣。至於詞或不然，大都歡愉之辭，工者十九，而言愁苦者，十一焉耳。故詩際兵戈俶擾、流離鎖尾而作者愈工，詞則宜於宴嬉逸樂，以

47　張炎：《詞源》卷下，《詞話叢編》，頁256。
48　朱彝尊：〈陳緯雲《紅鹽詞》序〉，《曝書亭集》卷四十序一，頁487。

歌詠太平。[49]

在朱氏心中，詞仍是「宜于宴嬉逸樂，以歌詠太平」的「小技」。

在朱氏前、後期的詞學竟然出現自相矛盾的論述，在詞體本身娛樂與教化兩大功能的矛盾張力下，浙西詞學中的破體論與辨體論不僅相持不下，而且相互消磨著尊詞的效果，所以浙西派推尊詞體的成果自是有限，導致詞體在清代前期並未能真正獲得與詩同尊的地位，所以譚獻在《篋中詞》卷三云：「倚聲之學，至二張而始尊耳。」[50]「二張」是常州派要員張惠言與張琦。是含蓄而又客觀地道出了在常州詞派之前的尊體都不算徹底與成功。正如伏滌修所說：「浙西詞派推尊詞體是在詞的藝術形式法度內來探討詞之抒發寄託的功能與比興技巧，與常州詞派欲從根本精神提昇詞地位的本質是不同的。」[51]從「二張」至「清末四大家」的尊體使詞體地位才真正得以提高。

二、乾、嘉年間常州派建構以「本色」之質表現「詩化」內涵的複合體，詞統與詩統從對立而達成協調

從社會背景與時代思潮來看，浙西詞興起於清初動蕩之末，但主盟詞壇的時間與所謂的康、乾盛世相始終。所以其所倡導的雅正清空與時代的審美風氣相和諧。然而乾、嘉年間，是清王朝由盛到衰的轉折時期，百餘年所累積的各種矛盾日趨激烈，弊端百出，危機四伏：土地兼併、天災不斷、百官豪奢、民間起事、白蓮教縱橫、列強環視，……內憂外患交相侵煎熬，清王朝元氣為之大傷。世運變化至此，傳統的經世致用思想又開始萌起。文網甚密，文人不敢在正統的詩文中直抒情懷，只能

49 朱彝尊：〈紫雲詞序〉，《曝書亭集》卷四十（台北：世界書局，1989 年 4 月），頁 489。

50 譚獻：《篋中詞》（台北：鼎文書局，1971 年出版）。

51 伏滌修：〈清代詞學由辨體向尊體的批評轉向〉，《煙臺大學學報》第 17 卷第 4 期，2004 年 10 月，頁 430。

借詞來委婉地表達內在心聲，於是詞體言志寄託的功能空前膨脹。從時代背景到文化思潮，從外緣氛圍到內在心靈，從功能變遷到體性質變，都給破體尊詞營造了極為合宜的滋長環境，常州詞派從而應運崛起。

常州派是清代影響詞壇最大的詞派，它以乾、之交的張惠言、張琦兄弟為先導，中經嘉、間的董士錫、周濟達其理論的巔峰，後來同光間的譚獻、清末的況周頤均為此派的後續者。以下將其成員詞體觀的重要論述分列如下：

（一）張惠言以詞強行比附於詩

兩宋詞作中，已有感時賦物、寄託憂患之作，但在詞論中，言及「興」者極少，當「情」成為詞之本體，作為觸物之「興」，並沒有特別的意義，但是到了清代詞論中，常州詞派已賦予「比興」以新義。張惠言編纂《詞選》，主「意內言外」，其序云：

> 詞者，蓋出于唐之詩人，采樂府之音，以制新律，因系其詞，故曰詞。《傳》曰：「意內而言外，謂之詞」。其緣情造端，興于微言，以相感動，極命風謠，里巷男女，哀樂以道。賢人君子幽約怨悱不能自言之情，低徊要眇，以喻其致。蓋詩之比興，變風之義，騷人之歌，則近之矣。然以其文小，其聲哀，放者為之，或跌蕩靡麗，雜以昌狂俳優。然要其至者，莫不惻隱盱愉，感物而發，觸類條暢，各有所歸，非苟為雕琢曼辭而已。[52]

張惠言的詞學觀歸結為一點，就是要為詞正名，強調詞「意內而言外」，「意」並非一般情意，是「賢人君子幽約怨悱不能自言之情」。他將〈毛詩大序〉中情起於「興」的原先關係顛倒過來，興由「緣情」而起，「興」本身不是情，而是成了「微言」，所謂「微言」，即「賢人君子幽

---

52 張惠言：〈詞選序〉，《詞選》（北京：華夏出版社，2006年1月），頁3。

約怨悱不能自言之情，低徊要眇，以喻其致」。情之外另有「義有幽隱」，他更加注重於「大義」。主張作詞要索物寄意，要以低徊要眇的方式表達個人深沉的身世之感與家國之憂，反對詞僅在微辭興寄、閨房兒女之言上下功夫，作詞「非苟為雕琢曼辭」，主張詞作應有深沉充沛的內容。在張氏的眼中，比興寄託就是詞應具備的表現手法和創作原則，他在《詞選》中即以掘隱顯幽的方式來掘發詞的所謂微言大義，如溫庭筠〈菩薩蠻〉(小山重疊金明滅)這種明顯寫閨怨之情的作品，張氏也硬要將它與儒家教化聯繫起來，認為該詞是「感士不遇也」[53]，從而給該詞加上了它本來並不具有的政治深意。

張惠言重新界定「比興」之義，是要將「籢弄風月」的詞重新定位，由「陶寫性情」到「興於微言」，以「聲出鶯吭燕舌」之情，包蘊「幽隱之意」，如此之來，「微言之興」便成了詞的精神本質，於是便超越了原來的「本色論」。他這樣說，意即要提升詞的意格，推尊詞體。張惠言以「興體以立」給詞家的創作思想以極大的啟發，為詞有別於詩的審美創造開拓了新路，標示了新的方向。

張惠言的弟子宋翔鳳〈浮溪精舍詞自序〉說：

> 其自為詞也，必窮比興之體類，宅章句於性情，蓋聖於詞者也。「能包含蘊蓄，不盡其聲，俾皆平其氣以和其疾。是以填詞之道，補詩境之窮，亦風會之所至也。[54]

由於詩、詞體制的相異，在表達情感方面，「詞能長短以陳之，抑揚以究之」，因而「填詞之道，能補詩境之窮」，但這並不能決定詞的創作獲得成功，另一方面要考慮「風會之所必至」，也就是作家生活的時代對創作的影響，宋氏似乎更重視後者的作用。從宋氏的論述可見，常州詞

53　張惠言：《張惠言論詞》，《詞話叢編》，頁 1609。
54　宋翔鳳：〈浮溪精舍詞自序〉，《浮溪精舍詞三種》，見《清名家詞》（上海：上海書店，1978 年）。

派認為詞體及寄託和性情合一的產物。

張惠言將詞與政治現實溝通起來，詞在表現內涵與精神主旨方面已和詩沒有差別，這似乎與先前的陽羨派的破體論並無二致，但是細味張、宋言論可以發現，他們在將詩之言志精神注入詞中的同時，也注意保留了辨體的成分——即詞體婉約曲折的美感特質。他們強調詞在審美風格上應保持自身所特有的那種細膩幽微、纏綿千轉之美。本來詞就是一種最適宜表達幽微隱曲情思的文體，宋詞中即有不少富有比興寄託之意的詞作，所以張氏以比興寄託來論詞也是符合實際狀況的。可以說，他把詩教精神與詞之美感特質作了一個圓融的結合，使言志抒懷的詩化之詞避免於流於直露叫囂之失，正如曹明升所言：「張惠言的理論和實踐部分地解決了先前尊體中所存在的詩教精神與詞體特質間的矛盾，不動聲色地將詞之美感為儒家詩教所用，在不損傷詞體美感的情況下提升了它的社會地位。」[55]但是，「張惠言一味以詞比附於詩，把一些本來並無深刻寓意的詞章也硬貼上政治教化的標簽，尤其是唐宋詞中那些偎紅倚翠的詞章也穿鑿附會地強作他解，以為這樣就是推尊詞體，殊不知這種牽強比附，不僅不能使人信服地，反而使詞失去了其原貌和意味。」[56]張惠言推尊詞體固然用心良苦，但這種深文羅織、曲解妄指的做法並不能使詞體格尊高，結果反在一定程度上消解了詞的獨特性。張惠言的缺失，不得不待後起之秀周濟予以填補。

（二）周濟強調抒發寄託之義時應遵從詞體自身的藝術法度

周濟他認為張氏以詞比附於政治倫理之意，以治經之法來治詞這樣

55　曹明升：〈清代詞學中的破體、辨體與推尊詞體〉，《中國文學研究》2005 年第 3 期，頁 55。

56　伏滌修：〈清代詞學由辨體向尊體的批評轉向〉，《煙臺大學學報》第 17 卷第 4 期，2004 年 10 月，頁 430。

的做法反而消解了詞的文體特性，所以他「一方面繼承張惠言推尊詞體的詞學衣缽，另一方面又將他的詞學主張奠基在詞學自身語境之中來加以論述，他建立了獨立的詞體詞統觀」[57]。張惠言將前人合於自己所標示的審美尺度的作品視為「興」體，言之不難，但自己要創作出達於如此標準的作品，則並不容易。張惠言的比興說實際上還停留在觀念性的階段，如何用於創作實踐，理論上有待周濟來創造發揮。

周濟最大的貢獻就是將詞論中的「比興」說進展到「寄託」說，其〈詞辨自序〉：

> 夫人感物而動，興之所托，未必咸本莊雅，要在諷誦抽繹，歸諸中正，辭不害志，人不廢言，雖乖繆庸劣，纖微委瑣，苟可馳喻比類，翼聲究實，吾皆樂取，無苟貴焉。後世之樂，去詩遠矣，詞最近之，是故入人為深，感人為遠，往往流連忘返，有平矜釋躁、懲忿窒欲、敦薄寬鄙之功。[58]

他承認詞不是像詩那樣嚴肅的文體，情的表現在詞中可以更為活躍，不必故作文雅高尚，關鍵是「興之所託」，有無「幽隱之義」在其中，有此「中正」的核心內容，則詞反可淨化一些不健康之情。他心目中的興，不是一己之私，而是有關君國治亂、時局安危，他繼張惠言將詞轉換為興體，確立詞在文學史上的崇高地位，由此，他指導詞人創造興體的途徑：

> 初學詞求有寄託，有寄託則表裏相宣，斐然成章。既成格調，求無寄託，無寄託，則指事類情，仁者見仁，知者見知。[59]

「初學詞求有寄託」，是為了避免詞章無病呻吟、一味淺酌低吟，到

57 伏滌修：〈清代詞學由辨體向尊體的批評轉向〉，《煙臺大學學報》第 17 卷第 4 期，2004 年 10 月，頁 430。

58 周濟：〈詞辨自序〉，《詞話叢編》，頁 1637。

59 周濟：《介存齋論詞雜著》，「學詞途徑」條，《詞話叢編》，頁 1630。

了一定階段後「求無寄託」，是為了避免詞章流於牽強附會，乃為了使詞在自然而然、化而無痕中表現寄託之義。周濟和張惠言的詞學觀相同之處在於他們兩人都推尊詞體，而且都主張賦予詞以寄託大義來推尊詞體。不過張惠言是強行以詩之大義來解詞，而周濟他認為真正尊詞體應是既立意高遠內含寄託大義而又不露寄託痕跡。周濟要「推明張氏之旨而廣大之」[60]，強調在抒發詞的寄託之義時應遵從詞體自身的藝術特性，寄託並非由外爍為詞貼上標籤，而是自然無痕地融化在詞作中，使詞作內具深遠寓意，這樣周濟的寄託說既推尊詞體，又充分注意了詞的特殊審美特質，不但糾正了浙派之弊，又彌補了張氏論詞之不足，他在《宋四家詞選目錄序論》中再次以詞的寄託的「入」和「出」之關係來表述他的詞之寄託觀：

夫詞非寄託不入，專寄託不出。一物一事，引而申之，觸類多通。[61]

詞人在創作中要表達出這種寄託大義必須要經歷從「有寄託」到「無寄託」的發展階段。其中「寄託之『入』為詞有高格之基礎，寄託之『出』才是詞有高格之體現」，「非寄託不入，專寄託不出」，以入與出，將內與外及遠與近打通。周濟不是脫離詞的特性虛言詞的微言大義，而是使詞之寄託深深地植根於詞的藝術體式土壤中。

此外，張惠言所言詞之寄託並沒有超出個人身世遭際的「貧士失職而不平」的狹小範圍，他強調的是詞「以道賢人君子幽約怨悱不自言之情」，而周濟所言詞之寄託非只為一己之際遇境況，而應反映家國滄桑與時代盛衰，因而提出「以詞述史」說：

感慨所寄，不過盛衰，或綢繆未雨，或太息厝薪，或己溺己飢，或獨清獨醒，隨其人之性情學問境地，莫不有由衷之言。見事多，識理透，可為後人論世之資。詩有史，詞亦有史，庶乎自樹一幟

60　譚獻：《復堂詞話》，《詞話叢編》，頁 4017。
61　周濟：〈宋四家詞選目錄序論〉，《詞話叢編》，頁 1643。

矣。若乃離別懷思，感士不遇，陳陳相因，唾瀋互拾，便思高揖溫、韋，不亦恥乎。[62]

周濟主張以詞述史，以詞寫事，主張詞作應反映時代盛衰與社會變遷，周濟認為只有做到詞與史的結合，才能使詞具備作為「後人論世之資」的作用，如果不能做到以詞寫史，那麼終究難以做到真正推尊詞體，所謂提升詞的意格就只能是虛幻之說。

浙派主醇雅，宗白石，尊南宋。常派倡比興，祖清真，崇北宋。後者看似前者的反動，其實不然。就其體驗過程來看，二者之由遠及近，從內到外以及入與出，都為了確立詞的本色論而來，二者殊途而同歸，各從不同的角度充實本色論。

參、道、咸至清末「集成凝定」的第三階段：後常州詞派到晚清四大家，辨體與破體之爭的融通與歸趨

一、後常州詞派調合破體詩化與詞體聲律的矛盾

張惠言雖然在將詩之言志精神注入詞中時，注意保留了詞體低徊要眇的美感特質，但是另一個問題為張氏所未顧及，那就是詞體的聲律問題。詞本依樂而生，音樂決定了詞體的句式和音律。但是宋以後，音譜失傳，詞無法再用唐宋時的樂譜演唱，明、清人便以唐宋詞作來比推勘，創制出詞律譜和韻書來作為填詞之準繩，這也成為詞作為音樂文學樣式的一個根本特徵。所以本來入樂而形成的音律問題就轉化為創作中的格律與聲韻問題，這也成為詞體不同於詩的一項特徵。然而破體論者在述及詞之詩化時，往往不甚在意於詞之格律與聲韻。為了防正詞體過度詩化，辨體論者強調詞之格律與聲韻，以期通過保持詞的音樂性來區別於

62 周濟：《介存齋論詞雜著》，「詞亦有史」條，《詞話叢編》，頁1630。

詩、推尊詞體。正如俞樾〈詞律序〉所言：「律嚴而詞之道尊矣。」[63]律嚴韻密，詞道乃尊，此「尊」乃是遵守詞體的特殊性、維護其守律的本質性，才能突顯詞之所以為詞的獨特地位。俞氏所言，不無道理。由於詞體的四聲五音、清濁輕重等聲律規定都是來源於起初應歌娛樂的需要，所以人們常將應歌之小技與聲律聯繫在一起。該如何處理破體詩化與詞體聲律間的矛盾？周濟在〈詞辨自序〉裡圓融地解決了這個問題：

> 後世之樂去詩遠矣，詞最近之。是故入人為深，感人為速，往往流連反覆，有平矜釋躁、懲忿窒欲、敦薄寬鄙之功。[64]

詞因入樂而具有感動人心、平矜釋躁的教化效果，那麼由入樂產生的聲律問題就非但不是小技，反而成為保證詞體能夠發揮教化功能的重要手段。雖然「聲音之道與政通」的思想早已有之，但以之來成功地破除詩化過程中輕視詞律的狹隘觀念者，卻不能不推周濟之功。周濟不僅在理論上為詞之聲律尋求正當性與必要性，而且也落實在對詞律作出深入研究，他的聲律觀主要集中在〈宋四家詞選目錄序〉，主要借宋詞來探討聲律與詞的藝術風格的關係，並對萬樹、戈載等人的詞律學作出進一步的推闡。[65]

張惠言、周濟之後，常州派人馬大致依循意格與聲律兩條路線行進：一條是承接前人對於聲音和文字的體認，承繼萬樹、凌廷堪、戈載，於律典、樂事、韻學諸多方面，進行討論審定，勉勵「為詞宗護法」[66]，以至劉熙載，始將其正式命名為「聲學」[67]。一條承接對於情致的體認，

---

63 萬樹：《詞律》前序（北京：中華書局，1957 年），頁 2。

64 周濟：《介存齋論詞雜著》附錄「詞辨自序」條，《詞話叢編》，頁 1637。

65 周濟：〈宋四家詞選目錄序〉云：「東真韻寬平，支先韻細膩，魚歌韻纏綿，蕭尤韻感慨，各具聲響，莫草草亂用。陽聲字多則沈頓，陰聲字多則激昂。重陽間一陰，則柔而不靡。則陰間一陽，則高而不危。紅友極辨上去是已。」《詞話叢編》，頁 1643-1646。

66 吳衡照評萬樹語，見吳衡照《蓮子居詞話》卷一，《詞話叢編》，頁 2403。

67 劉熙載：《藝概・詞概》「詞為聲學」條，《詞話叢編》，頁 3687。

經由謝章鋌、譚獻、馮煦，於修辭立誠、托志眷懷以及繆悠顯晦諸多方面，說法現身，為倚聲家度以金針。以至陳廷焯提出「意在筆先，神餘言外」[68]，將其推向極致。

兩支隊伍，各有側重，各有偏頗，然而事實上「常州詞派是把破體論中的詩教精神和辨體論中的形式特質作了較為完美的『合龍』，使詞體要眇宜修的風格與四聲五音的聲律為其教化、言志功能所用。這樣，既使詞體回歸了儒家詩教，提升了地位，又保持了詞之為詞的形式特美，沒有使其成為『句讀不葺之詩』。」[69]以下列舉幾位重要性的代表人物，如以劉熙載、謝章鋌、沈祥龍。

（一）劉熙載以「厚而清」說調合浙、常二家守律與言志的矛盾

劉熙載提出了「律和聲本於詩言志」：

> 詞固必合律，然雅頌合律，桑間濮上亦未嘗不合律也。律和聲，本於詩言志，可為專講律者，進一格焉。[70]

劉熙載探索詞體嚴守格律的詩學淵源，同時也將守律與言志可能出現的矛盾預先於觀念上予以調合，等於給詞如詩一般的正統地位，所以他對詞的要求一如詩，例如：

> 詞家先要辨得「情」字，〈詩序〉言「發乎情」，〈文賦〉言「詩緣情」，所貴於情者，為得其正也。忠臣、孝子、義夫、節婦，皆世間極有情之人，流俗讓以欲為情。欲長情消，患在世道。倚聲一事，其小焉者也。[71]

詞是緣情的，這一點是誰也無法否認的，但詞家卻不應任情而動，

68 陳廷焯：《白雨齋詞話》卷一，《詞話叢編》，頁3777。
69 曹明升：〈清代詞學中的破體、辨體與推尊詞體〉，《中國文學研究》2005年第3期，頁55。
70 劉熙載：《藝概・詞概》，「律和聲本於詩言志」條，《詞話叢編》，頁3704。
71 劉熙載：《藝概・詞概》，「詞家先要辨得情字」，《詞話叢編》，頁3711。

沒有節制，詞中之情必須符合溫柔敦厚的詩教原則，要以禮節情。

此外，劉熙載他兼綜浙、常兩家學說而提出「詞要厚而清」說[72]：

> 詞之大要，不外厚而清。厚，包諸所有。清，空諸所有也。[73]

浙派主風格的清空，常派講立意的深厚，各有所見，也各有所偏。劉氏強調詞要「厚而清」，即調合二派的思想精華。厚即「包諸所有」，是言作詞應具有深沉厚重的內涵。「空諸所有」，意謂詞應語意高妙絕俗、詞境應清靈空遠，劉氏之意根據伕滌修所云：「就是指作詞要以蘊藉的方式表達深厚廣博的社會歷史內容，擔負起以詞寫史的重任。」[74]劉熙載亦談寄託問題：

> 詞之妙，莫妙於以不言言之，非不言也，寄言也。如寄深於淺，寄厚於輕，寄勁於婉，寄直於曲，寄實於虛，寄正於餘，皆是。[75]

此六「寄」，實則與其所謂的「包、空」說的精神是相通的。「淺、輕、婉、曲、虛、餘」，都是詞的藝術特質，劉氏重在充分遵守詞的藝術性的基礎上，儘可能地融入深沉的現實感，以增加詞的厚重。這其實就是他所謂的「詞尚清空妥溜」，「須妥溜中有奇創，清空中有沉厚，才見本領。」[76]這樣，就將深厚的思想情感與不著實相、空靈自然的境界統一起來了。

（二）謝章鋌將「性情說」與「尊詞」結合

謝章鋌精於辨體，常通過比較詩詞異同把握詞的個性。在他看來，詞之有詩所不可替代的特點和作用，在於詞體以其纏綿悱惻體現其最真之情，謝氏對「情」特別重視，並把「情」視為詩詞最大的區別：

---

72 劉熙載：《藝概・詞概》，「論詞之喻」條，《詞話叢編》，頁 3707。

73 劉熙載：《藝概・詞概》，「詞要厚而清」條，《詞話叢編》，頁 3707。

74 伕滌修：〈清代詞學由辨體向尊體的批評轉向〉，《煙臺大學學報》第 17 卷第 4 期，2004 年 10 月，頁 430。

75 劉熙載：《藝概・詞概》，「詞妙在寄言」條，《詞話叢編》，頁 3707。

76 劉熙載：《藝概・詞概》，「清與妥溜」條，《詞話叢編》，頁 3706。

> 蓋古來忠孝節義之事，大抵發於情，情本於性，未有無情而能自立於天地間者。此雙蓮鴈邱，鳥獸草木，亦以情而弁垂不朽也。……故情欲莫甚於男女，廉恥莫大於中閨，禮義莫養於閨門者最深，而聲音發於男女者易感。故凡託興男女者，和動之音，性情之始，非盡男女之事也。得此意以讀詞，則閨房瑣屑之事，皆可作忠孝節義之事觀。[77]

> 夫詞多發於臨遠送歸，故不勝其纏綿悱惻。即當歌對酒，樂極哀來，折心渺渺，閣淚盈盈，其情最真，其體最正矣。[78]

謝章鋌從性情為本的觀點出發，強調詞是一心靈文學，不能完全改變其要眇宜修的抒情特質，否則將失去其最能打動人心的魅力。在詞學領域內，性情與音律何者為主，一直是個爭論不休的問題，詞本應入腔合樂，但南宋後，聲譜已經失傳，文學性應成為詞體的主要屬性。謝章鋌的看法是：「與其精工尺（音律)，而少性情，不若得性情而未精工尺」[79]，他在談到黃彭年詞時說「慨歎時艱，本小雅怨誹之義」，說明動亂時局對詞人性情的決定作用，得出結論說：「人既有心，詞乃不朽」，「以此填詞，詞安得不工！」[80]這樣，謝氏就把常州派的尊體說與主情說結合起來。

（三）沈祥龍在辨體的基礎上強調「以詞言志」

晚清常州詞首先在沈祥龍那裡得到了發展，他的《論詞隨筆》率先提出了「詞言志」的概念，同時將「志」界定為與大節相關的社會性情感，以感時傷世之思緒為主，其云：

> 詞導源於詩，詩言志，詞亦貴乎言志，淫蕩之志可言乎？「瓊樓

---

77 謝章鋌：《賭棋山莊詞話》卷十一，《詞話叢編》，頁 3466。
78 謝章鋌：《賭棋山莊詞話》卷十，《詞話叢編》，頁 3452
79 謝章鋌：《賭棋山莊詞話》卷五，《詞話叢編》，頁 3388。
80 謝章鋌：《賭棋山莊詞話》續編五，《詞話叢編》，頁 3567。

玉宇」，識其忠愛，「缺月疏桐」，歎其高妙，由於志之正也。若綺羅香澤之態，所在多有，則其志可知矣。

詞者詩之餘，當發乎情，止乎禮義，國風好色而不淫，小雅怨悱而不亂，離騷之旨，即詞旨也。[81]

儘管從張惠言開始常州詞家就重詞的言志內涵，但畢竟未有過明白的表述，因為這涉及到與詞的緣情傳統的背離。沈氏主張發揮詞主諷諫的社會效用，「言者無罪，聞者足戒」也，視詞的諷諫作用同於詩文，這就給詞樹起了一個社會政治價值的標準，「詞為小技」的觀點自然不攻自破，這種尊體的觀念大抵不出常州詞派論詞的藩籬，然而，歷來以「詞言志」抬高詞體的者往往片面強調詞的詩化一面，忽視甚或抹殺詞作為一獨立的文學樣式的本質特點，結果似尊實貶。沈氏並未重蹈覆轍，他仍然看到詞自身的審美屬性：「詞貴意藏於內，而迷離其言以出之，令讀者鬱伊愴怏，於言外有所感觸。」[82]這恰恰道出了詞長於委婉曲折、深入細膩地傳情達意的體性特徵，並將詩、詞的表現手法做了比較：「詩有賦比興，詞則比興多於賦。蓋心中幽約怨悱，不能直言，必低徊要眇以出之，而後可感動人。」[83]沈氏之論無疑寓示著常州詞人對詞體構建的核心問題的把握。

以上我們列舉了劉熙載、謝章鋌、沈祥龍三家的論述，皆實現了調合辨體與破體的矛盾的作用。

二、晚清四大家「以立意為體，守律為用」[84]，展現詩化與守律的調合

81　沈祥龍：《論詞隨筆》，《詞話叢編》，頁 4047。
82　沈祥龍：《論詞隨筆》，《詞話叢編》，頁 4048。
83　沈祥龍：《論詞隨筆》，《詞話叢編》，頁 4048。
84　蔡嵩雲：《柯亭詞論》「清詞三期」條把清詞的派別，分為三期，見《詞話叢編》，頁 4908。

詞學發展至晚清，實際上關於緣情與言志、雅俗之爭、合樂與否等問題，已有了基本的解決之道。通過常州詞派的寄託理論，詞已被定位為一種以婉麗綺靡的體貌蘊蓄言志核心的複合體。作為常州後學的晚清四大家——王鵬運、鄭文焯、況周頤、朱祖謀，被視為繼浙西詞派、常州詞派之後第三期的代表[85]，四大家繼浙、常二派之後，不可避免地要受到前輩詞學的影響，分別從浙派和常派濡染借鑑許多詞學養份，但卻不以此自限，而能博收約取，後出轉精，「他們的任務則是在理論上繼續發展常州詞論，並為之增多近代文化的色彩，為詞學走出傳統做準備」[86]。

詞學發展史上，重視詞的內容和講究詞的音律形成了重立意、重守律的二大傾向，乃至成為辨體與破體之爭的兩大派別。北宋蘇軾開重立意之先河，以詞來表現自我的性情襟抱，然而對詞的音律不免有所忽視。兩宋之交，李清照特別強調「詞別是一家」，指出詞體具有音律的特殊要求，「歌詞分五音，又分五聲，又分六律，又分清濁輕重」[87]。立意和守律二種詞學主張在清代得到進一步的發展，浙西重音律，清代中期之後，詞壇普遍存在輕視詞律的現象，同、光年間，常州詞派居詞壇主流，重意格、輕詞律的風氣更甚，四大家踵武浙、常二派之後，繼承並發揚前輩重視聲律的詞學主張，汲取其長，揚棄其短，做了折中的偏取，融鑄成為立意與聲律並重的詞學思想，正如蔡嵩雲《柯亭詞論》對四大大家所評：「本張皋文意內言外之旨，參以凌次仲、戈順卿審音持律之說，而益發揮光大之。此派最晚出，以立意為體，故詞格頗高。以守律為用，

85 蔡嵩雲：《柯亭詞論》「清詞三期」條中云「晚清四大家」最為晚出，「以立意為體，故詞格頗高。以守律為用，故詞法頗嚴。」見《詞話叢編》，頁 4908。

86 引自蔣哲倫、傅蓉蓉合著：《中國詩學史・詞學卷》（廈門：鷺江出版社，2002年 9 月），第五章「清代詞學」，頁 304。

87 李清照：〈詞論〉，見李清照著、黃墨谷重輯：《李清照集》（齊魯書社，1981年），頁 261。

故詞法頗嚴。」[88]

若從清代詞學流派的發展來看，浙西詞派從朱彝尊、厲鶚到戈載一貫重視音律的規範。朱彝尊以尚雅與守律辨明詞體，以音律規範而體現雅正一直是浙西詞派強調的重點。然而浙西詞派在詞的立意方面有所欠缺，尤其是浙派末流，對於反映社會政治內容方面更為忽視。常州詞派以重立意，從張惠言強調寄託，意內而言外、周濟的寄託「出」和「入」、「有寄託」與「無寄託」、譚獻的「折衷柔厚」、陳廷焯的「沉鬱頓挫」說等，皆體現了重立意的宗旨。常州詞派以比興寄託為號召，強調詞的思想內容和社會意義，對詞體音律不免忽視，對詞的格律規範並不嚴格遵守。統觀浙、常二派各有自己的詞學建樹，亦各有其偏頗，四大家繼承前人理論，卻能摒棄流派的意氣和偏見，加以融會貫通和深化。四大家不但重立意，重比興寄託，在守律上亦十分強調，如鄭文焯《大鶴山人詞話附錄》云：

> 近世詞家，謹於上去，便自命甚高。入聲字例，發自鄙人，徵諸柳、周、吳、姜四家，冥若符合。乃知詞學之微，等之詩亡，元曲盛行，彌以傖靡，失其舊體。國朝諸家，匙所折衷。良以攻樸學者薄詞為小道，治古文者又放為鄭聲。自宋迄今將千年，正聲絕，古節陵，變風小雅之遺，騷人比興之旨，無復起其衰而提倡之者，宜夫朱厲雕琢為工，後進馳逐，幾欲奴僕命騷矣。獨皋文能張詞之幽隱，所謂「不敢以詩賦之流，同類而風誦之」，其道日昌，其體日尊。近三十年作者輩出，罔敢乖剌，自蹈下流。然求其述造淵微，洞明音呂，以契夫「意內言外」之精義，殆十無二三焉。此詞律之難工，但勿為「轉摺怪異不祥之音」，斯得之已。[89]

「近三十年」，乃常州詞派主盟詞之後，詞家普遍存在重意格、輕聲

88　蔡嵩雲：《柯亭詞論》「清詞三期」條，《詞話叢編》，頁 4908。
89　鄭文焯：《大鶴山人詞話附錄》，《詞話叢編》，頁 4330。

律的現象，鄭文焯將詞律失墜與詞格卑下相聯繫，指出詞不能「洞明音呂」，契合「意內言外」之精義，是其失也，鄭文焯意在糾正重「意內」輕「言外」的偏頗，力求達到聲律藝術與思想內容的結合。這種觀念在歷來論詞者心中是很少存在的，人們大多把詞律視作是詞的外在形式，浙西詞派至多把它與雅正與否相聯繫，而鄭文焯將「守律」與「立意」結合，以為詞不合律則鄙，鄙則失「變風小雅」之義，把形式與思想融為一體，顯示出詩化與守律調合的把握。

至清末四大家之況周頤，有關重、拙、大之宗旨，則從詞內、詞外、天質、學力、粗率、蘊藉，以及大氣真力與時流小慧諸多方面，進行綜合考察，以為救與補。清末四大家中，較為人所稱述者，應為朱祖謀及況周頤。但二者都只是局限於傳統本色論的範圍之內，尚未能與王國維所創立的境界說相提並論。

三、王國維強調以「要眇宜修」的藝術特質表現「感慨遂深」的真情

王國維以西方叔本華哲學與中國佛學論詞，視詞為超越倫理政治、超越功利的純真、純美藝術，認為詞要情真、景真，要有境界。他說：

> 詞人者，不失其赤子之心也。[90]
>
> 詞至李後主而眼界始大，感慨遂深，遂變伶工之詞而為士大夫之詞。[91]

李煜由於囚徒俘虜的哀痛生活的感慨，與天才的憑藉，以及對藝術的執著，終於衝破花間詞派的壁壘，寫出感慨遂深的血淚之作，這不能不說是惡劣環境的賜予。王國維之所以盛讚李煜，顯示出他推尊詞體、心懷人間的廣闊詞學視野。他又說：

90　王國維：《人間詞話》，《詞話叢編》，頁 4239。
91　王國維：《人間詞話》，《詞話叢編》，頁 4239。

> 詞之為體，要眇宜修。能言詩之所不能言，而不能盡言詩所能言。詩之境闊，詞之言長。[92]

雖然在他之前已有論者說過與此相似的話，如朱彝尊曾說：「詞雖小技蓋有詩所難言者，委曲倚之於聲。」[93]如查禮曾說：「情有文不能達、詩不能道者而獨立長短句中可以委婉形容之。」[94]但由於王國維能運用比較文學的方法來觀察問題，因此其論就比前人說得更加透徹和明了。與前諸位詞論家相比，帶有比較突出的向美學回歸的色彩。在王氏看來，詞乃是一種能更為具體、更為細緻、更為集中抒寫人類心靈意緒的特殊文學體裁，其境界以意味深永為美而不及詩境的闊大雄厚。這是他根據詞的創作實踐對詞的體性特徵作出的概括和總結，自有其合理性。正如伏滌修所言：「王國維雖是以談文藝方式來談詞，但是在他那裡，詞決非伶工文人孤芳自賞的小道技藝，他以哲性化的思維方式以詞探視宇宙人生的意義價值，顯示了極大的詞史之心，其推尊詞體的用心也是十分顯然的。」[95]在長期的發展中，詞按照其本身特性，以發揮其藝術潛能，為自己創立了有別於詩的藝術情趣和審美規範。長期以來，詞被排斥於正統文學之外，為爭取在詩學領域中的一席之地，「尊體」成為詞學理論探討的重點。詞論家或從詞體合樂的性質而聯繫上古詩樂傳統，或以比興寄託說來與詩騷相比，然而在心裡仍舊認為詞的地位低於詩，只有千方百計攀附於詩，才有可能為人們所重視。王國維的觀念則與此不同，是從詩、詞比較論角度立論的，認為詩詞各有其長短，所謂「要眇宜修」，「詞之言長」，指的是詞體的委婉深長的審美特點，這是對詞的體性特徵做了精到的總結性的概括，認為詞本身即是具有獨立價值的文體。這才是在尊重詞體特性的基礎上推尊詞體。

92　王國維：《人間詞話刪稿》「詞體與詩體不同」條下，《詞話叢編》，頁 4258。

93　朱彝尊：〈陳緯雲《紅鹽詞》序〉，《曝書亭集》卷四十序一，頁 487。

94　查禮：《銅鼓書堂詞話》，「黃孝邁詞」，《詞話叢話》，頁 1481。

95　伏滌修：〈清代詞學由辨體向尊體的批評轉向〉，《煙臺大學學報》第 17 卷第 4 期，2004 年 10 月，頁 431。

第二節 從辨體、破體到尊體
清代詞體觀建構的理論價值

綜合以上的論述，茲將清代詞體觀建構的意義與其重要性分述如下：

壹、辨體論對詞文體論的貢獻

詞之為體，上不似詩，下不類曲，具有自己的獨特性，謝桃坊的《中國詞學史》認為詞：「體現了中國古典格律詩藝術技巧的高度成熟和極端化」[96]，但也由於詞的形式特徵十分明顯和突出，其藝術結構也就顯得更加複雜精巧，這也導致了對詞體的認識容易產生眾多歧義。因此，辨體批評若從文體學的角度對作品進行批評的話，實際上就會涉及作品的語言、結構、表現手法的要素，這樣就擴大了辨體批評的範圍。清代詞學的辨體論探究，有著不同於宋、明詞論的特色。清人首先重視的是詞體特徵的總體把握。詞體的本質特徵，不僅是詞體發展的歷史積淀，是眾多作品藝術表現的結晶，而且也以一種較為穩定的結構形態，較為規範的創作格式，潛在地作用於作家創作的實踐活動之中，體現在具體作品的風格特色之中。

辨體批評較注重對不同文體的不同特徵的揭示，一方面抓住了各種文體的個性和特點，另一方面抓住了各種文體不同的表現形態。文體的外部形態和特徵是易於辨別的，它們在語言、結構和表現方法上都有明顯的不同；但在內蘊和形而上的性質層面上的特徵和表現精神就不易辨別。因此，辨體批評十分注意從文體特徵出發去辨析不同文體的區別。這也形成了文體批評十分注重從作品特徵、風格、個性去進行評論的一

96 謝桃坊：《中國詞學史》（成都：巴蜀書社，2002 年 12 月），頁 9。

大特色。這一特色反過來也極大影響了辨體批評。所以我們可以這樣說，詞的「文體論」就體現在「辨體論」中，「辨體論」也包含著一定的「文體論」的理論色彩，兩者聯繫緊密，不能分割。因此，詞之「辨體論」對「文體論」貢獻極大。在辨體批評中，不僅能提供對具體作品的辨體評價的結果，而且還能提供文體論的理論架構、文體觀、文體的性質、功能、價值、意義等方面的理論問題的探討。

貳、辨體與破體之爭是「正變說」形成的背景

辨體論還表現在對文體風格的認識和評論上，而詞體風格問題又涉及詞論中的「正變論」。「正」，即是正宗、正體、正調等；「變」即是遠離本位的變調、變格、變體等。

「正宗」、「本色」是對詞的主體審美特性的認識。基本的含義是：詞要婉約柔美，合樂歌唱，區別於詩。這種認識始終貫穿在整個詞史的發展。它強調的是維護詞體的純潔性，以求得獨立發展。與之相對的概念是「別調」、「變體」，主要特色是以詩為詞，疏於音律，風格剛健。詞的正變論也一直是詞學史上糾纏難斷的公案。傳統詞學以婉約為宗，所以當蘇軾以豪放詞風開新，便引發宋代詞學批評家的批評，例如北宋人批評蘇軾「以詩為詞」，「雖極天下之工，要非本色」(陳師道《後山詩話》)[97]，李清照抱持「詞別是一家」，批評蘇軾、王安石、曾鞏等詞是「句讀不葺之詩爾」(〈詞論〉)。但有人不同意這種觀念，王灼說：「為此論者，乃是遭柳永野狐涎之毒」[98]。對詞體藝術特徵的研究，牽涉到對整個詞史發展

97　關於陳師道在《後山詞話》中分析韓愈與蘇軾的作品強調「本色論」的這一段文字，自《四庫全書總目提要》已辨明雷萬慶（他書又作雷中慶）宣和中以善舞隸教坊，其時陳師道已卒，不能預知宣和中有雷大使，郭紹虞《宋詩話考》亦有引證，近時王水照作《蘇軾研究》（石家莊：河北教育出版社，1999 年 2 月），辨其事最詳，據此而推測恐是陳師道學生以他的理念而傳述。

98　王灼《碧雞漫志》卷二，《詞話叢編》，頁 83。

的評價，至關重大。但這部分的內容非本文探討的重點，筆者擬於其他篇章再行討論，在此只想拈出以婉約為正，或以豪放為長，兩種正變觀念的對立體現了人們對詞體審美特性及社會功能的不同理解，各有利弊，但客觀上促進了詞的發展。

參、辨體論與破體論為尊體說奠定了基調

辨體與破體二者異流同歸，共同實現了尊詞的目的。

正宗的尊詞體的要求其實是要以辨體論為前提的。張利群〈中國古代辨體批評論〉一文說：「辨體批評有利于對文學的獨立性、自覺性的認識和發揮。」[99]他認為辨體批評的產生很大程度上是基於文學附庸地位和文體混淆的觀念對文學的損害而產生的。也就是說，辨體是基於對文學獨立性和自覺性的要求中應運而生的。因此，辨體批評不僅在於運用分工的觀念使文體分類、歸類的工作開展起來，而且還使文學在文體分類中獨立出來，形成文學自身的本體性質、特徵、價值和作用，激發了文學的自覺性。劉石說：

> 必須是致力于建立並嚴格遵守和尊重一種文體所獨具的、與其他文體不同的諸種特性。並以這種獨立文體的身份與其他文體比肩抗行。只有這時，這種文體才真正稱得上取得了與他種文體完全平等的地位。[100]

依照上述，「尊體」則可視為「遵體」，只有使詞具有自己較為全面的文體特徵，就像詩、文一樣，有屬於自己擅長的表現方式、創作手法和風味情調，才是真正的尊重詞體。如果沒有辨體批評，也許詞還會繼

99 張利群〈中國古代辨體批評論〉，《湛江師範學院學報》，第 19 卷第 4 期，1998 年 12 月，頁 72。

100 劉石：〈試論尊詞與輕詞——兼評蘇軾詞學觀〉，《中國古代、近代文學研究》，1995 年第 4 期，頁 285。

續處於附庸地位，從而淡化了詞的獨位性和作用。所以清代詞學經歷著較明顯的由「辨體」到「尊體」的理論批評轉向的過程，「辨體」是為了「尊詞」，「尊詞」則有利於「辨體」，有利於詞的獨立文學地位的確立。

詞在與音樂分離之後，固然因失去了歌舞的輔助而相形失色，但是它原先所具有的音樂美如今仍凝定為豐富複雜的格律基因，以充分滿足詞體文學抒情功能的發揮和擴展。元、明兩代詞走向衰落固然與詞的抒情功能的消沉相關，而清詞的再度中興，也正在於重新找回和發揮了詞體文學的抒情優勢。清代詞論家在強調「辨體」的同時，也轉向了推尊詞體，這一轉向不僅促成了清代詞學的成熟，同時也是清代詞創作繁盛一個不可忽視的重要原因。

另一種尊詞方向即為「破體」，「破體」即打破詞與詩兩種文體之間的界限，借鑑詩的創作手法，即「以詩為詞」。這種體裁的變化體現了文學的創新，是文學發展的重要標幟。有清一代數十萬首詞作廣泛而豐富地反映了清王朝社會現實的起伏變化，並真實而壯闊地描寫出這一特定時代廣大知識份子喜怒哀樂的心靈世界。尤其是清初統治者以高壓統治、文網嚴酷的政治文化政策和環境作為一種時代思潮和歷史條件的機緣，促使文人不得不選擇了被傳統觀念視為小道末技的詞體文學為掩飾來抒寫心聲，從而開啟了一代清詞中興之契機，那麼，清代中、前期以來將詞比附於風騷的尊體意識，也最終引導詞的創作實踐與理論徹底地回歸到傳統詩文的大雅殿堂中來。綜觀有清一代二百餘年詞學發展史，它在審美取向上先後經歷了初期的崇尚性情，中期的標榜醇雅，到後期的力主比興寄托的發展過程，在理論上表現為以傳統的詩學觀念闡述詞學，表明詞體文學已不再是淺斟低唱的小道和剪紅刻翠的豔科，而是成為與傳統詩歌並立的一種特殊型態的抒情詩體了。正是這種向詩靠攏的追求將詞提昇至與詩同等的地位，詞體之尊從而蔓延在每一個人的心中。

肆、辨體與破體相輔相成，有利於詞體形式的更趨完善

從宋代詞論開始，我們可以發現詞的創作和理論明顯地存在著兩種對立的傾向：「辨體」和「破體」。前者堅持文各有體的傳統，主張辨明和嚴守各種文體體制；後者則大膽打破各種文體的界限，使之互相融合。北宋時，詞壇就出現了尊體之說，蘇軾改革詞風的方式是「以詩為詞」，即破體以尊詞，主要表為對題材內容的拓展，對格調意蘊的重視等。而李清照從辨體入手，提出了「詞別是一家」的說法。二者都有明顯的尊體動機，所不同的是，蘇軾是從意蘊境界的層面上把詞學向傳統詩文的表達功能的回歸，從而否定小道之說；而李清照則從詞的原本的體性意義上強調詞的藝術精工，從而保證詞體的文體特殊性。蘇軾和李清照的尊體，實際上是從兩個方面劃出了中國詞史的軌跡，因而不斷在後世得到回應。

就文體特點，只能大體區分，不可執著一端。詞體的特色也並非是凝固不變的，而是處在不斷演化的過程之中。辨體批評有利於文學文體的發展和變革，有利於文體風格的多樣化。張利群〈中國古代辨體批評論〉說：

> 文體的發展也有賴于辨體批評。辨體批評不惟在確定批評文體的模式，而且也在于突破和發展文體模式。「辨」雖然目的在區別分辨，在於規範準則；但客觀上也起到了促進文體形式發展變化的作用。尤其在一種新的文體產生時，辨體批評都特別活躍，一方面為其辨體，尋找源流關係；另一方面也為其張目，替新的文體大造輿論。[101]

文體代變，這是文體發展的規律，儘管辨體批評很強調文體的穩定

101 張利群：〈中國古代辨體批評論〉，《湛江師範學院學報》（哲學社會科學版），第19卷第4期，1998年12月，頁72至77。

性、規範性，但也很強調文體的變化和發展。其次，辨體批評的作用還在於善用比較方法，指出不同文體的區別，從而揭示出文體的特徵，有利於文體間的相互作用，也有利於文體在比較中發展，使文體形式更趨向完善、成熟。當「辨體」與「破體」兩股力量相輔相成，往往會影響詞人的創作心態和創作實踐。當辨體與破體相輔相成時，這二者的合力最終使詞體推陳出新，呈現出一種嶄新的獨特風貌。

曹丕《典論・論文》說：「夫文本同而末異」，後人理論朝兩極發展：「破體」者強調各種文體的「本同」；「辨體」論者則強調其「末異」。於是文壇便出現了奇特現象，一方面「文體論」越來越細密嚴格，另一方面創作上的「破體成文」形成風氣，而且「辨體」和「破體」兩種美學觀既是對立又是相承：各種文體在歷史傳統的軌道上發展到登峰造極，無可再進的時候，只好從其它文體那裡尋找突破的途徑；而文體相互融合的潮流，又轉而促使人們對文體之間的差異思考得更多，分辨得更細。清代以來的詞壇，在「辨體」深化和「破體」開始的爭論中矛盾地發展。清代詞評家講究辨析詩與詞體的微妙差異，這種辨析成為藝術鑑賞的重要內容。只有分別詞與詩、曲不同的體制特點，才能獲得文體真正的藝術美感，這樣，「辨體」便被賦予了審美的高妙意趣。「辨體」和「破體」這兩種對立的美學觀念，在詞學批評史上相輔相成，歷久不衰，在創作上和理論上必然有其深刻的原因。清代詞學對詞體觀的建構，也在這異流同歸、相反相成的兩個層面上展開的。這二者的合力最終使詞的地位在後世獲得最大限度的提高。

清代詞學的詩化之路是通過詞言志的觀念發展來實現的。清初雖是雲間派的天下，但遺民詞人的血淚之作已開詞言志的風氣；陽羨詞派起而代之代表著詞學的自振；浙西回歸於姜、張一路，但朱彝尊畢竟還是承認「閨房兒女」之言可通「離騷之義」[102]；常州詞派以糾浙西之弊為己任，標舉寄託，解決詞統與詩統的對立而達成了協調：建構出以「本色」的特質表現「詩化」內涵的詞之複合體，實現了「破體」與「辨體」異流同歸的合攏，最終的定體仍是以「言志」為核心。

第三節　清代詞體觀建構在詞學史上的地位

壹、深化了自宋代以來的本色當行說

宋代詞學家根據詞的發展及詞壇現況已經提出了許多重要的詞學命題和範疇，例如蘇軾的「以詩為詞」、「自是一家」，李清照的「詞別是一家」，鮦陽居士的以儒家經典解詞，張炎的「清空」、「騷雅」等，兩宋的這些理論主張和批評範疇在清代詞學中都有反映。如清代對詞體特徵的辨析，即是李清照的「詞別是一家」的發展。雖然清代詞學成就是建立在兩宋詞學的基礎之上，但絕不是簡單的複製照搬，而是加以提高發展，進而形成新的理論系統。

貳、發展了明代對於詩詞體制異同的辨析：揭示了詞介於詩曲、雅俗之間的文體特色

辨體論從題材及語言方面大致界定了詞的內涵，詞體與詩體不同，詞體有它獨特的感受世界和表現世界的方式，有其獨特的抒情畛域與審美價值，這是比之詞的形式更為深層的內在問題。李清照《詞論》提出「詞別是一家」之說，認為詞因協律而絕不等同於長短不等之詩。明代以來，更注意到詞與詩在題材、語言、風格及傳統上各有異同，陳子龍

102 朱彝尊：〈陳緯雲《紅鹽詞》序〉，《曝書亭集》卷四十（台北：世界書局，1989年4月），頁487。

從用意、鑄調、設色、命篇四個層面揭示了詞之體性要求，王世貞、何良俊論述了詩直詞曲、詩雅詞俗的體性特徵。其實，詞與詩內在的根本差別，更表現在風神、意境方面，清代詞學研究的重心主要正體現在探討詞的藝術特性是什麼？如果將詞作文本的純文學解讀而有意或無意割裂詞體與音樂的內在聯繫，這種認識是十分片面的。因為無論原詞還是變詞都與音樂有著割不斷的血肉聯繫。儘管詞中的這種音樂的因素隨著時間或環境的影響，可能不再完整的得以呈現，但它作為最重要的結構因素，早已滲透到作品的字裡行間，成為詞的血脈與審美風貌。而這種內在層面的特質，才是我們在探討詞之辨體論時所應掌握的部份。

參、詞派之間的延續性和互補性豐富了詞體論的內涵

清代二百八十年間，以本色論詞，或以詩化論詞，論者各執一端，各有褒貶，各家的闡發也越來越趨於明晰：

清代雲間詞派承明代餘緒，仍以「緣情」、「和婉」為特徵，但其語言風格已透露出「尚雅」的傾向，邁出了清代詞學趨向詩化的第一步。詞論家以「尊體」為旗幟，從復雅之路走向尊體，抬高詞的地位。

其後，陽羨詞派以詞言志，將詞推向全面詩化，但這一詞派卻對的體性有所忽略，成了明顯的弊端。

浙西詞派繼起，打出推尊姜張的旗號，意在調和「追求詩化」和「固守詞本色」兩路的詞學矛盾，但因其過於壁壘森嚴，也未能找到解決方法。此後的詞論家們在反思浙西弊端的同時，繼續尋求詞學的出路。

直到常州詞派手中，在「意內言外」的觀念主導下，藉「比興寄託」的方式，詞終於完成了以傳統的「本色」的特色表現「詩化」內涵的複合體的建構，長期懸而未決的詞統與詩統的對立在詞學領域內部達成了協調。

在尊詞的大前提下，詞論家們尋著既維護詞的特質，而又使之與詩的規範相結合的途徑，完成了詞由本色向詩化的轉化。清代詞論家已相當切實具體地描述出詞之不同於詩、曲的特色所在。他們並不是一般性

地論述出詞之不同於詩、曲的形式特徵，而是從美學屬性的內在層面上深刻地闡述了詞學的一些根本問題。

小　結：清人在矛盾力量的彼此消長中深化詞體觀

由以上論述，我們可見詞體觀是一種歷史的存在，從歷時的角度來看，詞體也是一個動態的、不斷發展與演變的歷史過程。與其他文形式相比較，詞體從發生到定型，經歷了一個十分漫長的歷史時期，在這個歷史演變的過程中，詞體的內涵以及形式結構要素都已經發生了重大的變化。四大詞派因詞學主張的不同，對詞體亦有不同的辨認，在這個過程中，詞的風貌和內質一直在變化著，詞家們對它的體認也隨著變化，用發展與嬗變的角度全面考察詞體觀念，對我們準確地認識詞史和詞體的特性是有幫助的。在對詞體特徵進行一番梳理與分析後，了解詞體特徵在不斷發展變化，都為詞體帶來一些新的東西，這些東西甚至不排除有些詩、文成份的介入，但其變化的目的不是為了打破詩詞之間的界限，而是為了豐富和改進詞體自身，使之不斷提高和完善，也正是在「辨體」與「破體」二者矛盾力量的彼此消長中，清人的詞學觀才走向定型，從而有力地推動了詞從應歌之用的小詞逐漸發展成為抒情言志的美文，詞體之尊從而漫延在清人的心中。尊詞成為「辨體」與「破體」理論融通並蓄的最終歸趨，它保留了辨體論「詞別是一家」的內涵，同時又吸收了破體論的「詩詞同質」的精神，因而成了清代詩詞異同之辯的集大成。

〈「辨體」與「破體」兩種尊詞指向的異流同歸──論清代詞體觀的建構歷程〉，2009 年 10 月發表於《中央大學人文學報》第四十期，頁 55-118。

第六章　清代詞學中的「正變觀」析論

宋、明詞學中已有正變之論，正變觀在清代詞學史上的爭論更是激烈。大致有兩個發展脈絡。一者劃分風格，一者論時代論盛衰。或以本色當行論之，或對南、北宋詞之爭論之。當後人論述正體與變體，其中也涉及了詞體起源、正變、審美等熱點，在清代詞派中備受關注的正變觀，不但客觀反映出諸家詞體觀的特色及時代審美的轉向，同時也使得詞體特徵及價值、詞統源流、詞家特色等重要詞學問題越辯越明。

關於清代詞學中的正變觀論述，乃以大陸學者對此議題關注較多。如劉貴華〈明清詞學中的正變批評觀〉[1]，文中提出：「宋詞的正變，在明清詞學史爭論異常激烈，大致有兩派：一持正變觀，或言風格流派，或言時代先後；一反正變觀，或以本色當行論之，或對南北宋平視。」該文已將清人的正變義涵以「風格流派」和「時代先後」詮釋之；其「非正變觀」，則基於作品本身的藝術價值而論：「詞講正變，本無可厚非，但如果以『正變』論工拙、優劣、尊卑，則謬矣。」這段文字亦提出清人對宋明以來「從正變以論工拙」的偏執作了修正，對於南、北宋詞壇不同風貌、不同趨勢的詞，亦重視其藝術評價，不再過份強調正變。這項論述，已啟示來者，清人的正變觀較之宋明以來的更顯通達。清人對於詞體本色與通變論題上的發展眼光，對雅、俗二體的辯證認識，以及豪放、婉約二美兼取的通達態度，可謂集詞體產生以來各個時代詞家之

1 劉貴華，〈明清詞學中的正變批評觀〉，《湖北師範學院學報》第 25 卷第 4 期，2005 年，頁 13 至 16。

眾說而融會貫通。然而該文乃採「統而觀之」的方式論述，篇幅簡短，對於清代各大詞派之間的發展嬗變沒能透過比較以彰顯之，是為美中不足處。

張兆勇、安敏〈詞論的聚焦與突破—關於明清以來以「豪放」、「婉約」論詞問題的回顧與反思〉[2]，該文提出：「豪放、婉約是今天用以研究宋詞的兩個最廣泛的概念，它們是明代學人建立起來的。它們只是一對包蘊豐富內涵的歷史範疇。當代學人在使用時有兩個誤區：第一，將其看成是宋詞本身固有的；第二，將其理解成宋詞發展史上相反相對的。其實在清代的中後期，由於新的歷史背景，清儒經常從探討宋詞所包含的性情入手，已經表現出對以豪放、婉約論詞的超越。」作者在該文中提出一個重要的評斷態度：只有從情感本質論詞才能抓住詞的真正價值，而這必須做的即是超出以婉約、豪放論詞。所謂「婉約」、「豪放」與其說是宋詞本身固有的風格，毋寧更是明人閱讀和理解者試圖借以標明自己存在的一種姿態和立場，所以清人又是在此突破中展示關於自我與世界的新立場的。作者已點出了清人在明代以來強分婉約與豪放的局限中有了進一步的突破。

朱紹秦、徐楓：〈清代詞學「正變觀」的新立論——論周濟正變觀與張惠言的異同〉[3]，此文優長在於見到常州詞派周濟與張惠言二位主將其正變觀的差異，然其缺憾亦在於只針對二人的正變觀做一比較，格局較小，不能觀察全面。

李冬紅〈《花間集》批評與詞的正變觀的演革〉[4]一文，作者從詞學發

2 張兆勇、安敏，〈詞論的聚焦與突破—關於明清以來以「豪放」、「婉約」論詞問題的回顧與反思〉，《淮北煤炭師範學院學報》第 27 卷第 3 期，2006 年 6 月，頁 110-114。

3 朱紹秦、徐楓，〈清代詞學「正變觀」的新立論——論周濟正變觀與張惠言的異同〉，《華中師範大學學報》，第 41 卷第 2 期，2002 年 3 月，頁 67 至 71。

4 李冬紅，《《花間集》接受史論稿》（濟南：齊魯書社，2006 年 6 月）第二章「《花間集》批評與詞學」，頁 134 至 153。

展史的大處著眼，對歷史進程進行縱向梳理，緊扣《花間集》的接受觀念對正變問題深入探討，勾劃了自唐五代以至明清以來在《花間集》的影響下的正變觀，然全文乃以《花間集》的接受史為推展線索，對於《花間》以外的其他因素，如時代背景、各詞派不同的觀點理論下所造成的正變觀差異都略去不論，難免不夠全面。

楊柏嶺〈正變說與晚清民初詞家的詞學史觀念〉[5]，作者注意到了因正變理論演繹的詞學史觀念，揭示了正變說與詞史建構的關聯性，但是缺點正如題目所示乃侷限於「晚清民初」，考察點「上限起自清代乾嘉之際的詞學新復興期，下限基本以五四運動為界」[6]，對於晚清之前的正變說略而不究，但我們知道清代詞學成熟之前的宋明，就已有一段醞釀歷程，作者截斷了正變說自晚唐五代至宋、明、清初至中葉這些更長時間的發展源流。

除了上述零星的論文外，對正變論著墨最多的是胡建次，如〈承傳與融通：古典詞學批評中的正變論〉、〈清代詞學批評視野中的正變論〉、〈中國古典詞學批評中的正變論〉[7]，這些篇章對正變論的義涵做了明確的詮釋，對歷代詞學的正變觀做了泛論的回顧，具有綱舉目張、重點歸納之功。此外，台灣學界則有王偉勇〈試述「當行」、「本色」在詞壇上之應用〉[8]，著重於術語與觀念之應用現象。

---

5 楊柏嶺，《晚清民初詞學思想建構》（合肥：安徽大學出版社，2004 年 9 月），頁 1。

6 楊柏嶺，《晚清民初詞學思想建構・前言》（合肥：安徽大學出版社，2004 年 9 月），頁 1。

7 胡建次，〈承傳與融通：古典詞學批評中的正變論〉，《社會科學研究》，2007 年 3 月，頁 171 至 176。胡建次、周逸樹，〈清代詞學批評視野中的正變論〉，《贛南師範學院學報》，1999 年第 4 期，頁 21 至 25。胡建次，〈中國古典詞學批評中的正變論〉，《南昌大學學報》，第 30 卷第 2 期，1999 年 6 月，頁 81 至 85。胡建次，〈清代詞學批評中正變論的嬗變及其特徵〉，《貴州文史叢刊》，頁 1999 年 2 月，頁 50-54。

8 王偉勇〈試述「當行」、「本色」在詞壇上之應用〉，見氏著《詞學專題研究》（臺綜合上述可見，詞學的正變論已受到學界的關注，然上述的研究成果有些篇章或做整體式的泛論，或對特定詞學家的正變觀專論，或以接受的角度來看本色典範對後人的影響，或著重於應用之情況，但仍未從詞派之間的變化發展來看正變觀之因革承轉，亦未針對宋明與清代的正變觀做一種詞史的連接與比較，由於清代位居於總結宋明以來的詞學成果集於大成的重要地位，又加上清代詞學具有強烈的派別意識，詞派與詞派之間的理論具有承轉與發展的詞史脈絡，筆者乃在前人的啟發下，確立了本文可以詞派遞嬗為鏈而有開拓的空間，除了可以彌補前人研究之不足外，亦可由此而對清代「正變觀」承襲宋明之後的突破之處做出總體評斷。

本章共分九節，第一節乃先對「正變」、「盛衰」與「源流」的互涉作一分析，並介紹研究現況，以及本章所能提供的學術發展。第二節，介紹宋明以來詞論中正變說的發展，乃為清代詞學作一種溯源回顧式的觀照。接下來從第二節至第八節，則分別探討雲間派從言情角度推婉約為正、西泠詞家以性情為正、廣陵詞家對雲間正變觀的承繼與拓展、陽羨派承明以性情為本，以詩詞共性為正、浙西派以辨雅俗取代分豪婉，以合詩教為正、常州派轉以意論詞，以「文有其質」為正、常州後期至晚近時期對正變的突破與融通。在探討了清代詞史上各詞派與發展階段中的正變觀之後，在第九節，則對正變觀從劃風格到以時代論盛衰的反思。小結，則總結清代正變論的特色與詞學史意義。

第一節　「正變」、「盛衰」與「源流」之互涉

凡涉及正變觀，其中源流本末、正變盛衰、沿革因創等作為描述文

北：文史哲出版社，2003 年 4 月），頁 156。

學發展變化規律的關鍵詞，是容易形成互涉影響，本節主要論述關於「正變」、「盛衰」與「源流」詞語意涵之互涉，如何從「描述義」到「評價義」的發展。有助於我們清晰深透地把握正變觀念，加深對清代詞學正變觀價值的認識。

中國傳統詩學中有「正變說」，「正」與「變」乃相對而立，互相以對方為對照而存在，有「變」才能突顯「正」的意義。而「變」具有兩種不同含義：一是作動詞解，即變化、變動，乃從歷時性的角度來看文學的發展與變化，當一種文體發展到一定階段，有一段演進的軌跡之後，人們便習慣追溯其「源」與「流」之「變」，從詩體流變的角度來展示詩歌演化的流程。此乃「正變」與「源流」的關聯。二是作名詞解，仍從共時性的角度來看，是與「正體」相對的「變體」，即漢儒所謂的「正風正雅」、「變風變雅」分別代表了兩種不同的詩歌類型。[9]在聖世時，政治清明，人民安居，故其時之詩，美頌德之作；王道衰微，民生疾苦，斯時之詩，不免刺怨，所以若從作品所反映之時代之治亂的另一角度來看，「正變論」亦可稱為「盛衰論」。如錢穆說：「詩之正變，若就詩體而言，則美者正，而刺者變；然就詩之年代先後言，則凡詩之在前者皆正，而繼起在後者皆變。」[10]在此所謂「正」、「變」有二義：一是反映「美」與「刺」不同面相和風貌的兩種詩歌類型，這兩種詩歌類型並不見得有前後繼承發展的關係，而是共時並存於一個空間中。二是從繼承與發展的角度來看詩體有古與今、傳統與新變的差異。由上述可知，因「變」的詞性有不同用法，「變」的解釋也有兩種性：一是從歷時性的角度來說，乃指詩體的發展變化；一是從共時性角度來說，是詩有變體。兩種用法，

9 〈毛詩序〉：「至於王道衰，禮義廢，政教失，國異政，家殊俗，而變風變雅作矣。」鄭玄〈詩譜序〉進一步說明：「盛世之世為正詩，衰世之詩為變詩」，按照時代的先後和世之治亂來劃分「風雅正經」與「變風變雅」這兩類詩。

10 錢穆，〈讀詩經〉，《中國思想史論叢》（台北：東大圖書有限公司，1978 年），頁 120。

是我們必須區別的，然而，強調區別，並不能全然否定二者之間可能的相互依存與聯繫。如果我們以時間先後發展的角度看，產生於前的是「正體」，產生於後的是「變體」。

「一切皆變」，本為事物的根本屬性，「變」是事物能夠延續下去的原因。詩作為一種文學形式，也應該不斷變化。詩歌的源流本末、正變盛衰是周而復始、互為循環的，詩歌發展變化的規律是盛極必衰、衰極必盛的，以前的詩不一定勝過後代的詩，所以「正變」的觀念本應只具有「描述現象義」而不具「評價優劣義」。所謂「描述現象義」，係指以「正變」來指稱二種相對而立的情感類型或風格類型，此時的「正變」不必然帶有評價高下優劣之義。然而在歷代文士的操作下，或者說是為了達到宣揚某種文學主張或強調某種創作偏嗜時，「正變」往往也具有「評價義」，此時，「正」便涵有理想的正面義，「變」便含有欠缺的反面義。至於何者可以為「正」，何者必須為「變」，則可由立說者基於自身所面對的存在問題或目的性、傾向性，去對「正」的內容進行「主觀」規創。清人在詞學批評中提出「正變觀」，不但包含對正體與變體的評價，同時由「正變觀」所演繹的在清代詞壇爭論多時的南北宋詞之爭，也值得後人重視，這是「正變」與「盛衰」、「源流」概念的互涉關聯。如田同之《西圃詞說》「南北宋詞可論正變」云：

> 詞始於唐，盛於宋，南北歷二百餘年，畸人代出，分路揚鑣，各有其妙。至南宋諸名家，倍極變化。蓋文章氣運，不能不變者，時為之也。[11]

由此可見，田氏認同變化的合理性與必須性。詞的發展，從中晚唐的萌芽、五代的興盛、宋代的發達、元明的衰落，至清代的再度中興，幾經曲折歷程，清代詞學家透過遠距離的回溯而有著建構自己所理解的

11 清・田同之，《西圃詞說》，唐圭璋編《詞話叢編》（台北：新文豐出版公司，1988 年），頁 1454。

正變觀的企圖。清代詞壇上雲間、廣陵、陽羨、浙西、常州詞派等相繼活躍，不同詞派在不同的詞學主張的基礎上對詞的發展歷史進行了梳理，構建了以各自的「正變觀」為理論中心所呈現的互有聯繫而又皆具特色的詞學演變史。這也使得後人對詞史上所呈現出錯綜複雜的正變論具有梳理、闡釋理論的意義。弄清一種文學理論、一種文學現象的來龍去脈，了解一群或一個人在某個時代的理念、言論和創作，這對於文學史研究顯然是有重要意義的。清代各大詞派文士對「正變」此一術語的運用，有時只是一種觀念的表露，並不一定落實到必然在語言上提出「正變」二字的精確性，是以本文所論清代各大詞派的「正變觀」，有時是透過詞派中人對詞史或詞作現象的價值評價推論而來，並不一定要見到他們明確地提出「正變」二字才能論其正變觀。

綜合上述，若從文學體現的時代與政治特徵來看，是一種「正變」。若從歷史發展的總體特徵來看詞史則是一種「源流」。若從階段性呈現的變之消長則是一種「盛衰」。若從創作主體實現變化創新的手段來看則是「因創」。若從讀者期待視野中變的界限來看，則是一種「新舊」。明白了這些相對的關鍵詞，本章期望可以透過宏觀發展的眼光來談論詞學的源流本末、正變盛衰、創作及風格等問題。

一般論宋詞，分為豪放和婉約兩派，但這只是後人為了辨析方便的歸納方式，實際在當時並沒有就此強分作者派系[12]，宋詞人從來未曾有意識地將自己的詞歸為婉約或豪放詞人，但明人的婉約與豪放二分之說幾乎為唐宋詞時期的所有詞人都進行了非彼即此的規範和定性。本書在上篇第二章「明代詞學主論體辨析」已經探討過，明人的「正變說」已明顯流露出抑豪而崇婉的傾向，把宋代以來的傳統看法進一步固定化、明確化成為詞壇流行的正變觀。詞學史上嚴分婉約豪放壁壘，並以正變的

12 可參考拙作〈詞派意識的形成〉，見《宋代詞學批評專題探究》（2008年4月，台北：文津出版社），頁451至458。

角度確立婉約為正是始於明代，以婉約為宗也是明代詞學的主流。明人以為詞體形式特徵最適宜把人的內在情感表現得委婉曲折，從這一點來看，詞優於其他任何文體。

清人試圖肩負起總結自宋、明以來詞學成就的責任，並為時人後學指示學詞途徑，與宋明不同，清代詞壇有著明顯的特點，就是詞派眾多且此起彼落，如雲間、廣陵、陽羨、浙西、常州流派紛呈，加上派別門戶之見，其正變理論就顯得更為自覺。我們甚至可以這麼說：宋明的詞論家並不以流派角度來論詞，而清代正變觀的建構卻處於流派的氛圍之中，其獨特處正在於以流派的眼光審視、分析詞壇現象，從而以詞派間的遞嬗推進而完成「婉約為正、豪放為變」的命題。由於文學本是時代的折射，它積澱著一定的時代心理，一定的審美風氣，它是特定的政治、文化、思想等綜合因素所共同凝聚的產物，而清代各詞派又能以詞這一文體，反映時代面貌，體現時代精神，使詞在意境、內涵等方面不同於前代的特色，具有時代精神的各詞派，在流派的更迭中體現了清代詞學的獨特處。

清初詞學基本上從承襲明代發展而來，很自然地接過明代詞學的正變之論，但因清代特定的社會背景，尤其是康熙朝前後期文化政策有重大變異，決定了康熙年間各個詞派在正變的問題上有不盡相同的看法。就具體現況來看，由於清代的詞派既與當時文人結社風氣相關，也與政治形勢的變遷緊密相連，更是詞學自身發展流變的結果，清代各詞派的理論主張皆有現實的針對性，詞派之間不僅有對立，也有互相滲透和借鑑，所以正變觀是不斷有所發展和變化的。透過幾個重大詞派與群體的正變觀差異，可以構畫出詞史的軌跡，以下分析幾個重要詞派其正變論的內涵與差異，並從差異中反思清代詞壇的文學現象。

本章即以清代幾個具有歷時性或共時性的重要詞派的批評為基點，考察和分析其各自的正變觀所涉之範圍與義涵，透過比較從中去突顯其個別的差異，然後從差異中看到一種文學史現象或規律，再將各詞派其正變觀的嬗變歷程，置於清代文化大背景之下，來為這個現象作出律則的分析，最後探勘清代正變觀有異於宋明的變化為何，以作出文學史定位。

第二節　雲間派從言情角度推婉約爲正

壹、雲間詞派所處的時代背景及其組成

文學社團或流派的形成，是在特定的歷史時期，由某些思想傾向、藝術主張和創作風格相近的作家逐漸集合起來而形成的。晚明時期，出現了多的文社，文社的基本職能是聚集士子研習制藝舉業，其運作模式是定時或不定時聚會，命題做文，並在適當時間刊刻社稿。地處松江的雲間詞派在明清之際的詞壇上具有很重要的地位，它的產生和興盛就與幾社有著直接而密切的關係。

明末清初，以陳子龍為領袖的雲間詞派登上詞壇，李雯、宋征輿、宋征璧、夏淣淳等羽翼之，拉開了清代詞派史的序幕。雲間詞派其形成背景乃是通過幾社的組織，和經常性的詩酒唱和，而漸漸形成壯大的，杜登春就在《社事本末》中記載幾社諸子：「三六九會藝，詩酒唱酬。」[13]唱和活動對於雲間詞人的創作有很重大的影響，而幾社的骨幹，亦多是雲間派的主要詞家。他們通過唱和活動，增加了彼此之間文人群體的凝聚力，從而形成了聲勢浩大的作家群，使雲間詞派以地方性的流派團體，

---

13 明‧杜登春：《社事始末》，《藝海珠塵》革集（臺北：藝文印書館，1968 年，初版）頁 5、26。

聞名海內。從某意義上甚至可以說，雲間詞派本身就是幾社的衍生物。[14]陳子龍、李雯、宋征輿兄弟，是雲間詞派的骨幹作家，被合稱為「雲間三子」。[15]他們三人出版了合集《幽蘭草》[16]，陳子龍在此書的題詞中說：「為小詞，以當博奕」，而他「每懷見獵之心，偶有屬和」，由宋征輿「匯而梓之」[17]，得以成書。

入清之後，隨著陳子龍、李雯、夏完淳等雲間派主將相繼辭世，雲間派的聲勢大不如前。但陳子龍的弟子蔣平階仍然繼承老師當年的文學傳統，和他的弟子沈億年、周積賢等人以詞唱和，詞作收錄於《支機集》中。雲間後勁蔣平階、沈億年在《支機集・凡例》中稱：「吾黨持論，頗極謹嚴」[18]，顯示出其鮮明的流派意識。其後雲間派幾乎籠罩了整個詞壇。雲間詞派成為明人之後最大的詞學流派，流派的形成有賴於建立統系，陳文新《中國文學流派意識的發生和發展》說：

> 所謂統系的選擇，即確定自己及其所屬流派的發展方向，在選擇過程中，必須解決兩個問題：一是對既往若干詞風的價值評估，二是

14 關於幾社與雲間詞派的關係，劉勇剛：《雲間派文學研究》（北京：中華書局，2008 年 2 月初版）「前言」論之甚詳。姚蓉：《明清詞派史論》（桂林：廣西師範大學出版社，2007 年 7 月）第二章「雲間詞派」對於雲間詞派的形成亦有說明。

15 可參考姚蓉：〈雲間三子的後期活動與生死抉擇〉，《明末雲間三子研究》上篇第四章（廣州：廣東高等教育出版社，2004 年），頁 96 至 135。

16 陳子龍、李雯、宋徵輿等合著的明刻本《幽蘭草》，對於雲間詞派研究來說，《幽蘭草》是最重要的詞集。但由於該刻本長期湮沒無聞，清代藏書家皆無著錄，致使此前雲間詞派的研究一直疑雲重重。近年來，《幽蘭草》和有關雲間派的另兩部重要文本：詩集《雲間三子新詩合稿》和詞集《倡和詩餘》已由遼寧教育出版社合為一書，並重新出版：《雲間子新詩和稿・幽蘭草・倡和詩餘》點校本（瀋陽：遼寧教育出版社「新世紀萬有文庫」出版，2000 年版）。

17 見《雲間子新詩和稿・幽蘭草・倡和詩餘》點校本（瀋陽：遼寧教育出版社「新世紀萬有文庫」出版，2000 年版），頁 1

18 清・沈億年：〈支機集・凡例〉，見張宏生所編《清詞珍本叢刊》（南京：鳳凰出版社，2007 年 12 月）第二十二冊，頁 475。

如何超越離自己最近的一代前輩詞人，即如何與上一輩立異。[19]

由此可見詞派建立統系的兩項重點在於：一、風格特色的建立，二、向前代挑戰。因此如何超越明人，突破明人論詞的缺失，便成了雲間詞人思考的重點。一般論宋詞，分為豪放和婉約兩派，但這只是後人為了辨析方便的歸納方式，實際在當時並沒有就此強分作者派系[20]，唐宋詞人從來未曾有意識地將自己的詞歸為婉約或豪放詞人，但明人的「婉約」與「豪放」二分之說幾乎為唐宋詞時期的所有詞人都進行了非彼即此的規範和定性。明人的「正變說」已明顯流露出抑豪而崇婉的傾向，把宋代以來的傳統看法進一步固定化、明確化成為詞壇流行的正變觀。我們甚至可以這麼說，詞學史上嚴分婉約豪放壁壘，並以正變的角度確立婉約為正是始於明代，以婉約為宗也是明代詞學的主流。明人以為詞體形式特徵最適宜把人的內在情感表現得委婉曲折，從這一點來看，詞優於其他任何文體。雲間詞在正變觀的看法大體是承繼了明人的婉約為正，追求妍麗，但與明人不同的是，雲間詞家摒棄俗艷，強調雅正，而這個雅正乃是從追摹傳統詞風──南唐、北宋而來。說明如下：

貳、承繼明代主流，從言情的角度推婉約為正

一、追求妍麗

崛起於明、清更替之際的雲間詞派，是活動於明代崇禎到清代順治的創作群體，自然接承明代主流的詞統觀念，偏尚妍麗之風，追求綺麗的情韻。陳子龍〈三子詩餘序〉云：

詩餘始於唐末，而婉暢穠逸極於北宋。然斯時也，並律詩亦亡。

---

19 陳文新：《中國文學流派意識的發生和發展》（武昌：武漢大學出版社，2007年8月第二版），〈第一章　統系意識的發生和發展〉，頁112。
20 可參考拙作：〈詞派意識的形成〉，見《宋代詞學批評專題探究》，頁451至458。

> 是則詩餘者，匪獨莊士之所當疾，抑亦風人之所宜戒也。然亦有不可廢者，夫風騷之旨，皆本言情，言情之作，必托於閨襜之際。代有新聲，而想窮擬議。于是以溫厚之篇、含蓄之旨，未足以寫哀而宣志也，思極于追琢而纖刻之辭來，情深于柔靡而婉孌之趣合，志溺于燕婉而妍綺之境出，態趨于蕩逸而流暢之調生。

其中的「婉暢」、「穠逸」、「纖刻」、「婉孌」、「妍綺」等語都是指明詞體形式上的婉約風貌，可見陳子龍以為詞是以鮮妍冶麗之境出，態趨於蕩逸而流暢之調生。陳子龍又在〈王介人詩餘序〉中所提到的四難：

> 蓋以沉摯之思，而出之必淺近，使讀之者驟遇如在耳目之前，久誦而得雋永之趣，則用意難也。以嬛利之詞，而制之實工煉，使篇無累字，圓潤明密，言如貫珠，則鑄調難也。其為體也纖弱，所謂明珠翠羽，尚嫌其重，何況龍鸞？必有鮮妍之姿，而不借粉澤，則設色難也。其為境也婉媚，雖以警露取妍，實貴含蓄，有餘不盡、時在低徊唱歎之際，則命篇難也。[21]

陳子龍總結詞的創作經驗，提出作詞「四難」之說，強調的即是詞之立意要貴沉摯而淺近，鑄調要嬛利而工練，設色要鮮妍而不借粉澤，命篇要求婉媚而含蓄。這是雲間詞家對「詞為豔科」傳統的繼承，既然重視詞之言情、婉麗之風，自然會肯定以婉約為正、以閨情為主的南唐、北宋之風。

二、尊北抑南：以「南北宋之爭」論「正變」

詞衰於明，已是清人的共識，其中最重要的原因乃明詞「托體不尊，難言大雅」[22]， 雲間主將陳子龍論詞雖與明代詞統觀念切近，但面對明

21 陳子龍：〈王介人詩餘序〉，陳子龍《臥龍先生安雅堂稿》卷二《陳子龍文集》（上海；華東師範大學出版社，1988 年），頁 55 至 56。

22 吳梅：《詞學通論》（上海：華東師範大學出版社，1997 年 11 月第二版），第

詞日益式微的局面，在對明詞中衰的檢討反思中，有著正本清源的企圖，振衰救弊的願望，其〈幽蘭草題詞〉云：

> 詞者，樂府之衰變，而歌曲之將啟也。然就其本制，厥有盛衰，晚唐語多儁巧，而意鮮深至。比之於詩，猶齊梁對偶之開律也。自金陵二主以至靖康，代有作者，或穠纖婉麗，極哀豔之情，或流暢淡逸，窮盼倩之趣。然皆境由情生，辭隨意啟，天機偶發，元音自成，繁促之中尚存高渾，斯為最盛也。南渡以還，此聲遂渺。寄慨者亢率於傖武，諧俗者鄙淺而入於優伶，以視周、李諸君，即有彼都人士之歎。元濫填詞，茲無論焉。[23]

陳子龍有意掃除明詞的淫哇俚俗之風，將其關注點放在詞的盛衰史上，他以為每一種文學形式都是「就其本制，厥有盛衰」，為了挽救詞壇頹勢，他列出了心中認定可供後人「規摹」的詞統。從時間來看，晚唐詞雖是源頭，但陳子龍認為晚唐詞雖具語言之美，但意蘊尚淺，並未臻於成熟完美，因此不足以成為後代詞的楷模。他把正聲定位在「境由情生，辭隨意啟，天機偶發，元音自成」的美學基礎，追求純任性情自然的渾化之路，由此推尊李璟、李煜父子、周邦彥、李清照等人為詞之典範，尊南唐和北宋。陳子龍在此以尊南與尊北之論間接地展現他的「正變觀」，這正是在宋、明以來有關論爭的基礎上結合自身所處的時代因素而展開的正變內涵。

雲間三子之一的宋徵璧在〈倡和詩餘序〉中進一步發揮這一觀點，認為詞「本之於性情」：

> 吾於宋得七人焉：曰永叔，其詞秀逸；曰子瞻，其詞放誕；曰少

九章〈概論四・明清〉，頁139。

23 明・陳子龍：〈幽蘭草題詞〉，見陳子龍、李雯、宋徵輿合著，王雪玲、陳立校點，《雲間三子新詩合稿・幽蘭草・倡和詩餘》（瀋陽：遼寧教育出版社，2000年1月），頁1-2。

游，其詞清華；曰子野，其詞娟潔；曰方回，其詞新鮮；曰小山，其詞聰俊；曰易安，其詞妍婉。……詞至南宋而繁，亦至南宋而敝。作者紛如，難以概述。[24]

對宋七家的看法，除了蘇子瞻被評為「放誕」之外，宋氏對其他詞人皆是持正面之評，而賀方回因兼有俠骨柔情之長，所以被評為「新鮮」。由此可見，在宋氏心中，乃以婉約為正，而且這些詞人全為北宋詞人，他主張恢復北宋時期的自然、蘊藉、宏麗的風貌，雲間詞家的正變論由「風格」層次衍為「南、北宋之爭」，正如宋氏所謂「詞至南宋而繁，亦至南宋而敝」，崇北抑南的意圖十分明顯。

又如陳子龍學生蔣平階的弟子沈億年在〈支機集・凡例〉云：

詞雖小道，亦風人餘事。吾黨持論，頗極嚴謹。五代猶有唐風，入宋便開元曲。故專意小令，冀復古音，屏去宋調，庶防流失。[25]

較之前賢，沈氏更展現內心深處頑固的復古意圖。陳子龍強調復古，認為每種體裁在創作中應追求最初的楷模而崇唐五代，但陳子龍尚能肯定北宋詞的價值，在這一方面，沈億年卻趨極端，強調該派持論，極為嚴謹，規摹的典範只限於唐五代小令，連宋調也要屏去。他們認為五代已不純，但猶有唐風，但宋詞已加入北方散曲之俗，古音盡失，所以「屏去宋調」。這種謹守古人藩籬的復古意識反而束縛了雲間詞家的創造能力與求新意識，從而失去了超越前人的機會和可能性。

由上所述，雲間詞人的以婉約為正，創作以小令為主，雖有前期尊南唐北宋詞、後期獨推五代詞的差異，但對南宋詞的貶抑則是相同的。陳、宋、沈等人的正變觀只是從淺處看到詞的發生、發展、興衰盛變的

---

24 清・宋徵璧：〈倡和詩餘序〉，《倡和詩餘》，《雲間三子新詩合稿・幽蘭草・倡和詩餘》，頁 2。

25 清・沈億年：〈支機集・凡例〉見張宏生所編《清詞珍本叢刊》（南京：鳳凰出版社，2007 年 12 月）第二十二冊，頁 475。

簡單過程，他們「把不同文體的傳承關係，看作絕對的此盛彼衰的交替序列，他們只肯定每一種詩體由初而盛的『變』，而完全否定盛極之後的『變』。據此，後世作者唯一可走的路便是規摹盛世，因為此時的一切獨造、創新的努力，已被視為衰變之舉。」[26]雲間詞人有著明顯的復古意識，只認定到五代北宋為「盛」，而其他時代則「漸衰」，這也形成了雲間詞家專攻小令、規摹五代北宋的綺麗婉約之風的創作偏嗜，陳良運評之曰：「由此可見，陳子龍接續的『詞統』的努力，未能越出妍婉雅正之旨的範疇，他所昭示的，也僅是一條規摹之路，忽視了同時代現實的有機契合。」[27]從這段評價可見陳子龍的正變觀是承繼有餘，創造與變化不足。而且他對南宋「寄慨者亢率於傖武，諧俗者鄙淺而入於優伶」即通常所说的豪放詞風和的俚俗詞風皆加以否定，這都是從肯定傳統的本色當行的角度立論的，由此可見雲間詞家與明人正變論中以婉麗風格為正體的觀念是一脈相承的。

第三節　西泠詞家以性情為正

西泠詞家是在明末清初地域文學群體中極為突出的一個群體。清代詞壇地域性的文學群體數量多、分布廣，彼此之間唱和往來展現了一種創作風氣，也奠定了清代詞壇以地域性為主的格局。這種以以地域鄉情為紐帶繫的文學群體，往往富有濃厚的地方色彩，從文化心理來說，地域性的文化傳統與文化氛圍，易形成相同或相近的文化心態與語言習慣。文學群體的選擇，並不是一般的群體，是一個富有創造性的作家群

26 引自陳良運主編：《中國歷代詞學論著選》（南昌：百花洲文藝出版社，1998年8月）中評陳子龍詞論的文字，頁348。

27 引自陳良運主編：《中國歷代詞學論著選》評陳龍詞論的文字，頁349。

體和審美群體。這一群體在思想傾向、藝術風格、審美情趣、美學追求等深層結構具有一致性、相近性或相似性，他們代表著某一種文學傾向，體現著某一種文學潮流或社會審美需求。

壹、西泠詞家的開放兼容性

西泠詞家是指清初在杭州一地，形成了一個詞學活動的詞人群體。[28]我們在這裡只能視之為詞人群體，而非詞學流派。因為西泠詞人並沒有如雲間詞派有公認的詞學領袖，其思想和創作也呈現出開放兼容的特色[29]，正如胡小林〈明末清初西泠詞壇與詞學復興〉所云：「明末清初西泠詞人群體與其他流派有著顯著的不同，他們組織鬆散、風格多樣，存在時間最長，包容性最強。同時，他們又區別于毫無關聯的詞人群體，群體內部的詞學思想雖同中有異，卻有自成體系。我們稱之為一個群體而非一個宗派；同時，也區別于純粹因地域關係而產生的一群詞人。」[30]這個同中有異，其實就是西泠詞家的開放多元性。西泠詞人群體擁有自己相對獨立的詞學思想，而且還能保持著和而不同的個性。加上西泠詞人群體與明末清初詞壇先後出現的眾多流派或群體大都有交遊和互動與詞

---

28 杭州西湖有西泠橋，「西泠」指杭州一地。清朝順治、康熙年間，杭州詞人如沈謙、毛先舒、丁澎等，與陳子龍等人於杭州西湖上結社，稱西陵詞人。

29 文學群體並不能等同文學流派。有些文學群體可以形成文學流派，有些則未必形成。有兩種情形的文學群體不同於文學流派，二者要區別開來。有些文學群體可以形成文學流派，有些則未必形成。有兩種情形的文學群體（或社團組織）不成為文學流派：一、這個文學群體不見得有廣泛影響的作家作品，在社會上默默無聞，它就不成為文學流派。二、儘管這個群體在社會上產生了一定的影響，但如果它內部成員在文學觀點與趣味、文學風格上並不相近或相似，那也不能成為文學流派。大致來說，文學群體或社團若要形成文學流派，必須具備三個條件：一、要有一個以某些有影響的作家為代表的作家群，二、這個作家群要有相同或相近的文學見解、審美追求和思想傾向，三、這個作家群的創作要有相同或相近的文學風格。

30 胡小林：〈明末清初西泠詞壇與詞學復興〉，《中國韻文學刊》第 25 卷第 3 期，2011 年 7 月，頁 54-70。

作的唱和或詞學上的論爭，如雲間詞派、廣陵詞壇、陽羨詞派、浙西詞派等。這種交流和互動，使西泠詞人群體的詞學思想在自成體系的基礎上，也有著涵納多元，與外界的溝通和碰撞的開放空間。

毛先舒、沈謙、陸圻、丁澎等所謂的「西泠十子」[31]，因其與陳子龍久有淵源，在詞學觀念或創作上，對雲間詞派頗多繼承，故也認定為該派中人。[32]這十位作家推動了雲間家法在浙中一帶的流行。順治五年，宋徵璧取《花間》、《草堂》二書，補以諸家雜篇可誦者，綴編成《唐宋詞選》，使「後之學者可得唐與宋之變與盛衰之源流矣。」其弟宋徵輿之作序云：

> 太白二章為小令之冠。〈菩薩蠻〉以柔淡為宗，以閑遠為致，秦太虛、張子野實師之，固詞之正也。〈憶秦娥〉以俊逸為宗，以悲涼為致，於詞為變，而蘇東坡、辛稼軒輩皆出焉，談者病其形似失神檢矣。[33]

宋氏將正、變二體具歸於李太白，以「柔淡閑遠」為詞之「正」，以

---

31 清‧毛先舒：《白榆集‧小傳》云：「西泠派即雲間派也。」就清代而言的雲間詞派的組成分子，從代表人物到羽翼，到受到影響的外圍份子甚夥，西泠十子實有得自於雲間詞論。傅蓉蓉與蔣哲倫合著《中國詩學史‧詞學卷》（廈門：鷺江出版社，2002 年 9 月）說：「以雲間大家陳子龍、李雯、宋徵璧兄弟即所謂的『雲間三子』為代表。還有毛先舒、沈謙等『西泠十子』，因其與陳子龍久有淵源，故也認定為該派中人。這十位作家推動了雲間家法在浙中一帶的流行。」此外，西泠十子與雲間詞派的關係問題也可參看孫克強《清代詞學》（北京：中國社會科學出版社，2004 年 7 月），頁 146-150。

32 西泠詞人並沒有如雲間詞派有公認的詞學領袖，其思想和創作也呈現出開放兼容的特色，只能視之為詞人群體，而非詞學流派，胡小林：〈明末清初西泠詞壇與詞學復興〉云：「明末清初西泠詞人群體與其他流派有著顯著的不同，他們組織鬆散、風格多樣，存在時間最長，包容性最強。同時，他們又區別于毫無關聯的詞人群體，群體內部的詞學思想雖同中有異，卻有自成體系。……我們稱之為一個群體而非一個宗派；同時，也區別于純粹因地域關係而產生的一群詞人。」《中國韻文學刊》第 25 卷第 3 期，2011 年 7 月，頁 54-70。

33 清‧宋徵輿：〈唐宋詞選序〉，見《林屋文稿》卷三，《四庫全書存目叢書》，集部、別集類，總 215 冊（臺南：莊嚴出版社，1997 年）。

「俊逸悲涼」為詞之「變」，雖仍依循詞學正變的傳統理解，卻已無明顯的軒輊之意。因為「柔淡閑遠」和「俊逸悲涼」都是來自於真情實感。詞是最為深情的文學樣式，抒情性是其第一生命，對婉約詞尤其如此，所以雲間詞後學或外圍詞家開始以性情論正變。

貳、承襲雲間，強調詞之婉約言情

首先，西泠詞人和雲間詞詞派一樣，強調詞乃婉約含蓄之作，如毛先舒云：

> 詞多綺語，必清麗相須。但避痴肥，無妨金粉。故唐宋以來作者，多情不掩才，譬則肌理之衣裳，鈿翹之鬟髻，互相映發，百媚斯生。何必裸露，翻稱獨立。且閨襜好語，吐屬易盡，巧竭思匱，則鄙褻隨之。真則近俚，刻又傷致，皆詞之弊也。[34]
>
> 詞家刻意、俊語、濃色，此三者作者神明。[35]

毛先舒強調詞的婉約、綺麗的語言，對於表情達意有著重要作用，如同身上穿著美麗衣裳，得以避免裸露之窘，增添深沉的韻致。將穠麗豔美的色澤作為創作「神明」的主要條件，此與陳子龍「鮮妍之姿」的主張相同。又如沈謙也在《填詞雜說》中說：

> 詞要不亢不卑，不觸不悖，驀然而來，悠然而逝。立意貴新，設色貴雅，搆局貴變，言情貴含蓄，如驕馬弄銜而欲行，粲女窺簾而未出，得之矣。[36]

之前曾言及，陳子龍所言的「用意難」、「鑄調難」、「設色難」、「命篇難」之「四難」，如果四難能夠處理好，不就一如沈謙對詞之創作要訣

---

34 毛先舒《與沈去矜論填詞書》，《毛馳黃集》卷五，清初刻本。

35 毛先舒：《詩辯坻》卷四，郭紹虞編選，富壽蓀校點，《清詩話續編》上冊（上海：上海古籍出版社，1983 年版），頁 90。

36 清・沈謙：《填詞雜說》，《東江集鈔》卷九，《四庫全書存目叢書・集部第195 冊》（臺南：莊嚴出版社，1997 年），頁 272。

的「四貴」？可見沈謙對詞的含蓄婉約觀受到雲間詞人的影響。

又如柴紹炳在《平遠樓外集序》中說：

> 指取溫柔，詞歸蘊藉，務全麗則，不失雅宗，昵而閨帷，勿浸而巷曲；浸而巷曲，勿墮而村鄙。[37]

強調詞的婉約綺麗，與陳子龍「言情之作，必托于閨襜之際」的觀點如出一轍。說詞「不失雅宗」，也與雲間詞派主張雅正相通。

參、承襲雲間，推崇南唐、北宋

西泠詞家與雲間詞派一樣崇南唐北宋詞，如毛先舒：

> 宋人詞才，若天縱之，詩才若天絀之。宋人作詞多綿婉，作詩便硬；作詞多蘊藉，作詩便露：作詞頗能用虛，作詩便實，作詞頗能盡變，作詩便板。[38]

毛先舒推崇宋人之詞而拙宋人之詩，與陳子龍所謂「終宋之世無詩」的看法相同。又如沈謙《填詞雜說》云：

> 男中李後主，女中李易安，皆是當行本色。[39]

讚賞南唐、北宋詞的代表人物李後主、李清照，已表明西陵詞人在取法南唐北宋這一點是受到雲間影響。

肆、突破雲間：以性情為正、多種風格的並收

綜觀以上所論，西泠詞家在詞學觀點上與以陳子龍為代表的雲間詞派頗為近似，但西泠詞家對雲間詞論並非只是繼承，也有著突破和發展。

---

37 清・柴紹炳：《平遠樓外集序》，《柴省軒先生文鈔》卷七，《四庫全書存目叢書》，集部、別集類，第210冊（臺南：莊嚴出版社，1997年），頁285。

38 毛先舒：《毛稚黃詞論》，見清・王又華《古今詞論》引，《詞話叢編》第一冊，頁609。

39 清・沈謙：《填詞雜說》，《東江集鈔》卷九，《四庫全書存目叢書・集部第195冊》（臺南：莊嚴出版社，1997年），頁272。

其婉約言情論固然是承襲雲間詞派，但不同的是西泠詞家更著重從個別詞家的性情論正變。雲間詞派只以婉約為宗，只認同南唐、北宋的婉約詞人，但西泠詞人更廣泛吸收各種不同風格，甚至不廢豪放之作。如毛先舒〈與沈去矜論填書〉云：

> 詞句參差，本便旖旎，然雄放磊落，亦屬偉觀。……何必彼南轅，同還北轍，抽兒女之狎衷，頓壯士之憤薄哉。[40]

毛氏對長期以來的論者偏於情豔的偏執之論表示不滿，為「雄放磊落」的豪放詞辯護，認為「亦屬偉觀」。毛氏又云：

> 北宋詞之盛也，其妙處不在豪快，而在高建。不在豔褻，而在幽咽。豪快可以氣取，豔褻可以意工。高健幽咽，則關乎神理骨性，難可強也。[41]

雖然與雲間詞派一樣推崇北宋詞，但所強調的並非北宋詞的婉約之美，他以為北宋詞高明的原因，在於「高健」、「幽咽」，而這兩點乃因「神理骨性」的性情生發，乃其天然之姿，非借外力可致。又如沈謙評價李煜詞亦從性情而論：

> 「紅杏枝頭春意鬧」、「雲破月來花弄影」，俱不及「數點雨聲風約住，朦朧淡月雲來去」。予嘗謂李後主拙于治國，在詞中猶不失為南面王，覺張郎中、宋尚書，直衙官耳。[42]

宋祁「紅杏枝頭春意鬧」句練平俗之「鬧」字，卻能展現春機萌發之熱鬧。「雲破月來花弄影」，練俗爛之「破」字來展現月光透過雲層乍現的姿態，以「弄」字寫花賞玩自己在月光下搖曳的身影。此二句已是

---

40 清・毛先舒：〈與沈去矜論填書〉，《毛稚黃集》卷五，又見王又華《古今詞論》引，《詞話叢編》，頁 610。

41 清・毛先舒：〈與沈去矜論填書〉，《毛稚黃集》卷五，又見王又華《古今詞論》引，《詞話叢編》，頁 607。

42 清・沈謙：《填詞雜說》，《東江集鈔》卷九，《四庫全書存目叢書・集部第 195 冊》（臺南：莊嚴出版社，1997 年），頁 272。

被公認的練字的佳句，但在沈氏的眼中卻不及「數點雨聲風約住，朦朧淡月雲來去」，只是把大自然的景物如實呈現，雖無雕琢之功，卻有自然之美，因為文學創作乃情感的自然流露，作品是作家情感生命的外現。沈氏透過了具體詞例來突顯定李詞[43]佳處，這種肯定已不限於風格是否婉約，而在於李煜抒情之真與深，有真性情之作便足可謂之「當行本色」，可以當之「詞家正宗」。沈謙又云：

> **詞不在大小淺深，貴於移情。「曉風殘月」、「大江東去」，體制雖殊，讀之皆若身歷其境，惝恍迷離，不能自主，文之至也。**
>
> **東坡「似花還似非花」一篇，幽怨纏綿，直是言情，非復賦物。**[44]

沈氏強調詞乃言情之作，有移情之效，以為不論是「曉風殘月」式的婉約詞，還是「大江東去」式的豪放詞，只要能以情感人，就是天下之至文。他從作者和讀者兩方面來明詞之「言情」本質，其持論已突破了正變輪的藩籬。

由上述所論，足見雲間外圍詞家西泠詞人已開始注意自寫性情的重要，認為人們各自不相同的真摯性情才是形成詞的風格有多種的根本原因，只要是至性至情流露的作品就是正宗，就是當行本色，不必一定要婉約詞才是正體。較之雲間，展現了開放包容、異質共存的特點。正因為西泠詞家不偏於一隅，我們可見其正變觀既留有繼承前人的烙印，同時又有著新的發展趨勢，亦未嘗不可視為明清詞學嬗變的關鍵一環。

---

43 「數點雨聲風約住，朦朧淡月雲來去」二句實非李煜之作，而是宋代李冠〈蝶戀花・春暮〉的詞句，見唐圭璋編纂，王仲聞參訂，孔凡禮補輯，《全宋詞》，北京：中華書局，1991 年，頁 114。沈謙誤為李煜所作，近人已有所考論。沈謙之說非自己創見，乃源自宋・王安石之說。宋・陳後山《後山詩話》載：「尚書郎張先善著詞，有云：『雲破月來花弄影』、『簾幕卷花影』、『墮輕絮無影』，世稱誦之，號張三影。王介甫謂『雲破月來花弄影』，不如李冠『朦朧淡月雲來去』也。」見吳文治主編：《宋詩話全編》冊 2（南京：鳳凰出版社 2006 年 10 月），頁 1021。

44 清・沈謙：《填詞雜說》，《詞話叢編》，頁 629。

第四節　廣陵詞家對雲間的承繼與拓展

整體而言，雲間詞人以婉約為詞之正宗，雖有前期尊南唐、北宋詞，後期獨尊五代詞之不同，但摒棄南宋詞則是雲間詞派一致的論點，尤其是後期以性情為正，強調真情實感，這多少影響到清代詞人對這些理論的看法，與雲間同時期在江蘇的揚州和常州還形成了一個以王士禛為代表的活躍於康熙初年的廣陵詞人群體[45]。活躍於廣陵詞壇的鄒祇謨、彭孫遹以及詩壇盟主王士禛等人，他們的詞學思想總體而言沒有完全突破雲間窠臼，但已有新變的成分。

壹、接受雲間之正變，然不強分優劣

廣陵詞派在詞學觀上基本沿襲明末雲間詞派的看法，堅持以豔麗為本色的體性觀，由於深受雲間詞派崇《花間集》、《草堂詩餘》的影響[46]，王士禛《花草蒙拾》即為閱讀此二書之筆記[47]，故以此二書合名，正變觀

---

45 清・王士禛曾在廣陵（今江蘇揚州）為官數載，後來至京城為官，陳子龍的一批弟子於清初先後在江蘇、無錫、常州等地頗為活躍，最後與北來的王士禛在揚州會合，從而形成了一個規模大、陣容強的詞人群體。常與眾詞人唱和，董以寧、鄒祇謨、彭孫遹、劉體仁、沈謙、毛先舒等人皆以王士禛為領袖，因此可以說，在王士禛的旗幟下，團結了一批詞人和詞論家。相關問題可參考林宛瑜：《清初廣陵詞人群體研究》（台北：文津出版社，2009 年，初版）。

46 吳梅：《詞學通論》（上海：華東師範大學出版社，1997 年 3 月二版） 第九章論清代詞云：「其始沿明季，以花、草為宗。」「花」指成書於五代的《花間集》，「草」指成書於南宋的《草堂詩餘》，二書皆收婉約柔媚之作，二書盛行於明代，於清初仍頗流行。

47 清・王士禛：《花草蒙拾・自序》云：「往讀《花間》、《草堂》，偶有所觸，輒以丹鉛書之，積收十條。程村（按：即鄒祇謨）強刻此集卷首，僕不能禁，題曰《花草蒙拾》」。

當然也承傳了明代詞學、雲間詞家以「婉約為正、豪放為變」的看法：

> 張南湖論詞派有二：一曰婉約，一曰豪放。僕謂婉約以易安為宗，豪放惟幼安稱首，皆吾濟南人，難乎為繼矣。[48]

明代張綖的「體」在此被王士禎暗中偷換為「派」了。張綖標舉婉約、豪放，正是為了辨詞「體」，而所謂的「體」，實際上是一個風格概念。「體」與「派」之間雖有密切關聯，但並非一個概念[49]。張綖提出此說的本意，只在於論詞體之大類，說明詞的風格取決於作者的才性，但並未以此來強分詞派，但王士禎卻將他的話語改說為詞派，將宋詞作家硬行切割為婉約派與豪放派。王氏提出正變論，指出了詞「固有二派」：一曰婉約，一曰豪放。婉約以易安為宗，豪放惟幼安稱首」，這已蘊含了不以「當行」一派獨許的意味，他在《花草蒙拾》說：

> 詞家綺麗、豪放兩派，往往分左右袒，予謂：第當分正變，不當分優劣。

雲間派及其支流西泠派，基本上持婉約為正、五代北宋為盛的復古偏狹觀念，正到清初的王士禎才真正對這種知道「變」而不知「通」的詞學觀念予以駁斥，他提出了：「第當分正變，不當分優劣」的觀念，即承認正變，但對豪放詞並未一筆抹煞。王士禎承明代王世貞於詞體正變之說的理論，更進一步闡發得更為精細，從晚唐貫串到南宋諸家：

> 詩之為功既窮，而聲音之秘，勢不能無所寄，於是溫、韋生而《花間》作，李、晏出而《草堂》興，此詩之餘而樂府之變也。詩餘者，古詩之苗裔也。語其正，則南唐二為之祖，至漱玉、淮海而極盛，高、史其大嗣響也。語其變，則眉山導其源，至稼軒、放

48 清‧王士禎：《花草蒙拾》「溫韋非變體」，《詞話叢編》，頁 685。
49 「體」，前已述及，在張綖的定義是指體貌，即風格。「派」，亦稱為流，指文學流派，流派是一種群體的結構，而這一群體，並非一般的群體，而是在思想傾向、藝術風格、審美情趣、美學追求等深層結構具有一致性、相近性或相似性。

> 翁而盡變，陳、劉其餘波也。至是，聲音之道臻極致。而詩之為功，雖百變而不窮。[50]
>
> 凡為詩文貴有節制，即詞曲亦然。正調至秦少游、李易安為極致，若柳耆卿則靡矣；變調至東坡為極致，稼軒豪於東坡，不免稍過，若劉改之則惡道矣。[51]
>
> 詞如少游、易安，固是本色當行，而東坡、稼軒直以太史公筆力為詞，可謂振奇矣。[52]
>
> 弇州謂蘇、黃、稼軒為詞之變體，是也。謂溫、韋為之變體，非也。夫溫、韋視晏、李、秦、周，譬賦有〈高唐〉、〈神女〉，而後有〈長門〉、〈洛神〉。詩有古詩錄別，而後有建安黃初三唐也。謂之正始則可，謂之變體則不可。[53]

王士禎不僅將唐宋詞人劃出兩種類型，更將明人張綖的「豪放、婉約二體」說轉換成了「詞中兩派」，並按正變的發展脈絡勾勒出兩派之統系。依這樣的標準來衡量，他批評明人王世貞把溫、韋納入「變」之列乃是不倫不類，其誤在於不顧詞的源流遞變的發展歷史，從婉約詞風發展的角度來分析，溫、韋之於晏、李、周、秦，就像賦有〈高唐〉、〈神女〉而後又有〈長門〉、〈洛神〉，詩有古詩錄別（指蘇李詩)而後有建安、黃初、三唐，許之為「正始之音」，不可謂之變體。他在「詞之正宗」內部重新排座次，把溫、韋重新納入「正體」之列，尊後主為正宗之主。溯源定性而又勾勒清晰，他認為詞由詩騷演化而來，但婉約體為其「正」，

---

50 清・王士禎：〈倚聲初集序〉，見況周頤《蕙風詞話續編》卷一，「王文簡《倚聲集序》」條，《詞話叢編》，頁 4545。

51 清・王士禎：《分甘餘話》卷二，引自吳熊和主編《唐宋詞彙評・兩宋卷第一冊》（杭州：浙江教育出版社，2004 年 1 月），「蘇軾」，頁 397。

52 清・王士禎著，戴鴻森校點：《帶經堂詩話》（北京：人民文學出版社，2006 年）卷二十八「瑣綴類」，頁 813。

53 清・王士禎：《花草蒙拾》「溫韋非變體」，《詞話叢編》，頁 673。

豪放體為其「變」，兩種詞體創作均源遠流長，各家承起輩出。這實際上就形成了婉約與豪放兩個詞學流派，兩者相區別而存在，各自蔚為氣候。由此可見王士禛論詞雖分正變，卻沒有以正變論高下優劣工拙，他崇尚婉約但不貶低豪放，他認為詞之正體（即婉約詞）與詞之變體（即豪放詞），是「名家當行，故有兩派」[54]，不能加以軒輊，而是各有所長。字裡行間流露出不以「當行」一派令譽獨許的觀點。

另外，持更為通達的態度還有彭孫遹，彭氏《金粟詞話》推崇辛詞：「稼軒之詞，胸有萬卷，筆無點塵，激昂措宕，不可一世。」[55]又評范仲淹〈蘇幕遮〉曰：「前段多入麗語，後段純寫柔情，遂成絕唱。將軍白髮征夫淚，亦復蒼涼悲壯，慷慨生哀。」[56]彭氏論詞，雖與王士禛有著一致的審美觀，主張豔麗為本色，但他對豪放詞亦能欣賞。由此可見，廣陵詞派雖以婉麗為本色，卻主張多種風格並存。

貳、調和南北宋之爭

前已述及，雲間詞派對於南北宋之爭，明顯表現出尊北抑南的傾向，如陳子龍認為五代到北宋詞是「皆境由情生……斯為最盛」，而南渡以還則「寄慨者亢率而近於傖武，諧俗者鄙淺而入於優伶」，其褒貶好惡，情見乎辭。但廣陵詞家因北來群英的匯集，使得兩地詞風不可避免地展現交融的趨勢，他們所編選的《倚聲初集》，收錄了四百七十五家，堪稱是一部以當代為重心又備陳眾體、匯合諸流的一部詞學總集。王士禛《花草蒙拾》「不可廢宋詞而宗唐」條中批沈億年復古意識偏狹：

> 近日雲間作者論詞有云：「五季猶有唐風，入宋便開元曲，故專意小令，冀復古音，屏去宋調，庶防流失。」僕謂此論雖高，殊屬

54 清・王士禛：《花草蒙拾》「坡詞豪放」，《詞話叢編》，頁 681。
55 清・彭孫遹：《金粟詞話》，《詞話叢編》，頁 724。
56 清・彭孫遹：《金粟詞話》，《詞話叢編》，頁 723。

孟浪。

王士禛試圖調合詞學中的南北宋之爭，值得重視之處，在於《花草蒙拾》中的一段文字：

> 雲間數公論詩拘格律，崇神韻。然拘於方幅，泥於時代，不免為識者所少。其於詞，亦不欲涉南宋一筆，佳處在此，短處亦在此。[57]

儘管王士禛以溫、韋、晏、李、秦、周為「正始之音」，而以蘇、辛為詞之變體，然而他也認為，如果詞家習慣嚴分綺麗、豪放兩派，或習於強分南宋、北宋，往往分左右袒，所以對於雲間詞派「不欲涉南宋一筆」之說頗不以為然。[58]雲間詞派以南、北宋之爭論「正變」，然而王士禛不受雲間詞派專尚五代北宋的藩籬所影響從而提出：

> 語其正，則南唐二為之祖，至漱玉、淮海而極盛，高、史其大嗣響也。語其變，則眉山導其源，至稼軒、放翁而盡變，陳、劉其餘波也。有詩人之詞，唐、蜀、五代諸人是也；有文人之詞，晏、歐、秦、李諸君子是也；有詞人之詞，柳永、周美成、康與之之屬是也；有英雄之詞，蘇、陸、辛、劉是也。[59]

王氏從創作主體的藝術趣味、思想傾向、寫作態度來看，把詞人分為「詩人之詞」、「文人之詞」、「詞人之詞」、「英雄之詞」四種，這種分法無關乎詞本身的優劣，對於作者不同身份也並未加以軒輊，四者可並存不悖，給予不同類型的詞以應有的地位，這是王士禛詞論的分明之處。他對南宋婉約詞的評價亦高：

> 宋南渡後，梅溪、白石、竹屋、夢窗諸子，極妍盡態，反有秦、李未到者。雖神韻天然處或減，要自令人有觀止之歎。[60]

---

57 清・王士禛：《花草蒙拾》「坡詞豪放」，《詞話叢編》，頁 685。

58 清・王士禛：《花草蒙拾》，《詞話叢編》，頁 686。

59 清・王士禛：〈倚聲初集序〉，可見況周頤《蕙風詞話續編》卷一，「王文簡《倚聲集序》」條，《詞話叢編》，頁 4545。

60 清・王士禛：《花草蒙拾》「南渡諸子極妍盡態」，《詞話叢編》，頁 681。

他指出了南宋諸家在「極妍盡態」方面超越了北宋詞人，但北宋在「神韻天然」方面，是優於南宋諸家的。這反映了他在追求一種「雕琢從自然中而來」的美學理想。這已經涉及到自然美與藝術美關係的問題，已超越了以時代論正變的界限。

由上述可知，王士禎論詞雖分正變，但優長在於他並沒有把正變同工拙相對應，對此田同之非常讚賞，其《西圃詞說》云：「蓋文章氣運，不能不變者，時為之也。於是竹垞遂有詞至南宋始工之說。惟漁洋先生云：『南北宋止可論正變，未可論工拙。』誠哉斯言，雖千古莫易矣。」[61]由此可見王氏的突破已為後人的正變論打下了較為客觀通達的基礎。

又如鄒祗謨《遠志齋詞衷》云：

> 至阮亭、金粟、艾庵唱和，偶興數闋，以筆墨牢騷，寫胸中塊壘，無意摹古，而提劉攀陸，予能無續貂之愧耶？[62]

他認為詞在「以筆墨牢騷，寫胸中塊壘」與詩是一樣的，這就是不以「小道」視詞的尊體觀，由此可見鄒氏在風格論方面的開放態度。鄒祗謨又在〈倚聲初集序〉云：

> 揆諸北宋，家習諧聲，人工綺語。……其餘名儒碩彥，標新奏雅，染指不乏。必欲以莊辭為正聲，是用《尚書》、〈禮運〉而屈〈關雎〉、〈鵲巢〉也。至於南宋諸家，蔣、史、姜、吳，警邁瑰奇，窮姿構彩；而辛、劉、陳、陸諸家，乘間代禪，鯨呿鰲擲，逸懷壯氣，超乎有高望遠舉之思。譬諸篆籀變為行草，寫生變為皴劈，而雲書穗跡、點睛益頰之風，頹焉不復。非前工而後拙，豈今雅而昔鄭哉。[63]

61 清・田同之：《西圃詞說》，《詞話叢編》，頁 1454。
62 清・鄒祗謨：《遠志齋詞衷》，《詞話叢編》，頁 652。
63 清・鄒祗謨：〈倚聲初集序〉，見王士禎、鄒祗謨合編《倚聲初集》。《倚聲初集》共二十卷，現知見之版本有二：一是中央研究院史語所特藏之順治時期大冶堂藏版；一是《續修四庫全書》版，此底本所據乃為南京圖書館藏清順治十七年這段文字有三個重點：其一，鄒祗謨反對迂腐的「必欲以莊辭為正聲」的論點，他不貶抑豔情閨思之篇，認為性情不應受到倫理道德的約束，從而「推本性情，標舉風格」[64]，為抒情開發更為廣泛與自由的空間。其二，他欣賞北宋詞人「工綺語」，同時也欣賞南宋蔣、史、姜、吳等婉約詞家，對「鯨呿鰲擲，逸懷壯氣」的辛派詞人亦極為推崇，他甚至說「稼軒雄深雅健，自是本色」[65]，對南宋的婉約、豪放兩派皆持肯定的態度，這是從傳統的正變優劣觀念裡超越出來的通達之論，較之恪守晚唐北宋的雲間詞，他展現了極為開明通達的視野。其三，他不滿僵化凝固的觀念，認為「變」乃不得不然之勢，但「變」並非如雲間、西泠諸子只見到「盛衰」，卻看不到「變通」的詞學觀予以駁斥。「鄒氏所謂『變』之軌跡並非簡單而械機的上升或下滑的直線」[66]，他從「篆籀變為行草，寫生變為皴劈」的現象中領悟到「『變』之要義非『變盛』、『變衰』可盡，其實質在於『變異』」[67]，他肯定「變」不是衰變、變窮，而是創新。最後提出了「非前工而後拙，豈今雅而昔鄭哉」的見解，他著眼於今，而不拘泥於古，突破了復古的陰霾，展現了兼融並蓄的胸襟。

第五節　陽羨派承明人性情爲本推詩詞共性爲正

從清代順治十年（1653)前後到康熙十八年（1677)「博學鴻詞」科詔

刻本，見《續修四庫全書》集部詞類 1729 冊，上海古籍出版社，1995 年。此為清初一部重要的當代詞選集，由鄒祗謨、王士禎二人共同選編，收錄明天啟、崇禎以降，迄清順治十七年，約四十年間詞壇的創作現況。這部詞集除了可從被選錄的詞作中，探知鄒祗謨、王士禎選詞的趨向及標準；在附錄的詞評中，亦可看出鄒、王二人的詞學觀。

64 同上註。

65 清・鄒祗謨：《遠志齋詞衷》，《詞話叢編》，頁 652。

66 引自陳良運主編：《中國歷代詞學論著選》中評鄒祗謨詞論的文字，頁 419。

67 引自陳良運主編：《中國歷代詞學論著選》中評鄒祗謨詞論的文字，頁 419。

試的30年左右，清代詞壇風氣丕變，詞派風起，代表者允推先後崛起的陽羨和浙西兩詞派。在清代的詞派中，陽羨詞派是最具有開創精神的，為了掃晚明以來的《花間》、《草堂》的流風餘韻，為詞壇拓出新的發展空間，陽羨詞家不惜打破詩詞的界限，為清詞開闢一個全新的局面。

壹、推崇蘇辛之豪放，強調性情

從順治中期到康熙後期約半個世紀的時間，在陽羨（在今江蘇宜興）境內，以陳維崧為首聚集了一個詞人群體。[68]陳維崧，生於明天啟五年（1625)，卒於清康熙二十一年（1682)，他生活的年代正是明朝最後的二十年和清朝最初的三十幾年，身處明末清初風雲鼎革的年代，對他的詞風有巨大的影響。由於清人入關之初，全國各地的武裝反抗接二連三，無法平息，清廷面對漢人強烈的反抗意識，進行了殘酷的鎮壓，陳維崧少年時師從雲間詞宗陳子龍，但卻不為雲間詞學觀所籠罩，他在入清之後長期漂泊於社會底層，並親身承受了因時代劇變而帶來的痛苦，這就決定了他必然要把目光由秦樓楚館轉向現實生活，並且透過詞這種幽微惝恍的非正統文體傾訴心情。陽羨派是在清初動蕩的歷史背景下聚攏起來的，既有鮮明的政治傾向又有濃厚的地域色彩，其成員主要是前朝遺民、遷客放廢之士所組成，處在清王朝對江南士人接連不斷打擊之中，他們敢於集中而明白地表現亡國之痛、民生之哀，抒發自己窮愁潦倒、懷才不遇的人生際遇。總體上以悲抑奇崛、疏放豪壯為基調。和一般的詞論家不同，獨好變徵之聲的陽羨詞人其詞學觀也表現出反正統的傾向，如果說雲間詞人仍然存在著視詞為「流連酒歌」的小道思想，那麼，陽羨詞人則較早地確認了詞堪與經史比肩的本體功能，開始動搖詞為小道的傳統觀念，他們探索了詞體存在的理由與應有的地位，具有強烈的

68 關於陽羨派的歷史發展，可參考嚴迪昌，《陽羨詞派研究》（濟南：齊魯書社，1993年），頁10。

時代意識，於是也把詞賦予了詞史意識，被誤傳為陳維崧所撰而實為潘眉所撰之〈詞選序〉云：

> 東坡、稼軒諸長調又浸浸乎如杜甫之歌行與西京之樂府也。……鴻文巨軸，固與造化相關，下而讕語卮言，亦以精深自命。要之穴幽出險以厲其思，海涵地負以博其氣，窮神知化以觀其變，竭才渺慮以會其通。為經為史，曰詩曰詞，閉門造車，諒無異轍也。選詞所以存詞，其即所以存經存史也。[69]

潘眉把詞這一文體放在歷史長河中進行觀照，探本求源，賦予其文學史定位，為了將詞從明末清初《花間》餘風的陰影裡解放出來，他特別標舉東坡、稼軒二人的詞如杜甫之歌行與西京之樂府，正如程繼紅所言：「當我們回顧南宋以來關於詞體之尊的辯護時，發現幾乎有一個共同的特點，即莫不將蘇、辛抬出來作為例證。換句話說，凡推舉詞體之尊者，同時也是蘇、辛推崇者。」[70]陽羨詞家推尊詞體的方式，是從創作和功能的角度論述詞與經史散文和詩歌是同源異制，是「諒無異轍」。潘眉又云：

> 今之不屑為詞者，固無論；其學為詞者，又復極意《花間》，學步《蘭畹》，矜香弱為當家，以清真為本色。神瞽審聲，斥為鄭、衛，甚或爨弄俚詞，閨襜冶習，音如濕鼓，色若死灰。此則嘲詼隱廋，恐為詞曲之濫觴所慮。杜夔左駗，將為師涓所不道，輾轉流失，

69 〈詞選序〉，本見於《陳迦陵文集》卷二，《四部叢刊初編》（上海：上海商務印書館，1965 年）集部，頁 31。〈詞選序〉一名〈今詞苑序〉。《今詞苑》是由陳維崧主編，吳本嵩、吳逢原、潘眉協助編纂，是繼《倚聲初集》之後清詞第一部當代選本。〈詞選序〉見於陳維崧，〈詞選序〉，《陳迦陵文集》卷二，《四部叢刊初編》集部本。然而據北京國圖書館所藏清康熙十年徐喈鳳南磵山房刻本書前序文，可知實為潘眉之序，《四部叢刊初編》誤錄之。

70 程繼紅，〈論清代三大詞派對辛詞的接受與評價〉，《江西師範大學學報》第 35 卷第 4 期，2002 年 11 月，頁 78-82。

長此安窮？[71]

明詞主張綺豔，清初雲間詞心亦主婉麗柔靡，皆為陽羨詞家所不取，潘氏批評當時學詞者「復極意《花間》，學步《蘭畹》」的不良風氣，其弊端在於「矜香弱為當家，以清真為本色」，所謂「香弱」是指乏真意、深情的浮豔軟膩之作；「清真」是清新秀美之作，然陽羨詞家追求的是深湛之思，推崇有骨力、大氣勢、雄渾蒼茫的詞風，主張言為心聲，情貴於真，標舉思、氣，崇意主情，強調變、通，以此為正。陳維崧在〈樂府補題序〉云：

> 飛卿麗句，不過開元宮女之閑談；至於崇祚新編，大都才老夢華之軼事也。[72]

陳維崧對長期奉為圭臬的《花間集》涉閨情春怨的軟媚之音不滿，在序文中所提到「趙宋遺民」、「開元宮女」等名詞，在批判舊的審美風貌的同時，還提出了順應時代、新的詞學審美觀，強調在詞中抒發故國遺老的傷懷之情，展現激越而又蒼涼的內心世界。

徐喈鳳《蔭綠軒詞證》更明言：

> 詞雖小道，亦各見其性情。性情豪放者，強作婉約語，畢竟豪氣未除。性情婉約者，強作豪放語，不覺婉態自露。故婉約固是本色，豪放亦未嘗非本色也。後山評東坡詞如教坊雷大使舞，雖極天下之工，要非本色，離乎性情以為言，豈是平論？[73]

徐氏為蘇、辛放一派極力張揚，認為談詞之本色，不能離開性情來談，正如有論者所言：「稼軒是極有性情人，學稼軒者，胸中須先具一段真氣、

71 同註69。

72 清・陳維崧，〈樂府補題序〉，見《陳迦陵文集》卷七，《四庫叢刊初編》集部本。

73 清・徐喈鳳，《蔭綠軒詞證》，見朱崇才編纂，《詞話叢編續編》冊一（北京：人民文學出版社，2010年6月在臺第一版），頁102。

奇氣，否則雖紙上奔騰，其中俄空焉，亦蕭蕭索索如牖下風耳。」[74]徐氏對創作主體意識極為重視，強調性情之重要，而風格是人之性情的外在顯現，人的內在性情決定了作品的風格，是故在末尾對陳師道對蘇詞的評價離開性情而論認為不妥。

又如蔣景祁〈雅坪詞譜跋語〉也說：

> 宋詞惟東坡、稼軒魄力極大，故其為言豪放不羈，然細按之未嘗不協律也。下此乃多入閨房褻冶之語，以為當本色。夫所謂當行本色者，要須不直不逼，宛轉回互，與詩體微別，勿令徑盡耳。專譜豔辭狎語，豈得無過哉？[75]

蔣氏又在《名家詞話》中云：

> 稼軒雄深雅健，自是本色，俱從《南華》沖虛得來。[76]

由此可知蔣景祁不滿於專尚柔婉的正變觀，認為東坡、稼軒魄力極大，雖在一般人的評價不能稱為本色當行，但在他看來，即是本色當行，因為是源於性情自然。

由上述可見，陽羡派尊詞的方式即透過詩詞同源、推崇蘇辛來達成。因為一味強調婉約本色，非但不能使詞的地位抬高，反而會因為香而弱的本色，限制了詞的表達範圍，使它無法像詩一樣「言志」，因此，陽羡詞人當然對婉約詞評價不高。

清初詞學中雲間、陽羡兩派，對於正變論的兩種闡釋都有其道理，堅持婉約為正者突出了詞的體性要求；強調以性情為本色者，則注意了詞在失去音樂以後和詩的共通性，認為詩詞體格雖異，卻都一樣是用以表達作者之情。創作表現往往決定著思想觀念，陽羡詞家以詞寫心，故

---

74 清・謝章鋌，《賭棋山莊詞話》卷一，《詞話叢編》，頁 3330。

75 清・蔣景祁，〈雅坪詞譜跋語〉，轉引自陳水雲《清代詞學發展史論》(北京：學苑出版社，2005 年 7 月)，頁 69。

76 清・蔣景祁《名家詞話》，《瑤華集詞話》卷二，見朱崇才編纂，《詞話叢編續編》冊一，頁 620。

國哀思、易代鼎革，蘊發無端，哭笑非假，所以選詞以「存經存史」，即指詞有深遠寄託，反映時代與歷史的重大內容。

貳、調合南北宋，兼融並收

雖然陽羨派在理論上傾向於蘇、辛一路，但對於不同風格的作品卻能兼容並收，不走極端，陳維崧在自己編選的大型《今詞選》所作序時也提出了兼容並蓄的原則：

> 蓋詩自皇娥而下，詞沿趙宋而前，歷代相仍，變本加厲……，夫體制靡乖，故性情不異。弦分燥濕，關乎風土之剛柔；薪是焦勞，無怪聲音之辛苦。譬之詩體，高、岑、韓、杜，已分奇正之兩家；至若詞場，辛、陸、周、秦，詎必疾徐之一致……諸家既異曲同工，總制亦造車合轍。聊存微尚，距偭前型。[77]

當然，此兼容是在偏重辛詞豪放之作的基礎上對婉約詞的兼容。然而也正因為兼容，他可以對不同的詞風以更寬容的態度，如陳維崧在〈徐竹逸詞序〉稱讚徐竹逸詞云：

> 三千粉黛，掩周、柳之香柔；丈八琵琶，駕辛、蘇之感激。[78]

他對徐竹逸詞給予充分肯定，其能同時兼採周、柳、辛、蘇的風格，在表現上則能摧剛為柔、寄勁於婉。陳維崧的《湖海樓詞》就是兼取蘇、辛和周、秦、柳不同風格的產物，這一點蔣景祁在〈陳檢討詞鈔序〉中云：

> 磊砢抑塞之意一發之於詞。……讀先生之詞，以為蘇、辛可，以為周、秦可，以為溫、韋可，以為《左》、《國》、《史》、《漢》、唐宋諸家之文亦可。蓋既具什佰眾人之才，而又篤志好古，取裁非

---

77 清・陳維崧，〈今詞選序〉，《陳迦陵文集》一，《四部叢刊初刻集部》（臺北：（臺北：臺灣商務印書館，1965 年），頁 30。

78 清・陳維崧，〈徐竹逸詞序〉，見陳維崧《陳檢討四六》卷十，清・紀昀等編撰，《欽定四庫全書集部》，見清高宗敕編《景印文淵閣四庫全書》冊 427 詞曲類（臺北市：臺灣商務印書館，1983 年）。

> 一體，造就非一詣，豪情豔趣，觸緒紛起，而要皆含咀醞釀而後出。[79]

陳維崧詞在早期雖「多為旖旎語」，但從中期便走上了抒寫社會人生的內容，悲涼慷慨的情韻與風格也隨之定型，正是「豪情豔趣，觸緒紛起」，兒女情深，風雲氣長。蔣景祁在序中先肯定陳維崧豪放詞價值，但也指出其「取裁非一體，造就非一詣」，熔眾長為一爐，兼擅眾體，具有多樣風格的特點。蔣景祁的詞學重心在於一個「變」字，他在〈陳檢討詞鈔序〉說：「文章之源流，古今同貫。而歷覽作者，其所成就，未嘗不各擅一家，雖累百變而不相襲。故讀之者，亦服習焉而不厭也。……然縱橫變化，存乎其人。」認為「變」的契機，在於每個人創造的獨特性，因為每個人的天生才性、氣質、偏嗜不同，後天的遭遇不一，所作必然有自家面目而不相襲，他反對「格規一定，意境無異」，反對「守其藩籬」。蔣景祁在《刻瑤華集述》中還說：

> 今詞家率分南北宋為兩宗，岐趨者易至角立。究之臻其堂奧，鮮不殊途同軌也。猶論曲，亦分南北，吾皆不謂之知音。[80]

他對於當時強分門戶的現象頗為不滿，所以在所編選的《刻瑤華》雖力推陽羨派詞人，但同時對浙西家也不偏廢。

又如史惟圓在〈蝶庵詞論〉云：

> 今天下詞亦極盛矣，然其所為盛，正吾所謂衰也。家溫、韋而戶周、秦，抑《金荃》、《蘭畹》之大憂也。夫作者非有《國風》美人、〈離騷〉香草之志意，以優柔而涵濡之，則其入也不微而其出也不厚。人或者以淫褻之音亂之，以佻巧之習沿之，非俚則誣。[81]

---

79 清・蔣景祁，〈陳檢討詞鈔序〉，見陳維崧《湖海樓詞》，陳乃乾輯，《清名家詞》第二卷（上海：上海書店，1982 年），頁 8。

80 清・蔣景祁，《刻瑤華集述》，見蔣景祁編《瑤華集》卷首（北京：中華書局，1982 年）。

81 清・史惟圓，〈蝶庵詞論〉，見陳維崧《陳迦陵文集》卷三〈蝶庵詞序〉引，《四在史氏看來，詞之盛衰的標準不在於參與創作者的多寡或風氣的盛衰，而在於是否有深厚的內涵，「家溫、韋而戶周、秦」，貌似興盛，但實際上則因不良的創作風氣而走上衰頹之路，史氏在此強調「出微入厚」，即要有志意的寄託，把麗詞排除於視野之外，重視詞的言之有物。

由上述可見，陽羨詞派拋棄了傳統詞的審美尺標，不專主豔情，而是建立一種雄健剛勁之氣的豪放詞風。他們之所以能調合南北宋，兼融並收，是因為陽羨詞家主張抒發性靈，不拘格套，關注現實，「陽羨詞派是特定的時代產物，其詞學理論的意義已不限於文學觀念本身」[82]，其創作規範乃起源於蘇軾，足成於稼軒，無論是取材、立意，陽羨詞家和蘇辛是心有靈犀、相互融合的，因為根源於人生社會的大背景的相似所形成的，換言之，詞史上辛派創作流的形成，並非歷代作家有意作鏈條式的連接，而是來自於時代社會外緣因素的相同，如民族矛盾、改朝換代、國脈如縷、社稷傾覆之際，反抗的情緒必然高揚，有欲報國者志節堅毅、威武不屈、或人生坎坷、懷才不遇，正是相似的苦難重重的現實人生，造就了一代又一代的稼軒式詞人，因心情相投而追求同樣的美學境界。所以陽羨詞人的創作傾向，是艱難的社會現實在文學創作上必然的反映，不是以幾位作家的個人意志為轉移的。陽羨詞家的正變觀，使得本來側重應歌伴舞淺斟低唱的豔冶妙品，發展而為可以馳縱自如地切入複雜多樣的社會生活。詞的風格並不只是以細緻嫻雅為正軌，而能縱筆之所如、滄茫激盪，展現不可一世之態。詞體愈發展，詞格愈開放，詞境愈博大，而詞品愈傾向多彩紛呈，多元融合，已全面突破本色論，這無疑是詞史上的一大進步。

部叢刊初編》集部本。

82 孫克強，《清代詞學》（北京：中國社會科學出版社，2004 年 7 月），頁 178。

第六節 浙西派以辨雅俗取代分豪婉以合詩教爲正

上述不論是雲間、廣陵、陽羨詞派，他們對正變觀雖有其主張，但總還能漸漸對多種風格給予肯定，也能以各別主觀性情來看待詞家不同風格，展現比較通達的兼容並收，不走極端，然而，這種通達觀念是與明清易代的社會背景及清人執政初期較為平和的施政方針有關，從順治末到康熙初年十七年之間，清廷鎮壓反抗勢力，激起了知識分子的以詞寫心，細泣幽吟，哀思悲懷，無不寓之於詞，所不同的是，雲間與廣陵詞家堅持詞的本色，是透過閨閣兒女之情，寫君臣之事，或用草木之微，歎身世之感；而陽羨詞派則突破了傳統詞的體性觀，呈現出以詞寫心，直抒胸臆的雄放磊落之音。康熙中期至乾隆朝，這一時期為可稱為滿清王朝的盛世，詞壇創作方式產生了轉向，「因為此時，清朝統治者已將思想領域的治理提上日程，對漢族士子的控制由外緊內鬆轉而內緊外鬆，表面上推進了不少籠絡漢人的政策，實質上則逐步加強對思想言論的箝制，以程朱理學取代明末清初思想界大解放的局面，在文藝思想上標榜清醇雅正的審美理想，極力引導文人去表現所謂盛世升平，試圖以此來淡化人們的故國之思或興亡之感。」[83]在康熙十八年，清廷首開「博學鴻詞科」，標誌盛世的開始，推行文化統治，以科舉籠絡民心，自此至乾隆末，成為清王朝的百年盛世。時代造人心，文人的心理態勢發生很大的變化，隨著先前的耆宿相繼謝世，文人的反抗心態逐漸被順應心態所取代，如雲間、廣陵詞家以豔情寄託時代感懷的嫵媚詞風和陽羨詞派直抒胸臆的豪放詞風都與時代的審美需求不相適應，離異色彩濃重的陽羨派

83 轉引自陳水雲，《清代詞學發展史論》，頁 99。

因政治傾向明顯與盛世不合從而退出了歷史的舞臺。以浙西六子（朱彝尊、李良年、李符、沈皞日、沈登岸、龔翔麟)為中心的浙西詞派[84]，正是適應了這個時代趨勢，從而登上歷史舞臺。

壹、崇揚醇雅，標舉清空

朱彝尊早期過著「羈愁潦倒」、「餬口四方，多與箏人酒徒相狎」[85]，情見於詞，詞多蒼涼幽怨之作，但經過了康熙十八年博學鴻詞一科，他的生活有了很大的轉折，在政治上由抵觸轉向依附清廷，其詞學觀也有了很大的變化，他的〈紫雲詞序〉體現了與前期不同的觀點：

> 昌黎子曰：「歡愉之言難工，愁苦之言易好。」斯亦善言詩矣。至于詞或不然，大都歡愉之辭，工者十九，而言愁苦者十一焉。故詩際兵戈俶擾攏流離鎖尾而作者愈工，詞則宜於宴嬉逸樂，以歌詠太平。[86]

說明了「窮而後工」之論可用於詩而不必用於詞，強調了詞須寫宴嬉逸樂之情，不必以詞言志寄慨。為了適應新朝的政治思想，朱氏改變了自己前期的論述，淡化了詞中的志意，全心追求「春容大雅」氛圍。詞本是來自於民間，以俗為本色，但在文人染指之後，則漸漸走向雅化，所以詞史的發展就是由俗復雅的歷程。「雅與俗並非兩個絕對的概念，而是相對變化的兩種尺度」[87]，「俗意味著不足和過分，雅則是對它的限制

---

84 關於浙西派的形成、組織、成員，可參考孫克強《清代詞學》，「第九章浙西詞派」，頁 180-185。

85 清・朱彝尊，〈陳緯雲紅鹽詞序〉，朱彝尊《曝書亭集》四十卷（台北：世界書局，1989 年）），頁 487。

86 清・朱彝尊，〈紫雲詞序〉，朱彝尊《曝書亭集》四十卷（台北：世界書局，1989 年）），頁 489。

87 引自馮淑然、艾洪濤〈論《四庫全書總目》的詞體美學觀〉，《河北大學學報》，2006 年第 3 期，第 31 卷，總第 129 期，頁 118-123。

與提高」[88]，朱氏要提高詞的水平，必然對不夠高雅的豔情詞與粗放的豪氣詞加以貶抑。於是，宋明代以來用「風格」為正變論內涵的這種舊說被懸置起來，而以在宋代以來就已出現的「雅、俗之辨」取代了「婉約、豪放之爭」的正變成為新的論詞標準。清初詞壇流行冶豔詞風，在創作上以柳永、周邦彥為師，廣陵詞人鄒祇謨和王士禛共同編選《倚聲初集》，對於以寫豔詞著名的董文友的少作之作「多所刪逸」。到了朱彝尊登上詞壇，更旗幟鮮明地舉起以「雅」為宗的論詞主張：「昔賢論詞必出於雅正，是故曾慥錄《雅詞》，鮦陽居士輯《復雅》也。」[89]清初詞學中的批評話語的改變與當時創作風氣轉變有密切的關係，詞發展到了浙西詞派，朱彝尊等人在政治上由剛開始的抵抗到後來轉向依附清廷的立場，相應地在文學上亦表現出復古傾向，又欲以糾正明詞之庸陋鄙俗為己任，樹起了「醇雅」的論詞標準。浙派詞人不認同雲間、廣陵傾向於綺豔之風，也不認同陽羨詞人的豪壯奔放，辛棄疾在浙派詞人心中的地位急劇下降，朱彝尊在〈水調歌頭・送紐玉樵宰項城〉中說過：「吾最愛姜、史，君亦厭辛、劉」[90]，乃因崇雅抑俗，俗意味著不足，對辛棄疾的排斥態度極為鮮明。在正變方面，必然推尊南宋風雅詞派姜、張等人，認為「詞莫善於姜夔」[91]、「填詞最雅無過石帚」[92]。

朱氏的後繼者厲鶚亦標榜「雅正」，其〈群雅集序〉云：

---

88 康正果，《風騷與豔情—中國古典詩詞的女性研究》（鄭州：河南人民出版社，1988年），頁260。

89 清・朱彝尊，〈群雅詞序〉，《曝書亭集序》卷四十三（台北：世界書局，1989年），頁491。

90 清・朱彝尊，〈水調歌頭・送紐玉樵宰項城〉，見朱彝尊《曝書亭詞》，陳乃乾輯，《清名家詞》第三卷，頁33。

91 清・朱彝尊，〈黑蝶齋詩餘序〉，見《曝書亭集》卷三十六（台北：世界書局，1989年），頁488。

92 清・朱彝尊，〈詞綜・發凡〉，見朱彝尊、汪森編《詞綜》（上海：上海古籍出版社，1999年11月），頁6。

> 材之雅者，《風》之由美，《頌》之所由成。由《詩》而樂府而詞，必企夫「雅」之一言，而可以卓然自命為作者。……詞之為體，委曲嘽緩，非緯之以雅，鮮有不與波俱靡而失其正者矣。……今諸君詞之工，不減小山，而所託興，乃在感時賦物、登高送遠之間，遠而文，澹而秀，纏綿而不失其正，騁雅人之能事。[93]

厲鶚認為不論是教化、諷刺、盛德形容，都要不能偏離「雅」的規範，這一點由而《詩》而樂府而詞，是完全一致，對於以抒發性靈的詞而言，更是重要，如何能達到「雅」呢？由他所謂的「遠而文，澹而秀，纏綿而不失其正」來看，是在於語言的清淡雅致，以清淡雅語言來節制詞的「委曲嘽緩」，是把清遠疏淡作為體現雅正的途徑。他更以「清」作為評定作品的重要依據，他在〈論詞絕句〉[94]中云：「張、柳詞名枉並驅，格高韻勝屬西吳。」厲鶚論詞標舉「格高韻勝」，以三影名詞展現清靈韻勝的張先，非柳永能及。又如「鬼語分明愛賞多，小山小令擅清歌。」他讚美小山，在於其能清歌，而不流於綺靡。他追求清雅的文人韻致，與朱氏一樣讚賞姜夔：「舊時月色最清妍，香影都從授簡傳。」對張炎也極度讚賞：「玉田秀筆溯清空，淨洗花香意匠中。」由此可見，厲鶚論詞以「清」為審美典範，以「清」為風格之正，他著眼於清靈淡泊之美、澄澈空遠之境，而非蘇辛一路上接詩騷精神的大雅之作。厲鶚為何以「清」為雅正呢？浙派發展到厲鶚已是清代中葉，厲鶚出身寒門，早年喪父，家境清貧，雖亦標榜「雅正」，但創作個性偏好「幽冷」、「孤淡」，社會背景與個人遭遇，都會影響到詞學理論的修正。厲氏以「清」釋「雅」，構建更高的詞學審美規範，較之朱氏，厲鶚的藝術觀點更趨極端化，不

93 清・厲鶚，〈群雅集序〉，《樊謝山房文集》卷四，見《樊謝山房集》卷七，見厲鶚著、董兆熊注、陳九思標校：《樊榭山房集》（上海：上海古籍出版社，1992年6月），以下凡舉厲鶚之言，皆出此本，不再一一註明。

94 清・厲鶚，〈論詞絕句十二首〉之一，見《樊謝山房集》卷七。

只是「雅」為正聲，更以「清」為正格，也導致了審美趣味太過狹隘，弊端漸起。

又王昶〈國朝詞綜自序〉云：

詞長短句，本於《三百篇》並漢之樂府……李太白、張志和始為詞，以續樂府之後，不知者謂詩之變，而其實詩之正也。由唐而宋，多取詞入于樂府，不知者謂樂府之變，而其實詞正所以合樂也。且夫太白之「西風殘照，漢家陵闕」,〈黍離〉行邁之意，志和之「桃花流水」,〈考槃〉、〈衡門〉之旨。嗣是溫岐、韓偓諸人，稍及閨檐，然樂而不淫、怨而不怒，亦猶是〈摽梅〉、〈蔓草〉之意。至柳耆卿、黃山谷輩，然多出於褻狎，是豈長短句之正哉！……是詞乃《詩》之苗裔，且以補《詩》之窮。[95]

這段文字的重點在說明詞對《三百篇》雅正傳統的繼承關係。王昶通過考察唐宋詞史，論證尚雅是詞史發展過程中的主流，如李太白的〈憶秦娥〉含〈黍離〉行邁之意，張志和〈漁父詞〉有〈考槃〉、〈衡門〉之旨，溫庭筠、韓偓諸人「稍及閨檐，然樂而不淫、怨而不怒，亦猶是〈摽梅〉、〈蔓草〉之意」。強調後世論詞應以雅正為原則，力圖與《風》、〈騷〉接軌。

貳、取法南宋，局限於姜張

浙西詞派為了順應康乾盛世，順應清淡雅正的美學思想，便標舉了宗法南宋、推尊姜張，朱彝尊《詞綜・發凡》云：

世人言詞，必稱北宋。然詞至南宋始極其工，至宋季而始極其變。姜堯章氏為傑出。

浙派詞人以南宋諸家為師，重南輕北，強調詞至宋季而始極其變，

---

95 清・王昶，〈國朝詞綜自序〉，見王昶：《國朝詞綜》（台北：臺灣中華書局，1971年11月，初版），頁1。

但這個「變」是以醇雅為終點的「變」，一種走向極端的「變」。

又如李良年在〈錢魚山詞序〉中亦說：

宋固多專於詞者，至南宋盛，白石、玉田、夢草二窗極專家之態事矣。[96]

汪森〈詞綜序〉云：

以詞為詩餘，殆非通論矣。西蜀、南唐而後，作者日盛。宣和君臣，轉相矜尚。曲調愈多，流派因之亦別；短長互見，言情者或失之俚，使事者或失之伉。鄱陽姜夔出，句琢字煉，歸於醇雅。於是史達祖、高觀國羽翼之，張輯、吳文英師之於前，趙義夫、蔣捷、周密、陳允衡、王沂孫、張炎、張翥效之於後；譬之於樂，舞《箾》至九變，而詞之能事盡矣。[97]

汪森論述了詞的流變史，對西蜀、南唐詞一筆帶過，對北宋也未置一詞，卻對南宋諸家一一交代，指出宣和詞俚亢，姜夔詞醇雅，末尾更強調宋以後而「詞之能事盡矣」，其崇南抑北的立場非常鮮明。這種偏狹的目光和門戶之見，導致對詞史的論述不夠全面、客觀。浙派宗法南宋，但也只是宗其中的醇雅一派，只以姜張、二窗為宗師，非取南宋詞整體，更不用說對唐五代兩宋詞做全體的觀照。

厲鶚是浙派中後代表，其論詞亦繼承朱氏的定調，在〈張今涪紅螺詞序〉云：

嘗以詞譬之畫，畫家以南宗勝北宗。稼軒、後村諸人，詞之北宗也；清真、白石諸人，詞之南宗也。[98]

中國繪畫史上的南北宗之說始於明代董其昌，董氏他把唐代以來的山水畫分為南北兩大派系，有崇南抑北之意[99]，厲鶚在此乃借用董氏的二分法

96 清・李良年，〈錢魚山詞序〉，《秋錦山房集》卷十五，收錄於《四庫存目叢書》（台南縣：莊嚴文化，1997年），集部：別集類，第251冊。

97 清・汪森，〈詞綜序〉，朱彝尊、汪森編《詞綜》（上海：上海古籍出版社，1999年11月），頁5。

98 清・厲鶚，〈張今涪紅螺詞序〉，見厲鶚《樊榭山房文集》卷四。

99 可參考《中國藝術史》（成都：電子科技大學出版社，1995年）第三篇「繪畫」

來判定宋詞的派別，遵循著朱彝尊的調性。其次，厲鶚的論詞與浙派前期獨尊白石有明顯不同，那就是「清真、白石諸人，詞之南宗也」，強調北宋的周邦彥的示範作用。又在〈吳尺凫玲瓏詞序〉云：

> 兩宋詞派，推吾鄉清真，婉約深秀，律呂諧協，為倚聲家所宗。尺凫之為詞也在中年以後，故寓托既深，攬擷亦富，紆徐幽邃，惝怳綿麗，使人有清真再生之想。[100]

值得注意的是厲鶚把宗法對象上溯到周邦彥，並以周邦彥為兩宋詞派之祖，並強調周詞具有「寓託既深，攬擷亦富，紆徐幽邃，惝怳綿麗」的特色，在此非強調政治寄託情感內涵，而是強調一種純粹的藝術美。周邦彥是宋詞史上「結北開南」的重要作家，集北宋以來詞藝術技巧之大成，是南、北宋詞風轉折的關鍵人物[101]，厲鶚之尊清真，其意義正如蔣哲倫所謂「在客觀上拓寬了浙西詞人的眼界，使他們雖主南宋亦不偏廢北宋，于其中也透露了浙西詞人想走折衷調和之路」[102]。

參、中後期突破南北之別和門戶之限

朱彝尊提出醇雅與宗南宋，當宗南宋之風籠罩雍、乾詞壇，其詞學唯南宋是尚的弊病也日趨顯露，尤其厲鶚強調清雅超逸，以致追隨者一味追求「詞品」之「超」、「逸」，但卻極力在作品中避免流露自我真情，正如杜詔在為顧貞觀《彈指詞》作序云：

> 竹垞神明乎姜、史，刻削雋永，本朝作者雖多，莫有過焉者。雖然，緣情綺靡，詩體尚然，何況乎詞？彼學姜、史者，輒摒棄秦、

第三節：〈宗派林立的明代山水畫〉，頁 306。

100 清‧厲鶚，〈吳尺凫玲瓏詞序〉，見厲鶚《樊榭山房文集》卷四。

101 葉嘉瑩認為周邦彥是從北宋崇尚自然感發走向思力安排的關鍵人物，參見葉嘉瑩《唐宋名家詞賞析‧柳永、周邦彥》（台北：大安出版社，1992 年），頁 57、81。

102 引自蔣哲倫、傅蓉蓉合著，《中國詩學史‧詞學卷》（廈門：鷺江出版社，2002 年 9 月），頁 252。

柳諸家，一掃綺靡之習，品則超矣，或者不足於情。[103]

杜詔一針見血地點出了浙派一味強調醇雅、有意玩弄形式技巧，導致「品則超矣，卻不足於情」，缺乏性情，這也是浙派走上下坡的重要因素。

浙派中賢者開始對之進行修正，因此他們分析詞作的視角開始發生變化，注意到了朱、厲等人所忽視的創作主體精神世界的問題，認為師法姜、張諸人，不重在師其面而在師其心，論其詞，必須論其人，把作者與作品聯繫起來，把詞品歸之於人品。如浙西詞家王昶亦推崇南宋詞家姜夔、張炎，但注重的卻是詞人的人生經歷和人格氣節，他在〈琴畫樓詞鈔自序〉云：

自元明以來，三、四百年，往往以詩為詞，粗厲媟褻之氣乘之，不復能如南宋之舊。而宋末詩人於社稷滄桑之故、江湖萍梗之意，隱然見於言外，豈非變而復歸於正，與騷雅無殊者歟？[104]

浙派詞家皆推尊南宋，但各家推尊南宋所提舉的理由卻不盡相同，也有著發展變化。朱、厲等人乃偏重於能在藝術技巧上展現一種清新高雅的韻致，而王昶乃立足於南宋詞家的家國身世之感、人生經歷的深沉寄託。不像朱、厲宗南宋，只是篩選擷取合乎他們藝術要求與審美標準的南宋詞家。

浙派的後期，因乾隆皇去世，嘉慶親政，雖迅及逮捕和珅，試圖肅清吏治，還廣開言路，然政體腐朽，已是積重難返。在危機四伏的政治形勢下，經世致用的文學思潮開始萌芽，康乾盛世時，浙派所鼓吹的清雅詞風，此時已無法適應時勢所需，於是浙派在理論上稍有了調整，門

103 杜詔〈彈指詞序〉，引自施蟄存，《詞籍序跋萃編》，北京：中國社會科學出版社，1994 年，頁 542。

104 清・王昶，〈琴畫樓詞鈔自序〉，《春融堂集》卷四十一，《續修四庫全書》（上海：上海古籍出版社，1995 年），1438 冊。

戶有了開放的趨勢，此時的成員，已能較持平地看待正變問題。如吳錫麒在〈董琴南楚香山館詞鈔序〉中云：

> 詞之派有二：一則幽微要眇之音，婉轉纏綿之致……姜、史其淵源也。本朝竹垞繼之，至吾杭樊榭而其道盛。一則慷慨激昂之氣，縱橫跌宕之才……蘇、辛其圭臬也。本朝迦陵振之，至吾友瘦桐（按：張塤)而其格尊。然而過涉冥搜，則縹緲而無附；全矜豪上，則流蕩而忘歸。性情不居，翩其反矣。是惟約精心而密運，聳建骨以高騫，而又諧以中聲，調之穆羽，乃能窮笛家之勝，發琴旨之微，飄飄乎如遺世獨立之仙，浩浩乎有御風而行之樂，一陶並鑄，雙峽分流，情貌無遺，正變斯備。[105]

浙派後期的吳錫麒雖然仍有正、變的觀念，但已仍較公允地看待「姜、史其淵源」、「蘇、辛其圭臬」兩派，對二派都有抑有揚，二者有可取處，亦有不足之處，對於不同風格之詞應「一陶並鑄，雙峽分流」，應揚長避短，主張兩派並進，各展所長，不能以姜、史之新清為是，以蘇、辛之橫逸為非。他已意識到只宗南宋醇雅會「過涉冥搜」而「縹緲而無附」，在當時一味崇揚姜張的呼聲中能指出這一點，著實可貴，較之朱、厲二人一味崇尚雅正，取法姜、張，這是一次理論的飛越與突破，也具有消解傳統正變觀的積極意義。而他倡導「豪婉並鑄，正變斯備」，乃是從審美的角度來分析不同藝術風格各有佳處，跳出了浙派前人只以醇雅為宗的偏差。

此外，吳錫麒論詞還有一個重點，注重性情，他在〈張淥卿露華詞序〉曰：

> 昔歐陽公序聖俞詩，謂窮而後工，而吾謂惟詞尤甚。蓋其蕭寥孤寄之旨，幽敻獨造之音，必與塵事罕交，冷趣相洽，而後托么弦

105 清・吳錫麒，〈董琴南楚香山館詞鈔序〉，《有正味齋駢體文》卷八，《續修四庫全書》，1468 冊。

而徐引，激寒吹以自鳴，天籟一通，奇弄乃發。若夫大酒肥魚之社，眼花耳熱之娛，又豈能習其鏗鏘，諧諸節奏。[106]

這一論點與朱彝尊〈紫雲詞序〉說詞「大都歡愉之辭，工者十九」、歌詠昇平的看法正好相反，因為吳氏以為作詞是來自於詞人主體情感，詞的工巧和作者的生活環境密不可分，只有將內心的情感發之於詞才能感人。吳錫麒的性情與天籟說，已明顯地突破了浙西派的藩籬。

浙派後期尚有一位重要人物郭麐，在突破浙派門戶之藩籬上，比起吳錫麒走得更遠，他能完全跳出崇正抑變的傳統圈限，對蘇辛詞予以肯定，其〈無聲詩館詞序〉云：

詞家者流，其源出於國風，其本沿齊梁，太白至五季，非兒女之情不道也。宋立樂府，用於慶賞飲宴，於是周、秦以綺靡為宗，史、柳以華縟相尚，而體一變。蘇、辛以高世之才，橫絕一時，而奮末、廣憤之音作。……然寫其心之所欲出，而取其性之所見，千曲萬折以赴聲律，則體雖異，而所以為詞者，無不同也。……進么弦而笑鐵撥，執微旨而訾豪言，豈通論乎！[107]

這段文字的重點並不在對詞史的敘述，而在於強調「然寫其心之所欲出，而取其性之所見」，揭示作品風格的形成是來自於作者的性情、個性。郭麐從寫心、適性的角度出發，認為只要能抒寫性情，各種風格都應該被肯定，他調整了朱、汪二人獨尊南宋姜張、只尚醇雅的偏狹傾向，不但為唐五代、北宋詞的詞史地位留下一席之地，同時也認為豪放與婉約皆有其長，不應偏執於一格，「么弦」與「鐵撥」、「微旨」與「豪言」皆有其價值與重要地位，正如他亦肯定陳維崧的豪放詞：

迦陵詞伉爽之氣，清麗之才，自是詞壇飛將。竹垞所謂「前身定

106 清・吳錫麒，〈張淥卿露華詞序〉，《有正味齋駢體文》卷八。
107 清・郭麐，〈無聲詩館詞序〉，見《靈芬館雜著》卷二，收入《叢書集成續編》（臺北：新文豐出版公司，1989 年）。

自青兕，非妄譽也。[108]

陳維崧詞最大的特點就是模仿辛棄疾，以壯語豪情著稱，朱彝尊將辛棄疾視為陳維崧的前身，由浙派郭麐對陳維崧的推崇，也間接地表現了對辛棄疾的認同。這完全是純以審美的尺度來衡定作品的高度，因為確立了新的審美視角，所以就突破了浙派獨宗姜張的局限，拓展審美視野，拓寬藝術趣味，肯定了多樣風格。

從吳錫麒到郭麐的論述，我們可見浙派的眼光漸漸通達博大，他們不再偏執一端，而是涵納百川，兼容並蓄，這顯示了浙派不再以姜張為獨尊，同時亦肯定蘇辛的歷史地位。然而，雖然他們在對待蘇辛的態度上有所開放，卻沒能完全走出浙派的牢籠，他們仍視姜、張為詞的最高境界，類似的說法常常可見：

> 詞之為體，大略有四……姜、張諸子，一洗華靡，獨標清綺，如瘦石孤花清笙幽磬，入其境者，疑有仙靈，聞其聲者，人人自遠。夢窗、竹屋，或揚或沿，皆有新雋，詞之能事備矣。[109]

> 又言世之言詞者，動曰南唐、北宋，詞實至南宋而始極其能。此亦不易之論也。[110]

> 本朝詞人，以竹垞為至……其所自為，則才力既富，採擇又精，佐以積學，運以靈思，直欲平視花間，奴隸周、柳。姜、張諸子，神韻相同，至下字之典雅，出語之渾成，非其比也。[111]

郭麐習以「詞之能事備矣」評價姜張諸子，說明其突破門戶之見的

---

108 清・郭麐，《靈芬館詞話》卷一，《詞話叢編》，頁 1509，
109 清・郭麐，《靈芬館詞話》卷一，《詞話叢編》，頁 1503。
110 清・郭麐，《靈芬館詞話》卷一，《詞話叢編》，頁 1504，
111 清・郭麐，《靈芬館詞話》卷一，《詞話叢編》，頁 1503。

意識和企圖挽救浙西詞派的力量仍是十分有限的。他們對宗南宋的修正，只是為了維繫浙派門戶的需要。

浙西詞派宣揚姜張醇雅清空，但事實上它們只保留了姜、張清空之「形」，卻抽去了其「神」，朱氏在康熙十八年攜南宋遺民詠物詞集《樂府補題》入京，在京師引發了一陣後補題的唱和熱，然而當他察覺了上層的文化動向後，便在創作中背離了《樂府補題》抒發哀思、感慨興亡的寄託精神，而轉為追求語言雅潔、音律協美的外在技巧形式，對此，譚獻批評：「《樂府補題》別有懷抱，後來巧構形似之言，漸忘古意，竹垞、樊榭不得辭其過」[112]，這種重形輕神之弊，使得浙派末流都貌似南宋，但是偏於雕琢技巧，卻缺乏思想內容，對此有不歸屬於浙派的理論家謝章鋌《賭棋山莊詞話》對浙派之弊有一針見血的批評：

> 至今日襲浙西之遺製，鼓秀水之餘波，既鮮深情，又乏高格，蓋自樊榭而外，率多自檜無譏，而竹垞又不免供人指摘矣。[113]

> 大抵今之揣摩南宋，只求清雅而已，故專以委夷妥帖為上乘，而不知南宋之所以勝人者，清矣而尤貴乎真，真則有至情，雅矣而尤貴乎醇，醇則耐尋味。若徒字句修潔，聲韻圓轉，而置立意於不講，則亦姜、史之皮毛，周、張之枝葉已。雖不纖靡，亦且浮膩，雖不叫囂，亦且薄弱。[114]

浙派一味講雅，但卻忽略了言為心聲，詞本為作者本心的流露，謝氏主張詞更要言情，要有情趣，「雅如美人之貌，趣是美人之態，有貌無態，如皋不笑，終覺寡情」[115]，強調探討作品所隱含的情感世界，比探求

---

112 清・譚獻，《復堂詞話》，《詞話叢編》，頁 4008。
113 清・謝章鋌，《賭棋山莊詞話》卷九，《詞話叢編》，頁 3433。
114 清・謝章鋌，《賭棋山莊詞話》卷十一，《詞話叢編》，頁 3460。
115 清・謝章鋌，《賭棋山莊詞話》卷十一，《詞話叢編》，頁 3461。

外在的形式更有意義。

從王昶、吳錫麒、郭麐的漸漸開通，被浙派詞人為詞體婉約蘊藉的形式所遮蔽的作者的生活體驗、內心世界，終於被強調而突顯在人們眼前。但謝氏所指出的浙派末流一味以雅為宗，但雅而不趣，不講立意，漠視思想內容，餖飣辭藻，仍形成了意旨枯寂的缺憾，這缺憾，不得不待常州詞派以意格救之。

第七節　常州派轉以意論詞以「文有其質」爲正

在浙西詞人努力拓展清雅詞風的同時，常州一地仍保持著抒寫性情的傳統。常州詞派崛於清中葉後，其時社會衰弱、國家危機之象已日益明顯，清廷的文化箝制政策仍未放鬆，文人不得不以綺麗之體來包裝忠愛之旨。於是正變論的立足點也開始發生變化，不再以風格的不同而有所軒輊，轉而關注創作主體的性情與作品的內蘊，承接陽羨派以性情論，但不同的是，常州詞派仍注重「文質相稱」之藝術表現。

壹、以「意內言外」之「文質相稱」為正聲

一、張惠言以意格為區分正變的標準

常州詞派的正變觀，肇始於張惠言[116]，為了糾正乾嘉詞壇的頹風，加之復古主氛圍的籠罩，張惠言倡導有為而作，以意格論詞，並以之作為區分正變的出發點，張惠言〈詞選序〉云：

116 潘曾瑋為周濟《詞辨》作序云：「余向讀張氏詞選，喜其於源流正變之故，多深造自得之言。」（見《詞話叢編》，頁 1638）可見常州派之正變觀，從張惠言開始。

敘曰：詞者蓋出于唐之詩人採樂府之音以制新律，因系其詞，故曰詞。傳曰：「意內而言外謂之詞」。其緣情造端，興於微言，以相感動，極命風謠，里巷男女，哀樂以道。賢人君子幽約怨悱不能自言之情，低徊要眇，以喻其致。蓋《詩》之比興，變《風》之義，〈騷〉人之歌，則近之矣。[117]

如果說浙西詞派的正變論，是從審美形式上來強調傳統詩教對詞體的要求，必須展現醇雅之風，那麼常州詞派並不拘泥詞的本色風格，而是注重詞在「緣情」本性的基礎上，必須涵納「言志」的宗旨，即「意內而言外」。「意內而言外」一語，明確地表現了他對詞內蘊、意涵的高度重視。此「意」乃「變《風》之義，〈騷〉人之歌」，則是集中在政治倫理教化的層面，張惠言在詞學理論上以儒家傳統詩教為基礎，重視詞的比興寄託，並確立了詞體的正變觀，凡是繼承溫柔敦厚、主文譎諫的文學傳統、合於風騷比興之義、歸於騷雅者皆為「正」，反之則為「變」，且把這種正變思想貫穿於對歷代詞家所作的總體評價上。以詞作是否能達成內容與形式的統一、思想與技巧的結合，來衡定正變。他又說：

然其文小，其聲哀，放者為之，或跌蕩靡麗，雜以猖狂俳優。然要其至者，莫不惻隱盱愉，感物而發，觸類條暢，各有所歸，非苟為雕琢曼辭而已。……宋之詞家，號為極盛，然張先、蘇軾、秦觀、周邦彥、辛棄疾、姜夔、王沂孫、張炎淵淵乎文有其質焉。[118]

他認為作品之「至者」，在於是否以立意為主，能否「感物而發」。他對於浙西詞家偏於對「雕琢曼辭」外在「文」的講究頗為不滿。論兩宋詞時，他將張、秦、周、蘇、辛、姜、王等人同列為「正」，在此可見

117 清・張惠言，〈詞選序〉，見張惠言・董毅編《詞選・續詞選》（北京：華夏出版社，2006年1月），頁1。

118 清・張惠言，〈詞選序〉，見張惠言、董毅編，《詞選・續詞選》，頁1。

張氏正變觀與傳統的「婉約為正、豪放為變」的差異，張氏並不著眼於風格，他認為不論豪放、婉約悉可為「正」，但必須「淵淵乎文有其質焉」。「淵淵乎文有其質」者，皆為正聲，仍是以「意涵」作為衡量詞作的標準。但他心中的「意」，非一般性的情意，是指作品所抒發的情感是符合儒家詩教觀，即《詞選・序》中的「詩之比興，變風之義，騷人之歌，則近之矣」，說明張氏的正變觀是建立在儒家政治教化的基礎之上的。他以「文有其質」、文質相兼為主要價值取向，而「質」的重要性更甚於「文」。「質」的內涵即「賢人君子幽約怨悱不能自言之情」，即「感士不遇」和「忠愛之忱」。從文中可確知，這種「正變觀」完全服從於政教核心，他關注作品的藝術性只是為了更好地表現內容，很明顯有過度「重質而輕文」的偏頗，所以陳廷焯說：「張氏《詞選》，不得已為矯枉過正之舉」[119]，此「過正」處，就在於「質」與「文」的關係上，太過偏「質」而輕「文」，在以思想內容推尊詞體的同時，卻是以抹煞詞的藝術美感為代價的。如何讓詞體從重教化、社會功利導向重抒情、重創作主體精神的調整轉移，有待常州後起之秀的修正。

二、董士錫以情提昇詞審美特性

張惠言論詞著重在詞的社會功能，但其缺點即在於忽略了詞的審美功能，漠視了作者自身感情的抒發。個人情感幾乎不受張惠言的關注，既是他的弟子也是外甥的董士錫為周濟詞集作序時就調整張氏理論的偏差，提出作者感情的重要：

> 士不能出其懷持以正於世，不得已而取其生平悲喜怨慕之情，發而為文，以見其志，亦非君子之所尚矣。故曰：君子之道，修身以待命，正也；怨，非正也。雖然，將抑其情而不予之遂耶？抑

119 清・陳廷焯，《白雨齋詞話》序言，見《詞話叢編》，頁3750。

> 之不已，其氣慘黯而不舒，其體屈撓而不寧，而偏激躁矜之疾生。故君子之道，不引乎情，不可以率乎禮，蓋及其活心澤身之學既大成，其幾過中之情固可以漸而化之。然吾徒俯仰一世，感慨人己，情之所發，跌蕩往反，固所不能自已者也。[120]

董氏雖注重詩教規範對過中之情的約束，指出「怨，非其正也」，認為情感惟有在「以禮節情」的詩教約束之下才可「漸而化之」，但仍然肯定詞「取其生平悲喜怨慕之情，發而為文，以見其志」的合理性。董氏所謂的情是「生平悲喜怨慕之情」，與個人的人生經歷、身世之感有關，不同於明人的「主情」是專指男女情慾。較之張惠言所謂的「幽約怨悱」之情，董氏所提的情感的濃度與烈度要大得多，他認為當心理精神遭受壓抑打擊，通過創作得以獲得安慰，創作對於失意者來說是一種生命之必需。生命情感如水，不宣泄於外，必將折損於內，以致偏激躁矜之疾生。文學功能既有功利實用的一面，也有心理平衡、調節的功能，董氏更為重視文學的心理調節功能，認為創作可以讓作者心靈得到移轉、平衡。董氏提出這一詞學觀的意義，正如朱惠國所言：「在於糾正了常州詞派創始人張惠言在詞學理論上的偏差，使詞的創作由強調社會轉向強調作者內心，由外向而開始內斂，更側重於創作者主體的心理意識和情感活動詞作者社會責任感被重新喚醒後，心中原有的文學本位意識同樣不能被淡化，文與質這對矛盾在任何時候都不能偏廢。」[121]由此可見，常州詞家已重視詞的宣述內心不平之情的作用，其作用不是指向外部的社會，而是作家內在的心裡，詞並非只是表現作家的政治理想，也回歸自我，如此一來，詞作為心緒文學的地位仍舊得到保障，並不因為確立了「言志」的內涵而喪失性靈。由此可見董氏在「質」與「文」的關係中更強調「文」

120 清・董士錫，〈周保緒詞敘〉，見董士錫《齊物論齋文集》卷二，《續修四庫全書》，1507 冊，上海：上海古籍出版社，1995 年。

121 朱惠國，《中國近世詞學思想研究》（上海：上海古籍出版社，2005年6月），頁69。

的地位，對張惠言矯枉過正的論述作了某種程度的修正。

三、周濟調合張、董各自所偏，強調文質並重

張惠言論詞偏重詞外向的社會功能，董士錫強調詞對內的審美功能，而周濟卻是對張、董二人作了兼收並蓄，潘曾瑋在為周濟《詞辨》作序云：

> 介存自序，以為曾受法於董晉卿，亦學於張氏者。介存之詞，貳于晉卿。而其辨說，多主張氏之言，久欲刻而未果。其所選與張氏略有出入，要其大旨，固深惡夫昌狂雕琢之習而不反，而極思有以釐定之，是固張氏之意也。[122]

從這段論述可見周濟承在繼張氏的論述之餘，也汲取了董氏的理念。周濟對張氏矯枉過度不讚成，對董氏一味向內地強調心裡也不同意，所以在張、董二人的論述基礎上作了調合折中的道路。其〈詞辨自序〉云：

> 爰錄唐以來詞為十卷，而敘之曰：古稱作者，豈不難哉。自溫庭筠、韋莊、歐陽修、秦觀、周邦彥、周密、吳文英、王沂孫、張炎之流，莫不蘊藉深厚，而才豔思力，各騁一途，以極其致。[123]

由此可見周濟心中能被劃入正卷範疇的必須具備「蘊藉深厚」的條件，「蘊藉深厚」這一正變的標準與張惠言論詞之流變所提出的「深美閎約」、「淵淵乎文有其質」意旨相近，即強調作品必須有寄託，在表現上要講究含蓄。由此可見周濟的選詞標準基本上仍是沿襲張惠言的「正聲」之宗旨，只不過他在承繼張氏重格高意厚的前提下，仍注重藝術表現，注重風格的多樣性，「由張惠言『的重質輕文』到『文質並重』」[124]：

---

122 清・潘曾瑋刊，《詞辨序》，《詞話叢編》，頁 1638。
123 清・周濟，〈詞辨自序〉，《詞話叢編》，頁 1637。
124 朱紹秦、徐楓，〈清代詞學『正變觀』的新立論—論周濟正變觀與張惠言的異同〉，

> 夫人感物而動，興之所託，未必咸本莊雅。要在諷誦紬繹，歸諸中正，辭不害志，人不廢言。雖乖繆庸劣，纖微委瑣，苟可馳喻比類，翼聲究實，吾皆樂取，無苛責焉。

周濟在遵循張惠言的重意格的同時，還能對作品多樣風格兼收並容，在他的眼中，只要能給予讀者「歸諸中正」之想的，即使作品未必「咸本莊雅」，他亦能接受；只要作品具有「感物而動，興之所託」的真情實感，哪怕「乖繆庸劣，纖微委瑣」，也都收錄。較之張惠言，周濟較能堅持從詞的藝術性出發，其關注點在於審美趣味，「因此這不僅與張惠言側重於思想性的比興論不同，而且也與董士錫單從審美角度論有異」，「這樣周濟就調和了張氏的片面向『外』，董氏的片面向『內』的兩端傾向，打通了功利論和非功利論之間個壁壘，兼顧了詞作的社會功能、心理功能和藝術審美功能，使他的詞論具有了更大的包容性」[125]。周濟對張、董二人的理論做了折中兼容的做法。其以《詞辨》命名該選本，本身就表明辨正變為主旨，周濟此選是以溫庭筠等十七家為「正」，以李煜等十五家為「變」[126]，這種選詞的標準與張惠言似乎無甚差別[127]，其基本觀念仍是主張雅正系統的。不過，在對待「變」的看法，周濟卻比張惠言通達，對李煜等人並不以「雜流」斥之，也未以「變體」、「別格」字眼來加以區別對待。他明確指出：

《華中師範大學學報》，第41卷第2期，2002年3月，頁67至71。。

125 引自黃志浩，〈論常州派理論之流變〉，《廣東民族學報》1997 年第 3 期，總第 41 期，頁 34-37。

126 清・周濟，〈詞辨・後記〉云：「向次《詞辨》十卷，一卷起飛卿為正。二卷起南唐後主為變。」見《詞話叢編》，頁 1636。

127 周濟對正變的劃分直接延續了張惠言，張惠言認為「溫庭筠最高，其言深美閎約」，周濟則「一卷起飛卿為正」；張惠言認為「五代之際，孟氏、李氏君臣為謔，競作新調，詞之雜流，由此起矣。」周濟則「二卷起南唐後主為變」，且接著就是孟昶。另外，在對正聲的判定上，周濟以「蘊藉深厚」為正聲之標準，與張惠言所說的「深美閎約」、「淵淵乎文有其質」大同小異。

> 南唐後主以下，雖駿快馳騖，豪宕感激稍濊矣，然猶皆委曲以致其情，未有亢厲剽悍之習，抑亦正聲之次也。[128]

張惠言的「變」是「正」的對立面，變就是不正，對變聲全面鄙棄，故其選詞標準較嚴，作品必須追攀《風》、〈騷〉，方能符合正聲標準。而周濟雖以「蘊藉深厚」為正聲標準，但對「變」的理解，較之張氏更為寬闊，謂「正聲之次」，並未謂之「變格」、「別調」，他仍肯定變格的李煜詞大體上仍能「委曲以致其情」，言語之中並沒有貶抑之意。可見他不是從政治教化的觀點來區分正變，而是著眼於藝術風格的流變，這種評價是公允的，但值注意的是周濟所謂的「變體」並不同於前人所說「豪放」，他在對待正變的立場上雖然有主次之分，但並沒有太大的高下之別，其正變之辨即是在這個相對寬泛的基礎上開展的。正如他對李後主的評價極高，《介存齋論詞雜著》云：

> 李後主詞，如生馬駒，不受控捉。毛嬙、西施，天下美婦人也，嚴妝佳，淡妝亦佳，粗服亂頭，不掩國色。飛卿，嚴妝也。端己，淡妝。後主，則粗服亂頭也。[129]

李煜不加修飾的自然美，如生馬駒，難以駕控，雖非正宗婉約詞，但與溫韋之華麗清婉相比，各有特色，因此，正變之分，主要在於風格形態的不同，這些品評和見解，都顯示出周濟較張惠言有更為進步開闊的藝術視野。周濟已能立足於詞的審美視角，提倡文質兼重的正變觀，使得明清以來的正變觀能開啟新的內涵，朝向藝術性發展。後繼者謝章鋌、陳廷焯、況周頤都進一步地把正變批評提昇為一種「時代性」的審美觀，這部份容後述之。

貳、以取法北宋的學詞門徑論時代之盛衰正變

128 清‧周濟，〈詞辨自序〉，見《詞話叢編》，頁 1637。
129 清‧周濟，《介存齋論詞雜著》，《詞話叢編》，頁 1633。

宋詞有南北之分，宋之後的詞學史，始終存在北宋與南宋之別。[130]清代詞壇各派也一直存在宗北、宗南的差異。蔡嵩雲《柯亭詞論》說：「常州派倡自張皋文，董晉卿、周介存等繼之，振北宋名家之緒，以立意為本」[131]，取法北宋乃常州詞家學詞門徑，張惠言〈詞選序〉云：

> 故自宋之亡而正聲絕，元之末而規矩隳。以至於今，四百餘年，作者十數，諒其所是，互有繁變，皆可謂安蔽乖方，迷不知門戶者也。

張惠言論斷宋代以後的詞均由正趨變，對於元至清的四百年間詞壇狀況不勝感慨，乃是從時代歷史的發展來判斷今不如昔的慨歎。又云：

> 自唐之詞人，李白為首，其後韋應物、王建、韓翃、白居易、劉禹錫、皇甫松、司空圖、韓偓，并有述造。而溫庭筠最高，其言深美閎約。五代之際，孟氏、李氏，君臣為謔，競作新調，詞之雜流，由此起矣。[132]

張惠言論詞以傳統詩教為基礎，以唐五代兩宋為正聲，以溫庭筠為「最高」，是正聲的代表。《詞選》錄溫詞十八首，為唐宋諸家之冠，賦予其「深美閎約」的讚詞，乃因溫詞注重客觀描述，主觀情感隱而不露，意境深厚，綺麗中寓幽怨，極易予人富比興寄託之感。次選秦觀詞十首，將秦詞劃歸為正宗，他斥責西蜀、南唐為「君臣為謔」是「詞之雜流」。斥李後主為新調之變聲，乃是對明代以來視李後主為「詞之正宗」的詞史地位的一種否定。其《詞選》所錄李煜詞七首，均為南唐亡國以後的作品，而對於其前期一些以直敘白描手法描寫的閨情和豔情詞一概摒棄，對於純寫閨閣幽怨、格調低下的遊戲之作（當然也包括部分《花間》作品)摒棄不選，明確地表示了以意涵取向的擇詞標準，表現出重雅正、

---

130 孫克強，〈清代詞學的南北宋之爭〉，《文學評論》，1998 年 4 月，頁 127-136。
131 蔡嵩雲，《柯亭詞論》，《詞話叢編》，頁 4908。
132 清・張惠言，《詞選・序》，張惠言、董毅編《詞選》，頁 3。

求興寄的傾向。於是他把溫庭筠深美閎約的詞風推為最高，視秦、周、姜、張等人為正體之延續，而蘇、辛等豪放派人則以其詞內蘊濃厚，亦可與溫詞一樣躋身於正聲之列。雖然張惠言沒有從理論上明確表述正變之內在含義及抑揚態度，但《詞選》中所錄秦、周之作皆渾厚和雅之詞，蘇辛之作皆為婉約閑雅之詞，把「放派通脫之言」與「慷慨豪放之作」一概捨棄，從中可見其重婉約雅正、輕豪放俚俗的鮮明傾向。

前已論及，張惠言弟子兼外甥的董士錫以情提昇詞的審美境界，在學詞的取法上也有比張氏更開闊的視野，如他在〈餐華吟館詞序〉中云：

> 不從五代、全宋觀之，不能極詞之變也，不讀秦少游、周美成、蘇子瞻、辛幼安之別集，不能擷詞之盛也。[133]

由此可見，董士錫乃以兩宋詞人為學習目標，脫離了張氏只以溫、韋為依徑的局限。

常州詞派後來的重要人物周濟，在理論上既繼承了明代以來的正變觀，也秉持了張惠言的重北輕南的詞學思想，表現了立足北宋而又能兼取的路線。其正變觀主要就是透過選詞而體現出來的，周濟輯有兩種詞選：三十歲輯《詞辨》和五十歲後輯《宋四家詞選》，皆以辨源流、明正變為選詞特色，但他的正變觀卻經歷了兩個不同的階段，對正變的認知也有著根本的不同。

周濟三十歲輯《詞辨》，其《詞辨・後記》云：

> 向次《詞辨》十卷，一卷起飛卿為正。二卷起南唐後主為變。[134]

由此可見周濟在前期的正變觀是按照傳統從風格的角度立論，以婉麗蘊藉為正，以異於《花間》為變。即至嘉、道年間，外侵內亂，周濟時有國家衰亡之感，所以五十歲著《宋四家詞選》，其詞論有了許多調整，

---

133 董士錫〈餐華吟館詞序〉，見董士錫《齊物論齋文集》卷二，《續修四庫全書》，1507 冊，上海：上海古籍出版社，1995 年。

134 清・周濟《詞辨・後記》，《介存齋論詞雜著》，見《詞話叢編》，頁 1636。

其《宋四家詞筏序》鮮明地表示對浙派人所持「惟南宋為正宗，南宋諸公又惟姜張為山頭」，是「何其陋也！」[135]，他編《宋四家詞選》提出學詞門徑：

> **問塗碧山，歷夢窗、稼軒，以還清真之渾化。**[136]

周濟在《宋四家詞選目錄序論》中云：「余少嗜此，中更三變，年逾五十，始識康莊……退蘇進辛，糾彈姜、張」[137]，他對以前的正變說進行了改造，以學詞之門徑構成了一個詞統觀念，「詞統說」遂取代了前期以風格立說，周氏按照自己對詞的體認，指示後人從王沂孫的詞作入手，再汲取辛棄疾、吳文英的詞格與詞境，作為過渡，然最終是要達到清真的渾化境界，仍以北宋周邦彥為詞的最高境界，實是喜愛周詞之「沉著拗怒，比之少陵」。使得正變觀從僅區分格形態到提出詞學的理想，從「正變」到「渾化」，是詞的最高境界。雖然仍崇尚北宋，但也提出融合南宋的觀點：

> **初學詞求有寄託，有寄託則表裏相宣，斐然成章。既成格調，求無寄託，無寄託，則指事類情，仁者見仁，智者見智。**[138]

他以為「有寄託」是初級的，「無寄託」是較高級的境界，但「無寄託」並非真正的無寄託，而是因寄託遙深、不露痕跡地化入詞中，似合實離、不即不離，所以寄託的最高境界就是寄託於有無之間。南宋詞較為雕飾精工，多為有寄託之作。北宋詞還沒有明顯的比興寄託用意，但其自然渾涵的風格易予人言外之想，所以周濟推崇渾成自然的北宋詞，乃因「一方面北宋詞體現他論詞的終極旨趣，即無寄託的『渾涵之旨』，故而認為北宋詞高于南宋詞；另一方面南宋詞足證他『意能尊體』的詞學門徑，

135 清・周濟，〈宋四家詞筏序〉，周濟《止庵遺集》，《叢書集成續編》第 134 冊（臺北：新文豐出版社，1989 年，頁 367。
136 清・周濟，〈宋四家詞選目錄序論〉，《詞話叢編》，頁 1643。
137 清・周濟《宋四家詞選目錄序論》，見《詞話叢編》，頁 1646。
138 清・周濟，《介存齋論詞雜著》，「學詞途徑」條，見《詞話叢編》，頁 1630。

即『有寄託』的『既成格調』，故而以兩宋詞各有盛衰優劣高下」[139]。浙西詞派獨尊南宋只取醇雅一路，但常州詞派雖立基於北宋卻沒有對南宋詞一概抹煞，由此可見常州取徑較寬。

第八節　常州後期至晚近對正變的突破與融通

清代後期至晚近時期的詞學論壇，除了常州詞派依然餘韻不絕，整個詞學批評的傳統格局正在悄然醞釀著新的變化。詞論家在承繼前人正變批評的基礎上，呈現出新的特色。此新特色根據邱美瓊、胡建次所言，其主要表現有二：「一是承傳了清代前中期所出現的從詞作歷史發展立論正變的批評取向，論說進一步細致入理；二是傳承了明代以來的從詞體立論正變的批評傳統，但所論大多已不再拘限於傳統詞體的正變觀念，而體現出比前人更為融通開放的批評視野。」[140]由此可見這一時期的批評面向不再囿於傳統的門戶之爭而對正變說加以簡單化地對詞家推崇或貶抑，而是把詞家詞作視為一個獨立的個體和具有生命的文本來對待，注重自己在閱讀和鑑賞時自身的美學發現及藝術價值的認定。這種變化，依筆者的發現主要有二：一、從創作主體本身來論述，從性情、神致、氣格、境界等審美範疇來立論；二、宏觀地從時代主流勾劃出正變的歷史線索，以下分別敘述之。

139 楊柏嶺，〈正變說與晚清詞家的詞學史觀念〉，《淮北煤炭師範學院學報》第24卷第4期，2003年8月，頁1至6。

140 邱美瓊、胡建次，〈正變批評在清代文學批評中的展開〉，《寧波大學學報》（人文科學版），第19卷第1期，2006年1月，頁36-40。

壹、從創作主體之性情論正變

常州詞派理論在晚清至清代的詞學批評中得到不斷修正和發展。譚獻、馮煦、陳廷焯、況周頤等詞學家都曾努力修正論詞專主政治寄託和社會性的偏向。

一、陳廷焯以本原論正變，兼融兩宋

陳廷焯鑑於近世詞壇性情喪失，所以提出「本原」以救弊：「學古人詞，貴得其本原，舍本求末，終無是處」[141]、「作詞貴求其本原」[142]、「故余願學詞者，各究其本原之所在。」[143]，「本原」在他的詞話論著中一再出現，足見陳氏以為判斷詞優劣的最終標準是「本原」，此本原為何？他說：

> 撰詞話八卷，本諸《風》、〈騷〉，正其性情。溫厚以為體，沉鬱以為用。[144]
>
> 溫厚和平，詩詞一本也。然為詩者，既得其本，而措語則以平遠雍穆為正，沉鬱頓挫為變。特變而不失其正，即於平遠雍穆中，亦不可無沉鬱頓挫也。詞以溫厚和平為本，而措語即以沈鬱頓挫為正。[145]
>
> 溫厚平和，詩教之正，亦詞之根本也。然必須沈鬱頓挫出之，方是佳境；否則不失之淺露，即難免平庸。[146]

在上述的內容中提及文學的「體」與「用」的關係，如果有體而無

141 清・陳廷焯，《白雨齋詞話》卷一，《詞話叢編》，頁 3776。
142 清・陳廷焯，《白雨齋詞話》卷六，《詞話叢編》，頁 3935。
143 清・陳廷焯，《白雨齋詞話》卷七，《詞話叢編》，頁 3935。
144 清・陳廷焯，〈白雨齋詞話自敘〉，《詞話叢編》，頁 3751。
145 清・陳廷焯，《白雨齋詞話》卷八，《詞話叢編》，頁 3967。
146 清・陳廷焯，《白雨齋詞話》卷七，《詞話叢編》，頁 3939。

用，則其本體為孤絕封閉之存在；如果有用而無體，其用必為虛妄之用，不能成立，因為本體往往不能直揭或描述，所以，論說者多是以「即用顯體」的方式去說明它，此「即用顯體」就是「本原」，即是「沉鬱溫厚」四字。溫厚，是人的性情，這是作詞的根本；沉鬱，關乎詞之格調風貌，是詞人創作個性的外在表現。正變之要在於溫厚的性情，陳廷焯是把詞人的內在性情和詞的體貌、風格、表現手法等因素結合來說的。例如他評論蘇軾詞：

> 東坡詞寓意深遠，運筆空靈，措語忠厚。其獨到處，美成、白石亦不能到。昔人謂東坡詞非正聲，此特拘于音調言之，而不究本原之所在。眼光如豆，不足與之辯也。[147]
>
> 和婉中見忠厚易，超曠中見忠厚難，此坡仙所以獨絕千古也。[148]

在這兩則中他都是以內在性情為評論的本源，而非以風格或音樂為主。

此外，他評李後主曰：

> 李後主、晏叔原皆非詞中正聲，而其詞則無人不愛，以其情勝也。情不深而為詞，雖雅不韻，何足感人。[149]

後人雖謂後主詞「非詞中正聲」，但陳廷焯稱讚後主詞以情取勝。「後主詞思路悽惋，詞場本色，不及飛卿之厚，自勝牛公卿輩。」[150]肯定中有否定，否定中有肯定，在鑑賞品評之中已顯現出多元的視角，豐富的意涵，不再恪守一端，能就不同視角來立論。但強調詞之本色，在於善寫情狀，以情入詞，有真情實感，才能有動人之質。從詞體的角度來說，含蓄蘊藉方為本色好詩。

陳廷焯對於詞體本原的追尋自有一定的價值與意義，其意義在於突

147 清・陳廷焯，《白雨齋詞話》卷一，《詞話叢編》，頁 3783。
148 清・陳廷焯，《白雨齋詞話》卷六，《詞話叢編》，頁 3925。
149 清・陳廷焯，《白雨齋詞話》卷七，《詞話叢編》，頁 3952。
150 清・陳廷焯，《白雨齋詞話》卷一，《詞話叢編》，頁 3779。

破了浙振人獨尊南宋，《白雨齋詞話》卷一：

> 張綖云：「少游多婉約，子瞻多豪放，當以婉約為主。」此亦似是而非，不關痛癢語也。誠能本諸忠厚，而出以沉鬱，豪放亦可，婉約亦可，否則豪放嫌其粗魯，婉約又病其纖弱矣。[151]

陳延焯論正變是從追尋「本原」的角度來批評明人張綖的「二體說」。「本原」只能有一個，對陳廷焯而言，這個本原就是性情溫厚，出以沉鬱，注重創作主體是否有真實的感受，風格是否深厚沉鬱，除此之外，一切當然「似是而非，不關痛癢」。用此標準來看，他認為「兩宋詞家各有獨至處，流派雖分，本原則一」[152]：

> 周、秦詞以理法勝。姜、張詞以骨韻勝。碧山以意境勝。要皆負絕世才，而又以沉鬱出之，所以卓絕千古也。[153]

他能欣賞北宋周、秦與南宋姜、張，因為各具其長，且皆有沉鬱之質，只要能本諸忠厚，而出以沉鬱，則豪放與婉約皆可，對兩宋詞是採兼容並蓄的態度：

> 詞家好分南宋北宋。國初諸老幾至各立門戶。竊謂論詞只宜辨別是非，南宋北宋，不必分也。[154]
>
> 北宋詞，詩中之《風》也；南宋詞，詩中之《雅》也，不可偏廢，世人亦何必妄為軒輊？[155]
>
> 詞至於宋，聲色大開，八音俱備，論詞者以北宋為最。竹垞獨推南宋，洵獨得之境，後人往往宗其說。然平心而論，風格之高，斷推北宋。且要言不煩，以少勝多，南宋諸家，或未之聞焉。南宋非不尚風格，然不免有生硬處，且太著力，終不若北宋之自然

---

151 清・陳廷焯，《白雨齋詞話》卷一，《詞話叢編》，頁 3785。
152 清・陳廷焯，《白雨齋詞話》卷六，《詞話叢編》，頁 3909。
153 清・陳廷焯，《白雨齋詞話》卷六，《詞話叢編》，頁 3909。
154 清・陳廷焯，《白雨齋詞話》卷八，《詞話叢編》，頁 3963。
155 清・陳廷焯，《詞壇叢話》，《詞話叢編》，頁 3720。

也。[156]

陳廷焯注重尋找作品中的本源，此本原即在作品中尋找寄寓家國之思或身世之感。因為有了本原做為一以貫之的標準，所以為婉約豪放皆可，「北宋南宋不可偏廢」[157]，如此一來，徹底泯沒了婉約豪放之間、唐五代北宋與南宋之間的正變之爭，具有融通不同風格、時代的詞學，展現了不以風格和時代論正變的訊息。

二、譚獻以「用心」為要，「變」亦為正

生活在鴉片戰爭以後的譚獻，身經亂世，憂生念亂，在正變觀的認定上與前人有異，與周濟有所差異，其〈詞辨跋〉云：

> 予固心知周氏之意，而持論小異。大抵周氏所謂變，亦予所謂正也，而折衷柔厚則同。[158]

周濟的《詞辨》卷一起自溫庭筠，以為之正；卷二起自李煜，以為之變，周濟之「變」是指亡國衰世之音。然而譚獻卻把周濟視為「正聲之次」的變體亦歸為「正」，因為他對南唐君臣好寫憂患意識的深度是讚賞的。如他評蔣春霖詞云：

> 文字無大小，必有正變，必有家數。《水雲樓詞》固清商變徵之聲，而流別甚正，家數頗大，與成容若、項蓮生二百年中，分鼎三足。[159]

他對於清商變徵之聲是持肯定的，他喻戰爭詞家蔣春霖為「倚聲家老杜」，與杜甫之詩史並論，這是因為他以憂生念亂為論詞宗旨，深受經世致用文學思潮影響。

譚獻論正變雖與周濟小異，但其論詞核心「折中柔厚」則與周濟相

156 清・陳廷焯，《詞壇叢話》，《詞話叢編》，頁 3720。
157 清・陳廷焯，《白雨齋詞話》卷三，《詞話叢編》，頁 3825。
158 清・譚獻，〈詞辨跋〉，《詞話叢編》，頁 3988。
159 清・譚獻，《復堂詞話》，《詞話叢編》，頁 4013。

通。「折中」，即不偏不倚的中庸之道；「柔厚」，即溫柔敦厚之詩教精神。他認為作詞在表情方面必須要做到以禮節情，寓溫厚和平之教。譚獻的正變論乃上承張惠言的正聲說，以體現儒家風雅的詩教精神。其編選《篋中詞》[160]六卷，續集四卷，在《篋中詞序》強調用心的重要：

> 昔人之論賦曰：「懲一而勸百。」又曰：「曲終而奏雅」，麗淫麗則，辨於用心。無小非大，皆曰立言。惟詞亦有然矣。[161]

他強調文體大小不是第一要素，最重要的是用心，用心便能達到反映現實、懲一勸百的目的。譚獻生活在鴉片戰爭之後，仍然帶著政治教化與倫理道德眼光去看詞，其〈復堂詞錄序〉云：

> 愚謂詞不必無頌，而大旨近雅。於雅不能大，然亦非小，殆雅之變者歟。其感人也尤捷，無有遠近幽深，風之使來。是故比興之義，升降之故，視詩較著，夫亦在於為之者矣。上之言也，永言次之。志潔行芳，而後洋洋乎會於風雅。……又其為體，固不必與莊語也，而後側出其言，旁通其情，觸類以感，充類以盡。甚且作者之用心未必然，而讀者之用心何必不然。言思擬議之窮，而喜怒哀樂之相發，嚮之未有得於詩者，今遂有得於詞。[162]

他以儒家詩教來規範詞，認為詞應具有反映社會現實的精神，且詞之為體的特質本是「不必與莊語」，正因為詞是「側出其言，旁通其情，觸類以感，充類以盡」，借助男女之情來反映嚴肅現實，詞在比興寄託的展現較詩更適，比興是作為達到柔厚之旨的最好途徑，借著指東說西、借題取喻來達到反映重大現實的目的。

前述詞學突破正變的門戶之別與取徑之狹，是標舉創作主體的內在

160 譚獻編，《篋中詞》，見楊家駱主編：《歷代詩史長編》（臺北：鼎文書局，1971年）冊 21，頁 93。

161 譚獻，〈篋中詞序〉，見上註，亦見《詞話叢編》，頁 3988。

162 譚獻，〈復堂詞錄序〉，《詞話叢編》，頁 3987。

世界，但譚獻在前人的基礎上又有了新的突破，他論詞特別重讀者作為鑑賞主體的作用。接受美學和讀者反應文論以為，讀者是文學活動的中心，在文學閱讀和接受中處於主體地位，文學意義的實現取決於讀者的能動性閱讀。中國文論中亦提及「仁者見仁，智者見智」，指的即是不同讀者，對同一部文學作品的理解與闡釋往往不同。譚獻的論述，把讀者視為具有創造力的第二作者，給予讀者闡釋作品的主動權。可以說他「有意將『寄託』的執行人由創作者轉換到接受者，淡化寄託的真意，達到聯想自由的目的。」[163]

三、沈祥龍以情志為先，超越以風格論正變

晚清常州詞人沈祥龍《論詞隨筆》強調詞「導源於詩，詩言志，詞亦貴乎言志」[164]，而「言志」乃是他論詞的標準：

> 詞之體，各有所宜，如弔古者悲慨蒼涼，紀事宜條暢滉漾，言愁宜嗚咽悠揚，述樂宜淋漓和暢，賦閨房宜旖旎嫵媚，詠關河宜豪放雄壯。得其宜則聲情和矣，若琴瑟專一，便非作家。[165]

> 詞有婉約，有豪放，二者不可偏廢，在施之各當耳。房中之奏，出以豪放，則情致絕少纏綿。塞下之曲，行以婉約，則氣象何能恢拓。蘇、辛與秦、柳，貴集其長也。[166]

沈氏認為文學的題材與用途對風格起著制約的作用，表現對象的特徵，是風格形成的客觀因素。不同的詞調有不同風格，不同作家也有不同性情，詞人應依照不同的題材，選定不同的風格。沈祥龍以為講派別、

---

163 引自傳蓉蓉與蔣哲倫合著，《中國詩學史・詞學卷》（廈門：鷺江出版社，2002年9月），頁288。

164 清・沈祥龍，《論詞隨筆》，見《詞話叢編》，頁4047。

165 清・沈祥龍，《論詞隨筆》，「詞體各有宜」條，《詞話叢編》，頁4049。

166 清・沈祥龍，《論詞隨筆》，「詞有婉約有豪放」條，《詞話叢編》，頁4049。

分正變，會限制人的性情發揮，各人性情不同，嗜好各異，風格亦別，無法硬合一派，或強求一律。

沈氏不讚成以風格來決定作品的高下，因為風格常與所表現的情感內涵有關。他認為不論什麼樣的風格，只要作品能展現出言外之感、意藏於內，就是優秀作品：

> 詞能寄言，則如鏡中花，如水中月，有神無跡，色相俱空，此惟在妙悟而已。嚴滄浪云：惟悟乃為當行，乃為本色。
>
> 詞貴藏於內，而迷離其言以出之，令讀者鬱伊愴快，於言外有所感觸。蓋心中幽約怨悱，不能直言，必低徊要眇以出之，而後可感動人。[167]

沈氏以為詞的大小，最重要是由詞中內蘊的情志所決定，風格乃次要，若能寄託遙深，包蘊密致，才是本色當行的正體，他強調心中的怨悱，不能直接表現，須透過迷離的語言，方能獲得蘊藉詩意之美，展現了不以風格來決定正變的通達之觀。

四、況周頤以性靈論詞，宗法南宋

況周頤《蕙風詞話》是常州詞派在晚清近代之際出現的一部較系統的詞學著作，但在宗法對象卻與張、周諸人持論不一，而是以南宋為正宗，《蕙風詞話》卷二云：「周保緒《止庵集・宋四家詞筏序》以近世為詞者，推南宋為正宗，姜、張為山斗，域於其至近者為不然。其持論介余同異之間。張誠不足為山斗，得謂南宋非正宗耶。」[168]由此可見況周頤詞學淵源雖仍是常州一脈，但在宗法對象上卻突破了張、周，因為況氏論詞，並不拘限傳統以風格論正變，而是重在主體的性靈與神致：

> 詞之為道，智者之事。酌劑乎陰陽，陶寫乎性情。自有元音，上

---

167 清・沈祥龍，《論詞隨筆》，見《詞話叢編》，頁 4047。
168 清・況周頤，《蕙風詞話》卷二，《詞話叢編》，頁 4448。

> 通雅樂。別黑白而定一尊，亙古今而不敝矣。[169]
>
> 詩餘之「餘」，作贏餘之「餘」解。……詞之情文節奏，並皆有餘於詩，故曰「詩餘」。[170]

況氏在此從追源角度把詞與詩相接，從詞「陶寫乎性情」的文學特質來說明詞的體性，高度地肯定了詞的地位。同時他對傳統「詩餘」說正本清源，賦予新的內涵「贏餘」說：「情文節奏，並皆有餘於詩」，肯定詞摹寫內心世界與性靈意念的優長。他也強調「填詞第一要襟抱」[171]，「詞重在氣格」[172]，且提出「詞心」說：

> 吾聽風雨，吾覽江山，常覺風雨江山外有萬不得已者在。此萬不得已者，即詞心也。而能以吾言寫吾心，即吾詞也。此萬不得已者，由吾心醞釀而出，即吾詞之真也，非可彊為，亦無庸彊求。視吾心之醞釀何如耳。吾心為主，而書卷其輔也。[173]

「詞心」不同於一般人的心，而是專指詞人的精神世界，視詞的創作過程即詞人性靈流露之過程，由此可見況氏重視主體的心靈世界。其論詞極重「性靈」，因而對「李重光之性靈」大加讚賞，推許為唐五代詞壇「錚錚佼佼者」[174]。此外，他也極為推崇吳文英：

> 重者，沉著之謂。在氣格，不在字句。於夢窗庶幾見之。……欲學夢窗之緻密，先學夢窗之沉著。即緻密、即沉著。非出乎緻密之外，超乎緻密之上，別有沉著之一境也。夢窗與蘇、辛二公，實殊流而同源。[175]

---

169 清・況周頤，《蕙風詞話》卷一，《詞話叢編》，頁 4405。
170 清・況周頤，《蕙風詞話》卷一，《詞話叢編》，頁 4406。
171 清・況周頤，《蕙風詞話》卷二，《詞話叢編》，頁 4431。
172 清・況周頤，《蕙風詞話》卷一，《詞話叢編》，頁 4406。
173 清・況周頤，《蕙風詞話》卷一，《詞話叢編》，頁 4411。
174 清・況周頤，《蕙風詞話》卷一：「其錚錚佼佼者，如李重光之性靈。」
175 清・況周頤，《蕙風詞話》卷二，《詞話叢編》，頁 4447。

「深厚」即指夢窗詞內蘊深沉的情感，展現強烈感人力量。可見況氏是以性格與情感為判斷詞作的標準，由此可見他傾向於推尊南宋詞，於南宋詞家中最為推崇吳文英，況氏不囿於傳統以風格論詞，而是把「所存者厚」作為判斷詞的根本，把正變論的內涵定位在作者內在情感的深沉、耐人咀嚼玩味。

由上述陳廷焯、譚獻、沈祥龍、況周頤等人的論述，可見常州後期至晚清，用心、主情已成為人們的共識，傳統正變論不斷在朝向創作主體內在精神而昇華。

貳、宏觀地從時代主流勾劃出正變的歷史線索

文學史的發展，是繼往開來，推陳出新，而又交相融貫，一脈相承，又有時運相濟，染乎世情，所以有些詞論家已能把詞家詞作放在整個文學的傳統與變化的理路上來看，由此而為正變觀注入了新的內涵。

一、陳廷焯對正變論之轉移和融通

詞家們除了立足於詞的審美特質論正變，也會站在宏觀的歷史線索結合具體的時代主流詞作審美特徵來判分正變。陳廷焯《詞壇叢話》云：

> 詞至於宋，聲色大開，八音俱備，論詞者以北宋為最。竹垞獨推南宋，洵獨得之境，後人往往宗其說。然平心而論，風格之高，斷推北宋。且要言不煩，以少勝多，南宋諸家，或未之聞焉。南宋非不尚風格，然不免有生硬處，且太著力，終不若北宋之自然也。
>
> 北宋間有俚詞，間有伉語。南宋則一歸純正，此北宋不及南宋處。北宋詞，詩中之風也。南宋詞，詩中之雅也。不可偏廢，世人亦

何必妄為軒輊。[176]

在以上三則論述中，陳氏分別從風格、語言與雅俗三方面來論南北宋詞之優劣，並不一味地崇北抑南，在根據不同時代主流的藝術要求論斷正變的同時，又能根據不同的藝術範疇持平而言之，進一步地把詞的正變落足到不同時代、不同範疇詞的美學特徵上來評斷。陳廷焯《白雨齋詞話》卷八中論唐宋名家流派曰：

唐宋名家，流派不同，本原則一。論其派別，大約溫飛卿為一體，韋端己為一體，馮正中為一體，張子野為一體，秦淮海為一體，蘇東坡為一體，……其間惟飛卿、端己、正中、淮海、美成、梅溪、碧山七家，殊塗同歸。餘則各樹一幟，而皆不失其正。[177]

從這一段論述，可知陳廷焯對正變的論述是置於宏觀的視野下去考察，在他心中的「正」並不是單一、個別的問題，而是詞史上不同的創作傾向、創作路線的詞人、詞作中所體現出符合詞的本質和規律中所表現出來的特色，有自己的特色也就有其正宗、正體。他論詞主沉鬱，關注詞是否有言外之旨，上述七家皆為唐宋詞史上在作品中有寄寓身世之慨的作家，基於此，他推崇「義蘊言中，韻流絃外」的秦少游與「意餘言外，而痕跡消融」[178]的周美成。他標舉心中的典範以展現心中的正變觀，從表面上看，似與他人無異，但接下來的這一段文字，卻把正變論推進到了一個極致的高度：

秦少游自是作手，近開美成，導其先路，遠祖溫、韋，取其神不襲其貌，詞至是乃一變焉。然變而不失其正，遂令議者不病其變，而轉覺有不得不變者。[179]

---

176 清・陳廷焯，《詞壇叢話》，《詞話叢編》，頁 3720。
177 清・陳廷焯，《白雨齋詞話》卷八，《詞話叢編》，頁 3962。
178 清・陳廷焯，《白雨齋詞話》卷八「少游為心」條，《詞話叢編》，頁 3959。
179 清・陳廷焯，《白雨齋詞話》卷一，《詞話叢編》，頁 3785。

陳廷焯對秦觀詞的肯定，不再單純地以風格或內涵來評定，而是站在梳理詞史的源流上，在此所謂的「正」與「變」，即是從詞史流變的角度來看秦詞，指出秦詞在蘇軾之後，兼具「回流」與「拓展」兩部份的表現。所謂秦詞「變而不失其正」即指秦詞在「拓展」(變)中仍能「回流」（而不失其正)。秦觀之前，蘇軾已開創了詩化型的新詞風，秦觀卻把蘇軾已拓展的「詩人詞」，讓它回流至傳統的「詞人詞」。就回流來看，秦觀的詞，遠祖溫庭筠、韋莊，保留詞之緣於豔歌的一種女性「柔婉含蓄」的特質，在回流之中，掌握了更精確、純正的詞之本質，創造出「情韻兼勝」的新型詞風。所謂「遠祖溫、韋，取其神不襲其貌，詞至是乃一變焉。」秦詞在回流亦有了「變」。早期的婉約詞，似乎純寫離情、綺怨之類的內容。傳統婉約詞，達到了晏、歐那種標準化、規範化的程度之後，要想有突破，只有在生活感受的深切和思想感情的真摯這兩方面入。其中的關鍵便是自己切身的生活感受。柳詞漸有開拓，在抒寫離情的同時，亦抒發了自己不得志的游子飄泊之感，秦詞則「開始了份質變」在婉約的詞境和豔詞的軀殼中傾注了有關政治境遇、有關身世遭逢的人生感觸。這自然也該視作是一種相當程度的「突破」。[180]秦觀「將身世之感，打併入艷情」，顯得更為真摯深厚地寫自己切身的生活感受，讓作品飽含著真實深厚的情感。所謂「然變而不失其正，遂令議者不病其變，而轉覺有不得不變者」，這是因為詩重在「言志」，詞重在「緣情」，但詞的雅化過程，分明又存在著「抒發情感」向「抒寫心志」轉化的過程，這個過程實際上就是詞逐漸脫離音樂而向詩的內涵靠攏的過程。儘管蘇詞豪邁之風不被時人所理解，但蘇軾把詞從娛賓遣興推向士大夫抒發自我性情的拓展，實際上卻被後人接受下來了。秦觀與蘇軾詞有異有同，相異在於心性、感受與人生觀，相同在於對詞之雅化。然而，秦觀的「詞人

180 以上部份內容參考自楊海明，《唐宋詞史》（高雄：麗文文化公司，1996 年 2 月），頁 392。

詞」並不是對蘇詞「言志」直接的模仿，而是依據詞體情韻深長的特徵來體現的。其雅化並不是毫無顧忌，它始終有一種分寸，使詞和詩保持距離，既把詩之風格與精神引入詞中，但仍不失詞的藝術特質，就是「變而不失其正」之謂也。正是強調文學發展是由正到變，又復歸於正的過程，「陳廷焯首先為詞史發展確立了一個衡量詞人地位的固定基點，構建了詞史發展的一個理論框架，即『創古』--『變古』--『亡古』--『復古』的動態發展歷程」[181]，足見陳廷焯的正變批評可以宏觀地從時代發展勾勒出詞學正變的線索。

二、《四庫全書總目提要》立足變化的角度審視

《四庫全書總目提要》雖出自眾手，但在詞籍提要中也展現了編撰者豐富的詞學思想，或引陳說，或能突破陳說自成一家之言，在正變論方面有兩則，如《四庫總目提要・東坡詞》站在總結的角度論述：

> 詞自晚唐五代以來，以清切婉麗為宗，至柳永而一變，如詩家之有白居易，至蘇軾又一變，如詩家之有韓愈，遂開南宋辛棄疾一派。尋根溯源，不能不謂之別格。然謂之不工則不可。故今日與《花間》一派並行，而不能偏。[182]

在此從正變觀出發，把唐宋劃分為三派：花間、柳永、蘇辛，這種劃分，簡單明晰，能把握詞派發展的源流演變。又如《四庫提要・稼軒詞》說：

> 其詞慷慨縱橫，有不可一世之概，於倚聲家為變調，而異軍特起，能于剪紅刻翠之外，屹然別立一宗，迄今不廢。[183]

在此強調的是詞人們各不相同的真摯性情是形成詞史千姿百態的根

181 引自丁建東，〈《花間集》批評與詞史觀的構建〉，《湖北廣播電視大學學報》第 23 卷第 6 期，2006 年 11 月，頁 71-74。

182 清・紀昀總纂，《四庫全書總目提要》（台北：藝文印書館，1962 年）卷 198 集部 51 词曲類 1，頁 4144。

183 同上，頁 4162。

本原因，由於每個人的性情不相同，所以韓不仿白，白亦不學韓，故能各臻其極。《四庫全書提要》雖仍以溫柔婉麗為正宗，以蘇辛為別格，但已能站在詞史的流變上來看正變，從傳統與開拓革新的角度來衡定正變，總覽全局，因而能給予柳永、蘇軾、辛棄疾等人以詞史的定位。比起前人崇婉抑豪，它的持論通達許多。

三、劉熙載站在源頭審視，易「變調」為「正聲」

近人夏承燾在〈四庫全書詞籍提要校議〉一文「東坡詞」條後案云：

> 詞之初體，出於民間，本與詩無別；文士之作，若劉禹錫、白居易之〈浪淘沙〉、〈楊柳枝〉、〈竹枝〉，以及張志和、顏真卿之〈漁父詞〉，亦近唐絕，非必以婉麗為主。至晚唐溫庭筠能逐弦吹之音為側豔之詞，始一以梁陳宮體、桃葉、團扇之辭當之。若尋源溯流，詞之別格，實是溫而非蘇；提要之論，適得其反。惟後來花間、尊前之作，專為應歌而設，歌詞者多女妓，故詞體十九是風情調笑；因此反以蘇詞為別格、變調，比為教坊雷大使之舞，「雖工而非本色」，此宋代以來論詞之偏見也。[184]

任何的文學體製都是先流行於民間，漸漸被文人染指，而走入雅文學殿堂，夏先生這段話指出了長久以來，人們都把《花間》詞視為詞的宗祖，反把隋唐民間詞這個更早的祖宗給遺忘了。因為把《花間集》視詞體的祖宗和創作標準，由此出發而作出了偏狹錯誤的判斷，認為詞以婉約為正。針對這種情況，清代詞論家劉熙載《詞概》明確指出：

> 蘇辛皆至情至性人，故其詞瀟灑卓犖，悉出於溫柔敦厚。或以粗獷託蘇辛，固宜有視蘇辛為別調者哉？[185]

184 夏承燾，〈四庫全書詞籍指要校議〉，《唐宋詞論叢》（北京：中華書局，1962年），頁244。

185 清・劉熙載，《詞概》，《詞話叢編》，頁3693。

> 東坡詞頗似老杜詩，以其無意不可入，無事不可言也。若其豪放之致，則時與太白為近。[186]

長久以來，人們都以蘇軾為變調，劉熙載考察沿革變遷，把蘇軾置於文學傳統的因沿發展的鍊條上，往前再跨一步，站到隋唐民間詞這個源頭上來，認為蘇詞其詞境闊大，題材多樣，其源就是來自敦煌民間曲子詞，於是把東坡詞批擬為杜詩，即是看到無論就題材表現的拓展，還是審美創意的生發，東坡詞都極富創造性與獨特性，因而歸結：

> 太白〈憶秦娥〉，聲情悲壯，晚唐、五代惟趨婉麗，至東坡始能復古。後世論詞者，或轉以東坡為變調，不知唐、五代乃變調也。[187]

針對明清詞壇眾多以婉約為宗的聲浪，劉熙載一反舊說，從正本清源的角度特立獨行地提出：東坡詞作詞論實為「復古」，而非「變調」。晚唐五代干戈擾攘之際，知識份子在無可奈何中遁跡世外或醉入花間為逃避現實人生的手段，他們並非沉迷酒色的浪子，然而卻又在詞中展現婉麗的豔情，而且把這樣的風格流傳下去，此乃世情導致知識份子人格的衍變與分裂。百年多的沿襲，竟使唐五代諸人所作的「變調」成了「正聲」。所以劉熙載反而認為「東坡始能復古」，而「晚唐五代乃變調」。認為蘇詞上承「詩言志」的傳統取向，下接如唐代太白〈憶秦娥〉悲壯的優良傳統，融深情於沉摯，寓豪放於壯懷，實為歷代詞家之「正」，把東坡詞作詞論標樹為詞學的正宗。他強調「詞深於興，則覺事異而情同」[188]，正指出了詞作為應歌而表現出的一種情感特點，他一反舊說，把被人們所貶損的「變體」大帽還原為「正宗」，而把被美化的「正宗」改易為「變體」，其看法是獨特的。

具體來說，清代各詞派的正變觀是不斷有所變化、轉移的，即使在

186 清・劉熙載，《詞概》，《詞話叢編》，頁 3690。
187 同上。
188 清・劉熙載，《詞概》，《詞話叢編》，頁 3704。

同一詞派之中，也有人能尊重客觀事實，打破門戶之見，認為「正宗」與「別格」不可偏廢，認為強論得失、強分南北、強調豪婉，皆偏辭也。所以，正變觀發展到後來，不論是在各詞派的中後期，或是晚清近代時期，越來越擺脫束縛，主張兼融豪放與婉約、北宋與南宋，甚至主張多樣風格並存，發展到最後，徹底打破了各大詞派精心設置的門派壁壘，不再從風格、門戶、或時代的盛衰來論，而是站在創作言情的心理共質性，強調個性與性情的重要，主張各順其性、各遂其情。或從歷史的角度去考察詞，站在詞史發展與嬗變的角度來看正變，較為客觀地分析了詞人詞作的短長得失，宣告了清代傳統正變觀最終達到融通而爭論消歇。

第九節　對正變觀從劃風格到以時代論盛衰的反思

有兩股力量，始終推動文學的演變：一是社會現實的外部拉力，二是文體自我實現的內部張力，正是這兩種力量的交融促使作家與批評家對文體不斷實行改造。綜合上述兩股張力，我們可見清代詞論中的正變論內涵呈現出兩軌並行或交錯的發展，這兩條路徑為：一是根據豪放婉約的風格劃分正變，一是以時代論盛衰的源流論，對於這兩路徑，皆有其盲點，以下分別言之：

壹、根據豪放、婉約風格劃分正變的反思

通過上述，不難發現，根據風格劃分正變，歷代詞論家呈現出兩種傾向：一偏執，一通達。偏執者只以婉約為正宗，並以正變評優劣，其謬誤有二：其一，多著眼於詞體的表現方式和語言風格，即使偶而涉及內容，也多在談這些題材內容「如何」表達，而不是這些題材內容應不應該表達、內容和風格之間有沒有聯繫。其二，認識不到文學的本質是

反映社會生活，忽視情意內涵的主導性。詞固然是言情，但豪放又未嘗不是情，而且是更為濃烈的情。豪放雖然在某種程度上違背了詞體的風格，但又何嘗不在某種意義上豐富了詞的風格？正如賀裳說：「小詞以含蓄為佳，亦有作決絕語而妙者。」[189]由於缺乏對現象和本質、局部和整體之關係的深入和系統的探討，他們的正變觀只能是形式主義，只能描述現象而不能闡發事理，偏狹的認識導致偏狹的定論。

詞的演變除了詞體自我實現之外，仍必須受到現實社會、時代的需求所支配。其實，文學本身就是時代社會現實的產物，時代社會的需求與詞體自我實現兩種因素在本質上是一致的，這個本質就是文學必須而且只能反映生活，必須成為作家抒情言志的載體，也正是在這個本質之上，兩種力量可以合而為一，並透過傑出的作家體現出來。所以，有關詞體最基本的問題，應該是情感與思想。認識到這一點，才是掌握到詞體演變的中樞。然而，局限於傳統的正變論者，把《花間集》作為詞體唯一的創作標準，並由此出發形成了婉約為正的思維定勢。尚正輕變、崇婉抑豪的正變思想亦由此而來，蘇辛等豪放詞家遂被貶抑。筆者在此無意為蘇辛詞做過高的評價，但如果我們從詞史的高度重新審視蘇辛詞，就無法否認這樣的事實：蘇軾的貢獻在於把文人詞從狹小、綺豔的花間小徑拉回到士大夫的生命理想、人格襟抱。辛棄疾始終把自己的命運和國家社會的命運緊緊的聯繫在一起。而且辛棄疾的豪放之作除了一類明白可見的豪放作品外，他還有另一種豪放的「變調」，即寄剛健於溫柔，寄悲壯於閑適，寄莊嚴於詼諧，摧剛為柔、潛氣內轉的詞作，這些作品表面上看來是溫柔語、閑適語、詼諧語，但骨子裡深深隱藏的卻是豪放的英雄本色。可見婉約與豪放可以相融，淡筆可寫濃愁，細筆可寫大志，豪氣可滲透於閑語之中。然則許多人看不到這一點。由於獨以婉

---

189 清・賀賞，《皺水軒詞筌》，見《詞話叢編》，頁2516。

約為本色的觀點，有違創作中「各因其質」的個性原則，難免流於褊狹，致使部份詞家作出反思，在平等對待各種風格的基礎上肯定了豪放詞風的價值。如王灼所言「自立與真情」[190]，強調詞應在作品中展現獨特的人格特質與思想情感。明代孟稱舜云：

> 作詞者率取柔音曼聲，如張三影、柳三變之屬。而蘇子瞻、辛稼軒之清俊雄放，皆以為豪而不入於格。宋伶人所評〈雨霖鈴〉、〈酹江月〉之優劣，遂為後世填詞者定律矣。予竊以為不然。蓋詞與詩、曲，詩格雖異，而同本于作者之情。古來人才豪客，淑姝名媛，悲者喜者，怨者慕者，懷者想者，寄興不一。或言之而低徊焉，宛孌焉，或言之而纏綿焉，悽愴焉；又或言之而嘲笑焉，憤怒焉，淋漓痛快焉，作者極情盡態而聽者洞心聳耳，如是者皆為當行，皆為本色，寧必姝姝媛媛，學兒女子語而後為詞哉！故幽思曲想，張、柳之詞工矣，然其失則俗而膩也，古者妖童冶婦之所遺也。傷時弔古，蘇、辛之詞工矣，然其失則莽而俚也，古者征夫放士之所托也。兩家各有其美，亦各有其病。然達其情而不以詞掩，則皆填詞之所宗，不可以優劣言也。[191]

孟稱舜所言的「本于作者之情」，是強調詞應來自於詞人的真心真情，只要「作者極情盡態，而聽者洞心聳耳」，「如是者皆為當行，皆為本色」。清代王鳴盛已亦能看到這個本質：

> 詞之為道最深，以為小技者乃不知妄談，大約只一細字盡之，細者非必掃盡豔與豪兩派也。北宋詞人原只有豔冶、豪蕩兩派。自姜夔、張炎、周密、王沂孫方開清空一派，五百年來，以此為正宗。然《金筌》、《握蘭》本屬《國風》苗裔。即東坡、稼軒英雄

190 宋・王灼，《碧雞漫志》卷二，「長短句雖至本朝盛，而前人自立，與真情衰矣」，《詞話叢編》，頁 85。

191 明・孟稱舜，〈古今詞統序〉，見卓人月編《古今詞統》，明崇禎刊本。

本色語，何嘗不令人欲歌欲泣，文章能感人，便是可傳，何必淨洗豔粉香脂與銅琵鐵板乎。[192]

孟氏把內在的情視為詞作審美的本質屬性，王鳴盛在正變論上繼承了孟氏對體派之論的超越性看法，他針對詞壇歷來所畫分的派系及標立的「正宗」與「變調」之論不以為然，認為詞不管其風格如何，只要能感人，便是可傳之作，不必計較是細膩或是豪放，似有意對歷來判分正變的詞學批評予以消解。詞為心聲，填詞各依其性情，就詞的格調而言，謹嚴的婉約者，自是本色，如《花間》諸家、秦、周、姜、吳等人，所作自為當行本色。有豪放性情者，如蘇、辛等人，展現出另一格調，其作品亦可稱為豪放的本色。總之，婉約、豪放兩派各自有本色，皆不可廢，只要是抒寫真情實意、真性實感，只要出自性情，不管是婉約、還是豪放，就符合詞的本色要求。如果只是轉而求肖古人，步趨傳統，縱然極天下之工，亦只是古人之風，非自己的作品。

清初詞人們大多接受了明人以婉約為正、豪放為變的觀念，但卻有人不認同明人以正變論優劣的看法。他們注意到婉約、豪放只是宋詞形成過程中存在的客觀事實，不能作為清代的論詞標準，也就是說「正變只能作為人們劃分詞史詞派的標準，而不能作為區分作品優劣的標準。」[193]清初徐喈鳳延續了這個思想，更明言:「婉約固是本色，豪放亦未嘗非本色」,「離乎性情以為言，豈是平論？」(《蔭綠軒詞徵》)王士禛亦云:「名家當行，固有二派」[194]，因為詞體原本即具有在「詩之為功既窮」的情況下，「雖百變而不窮」[195]的特色。上述的梳理可見各大詞派發展到中後期，派中漸

192 清・王鳴盛，〈評王于陽《巏嵍山人詞集》〉，謝章鋌《賭棋山莊詞話續編》卷四引，《詞話叢編》，頁 3549。

193 引自陳水雲，〈清初詞學的主要論題辨析〉，《清代詞學發展史論》（北京：學苑出版社），2005 年 7 月）頁 75。

194 清・王士禛，《花草蒙拾》「坡詞豪放」，《詞話叢編》，頁 681。

195 王士禛，〈倚聲集序〉，見況周頤《蕙風詞話續編》卷一，「王文簡《倚聲集序》」

有人突破了以風格論優劣的限界而朝向性情為主，田同之所言「性情」包舉婉、豪二派，陳廷焯強調「本原則一」，譚獻強調憂患意識，沈祥龍則把創作主體豐富的情、志與相應的詞風聯繫起來。況周頤強調性靈、詞心的重要，劉熙載說：「詞家先要辨得情字」[196]因為，每一位詞人的風格都與個人的人生經歷、思想感情、氣格性情密切相關。上述諸家都已立足於文學本質，從創作與鑑賞的心理入手，而提出了「不離性情，各因其質」通達的詞體本色當行論，探討詞體發展和社會生活及作家思想感情之間的關係。

詞學史的經驗向我們表明，多元的格局有利於理論的建構，單一的取向常使詞學陷於僵化，每一種典型的風格自有一種獨特的意味，花間體、耆卿體、易安體、清真體、稼軒體，都各自是一種不容複製、不可替代的生命氣質，也無不以此種難以言說的意味成體名家。而且幾乎每一種個性風格都伴隨著自己的辨體之論、各自有著自我所認定詞之所以為詞的主觀標尺。

貳、以時代為取捨論盛衰源流的評價

中國文化傳統有一種追源溯流的習性，這是一種潛意識裡的復古情結，面對深厚的傳統，無論是有選擇性的倡揚張大，還是寬容式的兼融並包，都表現得極為執著，傳統便成為一種重要的審美範式。復古之最高境界即是因變創新，能於同中立異，借鑑而不拘滯。詞論家談正變而論復古，並非無意識的流露，而是有目的的標舉，以復古為通變革新，為了矯治長期或廣泛地縈據在詞壇的痼疾，一種有效的手段就是繼承發揚詞統、本原，以復古旗號相感召，重新注入新的活力，以開創新的文學時代。為了追溯和探明詞體所承接的精神源頭，人們便整理出它的演

條，《詞話叢編》，頁 4545。

196 清・劉熙載，《詞概》，《詞話叢編》，頁 3711。

進軌跡。不同詞派的論者便在各自提舉的詞學主張的基礎上以時間經脈為次序而對詞的發展進行了梳理，建構了以各自的正變觀為中心所呈現的詞學史。所以，從時代劃分而論盛衰是清代詞學家對正變說的另一突出內容，即以全盛時期之作品為正，其後為變體，或因復古意識而以傳統為正，後出為變。最早始於雲間詞派的主將陳子龍，以詞體本制「厥有盛衰」的規律為前提，針對明詞衰弊不振的狀況，提出了推尊五代北宋、抑黜南宋的觀點。開啟了清代詞學的南北宋之爭。此後雲間詞派及其支流西泠詞家，基本上也持五代北宋詞為最盛、其他時代漸衰的復古褊狹的詞統觀念。到清初鄒祇謨才真正從傳統的正變優劣觀念裡超越出來，對南北宋詞、婉約豪放兩派皆持肯定的態度，展現了開明通達的視野。作為陽羨派的後起之秀蔣景祁在〈刻瑤華集述〉中也以為：「今詞家率分南北宋為兩宗，岐趨者易至角立。究之臻其堂奧，鮮不殊途同軌也。」以殊途同歸提倡兼取融通。又如浙派的後勁吳錫麒、郭麐不再以姜張為獨尊，同時亦肯定蘇辛的歷史地位，不再偏執一端，而是涵納百川。又如常州詞家周濟以編選詞集力主南北宋詞的交融。足見清人已漸漸突破時代的拘限，走向兼融並收之路。

如果以時代先後論正變，容或有判準的差異。如陳廷焯《白雨齋詞話》卷三云：

> 北宋去溫、韋未遠，時見古意。至南宋則變態極焉。變態既極，則能事已畢。遂令後之為詞者，不得不刻意求奇，以至每況愈下，蓋有由也。亦猶詩至杜陵，後來無能為繼。天地之奧，發洩既盡，古意亦從此漸微矣。[197]

陳氏論述晚唐北宋為詞學之「正」，至南宋而為詞學「變」之始，後之為詞者，因刻意求奇，早已遠離溫韋本色，詞至衰矣。然陳氏這句話

---

197 清・陳廷焯，《白雨齋詞話》卷三，《詞話叢編》頁 3825。

只說對了一半。溫、韋二人的詞作，在唐五代詞人中自然算是第一流的作品，但從詞的整個發展史來講，只能算是開拓者，而且其體制只限於小令，沒有慢詞，就內容而言，詞境尚拘限在兒女相思之情。以溫、韋為正，很難以優劣角度論之。從另一個角度來看，唐五代文人詞悉數涵納了民間詞如樂府歌謠的風調，形成詞的另一醒目的本色。如果說委婉深致是詞體長入文人心懷的一種本色，那麼，來自鄉音俚韻的樂府風味，則可以是詞體在未經文人手眼之前更本原的色彩。花間的歌筵豔語也好，俚俗的樂府風調也好，文與野、雅與俗不同的兩種面目，就是詞體得於先天的兩種原色和兩個起點。詞本身就是介於雅俗、文野之間的文體。

雖然，陳廷焯這段文字以時代先後論優劣正變，出現了判準的謬誤，但已具有對詞學史的陳述，且在「正變模式下貫穿著時代的脈絡」，他「從歷史性的角度來評價詞人詞作的地位」[198]，不僅在尋覓「溫韋宗風，一燈不滅」[199]的本原精神，而且還細緻地縷析了時代發展與傳統的關係。

所以，若要以時代先後來論述盛衰正變，還不如把詞家詞作放在整個文學的傳統與嬗變化理路上來看，比較能看到一個客觀公允的發展，有些學者已朝向這個方向發展，如江順詒《詞學集成》云：

> 比詞於詩，原可以初盛中晚論，而不可以時代後先分。如南唐二主似唐之初，秦、柳之瑣屑，周、張之纖靡，已近於晚。北宋惟李易安差強人意，至南宋白石、玉田，始稱極盛，而為家之正軌。以辛擬太白，以蘇擬少陵，尚屬閏統。竹山、竹屋、梅溪、碧山、夢窗、草窗，則似中唐退之、香山、昌谷、玉溪之各臻其極。[200]

198 楊柏嶺，〈正變說與晚清詞家的詞學史觀念〉，《淮北煤炭師範學院學報》第24卷第4期，2003年8月，頁1至6。
199 清・陳廷焯，《白雨齋詞話》卷一，《詞話叢編》頁 3777。
200 清・江順詒，《詞學集成》，《詞話叢編》，頁 3227。

江順詒運用唐詩發展的歷史為喻，先提出不可以時代先後判分正變，應實事求是客觀來判斷，他以為，先出之詞也有變體，後出之詞也有正體，端看實際的詞作表現。他將秦、柳等人之「瑣屑」視為詞之「變」，把姜、張二家視為詞之正軌，又將蔣捷、史達祖、周密、吳文英等人視為各有其獨特之處而「臻於極」，完全是從詞發展的歷程來判分正變，超越了人們以時代前後來判分變的深度思考。又如謝章鋌《賭棋山莊詞話》對兩宋詞評云：

> 北宋多工短調，南宋多工長調。北宋多工軟語，南宋多工硬語。然二者偏至，終非全才。歐陽、晏、秦，北宋之正宗也。柳耆卿失之濫，黃魯直失之傖。白石、高、史，南宋之正宗也。吳夢窗失之澀，蔣竹山失之流。若蘇、辛自立一宗，不當儕於諸家派別之中。
>
> 詞至南宋奧窔盡闢，亦其氣運使然，但名貴之氣頗乏，文工而情淺，理舉而趣少。善學者，於北宋導其源，南宋博其流，當兼善，不當孤詣。[201]

謝氏一方面繼承了前人以正變判分詞作的傳統批評觀念，但一方面他對正變的看法又突破了前人。雖然他仍表現出對婉雅之體的偏愛，但卻可以從特定的時代主流詞作中的藝術特質及審美要求來論斷正變，他以為在同一時代中，既有合於詞學之正，也有偏於詞學之變的作品，不可一概而論。他能按照事物發展的客觀律性來實事求是地評價，既能見到異中之同，又能看到同中之異，抓住事物的本質。梁榮基《詞學理論綜考》云：

> 本來正變的產生，主要是「史」的因素，而優劣之分，是純粹屬於「文學批評」的問題。歷來各家詞話，常以正變和優劣混為一談；

201 清・謝章鋌，《賭棋山莊詞》卷十二，《詞話叢編》頁 3470。

> 或論正變時，多少含有等差的區別，那是不正確的。詞的發展，可以分正變，但不能以正變定優劣，兩者之間應該劃分清楚。[202]

由此可見，若從發展源流來講，詞可以有正變之分，但正與變並非揄揚褒貶的主觀式判斷，它只是描述詞學發展過程中所使用的客觀術語，是屬於文學「史」的問題；從文學批評的觀點來說，以正變定優劣的理論是不合文學評論的原則，那只是一種先入為主，以為後不如昔的傳統主觀偏見。

那麼，正變論該以何種內涵為主方能取得最大合理性呢？這必須先回歸正變批評的本質規定性。何謂正變批評？邱美瓊、胡建次為之定義如下：

> 是指在對文學歷史發展的批評描述中，通過從思想旨向、藝術表現、體制運用、流派歸屬、創作興衰等方面來辨正宗、正體、正音與變體、變調的方式，體現批評者對文學歷史認識的一種批評形式。[203]

由這段文字可見正變批評涉及了文學之體制特質、藝術表現、審美效果、風格特徵、流派歸屬等問題。已是屬於文學內部規律的問題了，非時代盛衰的外緣問題。「正」即是符合詞的審美本質的詞作及詞評，「變」，則是有悖於詞性的創作及理論。「從詞史角度看，『詞學之正』即指具體歷史時期的詞作符合詞的審美本質屬性，是對前人詞作的創造性繼承發展，而且它又合於詞源之正；言『詞學之變』則指具體歷史時期的詞作偏離或有悖于詞性的審美本質特徵，它不合于詞源之正，走向了偏離詞源質性的道路」[204]。所以正變批評應落實於作品的內涵精神、韻味

202 梁榮基，《詞學理論綜考》（北京：北京大學出版社，1991 年），頁 85。

203 邱美瓊、胡建次，〈正變批評在清代文學批評中的展開〉，《寧波大學學報》（人文科學版）第 19 卷第 1 期，2006 年 1 月，頁 36 至 40。

204 胡建次，〈中國古典詞學批評中的正變論〉，《南昌大學學報》，第30卷第2期，1999年6月，頁81至85。

格調等審美角度，因為評述優劣盛衰對於詞人作品的解讀往往只具有闡釋的價值，而並非是對文本與作家客觀冷靜的體認。對待作品應採取實事求是的態度，尤其不能忽略作者自我形象和自我意識。作品的優劣終究要綜合作品本身的思想內容和藝術技巧等因素來作出判斷。

綜上所述，我們可以看到詞發展到晚清，詞學家不再執著於門戶之爭與與派系之別來論詞的正聲與變調，而是從詞作所蘊含的內涵意旨、韻味格調意境等審美範疇出發，總結詞的創作、鑑賞、批評與發展的規律。這樣一來，只要詞作能符合文學的質性和創作規律，不論是怎樣的風格、創作體派、創作路線均是正體、正宗。

小　結：清代正變論的特色與詞學史意義

壹、以詩衡詞的復古傾向

清代正變論不同於前代的特色有二：以詩衡詞的復古傾向，群體趨同的審美選擇。

由全文的論述可知，較之前代，清代詞學理論具有兼容並蓄的顯著特色和強烈要求，清人樂於接納與融通不同風格和不同時代的詞學思想，對正變之分也持較為通達的觀念。如果說明代強調詩詞體性的差異，認為詞與詩之大別在於「詩言志，詞言情」，著重突出詩莊詞媚的審美品格，那麼，清代在尊詞的總體趨勢下則重視詩詞的同源關係，尋求詩詞融通之後詞的抒情本質。因此其建構正變觀乃「在『自性』的基礎上祈求『他性』」[205]力量的助援，主張「詞雖與詩異體，其源則一」[206]，詞源

205 楊柏嶺，〈正變說與晚清詞家的詞學史觀念〉。
206 清・謝章鋌，《賭棋山莊詞話》卷一，《詞話叢編》，頁 3321。

於詩，在借由追溯和探明詞體所承接的精神源頭而演繹詞學史。如朱彝尊把詞直接與《詩》、〈騷〉相聯：「善言詞者，假閨房兒女子之言，通於〈離騷〉、〈變雅〉之義。」周濟更指出：「非寄託不入，專寄託不出」，強化了以比興寄託構築詞學理論的意圖。沈祥龍以「言志」說詞，陳廷焯以「沉鬱頓挫」說詞類似這些如「醇雅和平之音」、「溫柔敦厚之旨」、「寄託遙深」、「風騷之義」等，都是傳統詩學的精神。「言志」、「醇雅和平之音」、「溫柔敦厚之旨」的觀念理所當然地為詩學之「正」，然而，詞學正變觀與詩學有很大差異，若以詞體而言，「緣情」、「綺靡」才是詞之「正」，由於清人努力抬尊詞體，推動詞向詩的精神靠攏，但他們無法忽視詞之「正體」的規範，便努力消弭詩之「言志」、詞之「緣情」之間的對立，最終藉用詩學中的比興寄託說，使詞最終得以定位為以「婉約」、「緣情」為體貌、以「言志」為內涵的複合體，「比興寄託」已成為詞學用以建構詞體正變觀的普遍性標準。由此可見「復古」是清人建構正變觀的基本取向。

貳、詞派群體的審美趨勢

此外，清人的正變觀在繼承前人的遺產之際，也注入了新的質素，這種新質素就是以詞派群體共同的詞學宗旨而標舉。只有當一種文體或文論自身發展到成熟的階段，才可能出現理論嚴密的流派群。清代幾個詞派，各自堅持著藝術審美要求和家法門徑，詞壇的盛衰史全都在詞派的流變中進行。每一個詞派，均根據自己的詞學主張，篩選合乎他們心中標準的詞人詞作。他們都在不斷總結前人的經驗與教訓的基礎上，改進和完善自己的詞學理論去強調正變。同一個詞派，甚至同一個人，在不同時期對正變的看法都有不同，既囊括共性，又標舉個性。如雲間、廣陵詞人以柔婉為正，陽羨繼之以豪放為宗，浙西又以醇雅為正，這並非歷史的偶然，「婉麗—豪放—醇雅」這樣的發展走向是有其必然性的，當明清以來的婉約詞風已延續了許久，隨著易代時勢的政局變化，豔歌自然難以為繼，因此豪宕之詞應運而生，但豪放詞不能一味直抒胸臆，所以豪放風必然要被在藝術上講究更細膩、更含斂的醇雅之風取代。詞派的不斷轉移，詞風時而婉約含蓄，時而豪放慷慨，時而醇雅清淡，詞的內容與意境也不斷拓展，在各派相互矛盾的抗衡之中，卻推動了詞學理論的發展。各詞派的正變內涵雖有各自的偏嗜與執取，但差異性也體現了它們之間的互補性和銜接性。所以無論是詞派的紛呈轉移、風格的多樣，以及在思想的走向上，都具有發展的必須性與完整性，各詞派各自完成了時代使命，對整個清詞正變發史展而言都是缺一不可的一部份。

參、最終以審美心理的趨同性，達到融通與消解

「歷史往往會有驚人的相似」[207]，清代三種風格發展的走向竟與宋詞的發展不謀而合，謝章鋌說：「宋詞三派：曰婉麗，曰豪宕，曰醇雅。」[208]三派各有其藝術之美，如果用王國維的話來說就是柔美、壯美、優美[209]，「美」皆適可而止、恰到好處即可，否則太過於強調自我之「正」，則可能走向適得其反的極端，例如婉約過度則可能出現「淫詞」，豪放過度可能出現「鄙詞」，醇雅到不能再雅就可能出現「游詞」。[210]當門戶之爭越趨激烈時，必須尋求融通的出路。事實我們也看到清人對於詞體本色與正變問題上的發展眼光，對雅俗二體的辯證認識，以及豪放婉約二美兼取的通達態度，可謂集詞體產生以來各個時代詞家之眾說最後得以融會貫通。胡建次、周逸樹〈清代詞學批評視野中的正變論〉提及清代詞學中的正變觀的發展有三線索：「一、從以門戶論詞到以具體時代判分正變。

207 孫克強，《清代詞學》（北京：中國社會科學出版社，2004 年），頁 202。
208 清・謝章鋌，《賭棋山莊詞話》卷九，《詞話叢編》，頁 3443。
209 王國維《紅樓夢評論》中引入叔本華的優美、壯美之說，見《王國維文學論著三種》（北京：商務印書館，2001 年），頁 5。
210 王國維《人間詞話》據金應圭之說提出了：「五代北宋之詞，其失也淫；辛、劉之詞，其失也鄙；姜、張之詞，其失也游。」

二是從對詞體之辨到立足詞作不同審美特徵推論正變。三是尊南尊北與南北之爭的消解趨向。」[211]之所以能達到消解與融通乃是遵循著審美的藝術規律而來。且不要說同一地域性的詞派具有相同的審美趨向，就連同一時代，甚至是人類在審美的情趣上也易趨同或表現出驚人的一致性。審美情趣是作家由情感體驗和創作個性結合起來所形成的。一種對現實人生的審美體驗和情感體驗不可能只有一個作家才能感受到。如陳廷焯論說「流派不同，本原則一」[212]，雖風格不同，然殊途同歸，皆不失其正，其對正變的理解是置於廣闊的視域中，此即人人皆有的內在主體精神、真情實感。當清詞從雲間、廣陵的「婉麗」走向陽羨的「豪放」，再發展到浙西的「醇雅」，其末流則出現了枯槁的「游詞」，「游詞」之病甚乎「淫詞」與「鄙詞」。淫詞「讀之仍覺親切動人」，鄙詞讀之「但覺精力彌滿」[213]，但「游詞」則是「哀樂不衷其性，慮歎欠與乎情」，缺乏真情實感，缺乏性情與境界，王國維《人間話詞話》則把詞體之正變論落腳於境界上：

> 詞以境界為高，有境界則自成高格，自有名句，五代北宋之所以獨絕者在此。
>
> 境界有大小，不以是分優劣。「細雨魚兒出，微風燕子斜」，何遽不若「落日照大旗，馬鳴風蕭蕭」？「寶簾閑掛小銀鉤」，何遽不若「霧失樓台，月迷津渡」也？[214]

王氏明確以境界為詞學之本[215]，倡言有境界，則自有高格，自有韻味，詞的高下優劣即由此可得。而其之所以要用「人間」命名詞作詞話，乃

---

211 胡建次、周逸樹，〈清代詞學批評視野中的正變論〉，《贛南師範學院學報》，1999年第4期，頁21-25。

212 清・陳廷焯，《白雨齋詞話》卷八，《詞話叢編》頁37962。

213 清・王國維，《人間詞話》「游詞之病」，《詞話叢編》，頁4354。

214 清・王國維，《人間詞話》，《詞話叢編》，頁4239、4240。

215 清・王國維，《人間詞話》：「境界為探本之論」，《詞話叢編》，頁4241。

王氏心懷宇宙，「境界」之命意是符合我們芸芸眾生的真性情。王氏以為，婉約或豪放詞，都是有境界的上品，李煜詞中的赤子之心就是為他所激賞的[216]，也是被他作為境界的樣板看待的。他也推尊周邦彥詞為詞中老杜[217]。辛詞「有性情有境界」[218]也是他所肯定的。「王國維使詞學正變的理論內涵得到了徹底的深化」，「它徹底打破了詞學批評的詞體觀念，門戶意氣，溝通了不同詞人詞作性情、韻致」。[219]他「打破了歷代詞論中的門戶壁壘，也在實際上預示著傳統正變理論的最終消歇」[220]。我們可以說，詞體可剛可柔，或隱或顯，能斂能收，亦曲亦直，端視情感內涵而定，或因題材而異，或因時勢而變，或隨創作主體出新，或承前軌統緒而演化，這也是文體發展的必然，如果拘於一格、一體、一派，或者以某種定型風格為準，或類型為格為範，而論詞之優劣長短，則是一種凝滯的觀念。

由上述可見，正變說到了晚清已突破了南、北宋詞之爭的對立矛盾，不再以厚此一定薄彼來硬性判斷了，清代的詞派說與詞史觀在整體上的確體現出比先前任何時代都更為平正通變的批評視野，也為從宋代以來的歷時甚久的詞學正變批評的最終深化、融通與消解作出了貢獻。

詞學的發展流變模式固然與詩學相同，都有「伸正詘變」的傾向，然而詞體之「正」與詩體之「正」卻有著明顯的對立，原則上詞以「婉約」、「緣情」、《花間》為正，而不以「言志」、「豪放」為正。換言之，詞以詩之「正」為己之「變」，以詩之「變」為己之「正」。然而，這種

---

216 清・王國維，《人間詞話》：「後主不失其赤子之心」，《詞話叢編》，頁4242。

217 清・王國維，《人間詞話附錄一》：「清真為詞中老杜」，《詞話叢編》，頁4270。

218 清・王國維，《人間詞話》：「境界為探本之論」，《詞話叢編》，頁4249。

219 胡建次，〈清代詞學批評中正變論的嬗變及其特徵〉，《貴州文史叢刊》，1999年第2期，頁50-54。

220 胡建次，〈中國古典詞學批評中正變論〉，《南昌大學學報》，頁1999年6月，第30卷第2期，頁81-85。

正變觀並不是固定不變的、也不是千人一律的。由於詞在「詩化」與「尊體」的大勢所趨之下，也出現了以「詩」之正變為己之正變，或者不執著於正變，而以內在性情、真心為正的說法，打破了「緣情」與「言志」的對立、消融了「豪放」與「婉約」的對立，由此可見，詞學中的「正變觀」較之詩學更有其複雜性，也改變了詩學「正變觀」的單一模式。

〈清代詞學批評中的「正變觀」析論—以詞派之間的遞嬗為觀察點〉，2011 年 9 月發表於《興大人文學報》第四十七期，頁 211-250。

第七章　清代詞論中的「比興寄託」說析論

比興寄託說，在傳統詩學中有著悠久的歷史，「比興」原是《詩經》所慣用的表現手法，也是傳統詩學對詩歌創作的基本要求。「寄託」是由陳子昂所提出，他主張詩歌所表現的內容應具有深沉厚重的現實色彩[1]，重比興寄託是古代詩歌藝術的優良傳統。詞作為一種娛樂文學，原本並沒有被嚴格要求運用比興手法抒發政治懷抱性的情感，然而，為了推尊詞的地位，提昇詞的品格，就不可避免要向詩的表現領地借鑑，通過繼承詩歌的經驗與自身的實踐，自然會運用比興手法包裝深厚的人生內涵與政治意識。為了凸出詞與詩不同的精神本質，詞論家不僅削弱了傳統詩學的「宗經」意識，而且強化了楚騷的寄託精神，詞論中的「寄託說」正是傳統詩學中「比興說」的發展與嬗變，最終形成自己的美學特色。

但在詞學家的眼中，認為詞比起詩來更需要講究比興手法。在詞的創作中比興更多於賦，比興的運用較之於詩也有很大的變化。在詞論中提及的比、興運用，已不只是一種單純的表現手法，更是與政治性的寄託緊密結合在一起，甚至是詞之所以為詞的本質特性。

「寄託」源自「比興」，二者有相通之處，亦有所不同。二者須依附於物或觸物有感；然而「比興」多從客體出發，依賴客體以引起主體的

---

1 陳子昂〈與東方左史虬修竹篇序〉云：「文章道弊五百年矣。漢魏風骨，晉宋莫傳，然而文獻有可徵者。僕嘗暇時觀齊、梁間詩，彩麗竟繁，而興寄都絕，每以詠歎。」（見《四部叢刊》影印明刊本《陳伯玉集》卷一）。陳子昂提出「興寄」，強調詩要有為而發，情有寄託，托物起興，因物喻志，他的〈感遇〉三十八首，都是興寄頗深而風骨凜然的作品。

感慨；而「寄託」主要是從主體出發，先是主體有感情蘊於胸中，然後尋找相應寄寓之物（客體)以吞吐之。所以，比較而言：「寄託」多半具有廣大、深遠的社會政治意義，但有些「比興」不見得有「寄托」意義，而具有「寄託」的作品則必出之以「比興」手法。正如萬雲駿所言：「含有寄託的比興，正是詞對歷代比興傳統的發展。」[2]比興寄託在詞論中蔚為大國，是在清代常州詞派開始崛起在詞壇之後，因為清代常州詞派直接以「寄託」言詞，人們多以為詞論中的比興寄託說是在常州詞派發揚光大。所以，歷來談及詞論中的比興寄託說，多著重在清代常州詞派，對於雲間、陽羨、浙西詞派，卻少有著墨。然而從中晚唐、宋、明到清之間這麼長的歷史之河，詞學的觀念絕非靜如止水，沿波討源，我們只有對其他三大詞派詞論中的比興寄託說作比較深入的考察，才能對清代常州詞派詞論中的寄託說究竟為詞學史提供了多少新意作出適當的歷史評價。

本章乃針對清代這一對各種古典文類具有總結性的朝代其詞學理論中的「比興寄託」說為重點，以四大詞派間的發展歷程為鍊，對於四大詞派之比興寄託說的產生背景、內涵實質、發展歷程做一探究，以見比興寄託說在清代的文化背景中如何生成與衍化，並了解四大詞派對於比興寄託說的差異與演變的線索，並藉此以見清代詞論中的比興寄託說不同於前代之處，以補前人對清代詞論中比興寄託說研究之不足。

關於常州詞派比興寄託說的論述，前人研究綦夥，本人若進入常州詞派的研究部份，恐也僅能歸納眾說，難出新意，所以常州詞派之前的雲間、陽羨、浙西三大詞派乃為本文能有開創著墨的重點，筆者意欲窺視三大詞派在常州詞派正式提出寄託說之前，究竟展現了什麼樣的變化發展，為常州詞論累積了什麼樣的能量，從而使常州詞派之比興寄託論

---

2 萬雲駿：〈清真詞的比興與寄託〉，《詞學》第二輯（上海：華東師範大學出版社，1982年），頁1－8

最終得以凝定成型，形成詞論對詩論的漸趨一致。

關於詞學史上比興寄託之「發展與嬗變」研究中，余意〈〈《花間集》與詞學之寄託理論〉一文，通過對宋、清兩代詞學之寄託形成機制進行分析，作出結論：「清代『寄託』理論建立在以《花間集》為經典詞學範本的以詞為本位的立場，而宋代則是以詩為本位。以《花間集》參與建構『寄託』理論，一方面得以回應詞向詩歌發展的趨勢，另一方面則樹立了詞體文學意識，指導創作實踐。」[3]另外，李冬紅〈《花間集》批評與比興傳統的延伸〉一文從唐宋以來至明清的詞學中追源溯流，拈出「後世詞家們在建構比興寄託說理論時，皆在不同程度上受到《花間集》的影響，幾乎每一位批評家都在有意無意地從作中挖掘出某些『微言大義』進而把這種闡釋傾向應用於善寫男女情愛的詞體上，努力地從相思怨別中體會出深層的寄託。」[4]余意與李冬紅二人皆認定奠定了詞的美學特徵和文學體性的《花間集》，對後世產生的重大影響，而且成為明、清以來詞學家在接受的過程中，用以建構比興寄託說的範型。這是詞學中具有進步意義的見解。比較可惜的是余、李二人皆以泛覽方式回顧詞史的發展，對於清代詞壇四大詞派之間的傳承與嬗變之發展並無差異性的比較論述。進行比較分析的研究，就是為了清楚地區別出詞派在理念、主張上的本質差異。為了彌補這個缺口，本章欲透過詞派的理論比較方法和文學流變的考察相結合，構成一個縱橫坐標，從共時性和歷時性兩個角度對「比興寄託」說從宋以來至清的嬗變問題加以審視，尤其是四大詞派之間的變異與發展，來宏觀地考察詞學「比興寄託」說的發展。並透過微觀的視角，從各別詞學家的理論中去尋找《花間集》是否成為清人

---

3 余意：〈《花間集》與詞學之寄託理論〉，《文藝理論研究》2007 年第 2 期，頁 62 至 68。

4 見李冬紅：《《花間集》接受史論稿》（濟南：齊魯書社，2006 年 6 月），頁 165 至 184。

建構「比興寄托」說的依據範型。注重四大詞派的理論區別，又注重分析它們之間的繼承發展的關係，從而了解詞學史上「比興寄託」說的嬗變過程、原因和所體現的文學發展趨勢，是本章的著重處。

任何學說的發展皆不是異軍突起，皆在繼承前人的基礎上加以創新變化，所以，本章在進入清代四大詞派比興寄託說的探究之前，有必要對宋、明以來詞論中的「比興寄託」說的發展歷程做一觀照與回顧，以便和清代詞論中的「比興寄託」的差異做一對照比較，以見清人究竟在宋、明詞論的基礎上，有著怎樣的嬗變與發展，同時見證清代詞學中的比興寄託與宋代詞學的相異處。

第一節　明代寄託說對清代的影響與二者之異

壹、明代以《花間》詞統構建詞學之寄託論

詞學中的「寄託」說的真正形成是始於宋[5]，關於宋代詞學中比興寄託說的發展，筆者已有研究[6]，在此不再複述。儘管比興寄託說在宋代已具有一定的成績，但仍有其局限性與待改造的空間，一方面，宋人對比興寄託作為表現手法的理解，仍然停留在傳統詩學的觀念中，尤其沿襲

5 詹安泰〈論寄託〉一文指出：「唐五代不必有深大之寄託；北宋真、仁以降，辭在此而意在彼之詞，乃班秩而生；詞至南宋，最多寄託，寄託亦最深婉。」見《詹安泰詞學論集》（汕頭：汕頭大學出版社，1997 年 11 月），頁 219。張惠民在《宋代詞學的審美理想》（北京：人民文學出版社，1995 年）中說：「宋代詞學自北宋起即有寄託觀念的產生，而至南宋，自覺的寄託說便已基本成型，雖尚欠周全，但規模已具，且已相當深刻。」頁 243。

6 見拙著〈宋代詞論中的「比興寄託」說探究——兼論《楚辭》與宋代詞論的發展關係〉，台師大《中國學術年刊》第二十八期秋季號，2006 年 7 月，頁 97 至 126。又見氏著《宋代詞學批評專題探究》（台北：文津出版社，2008 年 4 月）「第十章　比興寄託說的生成與發展」。

漢儒解詩時那種字句比附的簡單程式之法，導致了批評的模式化，未盡圓活。另一方面，宋人關於比興寄託的論述，絕大多數仍局限於鑑賞的初級層次，瑣碎支離，邏輯性不強，系統建構不足，未能拓展為完整的理論模式，惟一能稱道的只有張炎《詞源》卷下「賦情」一節的論述多少涉及創作層次，然而也是寥寥數字，語焉不詳，因此，比興寄託做為宋代詞學的一部份，它對當時詞壇的意義，僅僅在於提出了一種特定的審美理想，潛移默化地改造人們的詞體意識，正如段學儉所言：「在絕大多數的詞人和詞評家的思維中，比興寄託的觀念是模糊而非清晰的，自發的而非自覺的」[7]。較之當時的詩論與後世的詞論，皆有明顯的不足。

宋代詞壇崇尚雅化，尤其到了南宋，復雅運動達到極致，私情私慾在社會中是得不到正面的承認，而《花間集》多寫豔情閨情，這決定了《花間集》在宋代不可能進入雅文化的大殿。金、元以來的詞學實踐，無疑強化了詞如詩的理念，到了明代，在重情主情思潮的推波助瀾之下，認為詞較之詩更適宜傳達詞人之細膩深微的心理曲線，在此種詞體風格指導之下展開了詞與詩的辨析。由於明代中後期重情的社會思潮選擇了《花間》詞統為典範，而《花間》詞描寫多屬個人風月私情、豔情閨情，在詞學論述中，明人亦公然承認豔情的合法性與合理性，這也使得詞在接續詩的傳統之時劃清了與它的界限。如王世貞《藝苑巵言》云：

> 之詩而詞，非詞也。之詞而詩，非詩也。[8]

如此執著的辨析，無非是說明詩詞雖有相通之處，亦有相異之處，相通在於詞與詩同是抒情，不同之處在於詞具有不同於詩的美學風格，即婉媚綺豔。在明代中後期，重情主情的社會思潮選擇了以溫庭筠詞為代表的《花間集》介入詞之寄託理論建構，改變了先前宋代「以詩比附

---

7 段學儉：〈比興寄托說在宋代詞論中的生成與演化〉，《中國韻文學刊》1998 年第 1 期，頁 72-78。

8 王世貞《藝苑巵言》，「詞之正宗與變體」條，《詞話叢編》，頁 385。

詞」的方式，使比興寄託說回到詞的本位，將私情與比興聯繫起來，從而實現詞已有的寄託功能。周永年〈豔雪集原序〉云：

> 從來詩與詩餘，亦時離時合。供奉之〈清平〉，助教之《金荃》，皆詞傳于詩者。玉局之快爽致勝，屯田之柔婉取妍，皆詞奪其詩者也。大都唐之詞則詩之裔，而宋之詞則曲之祖。唐詩主情興，故詞與詩合；宋詩主事理，故詞與詩離。士不深于比興之義，音律之用，而但長短其詩句，以命之曰詞，徒見其不知變耳。[9]

周氏將李白的〈清平樂〉與溫飛卿的《金荃》，視為以詞的體裁傳遞詩歌精神的典範。如果說以豔情寄託情志是詩歌中自古已有的傳統與現象，那麼周永年的序中所加入的新意是詞——特別是以溫庭筠為代表的考量因素。這裡把比興作為詞體區別於詩體的一種創作方法提出來，似乎預告著有清一代詞論中比興寄託的發展方向。又如溫博〈花間集補敘〉云：

> 余初讀詩至小詞，嘗廢卷歎曰：「嗟哉！靡靡乎，豈風會之使然耶？」即師涓所弗道者。已而，睹范希文〈蘇幕遮〉、司馬君實〈西江月〉、朱晦翁〈水調歌頭〉等篇，始知大儒故所不廢。何者？眾女蛾眉、芳蘭杜若，騷人之意，各有所托也。然古今詞選，無慮數家，而《花間》、《草堂》二集最著者也。《花間》近無善本，會茅貞叔氏語余曰：「昔人稱長短句情真而調逸，思深而言婉者，莫過《花間》。[10]

溫博的感慨系由編《花間集補》而發，所舉范仲淹、司馬光、朱熹的作品同樣是柔情麗語。溫博認為：「眾女蛾眉、芳蘭杜若，騷人之意，各有所托也」，雖然所舉之詞非來自《花間》，其實是以這幾位端正大儒

9 周永年：〈豔雪集原序〉，見《明詞匯刊》本（上海：上海古籍出版社，1992年），〈豔雪篇〉，頁261。

10 溫博：〈花間集補敘〉，見明萬曆茅刊《花間集校》本。

的詞家為類《花間》之詞張本。他一方面為類如「花間」的詞找到通儒鉅公的例子，另一方面將其并入騷人寄託之列。同時引用茅貞叔氏告訴他的一段話：「昔人稱長短句情真而調逸，思深而言婉者，莫過《花間》。」認為《花間集》最具寄托之意，因此《花間集》成為明人構築詞之寄託理論的經典範本。

明人這種對詞之特有的「移情而奪嗜」的審美價值的肯定，實際上是對於過去將詞納入詩教傳統詞學觀的發難。宋人和清人論詞也重情，卻無法像明人那樣大膽放手，他們的「情」總是受到道德、政治乃至文學形式本身的嚴重束縛。明代主情論的特色在於它並不鄙視男女之情，它放棄以男女之情作為寄託載體的夾帶走私的作法，轉而光明正大地提升男女情的地位和性質，把它當作詩歌創作的本然產物。正如何景明所說：

> 夫詩本性情之發者也，其切而易見者莫如夫婦之間。是《三百篇》首乎〈雎鳩〉，六義首乎「風」；而漢魏作者，義關君臣朋友，辭必托諸夫婦，以宣鬱而達情焉，其旨遠矣。[11]

這裡雖也談比興寄託，但心態與宋、清人是完全不同的。宋代詞論中已開比興寄託解詞之風的先河，如鮦陽居士〈復雅歌詞序〉。清代更是蔚為大國，其原因乃對詞中盛言男女之情表示輕蔑，但又要為它的存在作出辯護，其理論武器就是漢代經學中解《詩》、〈騷〉的比興寄託說。然而，明人認為人類感情之中最動人的部份莫如夫婦男女之情，君臣朋友之義只有托於夫婦之辭，才能獲得審美價值。所以，宋人和清人的情從未能獲得像明詞如此崇高的地位，相形之下，明代詞論的「主情說」這一特色就顯得分外鮮明，甚至把「情性」片面發展為「情欲」，擺脫了種種傳統詞學觀念的影響，言論更顯大膽而熱烈，完全是名教所不能束

---

11 何景明：〈明月篇序〉，見《何大復先生全集》卷十四（台北：偉文圖書出版社，1984年），頁231。

縛的狂野，這是「情」的解放思潮在詞體上的投射，具有鮮明的時代特色，是前所未有的獨特表現。

貳、明代寄託說對清代的影響與二者的比較

綜合上述，可知無論從理論意識還是創作實踐，明代中後期儼然成為《花間》詞統的正宗繼承人，正如清人謝章鋌所謂：「升庵、弇州力挽之，于是始有李唐、五代、宋初諸作者。其後耳食之徒，又專奉《花間》為準的。」[12]歐陽炯在〈花間集敘〉即強調詞之綺靡豔麗性，明人對詞體性認知可說是上溯《花間》，因此明人建構寄託理論亦以《花間》為準則，關於這一點，余意〈《花間集》與詞學之「寄託」理論〉論之甚詳：

> 以《花間集》的主要藝術特徵為本，進而闡述詞的寄託精神，並將其與屈原開創的香草美人的意趣相連是明人的創見。它是明代的產物，相比較宋代，其更具有理論自覺性。正是在此影響之下，清代人繼續以《花間集》建構寄託理論。[13]

余意認為「以《花間集》構建詞學寄託理論是創自明代中後期，之所以如此，當得益於其時詞壇形成的《花間》詞統。」[14]實已道出了清代詞論中的比興寄託與明代中後期詞學之間的精神意脈。宋以後直到明末清初才正式出現以《花間集》建構比興寄託說詞並求合於風騷之義的現象，至清末常州詞派「寄託」詞論之精神，實則在繼承中拓展，在拓展中出新，既在詞體本身承繼與發展的內在規律性中產生，但也不能脫離歷史的繼承性，如果沒有明代詞論者對《花間》詞傳統的回溯，詞論中的比興寄託說則絕不可能獨立於詩學之外。綜合上述，於是以溫庭筠為

12 謝章鋌：《賭棋山莊詞話》，《詞話叢編》，頁 3433。
13 余意：〈《花間集》與詞學之寄託理論〉，《文藝理論研究》2007 年第 2 期，頁 62 至 68。
14 同上註。

代表的《花間集》，在歷代反反覆覆的詩詞之辨中成為詩詞二者折衷的理想地帶，其既得詩寄託精神之精華，又能存全詞的柔婉之美。

清代處於一個學術文化集成與總結的時期，就詞而言，或由創作的繁榮引發了批評家的熱情，或由創作的弊端激引發了批評家的責任，使得詞學的發展在宋代以後又一次地走向輝煌，清代於是成為中國詞學成熟的完成期。詞學中的比興寄託說萌芽於宋，發展於明，成熟於清。清代詞學中的比興寄託說是建立在兩宋詞學的基礎之上，但絕不是簡單地重複照搬，而是加以繼承、提高、總結和發展，進而形成新的理論系統。由於流派在清代詞學史上起著重要作用較之宋、明兩代更為明顯，因而使清代的詞學具有以往前代詞論所缺乏的特色。清代典型的、重要的詞學主張，都是詞學流派中的代表理論主張，圍繞著詞學流派而展開的批評與爭論特別引人注目。以下即進入本文的主題——針對清代四大詞派中的「比興寄託」說的發展做一探討，以見其承繼嬗變的發展線索，並與宋明以來詞學中的比興寄託說相比較，以發掘清代詞論的寄託說不同於宋、明的獨特性何在。

清代是詞學復興的時代，詞學復興的重大成就即是推尊詞體，清人推尊詞體的方式就是強調詩詞同源，崇尚雅正。「清代詞學尚雅觀念的提出，一方面是對南宋典雅詞統的繼承，一方面是對明代以來詞壇冶豔淫靡詞風的反正。」[15]清人不論是評詞還是作詞，都是以儒家溫柔敦厚的詩教思想作為其價值歸趨。清代詞學既然在內容與風格上標舉溫柔敦厚的境界，在表現手法和主題內涵自然也接過古代詩學的比興寄託的傳統，要求詞具有託物寄情的特質。儘管詞人、詞評家其個性、氣質千差萬別，然而，生活在同一時代或同一時期的詞人詞評家畢竟要受到同一時代社會的、歷史的，或道德的、審美的風尚的感染和影響，屬於同一派別的

15 引自陳水雲：〈清代詞學的詩學化〉，《武漢水利電力大學學報》第 20 卷第 4 期，2000 年 7 月，頁 58。

詞人們在詞學發展過程中也會選定相同的理論原則和批評標準，因此清代的詞學史也可說是一部流派史，使得詞學觀具有歷史性與時代性，也帶有群體審美上的同一性。「比興寄託」是清代詞學的重大論題，這個論題在四大詞派中也經歷了一個不斷發展與完善的過程，從創作動機、創作過程，到鑑賞過程，形成了一個完整的理論系統，其發展的最終凝定已非宋、明的詞學可以比肩了。下文即探討「比興寄託」說在四大詞派之間展現了怎樣的發展變化歷程。

第二節　雲間派立足於詞婉麗的審美原則論寄託

晚明時期，出現了許多的文社，文社的基本職能是聚集士子研習制藝舉業，其運作模式是定時或不定時的聚會，命題做文，並在適當時間刊刻社稿。地處松江的雲間詞派在明、清之際的詞壇上具有很重要的地位，它的產生和興盛就與幾社有著直接而密切的關係。[16]「從某意義上甚至可以說，雲間詞派本身就是幾社的衍生物。」[17]雲間詞派處於明、清過渡之際，大體而言，這一詞派在明末陳子龍的手中就已經形成，到了清初，仍然持續著其強大的影響力。[18]陳子龍、李雯、宋徵璧兄弟，是雲間詞派的骨幹作家，被合稱為「雲間三子」。他們三人出版了合集《幽蘭草》[18]，收錄了三人詞作。陳子龍在此書的題詞中說：「為小詞，以當博奕」，而他「每懷見獵之心，偶有屬和」，由宋徵輿「匯而梓之」，得以成書。

16 關於雲間派的概況，可參考嚴迪昌：《清詞史》（江蘇古籍出版社，1999 年），頁 11-32，本文不再贅述。

17 李越深：〈松江幾社與雲間詞派〉，《浙江大學學報》第 34 卷第 3 期，頁 2004 年 5 月，頁 143 至 148。

18 陳子龍等人合著《幽蘭草》，見《雲間子新詩和稿・幽蘭草・倡和詩餘》點校本（瀋陽：遼寧教育出版社「新世紀萬有文庫」出版，2000 年版），頁 1。

入清之後，隨著陳子龍、李雯、夏完淳等雲間派主將相繼辭世，雲間派的聲勢大不如前。但陳子龍的弟子蔣平階仍然繼承老師當年的文學傳統，和他的弟子沈億年、周積賢等人以詞唱和，詞作收錄於《支機集》[19]中。唱和之詞，在雲間詞中佔據著主導地位。

雲間詞派其形成的時代背景，正如陳子龍〈申長公詩稿序〉所云：

古之君子遇世衰變，身嬰荼痛，宣鬱達情，何嘗不以詩歟！[20]

陳氏又在〈方密之流寓草序〉云：

憂愁感慨之文生乎志者也。生乎志者其言切。故善觀世變者，於其憂愁感慨之文可以見矣。[21]

由陳子龍這兩篇序文可知創作動機產生的心理原因，仍在於人之生命遵循平衡協調的運動規律，主體由於外部力量的打擊而失去了心理平衡，人之趨向心理平衡和諧的生命本能必然作出種種努力以力求恢復心理的和諧，恢復生命之常態。對於詩人來說，創作是最好的恢復心理平衡的手段。而造成雲間詞家創作以宣鬱達情的因素便是時代滄桑。其所處的明代末年乃是個天崩地陷的時代，文人士大夫普遍遭遇到了國破家亡的時代滄桑，性情襟抱為之一變。他們沾著心靈之血，寫下了身世巨變之感、宗社淪亡之悲，慨然有變徵之聲。也因為在明、清易代的特定時空中，需要一種特別的文體表達特殊的情感，而詞這種純粹的抒情文體，確實能傳達人類心靈中細微曲折的意緒。這時候詞不再是小道末技，它已在時代的風雨中得到了自我的肯定與救贖。

雲間詞人的亂離之悲、黍離之歎，那些隱藏在內心深處最婉曲、最痛苦的感情，都在詞作中一一表現出來。正如葉嘉瑩所言：雲間詞風的

---

19 《支機集》，見施蟄存主編《詞學》第二輯（上海：華東師範大學出版社，1983年版），頁241。

20 陳子龍：《陳裕忠公全集》卷二十六，嘉慶八年王昶輯《乾坤正氣集》本。

21 陳子龍：《陳裕忠公全集》卷二十五，嘉慶八年王昶輯《乾坤正氣集》本。

轉變，乃由於「在他們的詞裡面有了這麼多言外之意的潛能，而這種潛能的作用是小詞的一個美感的特質。」[22]詞人們在唱和之中，更加深化了雲間詞風，不僅體現了詞派的創作主張，而且由世變所激發出來的憂愁感歎之詞，亦傳達出一種可貴的憂患意識。雲間詞人表現這種憂患意識的方式便是透過比興手法曲折地表現出來的。由於明詞常被人們詬病的一大弊端是淺直塵俗，絕少蘊藉之致，例如明人陳霆《渚山堂詞話》也不諱言地說道：「我朝文人才士，鮮工南詞。間有作者，病其賦情遣思、殊乏圓妙。甚則音律失諧，又甚則語句塵俗。求所謂清楚流麗，綺靡醞藉，不多見也。」[23]接下去更在序文中宣稱：「嗟乎，詞曲于道末矣，纖言麗語，大雅是病。」[24]把詞看作小道，並指明因其「纖言麗語」的特質而不能登大雅之堂。又如徐渭亦曰：「詞須淺近，晚唐詩文最淺，鄰于同調，故臻上品。」[25]可見明人皆以「淺而近」為詞的審美理想。明詞淺俗，一覽無餘，韻味全失，所以「去兩宋蘊藉之旨遠矣。」雲間詞人為救此弊端，提出了一些頗具有建設性的主張，陳子龍從作品表現的情況出發，具體分析明詞創作的缺點，具體分析明詞的缺點，提出詞的內涵觀：

> 語多儁巧，而意鮮深至。……境由情生，辭隨意啟。(〈幽蘭草題詞〉)警露已深而意含未盡。(〈三子詩餘序〉)

作品的意境應該是由藝術形象的比喻、象徵、暗示作用充分發揮而造成的一種比藝術形象本身更加廣闊深遠的美學境界，而這種意境的創造使作者的心靈世界得以在作品中得到更充分的表達。境由情生，談論詞境，不能忽視情之本源，情感是構成詞境的重要條件，陳子龍把感情置於其詞論的核心地位，從「風騷之旨，皆本言情」的觀點出發，強調

22 葉嘉瑩：《清詞論叢》（石家莊：河北教育出版社，1997年），頁34。
23 陳霆：《渚山堂詞話》卷三，《詞話叢編》，頁379。
24 陳霆：〈渚山堂詞話序〉，《詞話叢編》，頁347。
25 徐渭：〈南詞敘錄〉，《中國古典戲曲論著集成》三（北京：中國戲劇出版社，1959年），頁223。

「境由情生，辭隨意啟」，要求作品應「警露已深而意含未盡」，這就是寄託深遠的內涵。他又在〈王介人詩餘序〉提到「四難」：

> （宋人）所造獨工，非後世可及。蓋以沉摯之思，而出之必淺近，使讀之者驟遇如在耳目之前，久誦而得雋永之趣，則用意難也。以嬛利之詞，而制之實工煉，使篇無累字，圓潤明密，言如貫珠，則鑄調難也。其為體也纖弱，所謂明珠翠羽，尚嫌其重，何況龍鸞？必有鮮妍之姿，而不借粉澤，則設色難也。其為境也婉媚，雖以警露取妍，實貴含蓄，有餘不盡、時在低徊唱歎之際，則命篇難也。[26]

陳子龍總結詞的創作經驗，提出作詞「四難」之說，其所云的「四難」，即為宋人長於明人之處，同篇又以「俊逸之韻，深刻之思，流暢之調，穠麗之態」對「四難說」加以強調、補充，從思想內容到藝術形式諸方面比較全面地闡述了詞的創作特點。陳子龍道出了詞在意趣表現中所存在的一個難題，這便是如何以「淺近之筆」寫出「沉摯之思」，即豐富深厚的思想感情，同時又含蘊雋永之趣。他認為明人不足之處即在於此。「其為境也婉媚，雖以警露取妍，實貴含蓄不盡，時在低回唱歎之際，則命篇難也」，陳子龍強調言情的詞在表達方式上不是用直說，而是採取比興手法。

陳子龍為了提升作品的立意，強調了「沉摯之思」的重要，提出了詞以比興寄託表達情志的主張，他在〈三子詩餘序〉說：

> 夫風騷之旨，皆本言情，言情之作，必托於閨襜之際。代有新聲，而想窮擬議，于是以溫厚之篇、含蓄之旨，未足以寫哀而宣志也，思極于追琢而纖刻之辭來，情深于柔靡而婉孌之趣合，志溺于燕

26 陳子龍：〈王介人詩餘序〉，陳子龍《臥龍先生安雅堂稿》卷二《陳子龍文集》（上海；華東師範大學出版社，1988 年），頁 55 至 56。以下再次徵引甚多，概見此本，不一一附註。

> 婧而妍綺之境出，態趨于蕩逸而流暢之調生。……同郡徐子麗沖、計子子山、王子匯升，年並韶茂，有斐然著作之志。……示予一編，婉弱情豔，俊辭絡繹，纏綿猗娜，逸態橫生，真宋人流業也。或曰：「是無傷於大雅乎？」予曰：「不然。夫「并刀吳鹽」，美成以被貶；「瓊樓玉宇」，子瞻遂稱愛君。端人麗而不淫，荒才刺而實腴，其旨殊也。三子者，托貞心於妍貌，隱摯念於佻言。[27]

文學作品的立意可深可淺，可露可藏，然詞基於婉媚的風格特徵，立意須「深至」和「沉摯」，要達到這樣的標準，詞在表達意旨時需要用「藏」的手段，使詞的內蘊與表象之間保持著一定的距離。陳子龍深諳其中的妙處，所以十分強調在運意過程中內蘊意旨和表象之間的錯位傳達。陳子龍從「風騷之旨，皆本言情」的觀點出發，要求詞應「寫哀而宣志」。他將詞之「不可廢者」歸於「風騷之旨」，但是既言「風騷之旨」，本來就與一味地講求兒女情長的觀點拉開了距離。於是我們可以看到，陳子龍雖視詞為豔科小道，但又因為強調詞的婉轉含蓄特質，特以比興寄託說詞，這樣一來，比興寄託成了矛盾的調合之道，詞成了「雖小道，但仍有可觀」[28]的文體。陳子龍稱讚徐麗沖、計子山、王匯升三人的詞是「托貞心於妍貌，隱摯念於佻言」，即認為詞要繼承美人香草的比興傳統，以象喻之筆曲折地傳達君國之念、身世之感。「夫風騷之旨，皆本言情」，已深刻地揭示了詞與情的關係。其旨在強調詞與詩的區別，詞不僅有音律、章法的要求，而且在情感內容、表達方式和神理情韻等方面也表現出獨特性，他在〈三子詩餘序〉中提出了詞的委曲婉轉的特點：「纖刻之辭」、「婉孌之趣」、「妍綺之境」、「流暢之調」，這些正是詞體特具的風姿。詞之情乃出於閨襜，而且越出了溫厚含蘊的規範，是柔靡、婉孌、

---

27 陳子龍：〈三子詩餘序〉，陳子龍《陳臥子先生安雅堂稿》卷二，《陳子龍文集》（上海：華東師範大學出版社，1988 年），頁 54。

28 蔣平階的弟子學生沈億年述〈支機集・凡例〉說：「詞雖小道，亦風人餘事。」

燕娩、妍綺、蕩逸，他認為豔情綺思等同於屈原的香草美人，將真心摯念隱托於妍貌、佻言，由於陳子龍肯定詞的言情特質，作詞應從學《花間》入手，從此，像《花間集》一類的詞獲得了寄託的內涵。

陳子龍對詞之內蘊的理解已從單純的「情」伸展到「君臣之大義」的層面。對於詞中主旨的強調，情志的突出，增加了詞的內涵，提昇了詞的品位，確是醫治明詞空洞淫靡的一劑良方。無怪乎況周頤稱讚子龍詞曰：「含婀娜于剛健，有風騷之遺則，庶幾纖靡者之藥石矣。」[29]吳梅《詞學通論》亦云：「余嘗謂明詞，非用于酬應，即用于閨闥，其能上接風騷，得倚聲之正則者，獨有大樽而已。」[30]足見論者已注意到陳子龍詞特具香草美人風騷之旨的特點。

此外，宋徵璧〈唱和詩餘序〉亦云：

> 楚大夫有云：惆悵兮私自憐。又云：私自憐兮何極。即所謂有美一人，心不懌也。詞之旨本于私自憐，而私自憐近于閨房婉孌。斯先之以香草，申之以蹇修，重之以蛾眉曼睩，瑤臺嬋娟，乃為騁其妍心，送其美凝睇，振其芳藻，激其哀音。[31]

宋氏從言情的角度說明詞體的風格特徵為「婉孌」，而婉孌就是通過對〈離騷〉「香草美人以喻君子」傳統的繼承，比興手法的運用可以使人的情緒不再固著於某一對象，而可以泛化至整個自然界或普遍性經驗，詩人內心深處哀怨憤怒之情被投射到了自然或思婦的對象之上，為自然界或他人所分享，這種分離與移情大大降低了主體自身情感的強度與烈度，從而使詩人激越的憤怒悲苦之情變得更加深沉平穩，以進入怨而不

---

29 況周頤：《蕙風詞話》卷五，《詞話叢編》，頁 4510。

30 吳梅：《詞學通論》（上海：華東師範大學出版社，1996 年 11 月），第九章「概論四．明清」，頁 150。

31 宋徵璧〈唱和詩餘序〉，見《唱和詩餘》，頁 2。見《雲間三子新詩合稿．幽蘭草．倡和詩餘》，陳子龍、李雯、宋徵輿等合著，王雪玲、陳立校點，瀋陽：遼寧教育出版社，2000 年 1 月。

怒、哀而不傷的理想境界。

蔣平階的弟子學生沈億年述〈支機集・凡例〉更坦言：

> 詞雖小道，亦風人餘事。……吾黨每多寄託之篇[32]

在雲間詞家的眼中，詞雖小道，但亦可逐步開鑿出比興寄託之通衢的大任。另外，尚有不屬於雲間詞派卻深受雲間詞派思想影響極深的劉體仁《七頌堂詞繹》「詞忌直說」條下云：

> 晏叔原熨帖悅人，如「為少年溼了，鮫綃帕上，都是相思淚」，便一直說去，了無風味，此詞家最忌。[33]

劉體仁批評小山詞任情縱性，缺少含蓄曲折之筆，這在劉氏看來是失去了詞體「要眇宜修」、「有餘不盡」的風味，故微抑之。

又如雲間外圍詞家被稱為「西泠十子」之一的沈謙《填詞雜說》亦云：

> 詞要不亢不卑，不觸不悖，驀然而來，悠然而逝。立意貴新，設色貴雜，構局貴變，言情貴含蓄，如驕馬弄銜而欲行，粲女窺簾而未出，得之矣。[34]

沈氏的論述大抵延續陳子龍的「四難說」，「驕馬弄銜而欲行，粲女窺簾而未出」此兩個比喻展現詞之窺意形後，寄想物外，用來詮釋詞應具有「含蓄蘊藉」之美，情感抒發不能一放無餘，除了「留」之外，還要形成一種不寫之寫的曲折盤旋之感。含蓄保證了詞的意蘊雋永、耐人咀嚼的特點。由於雲間人注重詞的含蓄婉曲，所以常運用寄託的手法來隱藏自己的思想和感情，以閨情相思述君國之懷，是雲間詞人共同遵循的創作方法。

---

32 沈億年述〈凡例〉，蔣平階《支機集》，見施蟄存主編《詞學》第二輯（上海：華東師範大學出版社，1983 年版），頁 241。

33 劉體仁：《七頌堂詞繹》，「詞忌直說」條，《詞話叢編》，頁 618。

34 沈謙：《填詞雜說》，「作詞要訣」條，《詞話叢編》，頁 635。

雲間後期最為重要的詞學活動，即是以王士禎為首的「廣陵唱和」[35]，以彭孫遹、鄒祇謨、董以寧等人為主要份子。[36]王士禎曾抨擊明詞「趣淺」[37]，明詞的淺薄表現在一味地直露淺薄，宣洩於口，粘皮滯骨，違背了王士禎追求的興味神到，講究「羚羊掛角，無跡可求」、「不著一字，盡得風流」的審美觀。他評論程村詠物詞云：「不獨傳神寫照，殆欲追魂攝魄矣。」[38]強調「詠物須取神」[39]，足見其對神韻的重視。

又如鄒祇謨《遠志齋詞衷》云：

> **詞至詠古，非惟著不得宋詩腐論，並著不得晚唐人翻案法。反復流連，別有寄託，如楊文公讀義山「珠箔輕明」一絕句，能得其措辭寓意處，便令人感慨不已。**[40]

以古人古事為題材的詠史或懷古之作是一種習見的傳統詩詞的創作題材，作者以歷史人物或歷史事件為題材，用其目的或是借古喻今、借古諷今，或是以史為鑑，必有寄託，要求不空發議論，也不特出奇談，當在流美婉麗的語言意象背後寄寓真實的感慨。不過，這裡所提及的「寓意」、「感慨」還是相當單純的一般性感懷，還未強調家國時代的滄桑或政治性感慨，但畢竟邁出了清人以寄託論詞可貴的第一步。

由上述所云可知雲間詞家的寄託說形成的外在原因乃在於詞家們意欲總結明詞衰因，明詞專寫男女戀情而流於淺露淫靡，缺乏韻致，雲間

---

35 引自蔣哲倫、傅蓉蓉合著：《中國詩學史・詞學卷》（廈門：鷺江出版社，2002年9月），頁216。

36 嚴迪昌《清詞史》云：「就其（指廣陵唱和）基調言，這原是『雲間』詞風餘波未盡而實際是已從總體景觀上轉化成『花間』情趣的一個詞學中心。無論是廣陵詞壇領袖人物王士禎的《衍波詞》，還是當時真正的詞苑核心巨子鄒祇謨《麗農詞》、董以寧的《蓉渡詞》、彭孫遹的《延露詞》，都屬程度不等各出面貌專攻綺靡豔麗之調的倚聲之作。」頁56。

37 王士禎：《花草蒙拾》，「明詞趣淺」條，《詞話叢編》，頁684。

38 王士禎：《花草蒙拾》，「程村詠物詞」條，《詞話叢編》，頁683。

39 王士禎：《花草蒙拾》，「詠物須取神」條，《詞話叢編》，頁683。

40 鄒祇謨：《遠志齋詞衷》，「詠古詞須寄託」條，《詞話叢編》，頁653。

詞人強調「雅」，以風騷之旨以救明詞之衰；內在原因即是由尚婉麗當行的審美藝術主張發展而來，此即蔣哲倫、傅蓉蓉所云：「為了維護詞的特殊體性，嚴於辨體成了雲間詞論的重要部份。」[41]雲間詞人強調：詞之為體，貴在風流多情；而含蓄蘊藉，則是表達感情最基本的美化藝術，「言情」與「含蓄」成了詞體的基本美追求。它所運用的藝術手法，便是比興寄託。從陳子龍開始，強調作詞者應「托貞心於妍貌，隱摯念於佻言」，「寄情於思士怨女，以陶詠物色，怯遣伊鬱」，雲間詞派的唱和者正是本著這樣的觀念而創作，儘管字面上仍然是閨情，不出風花雪月的窠臼，內中卻深含國事和身世之憂。正是由於陳子龍對於詞「婉暢穠逸」特性的認識，使他選擇了南唐二主和周邦彥為典範，尊南唐北宋的婉麗詞風、黜南宋存在著粗獷直露和鄙俚淺俗之弊。這種主張，即是由於堅守著「詞別是一家」的含蓄委婉的體性觀，對於「寄慨者亢率而近於傖武」的豪放詞是全盤否定。雲間詞家對詞本色的含蓄美主張也就形成了寄託說形成的背景。

第三節　陽羨派立足於時代滄桑與人生際遇而論寄託

文學根源於社會生活，時代不同，社會經濟條件、政治狀況、思想潮流、文化風氣等也不同，文學創作的題材、批評家的思想必然也不盡相同，這勢必帶來文學思想情感的變化，使作品內容染上鮮明的時代特色。文學流派不是孤立地呈現為偶見的孤懸形態，而是順應時勢人心的具有時代情緒特徵的文學群體，它更為集中地體現了特定的時代心聲。

41 引自蔣哲倫、傅蓉蓉合著《中國詩學史・詞學卷》（廈門：鷺江出版社，2002 年 9 月），頁 202。

前已述及，雲間詞派基本上是循著傳統的本色辨體論的路線前進，但也因為與時代的氛圍不相符合而被取而代之，繼之而起的是以追求詞學向詩學靠攏的陽羨詞派。這種詞壇主流被取代的變化主要是來自時代變遷，遭逢國家板蕩所生發的抒發心靈創痛的需求，又來自於陽羨詞家他們檢討反思了前明一代乃至雲間詞派在現實創作中的得失利弊的結果。明代以來，詞體未被推尊，不可避免地導致詞走向衰竭的趨勢，詞的生氣活力也愈被剝蝕。雲間詞派雖然強調詞的雅化，但在雲間詞人的心目中，詞仍是類於博奕的「小道」[42]；陽羨詞家體悟到必須從詞的抒情功能上作正本清源的定位，確認詞體的功能完全可以提升至與「經」、「史」比肩的地位，力辟「詞為小道」之說，才能真正做到振衰救弊的效能。[43]嚴迪昌認為陽羨詞派「是一個詞史上罕見的敢於『拈大題目，出大意義』（謝章鋌語)，真正推尊詞的體格的詞學流派。」[44]意味著陽羨詞家敢於突破詞體特質而向詩的領域拓進，不但敢於抒寫亡國之痛，也能深廣地反映民生之哀。

陽羨詞派之所以能從雲間詞派的流風餘韻中蛻變而去，正是因為陽羨詞風適應了時代的選擇，或者是因為時代滄桑刺激著陽羨詞派。在明、清異代的特定時空，社稷傾覆、神州陸沉、山河變色，已使詞人的心態失調。言為心聲，為了挽住沉重的心靈於不墜，詞從抒情寫景、體物言志以至切入時事，從而使詞這一抒情詩體撼人心魄的力量與日俱增。正如嚴迪昌所言：

---

42 陳子龍在〈幽蘭草題詞〉云：「明興以來，才人輩出，文宗兩漢，詩儷開元，獨斯小道，有慚宋轍。……吾友李子、宋子，當今文章之雄也，又以妙有才情，性通宮徵，時屈其班、張宏博之姿，枚、馬大雅之致，作為小詞，以當博弈。予以暇日，每懷見獵之心，偶有屬和。」

43 關於陽羨詞派的概況，可參考嚴迪昌《清詞史》（江蘇古籍出版社，1999 年），頁 167-242，本文不再贅述。

44 引自嚴迪昌：《陽羨詞派研究》（濟南：齊魯書社，1993 年 2 月），頁 93。

> 因為陽羨詞派對詞這一文體的應該具有功能和價值的認識和理解，既是來之于他們身處時代變遷，遭逢家國板蕩所生發的意欲一傾心靈創痛的需求，即尋找著「情」與「體」的和諧一致；又是從他們藝術實踐的切實感受出發，檢討、反思了前明一代詞風乃至「雲間」餘響在現實創作領域裡得失利弊的結果。[45]

嚴先生認為陽羨詞家因為對其所處的時代有深刻感受，強烈地追求一種「情」與「體」相和諧的抒情手段，其實，陽羨詞學理論最具有重要的建設性價值的，正是他們對詞的本體功能的重新確認與突破的變革。他們對詞學最大的貢獻在於從本體上論述詞應該具有的現實功能，確立了詞堪與經、史比肩的地位，從而起到了裨益補缺的針砭效能。陽羨派宗主陳維崧的詞學思想集中地體現在〈今詞選序〉一文中，首先，他從尊詞體的目的出發，明確地駁斥了視詞為小道的傳統謬誤：

> 蓋天之生才不盡，文章體格亦不盡。上下古今，如劉勰、阮孝緒以暨馬貴與、鄭夾漈諸家，所臚載文體，僅部族其大略耳，至所以為文不在此間。鴻文巨軸，固與造化相關，下而讕語卮言，亦以精深自命。要之穴幽出險以厲其思，海涵地負以博其氣，窮神知化以觀其變，竭才渺慮以會其通。為經為史，曰詩曰詞，閉門造車，諒無異轍也。[46]

他主張文章體格沒有高下之別，也沒有正宗與不正宗之分，「天之生才不盡，文章之體格亦不盡」，指出人可盡其才，體亦能極其妙，文學樣式不可勝數，可以隨人們的才情喜好加以選擇。「陳維崧是從作品和『人』(包括作者和作者生活環境)的關係談這個問題。他認為一切文學的共同本質，都是人的創造、才能的表現。」[47]其次，陳維崧重視詞的表現內涵，

45 引自嚴迪昌：《陽羨詞派研究》（濟南：齊魯書社，1993 年 2 月），頁 93。
46 陳維崧：〈今詞選序〉，《陳迦陵詩文詞集》卷三，《四部叢刊初編集部》本。
47 引自孫克強：《清代詞學》（北京：中國社會科學出版社，2004 年 7 月），頁 171。

在他看來，不管是「鴻文巨軸」，還是「讕語卮言」，都與「造化相關」，所以亦應「以精深自命」，「穴幽出險以厲其思」，要求要錘煉其識、深刻其思；「海涵地負以博其氣」，是指必須開拓氣象，恢宏其力。「窮神知化以觀其變」，是指能掌握其變化的規律與創新的原則。「竭才渺慮以會其通」，是指任何文體的創作都必須以全部的才智與畢生的精力去承擔開拓氣象、恢宏氣度、錘煉其識的使命，他接著又說：

> 今之不屑為詞者，固無論；其學為詞者，又復極意《花間》，學步《蘭畹》，矜香弱為當家，以清真為本色。神瞽審聲，斥為鄭、衛，甚或爨弄俚詞，閨襜冶習，音如濕鼓，色若死灰。此則嘲詼隱廋，恐為詞曲之濫觴所慮。杜夔左駖將為師涓所不道，輾轉流失，長此安窮？[48]

明詞之淫靡通俗，清初雲間詞風亦流於婉麗柔靡一路，皆為陳維崧所不取，陳氏把「復極意《花間》，學步《蘭畹》」視為一種弊端，流於俗豔，其缺點在於「矜香弱為當家，以清真為本色」，所謂「香弱」是指乏真意、深情的浮豔軟膩之作；「清真」是指無生氣、力度的作品。最後他在這篇序文中說：

> 選詞所以存詞，其即所以存經存史也夫。[49]

每一種文體的創作都應盡全部的才力、生命與精神去擔負起文學反映社會現實的功能，就可以與經、史比肩並美，他更大膽地提出「為經為史，曰詩曰詞，閉門造車，諒無異轍」的觀點，直言不諱地為詞體爭得與「經」、「史」相並立的高度：「選詞所以存詞，其即所以存經存史也夫」之論為重點。這裡直接將詞與經、史等同並論，從根本上否定詞為小道餘技的舊說，是一篇對於推尊詞體極具影響力的文章。由於前人把「經」視為依循的典範，把「史」視為鑑往知來的「真實」，而陳維崧

48 陳維崧：〈今詞選序〉，《陳迦陵詩文詞集》卷三，《四部叢刊初編集部》本。
49 同上註。

認為，詞的價值在於可以體現了「經」與「史」的某些原則和精神才有價值。

陳氏「存詞」亦「即存經存史」之論亦表現在他的許多序跋文字中，例如他在〈曹實庵詠物詞序〉中云：

> 天若有情，天寧不老；石如無限，石豈能言！銅駝觳觫，恆逢秋至以偏啼；銀雁鍺沙，慣遇天陰而必出。山當雨後，易結修眉；竹到江邊，都斑細眼。溯夫皇始以來，代有不平之事。千年關塞，來往精靈；萬古河山，憑陵鬼物。縱復人稱恨甚，事悉奈何？……誰能郁郁，長束縛七言四韻之間？對此茫茫，故放浪於減字偷聲之下。[50]

陳維崧以為，真正感動人心的作品，不僅是展現山水自然之大千世界，更是人事界的變遷與時代的脈動，真正能激發作家創作衝動的是現實世界，他強調的是國破家亡之痛對詞情的影響，「誰能郁郁，長束縛七言四韻之間？對此茫茫，故放浪於減字偷聲之下」，認為詞的長短自由的句式與押韻的多樣化更適於作者表現情感，認為詞比詩更能寄託時代的滄桑。

> 今之不屑為詞者，固無論；其學為詞者，又復極意《花間》，學步《蘭畹》，矜香弱為當家，以清真為本色。神瞽審聲，斥為鄭、衛，甚或爨弄俚詞，閨幨冶習，音如濕鼓，色若死灰。此則嘲詼隱廋，恐為詞曲之濫觴所慮。杜夔左騖將為師涓所不道，輾轉流失，長此安窮？[51]

明詞之淫靡通俗，清初雲間詞風亦流於婉麗柔靡一路，皆為陳維崧所不取，陳氏把「復極意《花間》，學步《蘭畹》」視為一種弊端，流於俗豔，其缺點在於「矜香弱為當家，以清真為本色」，所謂「香弱」是指

50 陳維崧〈曹實庵詠物詞序〉，見《陳迦陵詩文詞集》卷七，《四庫叢刊初編集部》本。

51 陳維崧：〈今詞選序〉，《陳迦陵詩文詞集》卷三，《四部叢刊初編集部》本。

乏真意、深情的浮豔軟膩之作；「清真」是指無生氣、力度的作品。在陳氏的眼中，清初詞壇創作風氣雖興盛，實則拋卻了詞體內在的靈魂即比興寄託的精神，所以他特別重作品的思想內涵，他認為凡是感動人心的作品，都是一種時代的寫照、歷史的滄桑、社會的動蕩、生命的淬鍊，而詞著實比詩更適宜表達這些深沉厚重的內涵，陳維崧在〈樂府補題序〉中亦強調了這一點：

> 嗟乎！此皆趙宋遺民作也。粵自雲迷五國，橋識啼鵑，潮歇三江，營荒夾馬。壽皇大去，已無南內之笙簫；賈相難歸，不見西湖之燈火……則有臨平故老，天水王孫，無聊而別署漫郎，有謂而竟成逋客。飄零孰恤？自放于酒旗歌扇之間；惆恨疇依？相逢于僧寺倡樓之際。盤中燭灺，間有狂言；帳底香焦，時而讕語。援微詞而通志，倚小令以成聲。此則飛卿麗句，不過開元宮女之閑談；至於崇祚新編，大都才老夢華之軼事也。[52]

《樂府補題》是一部南宋遺民詞人的詠物總集，皆為哀傷痛楚之作，「援微詞而通志，倚小令以成聲」，以小詞來表現作家真摯而深切的生命情懷，是這本詞集最動人之處。陳維崧在序文中所提到「趙宋遺民」、「開元宮女」等名詞，乃強調詞家在詞中抒發故國遺老的傷懷之情，展現激越而又蒼涼的內心世界。「在他看來，和《樂府補題》的用意在於借前賢的酒杯，澆胸中之塊壘，寄異代同心之悲。」[53]《樂府補題》是宋末遺民的詠物詞集，歷來認為其中寄託了宋末遺民沉重悲傷的心情，「此則飛卿麗句」，《花間集》卻多寫豔情，陳維崧將以詠物來寄託國破家亡的悲憤之情的《樂府補題》與純寫豔情的《花間集》相比較，無非是說明《花間集》在寄託中的顯要地位。然而，陳維崧「他所言之『情』，既有柔情，

52 陳維崧：〈樂府補題序〉，見《陳迦陵詩文詞集》卷七，《四庫叢刊初編集部》本，頁191。
53 引自蔣哲倫、傅蓉蓉合著：《中國詩學史・詞學卷》，頁231。

也有豪情；有個人的感受，更有社會歷史的慨歎，從而拓展了詞的情感範圍。」[54]比興寄託是反映社會內容的方式，有時是蒼涼沉鬱，有時是含蓄婉轉，有時痛快淋漓。與雲間詞家不同的是，他不排斥豪放詞風，反而提倡豪放詞風的佳處，展現對蘇、辛詞學觀念的發展。

陳維崧在《迦陵文集》卷二的〈蝶庵詞序〉引史惟圓的話：

> 今天下詞亦極盛矣。然其所為盛，正吾所謂衰也。家溫、韋而戶周、秦，抑亦《金荃》、《蘭畹》之大憂也。夫作者非有《國風》美人、〈離騷〉香草之志意，以優柔而涵濡之，則其入也不微而其出也不厚。或者以淫褻之音亂之，以佻巧之習沿之，非俚則誣。[55]

史氏所論是對陳維崧批評過的「極意《花間》，學步《蘭畹》，矜香弱為家，以清真為本色」的不良詞風癥結所作的鞭僻入裡的揭示。他指出明清之際詞壇看似極盛實呈衰象，原因在於「家溫、韋而戶周、秦」，此一時期詞壇發展貌似興盛，實為衰頹，因為作者們往往抽去了《國風》美人、〈離騷〉之「志意」所賦予的「優柔而涵濡之」的內在神髓，「其入也不微而其出也不厚」，自難以倖免為「淫褻之音」、「佻巧之習」所侵襲而走上「非俚則誣」的歧路。史氏強調詞貴「志意」，也是對陳維崧〈詞選序〉所謂的「思」、「氣」、「變」、「通」的主要精神的提煉和歸納。史氏與陳維崧同樣反對一味緣情婉麗之詞，他已注意到詞在內涵與表現技巧的獨特性，要求詞別具有比興寄託，即用比興的技巧來寄抒託深層的志意。所謂的「入微出厚」救弊之方，實際上談的就是「寄託」，強調「志意」的重要，這也是作為一百年之後常州詞派「出入寄託說」的前導先聲。但與常州詞派不同的是，史惟圓早於常州詞論家的這段話，並沒有專注在微言大義的探覓，他的要旨是在於「志意」，有「志意」即能做到「入」微而「出」厚。那麼，史惟圓所謂的「寄託」又是指什麼呢？根

---

54 孫克強《清代詞學》（北京：中國社會科學出版社，2004 年 7 月），頁 175。
55 史惟圓：〈蝶庵詞論〉，見陳維崧《陳迦陵詩文詞集》卷三〈蝶庵詞序〉引。

據蔣哲倫、傅蓉蓉之說：「把史氏所謂的美人香草之志意，放在清初特定的歷史條件之下，則其所指的就是一種深湛的家國之思，一種悲痛的亡國遺民心緒。」[56]綜觀陳維崧的詞作，便可以在其中見到身世之歎、悲鬱之感。他們是以儒家的價值觀審視詞體，將詩學觀念作為其評價的標準。

陽羨詞人亦透過編選詞集而論詞，《荊溪詞初集》是陽羨派的總結性編集，展現詞之「詩化」的創作傾向，蔣景祁為這本詞集所寫的序文亦指出：

> 詞之興也，源於唐，盛於五季，泛濫於宋元，迨明而檜下無譏焉。古之作者，大抵皆憂傷怨悱不得志于時，則托為倚聲頓節，寫其無聊不平之意。[57]

蔣氏寫此序文的時間雖已步入康熙盛世，但他仍認為創作應以「言志」為核心，他認為古之作者是出於「憂傷怨悱不得志于時」而「寫其無聊不平之意」，這即是陽羨詞人所主張的寄託之情感內蘊。蔣景祁在康熙二十五年（1686)年又編撰了《瑤華集》，亦多錄遺民、野老、遷客的「憂傷怨悱不得志」之作而少盛世的《雅》、《頌》之篇，「《瑤華集》之編纂誠如陳維崧所言，到了存詞以存經存史的目的，也表現出陽羨詞派鮮明的『回歸詩本位』的特色」[58]。

由上述可知，陽羨派主將陳維崧、史惟圓二人都主張用「《國風》美人」、「〈離騷〉香草之志意」來提升詞的境界，深化詞的內涵。陽羨詞人亦透過選詞而表現詞學觀，從陳維崧的《今詞苑》、曹亮武的《荊溪詞初集》、蔣景祁的《瑤華集》所選的作品偏嗜看來，是承繼南宋辛派「詩人詞」的寄託內涵。陽羨詞派的比興寄託說是立足於時代滄桑與詞人的生命情懷來立論的，具有詞人的主體精神蘊含其中。強調詞作的寄託內涵

---

56 參考自參考蔣哲倫、傅蓉蓉合著《中國詩學史・詞學卷》，頁 221。
57 蔣景祁〈荊溪詞初集序〉，見康熙刊本《荊溪詞初集》。
58 引自蔣哲倫、傅蓉蓉合著《中國詩學史・詞學卷》，頁 228。

是要申恨寫志，有大我的不平之鳴與時代滄桑方能打動人心。而此種不平之鳴又是在情鬱於中而不得不發之於外的強烈創作衝動所致。人的行為動機是在需求的基礎上產生的，文學創作的動力也是出自於人的需求。人的需求是多方面的，不同的需求都可以構成支撐文學家從事創作的內在動力。真正有價值的文學作品總是得到作家生命力的支撐，這也說明作品價值與作家生命是緊緊聯繫在一起的。考察文學作品創作動力，首先應該考察的是作品與作家生命的關係，因此，創作的真正動力來源於生命。一旦作家將自己的情感思想通過文字而流傳後世，便具有永恆性。陽羨詞家是從個體生命價值的角度肯定文學的價值，從而將填詞看做生命需求，並使之達到了「存詞以存經存史」的目的，由此可見陽羨詞家論詞情仍以「詩言志」的角度來為詞體立論，在關注時代社會的同時，表現了詞人情感的豐富性和複雜性。他認為詞比起詩更適宜表現作者內在的情思。因此其寄託論的內涵是一種深湛的家國之思，時代的滄桑之感，完全是站在儒家「詩言志」的角度來立論，體現出自覺承繼南宋辛派詞論的寄託內蘊。

第四節　浙西派調和雲間與陽羨標舉騷雅尚寄託

任何文學流派與文學理論的形成，無不與自身所處的特定時期的社會文化、政治背景密切相關，而藝術傾向與審美情趣更是接受時代的要求而生。倘若說雲間詞人面對清兵驃騎入侵，面對一場場文字案的打擊，一時的腥風血雨使得士人自危不敢大聲言論，在長期被為「小道末技」的詞領域中暗中寄情，在翠紅香軟的背後隱藏著寄託之思，那麼朱彝尊創立浙西詞派，推崇騷雅寄託也得力於相應的時代背景。待清王朝征討三藩之亂，海內平定，「博學鴻詞科」為清朝廷得人至多，堪稱康熙盛世的局面。三藩和台灣平定後大清朝一統天下的局面已穩若磐石，因此反抗的心理也漸漸轉化為順從，浙西詞派就是順應這種時代轉變下的產物。陽羨派在陳維崧去世之後迅速瓦解，這是因為，作為陽羨詞派形成最深沉的內在心理情緒——國仇家恨，已隨著康熙治世的到來漸漸失去了光彩。加上博學鴻詞科一開，天下文人的心思漸漸回攏復歸了。所以陽羨詞風的悲苦抑鬱顯然已不合時宜了。其次，陽羨派承蘇辛詞學「言志」為核心的豪放詞風，畢竟與詞本身的綺麗婉媚的體性有著種種的不和諧，因此大多數詞人無法再沿著這一條道路繼續前進。浙西詞派由於順應了時代思潮與審美心理，這一詞派得以享壽三朝，餘響不絕。

清人乃異族入關，順治初年，有許多意圖復明之團體在各處成立，大多藉著文學之名聚集，而在暗中進行祕密的政治活動，清人為了鎮壓各種反抗勢力，屢興文字案，如順治十四年的「科場案」、十六年的「通海案」、十八年的「奏銷案」[59]，腥風血雨，士人心靈壓抑，浙西派領袖朱彝尊便成長於清廷高壓政策的陰影之下，早年他也曾參加過抗清活動，自順治十六年年通海案發生後，朱彝尊為了避禍而至浙江永嘉，其後數年便奔走於山西、河北、山東一帶。在險惡的大環境下，他流離失所，作人幕僚，飽嚐人世間的辛酸苦難，忌於文網迫害等種種因素，使得他有意疏遠政治權力場，把心力轉向於創作。遺民的身份使得他偶讀張炎的《山中白雲詞》產生了感同身受的共鳴，這種感慨乃通過託物寄興、借景言情的手法，訴說著一種種迷離惝恍、欲說還休的淡遠情致，營造一種意內言外的清空詞風。朱氏於康熙十一年（西元 1672 年）44 歲時編成的《江湖載酒集》詞集便是這段時期作品的結集，詞集的命名出自杜牧〈遣懷〉詩首句「落魄江湖載酒行」，江湖是相對於在朝為官而言，落魄江湖則是不得志於時、無處棲身的生命寫照，從詞集名亦反映了政

59 詳情可見孟林著《心史叢刊》（北京：中華書局，2006 年 4 月），頁 1-36。

治現實下的小我命運之意味，流露出自我放逐的感慨。他在康熙十三年為陳維岳寫的〈陳緯雲紅鹽詞序〉展現他對寄託的看法：

> 詞雖小技，昔之通儒鉅公往為之。蓋有詩所難言者，委曲倚之於聲，其辭愈微，而其旨益遠。善言詞者，假閨房兒女子之言，通之於〈離騷〉、變〈雅〉之義，此尤不得志于時者所宜寄情焉。緯雲之詞，原本《花間》，一洗《草堂》之習。[60]

這段文字中值得注意的是，朱氏論詞嚴格尊奉儒家雅正，摒棄《草堂》俗艷之風，卻對被宋人斥為無聊之作的《花間集》青眼相待，他稱讚陳緯雲的詞，「原本《花間》，一洗《草堂》之習」，無疑地，在朱彝尊眼中的《花間集》是「通之於〈離騷〉、變〈雅〉」之義的經典作品。朱彝尊認為詞體具有委曲深婉、辭微旨遠的文體特質，善於言詞者即將〈離騷〉、變〈雅〉之義假託於閨房兒女子之言中以寓情寫志，且詞這種委婉的特點，尤適合那些懷才不遇的不得志者來抒情寫志，從中寄託時代社會、家國人生等大事，這樣一來既能推尊詞體，而且又不失詞體辭微旨遠的藝術特色。這是朱彝尊早年時期對寄託的看法，由於這一時期的他正處於人生的低谷，此序與寫作《江湖載酒集》約莫同時，《江湖載酒集》頗多悲慨憤懣之語，充滿了家國之慨，所以朱氏認為詞體須具有委曲深婉、言近旨遠的特性，並且應在「閨房兒女子」的形象中深寓〈離騷〉、變〈雅〉之義，而且，詞尤為適合那些不得志於時的文人抒情寄意。「變雅」說出自〈毛詩序〉:「至於王道衰、禮義廢、政教失、國異政、家殊俗，而變風變雅作矣」，是反映政治上的缺失而發的，做為針砭時政的刺詩，內容為首要重點，而表達手法或技巧則退居成為次要。因此他說「假閨房兒女子之言」，是一種比興寄託的表達的手段，只是做內容的輔助形式而存在，最終的目的是在反映政治現實。從朱彝尊生平經歷來看，他

60 朱彝尊《陳緯雲〈紅鹽詞序〉》，朱彝尊《曝書亭集》，頁 487。

從二十九歲左右開始詞的創作，到四十四歲《江湖載酒集》結集成冊的這十幾年間，他一直不斷地在廣東、山西、河北等地輾轉飄流，從他在這段時間未出仕的情況看來，對清廷仍處在不能認同的階段。因此對寄託內涵的看法與陽羨派相同，論為詞可以通之於〈離騷〉、變雅反映時代黑暗、士人不得志的悲慨，然而其風風格並不同於陽羨健舉悲壯，也不同於雲間的旖旎婉媚，而是一種不同於婉約或豪放的騷雅清空之致。這是他從南宋姜、張等撫弦載酒之文人在創作中暗寄家國之恨的表現闡發其比興寄託之論。

隨著時間的推移，清初漢族士子們那種江山異代的沈痛、深切家國之恨也漸漸淡去，加上康熙朝的國富民豐，遺老們漸漸轉而接受清廷的統治。在政治愈來愈穩定之際，朱彝尊與清廷之間的緊張性逐漸減弱，他於康熙十七年後應試為官，反映「變雅」的背景則在時間轉移中慢慢被代換，當創作詞的政治目的不再這麼迫切之後，便將焦點開始轉向詞的藝術本身。擁有穩固政權的清廷，開始對漢人推行懷柔兼容的政策，康熙十八年（1679)，「博學鴻詞科」創立，打通了漢人入仕的途徑，任成為清代科舉史上一項最得人心的文治大業，朱彝尊應「博學鴻詞科」的召舉，攜南宋遺老結社詠物詞集《樂府補題》入京重新刊刻，在京師引發了一股《後補題》的擬作風潮。[61]朱彝尊在浙派逐漸向正統地位的時候將這本書再度引出，無異有巨大的影響，「自康熙十八年以後的十數年中，擬《補題》而群相酬唱的有近百家之多，一代詞風因之啟變。所以，《樂府補題》的重出之與浙西詞風的盛熾有著命脈相通的重大關係，是探討浙西詞派盛史不應忽略的一個至關要緊的環節。一股詠物的詞風也

---

61 蔣景祁〈刻《瑤華集》集述〉第二十一條說：「得《樂府補題》而輦下諸公之詞體一變，繼此復擬作《後補題》，益見洞筋擢髓之力。」見《瑤華集》（北京：中華書局，1982 年 11 月），頁 8。

就與浙派的存亡相始終。」[62]浙西派以雅正論詞，實際上是繼承了南宋以來的詞學傳統，張炎在《詞源》中說的：「詞欲雅而正」[63]，姜夔則是標誌著醇雅的代表人物，朱彝尊、汪森承張炎之詞學統緒，於清初重倡醇雅，同時編選大型通代詞選《詞綜》問世，以取代明代最為流行、以俗為本色的《草堂詩餘》，還有龔翔麟匯編的《浙西六家詞》[64]刻成。幾部重要選集的刊刻，浙西詞派正式開宗立派。

《樂府補題》乃南宋末年遺老在山河破碎、家國淪亡的時代抒發深沉的故國哀思的詠物詞合集，在清王朝復出並掀起新的賡唱熱潮，自然會引發清代詞家個人的身世感懷，每個人各自從自己的處境遭際摩挲之，所謂的「作者用一致之思，讀者各以其情而自得」[65]，然因為各人的體會感受不同，對《樂府補題》的價值認識，便有所差異。我們可以比較陽羨派宗師陳維崧與浙西派宗師朱彝尊對這本詞集的看法，便可見其中的差異：

前已述及，陽羨詞派的宗主陳維崧〈樂府補題序〉中認為此詠物詞集乃寄託了遺民故國的沉重悲傷心情，然而朱彝尊卻有不同的看法，他在〈樂府補題序〉提出此詞集乃「宋末隱君子」所作：

> 誦其詞，可以觀其志意所存。雖有山林友朋之娛，而身世之感，別有淒然言外者，其騷人〈橘頌〉之遺音乎？度諸君子，在當日唱和之篇，必不止此。亦必有序，以志歲月，惜今皆逸矣。[66]

《樂府補題》的作者群體經歷了國破家亡的哀傷，生存環境充滿了

---

62 嚴迪昌《清詞史》第二章，頁 247。

63 張炎《詞源》卷下，見《詞話叢編》，頁 266。

64 見龔翔麟輯：《浙西六家詞》（四庫全書存目叢書・集 425）（台南：莊嚴文化事業有限公司，1997 年 6 月，初版一刷），頁 131。

65 王夫之《薑齋詩話》（上海：人民文學出版社，1961 年版）卷一〈詩譯〉。

66 朱彝尊〈樂府補題序〉，見《曝書亭集》卷三十六（台北：世界書局，1989 年），頁 445。

危機，我們可以從字裡行間感受到詞人的牢騷失意、吞吐幽咽的感慨怨懟之情。其詠物之作皆是用選擇一組特定的物象，把這種鬱積之情傾訴出來，其內涵同於〈橘頌〉，是別具深意的詠物詞，正如郭鋒所言「《樂府補題》沒有特定的本事，特定的寄託意義，它所有的只是亡國的體驗、生存的艱難和身心具辱的痛苦心態」。[67]在社稷凌替之際，清廷的文化箝制政策使得士子們備感苦悶壓抑，他們既未忘卻於舊朝，但又威懼懾於新朝，亦迷惑於功名利祿的種種矛盾，相同的時代背景和社會心理，使他們對南宋的騷雅詞作有著感同身受的共鳴。朱彝尊雖然深知《樂府補題》的寄託內涵，但他在康熙十八年的盛世寫〈樂府補題序〉，遣詞用字卻極為謹嚴審慎，筆觸也特意淡化輕柔，其中所謂的「志意」極為含混模糊，僅以「身世之感」籠統廓括情志，正如蔣哲倫、傅蓉蓉所言：「『家國之恨』已為淒然的『身世之感』所替換，因而，唱和《樂府補題》在於描寫一種淡淡的、不可言傳的微妙心態，所謂『騷人〈橘頌〉』也無非指文人自負良才、志存高潔而無人賞識的不遇情懷；並希望以高雅俊潔的文本形態營造清醇雅正的詞體特色。」[68]所謂的「山林友朋之娛」，乍看之下似沒什麼，然這正是朱氏在特定的歷史條件之下所推崇與追求「騷雅」詞所必須的，在朱彝尊的認知裡，《樂府補題》與政治歷史事件沒有必然的聯繫。這些詞人的結社雅集多遠離政治圈，逃避現實，其詠物詞作多為借物抒懷，託物詠志，不涉及時局或談論時政。

陳、朱二人對於《樂府補題》的不同觀點，可見陽羨派與浙西派對寄託內涵的不同，乃在於前者強調政治性情感，一如屈原忠而被貶、信而見疑的憤慨；後者強調詞人的身世遭遇，一如宋玉平凡人的渴望與追求，感傷時光流逝、懷才不遇、有志難伸。屈原堅持真理，反抗邪惡，

---

67 引自郭鋒〈論《樂府補題》的詞學思想〉，《南昌大學學報》第 37 卷第 1 期，2006 年 1 月，頁 100-112。

68 參考自參考蔣哲倫、傅蓉蓉合著《中國詩學史・詞學卷》，頁 231。

面對黑暗現實，決不隨波逐流，在無可奈何之下，以死抗爭；而宋玉並沒有屈原那種視死如歸的勇氣，更沒有憤然沉江的悲壯舉動，從屈原到宋玉，體現了寄託內涵由崇高到世俗的回歸，由政治化向人性化的回歸。屈原表現的是以政治性感情為主流，屬於「詩言志」的範疇；及至宋玉，淡化了政治激情，雖具有「感士不遇」的情懷，但更多的是關聯著作家個人化命運的思考。如果說陽羨派的寄託強調的是家國倫理的政治性寄託，那浙西派只是強調詞人身世之感的一般性寄託。不關乎國破家亡的實質性問題，二者的感情力度也有所不同，前者強調如〈離騷〉般的幽憂憤悱的情感，後者強調如《詩經》般「樂而不淫，哀而不傷」之醇雅。從陽羨到浙西，寄託的情感濃度降低淡化，從憤怒轉化為悲歎，壯烈代之以憂傷。這種淡化，也展現在陽羨派詞論重視詞人的生活實踐、與深廣社會生活的聯繫的文學功能；而浙西詞論，則偏重於技法、形式等技術的層面。為何有這樣的差異？是因為時代的變化，康熙治世到來，詞的內容只適於吟詠風月、歌詠太平，不必悲傷抑鬱、感慨興亡，朱彝尊為了呼應上層心意與文化動向，與統治者的要求相符，便有意在創作中悖離了《樂府補題》寄託興亡之歎的精神實質，而追求音律協和、詞語雅潔等外在形式，正如郭鋒論述浙西詞家的寄託論在於：

> 通過一組具體的物象把這種鬱積深厚的情感抒發出來，而且是一種空靈雅正的意趣。這種化實為虛的手法就是清空，所抒發的情感就是騷雅。可見，詠物詞沒有特定的本事，照樣可以有寄託意義。不過這種寄託方式與漢儒訓經的那種字字比附、層層託意不同，它不是由一個個片段連綴而成零碎感受，而是一種意在言外的整體感受。[69]

這段文字說明浙西詞派的寄託較為偏重於技法、形式的層次，忽視

69 引自郭鋒〈論《樂府補題》的詞學思想〉，《南昌大學學報》第37卷第1期，2006年1月，頁112。

詞家的生命氣質、志意懷抱，這種對形式技法的偏重在浙西派成員的論述中皆可見，如汪森〈詞綜序〉:「鄱陽姜夔出，字琢句煉，歸於醇雅」[70]，朱彝尊〈詞綜・發凡〉強調「言情之作，易流于穢，此宋人選詞，以雅為目」[71]，把淫穢視為詞的大忌，在〈書絕妙好詞後〉云:「周公謹《絕妙好詞》選本，雖未全醇，然中多俊語，方諸《草堂》所錄，雅俗殊分。」[72]著重在語言的雅俊。又在〈蔣京少〈梧月詞序〉〉讚美蔣景祁詞云:「穠而不靡，直而不俚，婉曲而不晦。庶幾可嗣古人之逸響。」[73]皆可見朱氏乃從遣辭用字的形式層面去強調雅正，然而著意強調樂而不淫、中正醇雅的藝術標準，卻忽視了詞人的生活實踐以及和社會時代的深層關聯，反而限制了詞的文學功能。浙西派這種偏重形式和輕忽意格的傾向也遭到常州詞家譚獻批評曰:「《樂府補題》，別有懷抱。後來巧構形似之言，漸忘古意，竹垞、樊榭不得辭其過。」[74]正是批評朱、厲等人抽去了南宋詠物雅詞之「神」，徒留清空之「形」。

朱氏從詞體藝術的角度來思考，深刻體認到詩與詞是完全不同的兩種文類。故在康熙二十五年寫的〈紫雲詞序〉中提出與康熙十三年寫的〈陳緯雲紅鹽詞序〉「變雅」說完全相反的講法：

> 詞者詩之餘，然其流既分，不可復合。有以樂章語入詩者，人交訕之矣……昌黎子曰：懽愉之言難工，愁苦之言易好，斯亦善言詩矣。至于詞或不然，大都懽愉之辭工者十九，而言愁苦者十一焉耳。故詩際兵戈俶擾，流離瑣尾，而作者愈工；詞則宜于宴嬉

70 汪森〈詞綜序〉，見朱彝尊、汪森編《詞綜》（上海：上海古籍出版社，1999年11月），頁5。

71 朱彝尊〈詞綜・發凡〉，見朱彝尊、汪森編《詞綜》，頁6。

72 朱彝尊〈書〈絕妙好詞〉後〉，見朱彝尊《曝書亭集》卷四十三跋二，頁522。

73 朱彝尊〈蔣京少〈梧月詞序〉〉，見朱彝尊《曝書亭集》卷四十序七，頁488。

74 譚獻《復堂詞話》，《詞話叢編》，頁4008。

> 逸樂，以歌咏太平，此學士大夫並存焉而不廢也。[75]

認為詞原本初起於歌臺舞榭的娛樂文體，這樣輕薄的載體和莊重的詩不同，它無法承擔肩負太過沈重的政治現實，詞仍最適合於宴樂的場所，表達無關實政的個人情懷。這篇序文是站在一個全然客觀的立場來論述詞的最初功能與誕生場合。

然而朱氏如何調整他論詞前、後矛盾呢？究竟詞應該有寄託政治關懷，還是「宜于宴嬉逸樂，以歌咏太平」呢？如何把它與擴大了的雅正觀相融合呢？清初詞壇雲間、陽羨兩大詞派分別沿著「固守本色」與「詩化」的道路分別前進，而浙西詞派的出現則是實現對兩者的調和[76]，這種調和折衷的做法，與南宋風雅詞派的寄託理論，實則有著相同的現象，早在南宋張炎已言及：

> 簸風弄月，陶寫性情，詞婉於詩，……如陸雪溪〈瑞鶴仙〉……辛稼軒〈祝英台近〉……皆景中帶情，而存騷雅。故其燕酣之樂，別離之愁，回文題葉之思，峴首西洲之淚，一寓於詞。若能屏去浮豔，樂而不淫，是亦漢魏樂府之遺意。[77]

這段文字強調詞要保持其自身委婉含蓄的抒情點，同時又要具有寄託寓意，前者是恪守詞之「本色」，後者是強調詞的雅化，即「詩化」。如果沒有恪守本色，則詞只不過是長短不齊之詩；詞如果沒有寄託的深意，則詞往往失之軟媚和浮豔，詞必須向詩靠攏，必須在婉變的軀體中寄托時代之感或身世之悲。南宋騷雅詞派已透過寄託論的建構而實現了詞之本色與詩化的調合。浙派詞人對南宋騷雅的審美主旨有著獨特的感受和領悟，亦實現對南宋騷雅詞的追摹溝通。朱氏的騷雅說， 在編年最

---

75 朱彝尊〈紫雲詞序〉，見朱彝尊《曝書亭集》卷四十序七，頁489。
76 參考自參考蔣哲倫、傅蓉蓉合著《中國詩學史‧詞學卷》，頁231。
77 張炎《詞源》卷下「賦情」條，見《詞話叢編》，頁264。

晚的康熙三十年後為曹溶所寫的〈靜惕堂詞序〉[78]一文中，做了最後的總結：

> 彝尊憶壯日從先生南游嶺表，西北至雲中，酒闌燈灺，往往以小令慢詞，更迭倡和，有井水處，輒為銀箏檀板所歌。念倚聲雖小道，當其為之，必崇爾雅，斥淫哇，極其能事，則亦足以宣昭六義，鼓吹元音。往者明三百祀，詞學失傳，先生搜輯南宋遺集，尊曾表而出之，數十年來，浙西填詞者，家白石而戶玉田，春容大雅，風氣之變，實由先生。[79]

在此提出了六義大雅之說，不再只拘限於窄小的變雅範圍，「雅」的內涵被拉大了，在意義上提出「崇爾雅」，在音樂上提出「斥淫哇」，「必崇爾雅」、「斥淫哇」的態度如此分明而堅決，而且強調比興寄託之說，乃因為比興寄託手法與「醇雅」是精神相通的。朱氏崇尚醇雅，推舉南宋姜、張，然而《詞綜》卻選錄了不少《花間》詞作，正是從類於《花間》的作品中對閨房兒女之情的描寫中深掘風騷寄託之義，或許只能將政治寄託模糊化、內轉化，學習姜夔詠物而不滯於物的寫法，讓旨趣更多地熔鑄在詠物本身的那種清淡幽遠飄渺的意境中去，化實入虛，移情入景，雖然仍有政治關懷，但當情感由實轉虛，與詞體深婉的特質交融後，則形成成一種優雅從容的中正之音。所以，這種遺民的政治寓意已不同於「變雅說」那樣富於現實的針砭，不再具有批判現實的功用了，只在詠物詞外在形式或表面下，剩下一縷幽邈無盡的感懷。而這種轉變，和所處的大環境的變化有極密切的關係。

朱彝尊在〈陳緯雲紅鹽詞序〉說詞「假閨房兒女子之言，通之於〈離騷〉、變〈雅〉之義」，在〈靜惕堂詞序〉謂「以宣昭六義，鼓吹元音」，多次將詞與《詩》、〈騷〉相類比，認為詞也可以表現《詩》、〈騷〉的大

78 按嚴迪昌的說法，將此序編在康熙 30 年（西元 1691 年）以後，見嚴迪昌：《清詞史》（南京：江蘇古籍出版社，1999 年 8 月 2 版），頁 256。

79 見《清詞別集百三十四種》（一）《靜惕堂詞》（臺北：鼎文書局，民國 65 年 8 月），頁 7。

義，其後明確將詞的起源上溯到《三百篇》的是汪森，他在《詞綜・序》云：

> 自有詩而長短句即寓焉，〈南風〉之操，〈五子之歌〉是已。周之《頌》三十一篇，長短句居十八；漢〈郊祀歌〉十九篇，長短句居其五；至《短簫鐃歌》十八篇，篇皆長短句，謂非詞之源乎？[80]

雖然汪森只從長短句式來說明詩詞同源，猶有未盡，認識不足，但畢竟有了推尊詞體的明確意圖，把詞的起源上溯到《詩三百》，的確是浙西詞論的一大突破。

自朱彝尊、汪森之後，厲鶚出，他的論詞主張集中在他〈論詞絕句〉十二首之一：

> 美人香草本〈離騷〉，俎豆青蓮尚未遙[81]。頗愛《花間》腸斷句，夜船吹笛雨瀟瀟[82]。張柳詞名枉並驅，格高韻屬西吳。[83]

他認為詞是承〈離騷〉一脈而來的，帶有明顯的尊體意念。美人香草本〈離騷〉，與朱彝尊〈陳緯雲紅鹽詞序〉所云的「假閨房兒女之言，通于〈離騷〉『變雅』之義」相通，都是希望將寄託的內涵融化在婉麗的文本載體形態中。因此，厲鶚對李白與《花間》詞是肯定的，他以李白之詞距離〈離騷〉不遠，因傳說中為李白所作的「百代詞曲之祖」的〈菩薩蠻〉、〈憶秦娥〉高朗超曠中隱然有歷史興亡的悲慨。皇甫松在《花間》詞人中走的是清朗疏浚的一路，厲鶚稱許其「夜船吹笛雨瀟瀟」之句，因其在意象的描摹中流露出淒清悲涼的身世之慼。此外，厲鶚還重視詠物之作，他說：

---

80 汪森《詞綜・序》，見朱彝尊、汪森編：《詞綜》（上海：上海古籍出版社，1999年11月）。

81 青蓮，指李白，號「青蓮居士」。厲鶚本黃升《唐宋諸賢絕妙詞選》之說：「太白〈菩薩蠻〉、〈憶秦娥〉二詞為百代詞曲之祖。」

82 「夜船」句乃皇甫松〈夢江南〉詞中的名句，厲顎以此表示了他對《花間》詞中寄託斷腸之悲的肯定。

83 厲鶚〈論詞絕句十二首〉之一，見《樊謝山房集》卷七，見厲鶚著、董兆熊注、陳九思標校：《樊榭山房集》（上海：上海古籍出版社，1992年6月）。

> 頭白遺民涕不禁，《補題》風物在山陰。殘蟬身世香蒓興，一片冬青塚畔心。[84]

丁放考證：「厲鶚在這首絕句中，首次將《樂府補提》與宋祥興元年、蒙俗至元十五年元僧楊璉真伽發掘宋帝在紹興諸陵、唐玨等潛收宋帝妃骸骨之事相聯繫。發陵之後，唐玨出家資，招里中少年潛收帝妃遺骸，葬于蘭亭山，移宋故宮冬青樹植其上，謝翱為作〈冬青樹引〉頌其事。厲鶚此詩，系就〈樂府補提〉中殘蟬香蒓的象徵意義及唐玨潛收宋陵遺骸兩件事產生的聯想，並無確證。」[85]相對於只是純粹地將詠物詞作為表現才學的作家而言，厲鶚的論述從「遺民」的向度來談興寄，已把《樂府補題》的寄託意涵揭示而出，厲氏希望詠物詞必須托物言志，借物抒懷，以染上一些若有若無的寄託，必須具有某些程度的感慨。

朱、厲之後，浙西詞人以比興寄託論詞者漸多，如王昶〈國朝綜自序〉云：

> 且夫太白之「西風殘照，漢家陵闕」，〈黍離〉行邁之意也；志和之「桃花流水」，〈考槃〉、〈衡門〉之旨也。嗣是溫岐、韓偓諸人，稍至閨襜，然樂而不淫，怨而不怒，亦猶是〈標梅〉、〈蔓草〉之意。至柳耆卿、黃山谷輩，然後多出于褻狎，是豈長短句之正哉！……是詞乃《詩》之苗裔，且以補《詩》之窮，余故表而出之，以為今之詞即古之《詩》。[86]

王昶認為認為詞不但是《詩》之苗裔，而且能補《詩》之窮，因而論定「今之詞即古之《詩》」，所以，傳統詩教溫柔敦厚之風亦當移之於詞，淫穢俚俗之作，應當摒棄，認為「多出于褻狎」的柳耆卿、黃山谷

---

84 同上註。

85 丁放〈《樂府補題》主旨考辨----兼論比興寄託說詞論在清代以來的演變〉，《安徽師範大學學報》第 29 卷第 4 期，2001 年 11 月，頁 531-538。

86 王昶〈國朝詞綜自序〉，見王昶《春融堂集》卷四十一，《續修四庫全書》本（上海：上海古籍出版社，2002 年）第 1437 冊，頁 7。

輩是非「長短句之正」。他稱讚溫、韓等豔體詩詞具有「樂而不淫，怨而不怒」的溫和雍容的氣度。李冬紅認為王昶所言已「將傳統的風騷之義賦予詞之正體，同時也將比興寄託的表現手法提到了創作原則的高度。至此，詞家對表現《風》、〈騷〉雅義的比興寄託創作手法關注的程度和自覺意識都有了極大的加強。」[87]

王昶〈姚茝汀詞雅序〉中云：

> 然風雅正變，王者之跡，作者多名卿大夫，莊人正士。而柳永、周邦彥輩不免雜於俳優。後惟姜、張諸人，以高賢志士放跡江湖，其旨遠，其詞文，託物比興，因時傷事，即酒食遊戲，無不有〈黍離〉周道之感，與《詩》異曲而同其工，且清婉窈眇；言者無罪，聽者落淚，有如陸氏文奎所云者，為《三百篇》之苗裔，無可疑也。[88]

王氏明確地指出詞為《三百篇》之苗裔，他將詞的題材內容分為雅、俗兩類，柳永、周邦彥是俗的一類，而姜、張人是雅的一類，很明顯推尊姜、張，因其具有寄託，這裡雖然提及「託物比興，因時傷事」，但其對姜、張詞中的身世之感與家國之痛並不特意去強調，所謂的「〈黍離〉周道之感」在他的詞學體系當中比例極小，較之朱彝尊所言「騷雅」，王昶更接近「醇雅」，他讚賞姜、張詞「清婉窈眇」，他將清雅的風格與悠遠閑適的生活情緒聯繫起來，從他對南宋詞家評價來看，他最感興趣的是這些作家共同的風貌特徵，清麗的色調和與幽深的意境。

綜觀上述三大詞派，皆重視詞的深厚意蘊，強調詞必須以比興寄託來寓含〈雅〉與〈騷〉之大義，然而，他們的比興寄託理論乃呈現片斷零、零碎狀態，未具有完整的體系。必須要等到常州詞派的出現，比興寄託說才能上升到創作理論的高度。儘管如此，我們卻在這三大詞派的

---

87 李冬紅《《花間集》接受史論稿》（濟南：齊魯書社，2006 年 6 月），頁 171。
88 王昶〈姚茝汀詞雅序〉，見王昶《春融堂集》卷四十一，《四庫全書》本。

詞論發展中，看到了一種漸進的發展歷程，看到詞體依違於正與變之間，即「本色」與「詩化」之間的矛盾與調合之道。

清人努力推尊詞體，其推尊詞體的方式就是讓詞向詩靠攏，然而受到詞體正變觀念的影響，詞在趨向「詩化」的進程中一次又一次地受到正宗本色觀念的抵制，使得詞論家們無法漠視詞之正體的規範，清代詞論家努力消弭詩化與本色之間的對立，其方式即是藉著比興寄託的方法以調和之。雲間詞派立足於詞的本色定位，陽羨詞派乃強調詞的破體出位的詩化之思，浙西詞派則調和了詩化與固守本色兩派的對立，使詞得以定位為以「婉轉綺靡」為體貌、「言志」為內涵的複合體，「比興寄託」乃成了浙西詞家欲調和雲間詞派的「本色」與陽羨詞派的「詩化」對立的最佳管道。同時比興寄託論發展到浙西詞派，已被提高到了創作原則的高度。至此，詞家們對比興寄託在創作技巧方面的關注程度和自覺意識都有了極大的加強。

第五節　常州派立足於創作與接受的關係論比興寄託

壹、常州詞派以「經世致用」思維理路的出發

現代文學理論以為：完整的文學創作活動，不只於作者完成作品，還應當包含有讀者的閱讀這一要素。文學作品的意義不只是作者賦予的，它更是讀者閱讀的具體過程中不斷生成的。作者、作品、讀者這三個要素各自在文學活動的過程中發揮著他者所不可取代的作用。文學發展是一個漸進的過程，文學史也是一個審美生產和審美接受的過程，它不僅是作家和作品不斷產生的歷史，也是讀者的接受史、是文本作品的效應史。在文學發展的歷程中，每個時期有自己特殊的時代精神，因而

有特殊的時代需求，對於作者、作品、讀者三個要素的其中某一要素的強調會有所不同，但總體的趨勢由重視作家、作品逐漸朝向重視讀者的再創造性發展。這是因為不同時代的讀者是通過文學接受活動參與作品意義和價值的創造，使前代作品的價值和地位不斷地重新確立，從而形成我們今天所見到文學史面貌。由於文學是語言的藝術，文學鑑賞做為一項高級精細的審美活動，對文學接受者的「意蘊期待」[89]也會提出更高的要求。較之西方，中國古代看似沒有完整而嚴密的解釋學和接受理論，但其實卻是存在著，甚至比西方「接受美學」的誕生至少要早九十年，清代常州派詞學便是一個例子[90]，常派的「比興寄託」論涉及到文本意義闡釋的思考，間接地指出了一些問題，例如：作者在進行創作之前是否有一個預設的創作意圖或主觀意識？如果有，創作是否會變成「主題先行」而失去了作品渾然天成的狀態？同樣，讀者對文本的解釋是否應該符合作者的原意？文本的解釋權應該屬於作者還是屬於讀者？讀者對於文本的處理，是以作者為中心還是以讀者自己的再創造為中心呢？作者的用意對讀者的解釋是否具有限制性，讀者對文本的自主權到底有多大？如果拿既定的框架去套一部作品，是否會使本該靈動的閱讀行為變得索然無味、呆板拙滯，甚至嚴重偏離審美體驗，從而使作品變成純料的「資料」？若要澄清中國文學接受論的種種問題，必須從常州詞派的「比興寄託」論說起。

「比興」作為中國古典詩學的一種古老的理論與表現手段，淵遠流

---

89 「意蘊期待」，即指讀者選擇某一文本閱讀時，總是期待著對文本意蘊做一深刻的理解與感知，期待作品能夠出現切合自己意願和審美趣味的情感境界，期待著文本能表現一種合乎自己理想的人生態度，期待著與自己的思想情感相通的傾向。

90 「文學接受」一詞，來自二十世紀六七十年代德國「接受美學」（Reception Aesthetics），是指一種以文本為對象、以讀者為主體、力求把握文本深層意蘊的積極能動的閱讀活動。而常州詞派，乃清代嘉慶以後的重要詞派，其主要活動是在十九世紀。

長，在長時期的創作實踐中積累了豐富的經驗。[91]詞產生的時間較晚，再加上詞體特殊的生成環境、適用場所和社會功能，致使被視為豔科娛樂品性的詞，本無深遠的寄託內涵，並未被嚴格要求運用比興手法抒懷。然而詞作為後起者的「詩餘」，決定了詞學必然受到傳統詩學的影響，伴隨著詞學家推尊詞體的理念，詞學不斷地向詩學汲取精神，其中最基本的途徑就是把詞與詩接軌，從源流上肯定其正統出身，以詩歌「言志寄託」的傳統附之於詞。詞論中的寄託說即是為了尊詞而向詩論靠攏才產生的，並且成為清代詞學批評的一大基石。清代詞論家在總結詞的創作經驗的基礎上把傳統詩學的「比興」說發展到了一個新的階段。

由於文學作為人類的一項精神活動，有它特定的方式、特定的範圍，文學理論也因其研究對象的相對穩定性形成自己的基本內容。粗略考察，在文學活動中，有兩組獨立而又統一的恆定關係已經得到普遍的認定：一是「現實—作家—作品」，二是「作品—讀者—現實」，這兩組關係不是一種單維的線形關係，而是一種多維多向的關係。這兩組關係的交接點是作品本身，作品是從事文學活動的實體顯現，作者、讀者、現實的關係也只有通過作品才能互相溝通，融為一體。現實生活世界與藝術審美世界的區別與聯繫，只能在文學作品中才能得到確切的解釋。

常州詞派是清代中、末期的一個著名的詞派，由江蘇常州人張惠言等人所開創而得名，由於陽羨詞派流於粗獷、浙西詞派失之輕弱，常州詞派主張詞境應幽深，即以「比興寄託」的說詞方式維護詞的幽深含蓄。

91 《詩經》首開比興之先河，《詩經》大量以草木起興的套語不過是與某一特定感情相關的信號，因而產生烘託氣氛的效果，詩人很少描繪物象的外部特徵，更不關注從它的特性中引申出相應的道德觀念，所以《詩三百》篇中的大部分自然景物還沒有形成固定的審美的趣味，但卻給予讀者留下了豐富聯想的廣闊空間。《詩經》之後的三百年出現了屈原的〈離騷〉，〈離騷〉在藝術表現方面最為突出的特色就是以「香草美人」寄託詩人的生命理想，使詩含蓄曲折，思想隱晦。從《詩經》到《楚辭》，比興手法由單純的比、興或比興合用發展到「香草美人」寄託詩人的理想，形成了古代詩歌中的比興寄託傳統。

常州詞派以「比興寄託」為說詞的重心，從乾、嘉時張惠言提出基本的主張，再經嘉、道時期周濟加以理論化與系統化，再到同光時期陳廷焯、譚獻的推衍生發，至晚清況周頤的總結，展現了前後遞進的關係，使得「比興寄託」說經歷了一個不斷發展與逐漸完善的歷程。由於常州詞派「比興寄託」的相關研究前輩時賢說者綦夥[92]，已經累積了相當多的成果，然多為具宏觀視野的詞派整體性總論，筆者在此無意重複他人已有的論述，盡可能去同求異，本文以常州詞派不同時期的代表為定點定位──「發軔期」的張惠言、周濟，「拓展期」的譚獻、「光大期」的陳廷焯和況周頤[93]，全文主要以這五位重鎮的詞學觀為探究中心，從「點」的貫穿而為「線」的流變，進而成為「面」的觀照，期許在重新解讀常州詞派五位要將「寄託論」的同時，更能從微觀的視角考察前人研究所忽略的常派「寄託論」在演變歷程中前後承繼嬗變的「邏輯關係」，立足於文學藝術審美的本質來審視常派的詞學觀。

從「創自個人」的藝術觀點到「成於集體」的文學流派，並非一蹴可幾，而是有一個發展的過程。若不研究文學理論的承繼性，就無法弄清文學發展的內在邏輯。若不探究流派成員的個別論述與前人的關聯，

92 相關的研究，例如：張苾芳：《清常州詞派寄託說研究》，文化大學中國文學研究所，1983 年碩士論文。朱美郁：《清常州詞派寄託說研究》，高師大中國文學研究所，1990 年碩士論文。侯雅文：《常州詞派構成與變遷析論》，中央大學中國文學研究所，2002 年博士論文。鄧新華：〈論常州詞派「比興寄託」的說詞方式〉，《寧夏大學學報》第 24 卷，2002 年第 3 期（總第 103 期），頁 48 至 52。陳水雲：〈常州詞派與近代詞學中的解釋學思想〉，《求是學刊》總第 29 卷第 5 期，2002 年 9 月，頁 99 至 104。朱德慈：《常州詞派通論》（北京：中華書局，2006 年 7 月）。溫曉暉〈論常州詞派比興詞論的完善和發展──兼論張惠言、周濟、陳廷焯三家對碧山詞的評價〉（《文學研究》2006 年 2 月號下旬刊，頁 52 至 53）、劉貴華〈略論清代常州詞派的比興寄托理論〉（《廣西社會科學》總 121 期，2005 年 7 期，頁 78 至 81。

93 常州詞派的分期「發軔期」、「拓展期」、「光大期」之說，乃根據朱德慈：《常州詞派通論》（北京：中華書局，2006 年 11 月初版）第二章「常州詞派的分期與譜系」而來，頁 22-46。

就無法掌握詞派成員們如何立足於當時的創作實績，總結文學發展的歷史經驗或教訓，適時地提出帶有創新性的文學見解和創作主張、批評理論來，從而滙成一股潮流。就文學的演進規律而言，沒有繼承，便談不上發展，文學史的歷程，有時是一種「漸變式」的承接，文學發展的每一步，明顯地是來自於前面的一步，這種「漸變式」的承接方式往往是環環相扣的，抽去了任何一種繼承要素，文學發展的鏈條就要中斷。正是歷史的繼承性使這種發展的軌跡線索分明，從而成為一種逐漸臻於充實的理論架構。

文學創作是一個連續的過程，不只是作者的創作，亦要有讀者的介入才得以完備，一切的文學作品都是作者向讀者提出閱讀的期待。作者在創作中有意識地使用所謂的「開放性結構」，巧妙地在字裡行間留下「藝術空白」，便能吸引讀者進行閱讀中的再創造。常州詞家強調讀者在文學創作中所居的重要地位及所起的重要作用，然而這並不意味著其因此而貶低作者的重要性，相反的，是對作者創作提出了更高的要求。作者應該讓自己有意自覺地革新寫作技巧與方法，在創作中表現含蓄而豐富的想像空間，為讀者展開想像的翅膀、進行再創造提供便利的條件。按照文學發展的規律，常州詞派的理論必然要從為經學服務而走向文學的審美本質了。

常州詞派興起於嘉慶，大暢於道光，嘉道年間各種社會矛盾日趨尖銳，文人士大夫漸漸務實以應付世變，面對衰世和詞壇固有的弊端、頹風，便以「經世致用」這一思維理路而興起於清代詞壇，是有其深刻的現實和詞體發展自身的原因。而這一思路主要是發揚儒家的詩教觀，以詩騷作為反映現實的工具，以詞發揮亂世中針砭時弊的工具，常州詞派的詞學功能論，主要透過「比興寄託」的手法來體現。常州詞派的「比興寄託」說從一開始張惠言局限於道德倫理範疇，到周濟側重於作者與作品的關係，強調作者的真情實感，然後，以此為起點去探索作品與讀者、作者與外在世界的關係。發展到後來，譚獻、陳廷焯、況周頤等人論述皆擴大至讀者與作品的關係，使得寄託說更朝向接近文學藝術美質的本位邁進。「比興寄託」已成了常州詞家論詞的共同綱領，詞的內涵、風格、創作目標、表達方式、讀者接受，也都依此而做了明確的規定，張惠言、周濟、譚獻、陳廷焯、況周頤等於此都各有闡明，薪火相傳，其理論雖然層層相因，但在繼承的同時也修正了前賢，使得常州詞論中的「比興寄託」是處在一個不斷變化發展的狀態，逐步朝向注重文學藝術美質的境界提升。幾乎涵蓋了作家創作、作品構成、讀者接受等各個環節，貫串了文學的創作活動與接受活動，對於創作主體、接受主體和客體皆全面顧及，完成了一個文學邏輯關係上的圓，格局完備。本文欲從這五大家的寄託詞論入手，以見該派如何建構「比興寄託」說，逐步呈現理論探討的系統性和深入化，最後總結常州詞派「比興寄託」說的詞史地位，並見其較之前人有何發展與貢獻。

貳、「以詞證道」的政教觀：張惠言以經學比附

常州詞派的代表人物張惠言（1761-1802)，為乾、嘉年間的經學家，又在嘉慶四年（1799)會試中正，入翰林院。其生當清代政權鞏固時期，因此提倡「經世致用」之論。當時他面對的是一個怎樣的詞壇格局呢？在此借用譚獻《復堂詞話》云：

> 錫鬯、其年行而本朝詞派始成。顧朱傷于碎，陳壓其率，流弊百年而漸變。錫鬯情深，其年筆重，固後人所難到。嘉慶以前，為二家牢籠者，十居七八。[94]

張惠言弟子金應珪《詞選後序》亦云：

> 近世為詞，厥有三蔽。義非宋玉而獨賦蓬髮，諫謝淳于而唯陳履

94 譚獻：《復堂詞話》（北京：人民文學出版社，1959 年初版），頁 41。

> 烏。揣摩牀第，汙穢中冓，是謂淫詞。其蔽一也。猛其奮末，分言析序，詼嘲則俳優之末流，叫嘯則市儈之盛氣，此猶巴人振喉以和陽春，黽蜮怒嗌以調疏越，是謂鄙詞。其蔽二也。規模物類，依托歌舞，哀樂不衷其性，慮歎無與乎情，連章累篇，義不出乎花鳥，感物指事，理不外乎酬應。雖既雅而不豔，斯有句而無章，是謂游詞。其蔽三也。[95]

譚獻、金應珪皆從張惠言當時的詞壇實際狀況指出了力挽頹風的必要性和迫切性。張惠言身為常州詞派的第一盟主必然針對當時「淫詞」、「鄙詞」、「游詞」三大蔽，進行頹風的糾正。而這三蔽，究其實質，根據清末謝章鋌《賭棋山莊詞話續編》卷一針對金應珪這段話闡釋為：「一蔽是學周、柳之末派也。二蔽是學蘇、辛之末派也。三蔽是學姜、史之末派也。皋文詞選，誠足以救此三蔽。其大旨在於有寄託，能蘊藉，是固倚聲家之金鍼也」。[96]由此可見，「淫詞」乃針對雲間、廣陵末流發展而來的缺乏深厚內容的言情之作；「鄙詞」是指陽羨派末流徒事叫囂詼嘲之作；「游詞」是指由浙西詞派末流所發展太過虛泛貧乏的詞風。張惠言認為必須要與三大詞壇流派畫清界限，又必須確立婉約風格的正統地位，強調內涵的莊重深厚，所以提出《花間》為詞的正統源流，而且致力在言情的題材中注入重大的社會內容，乃提出「比興寄託」，從此成為該派詞論的綱領。

一、掘發詞「意內而言外」之微言大義

張惠言在嘉慶二年（1797)選擇精嚴的唐宋詞選本《詞選》一書，成為影響常州詞派的要選本，《詞選・序》則為常州派開派的的理論宣言：

---

95 金應珪：《詞選・後序》，見《張惠言詞論・附錄》，見唐圭璋編《詞話叢編》（台北：新文豐出版公司，1988 年 2 月初版），頁 1618。

96 謝章鋌：《賭棋山莊詞話續編》卷一，見唐圭璋編《詞話叢編》，頁 3485。

> 敘曰：詞者，蓋出于唐之詩人，採樂府之音，以制新律，因系其詞，故曰詞。《傳》曰：「意內而言外謂之詞」。其緣情造端，興於微言，以相感動，極命風謠，里巷男女，哀樂以道。賢人君子幽約怨悱不能自言之情，低徊要眇，以喻其致。蓋《詩》之比興，變《風》之義，〈騷〉人之歌，則近之矣。然其文小，其聲哀，放者為之，或跌蕩靡麗，雜以猖狂俳優。然要其至者，莫不惻隱盱愉，感物而發，觸類條暢，各有所歸，非苟為雕琢曼辭而已。自唐之詞人，李白為首，其後韋應物、王建、韓翃、白居易、劉禹錫、皇甫松、司空圖、韓偓，並有述造，而溫庭筠最高，其言深美閎約。……今第錄此篇，都為二卷。義有幽隱，並為指發。[97]

《詩經》中的比興，《易經》中的卦爻辭，都是「意內而言外」。由於張惠言是專力研究《詩經》和《易經》的經學家，很自然注意到寄託的類比思維的特徵。張惠言論詞，強調「意內而言外謂之詞」，注意到了「意」與「言」之間異質同構的對應關係，是一種「感物而發，觸類條暢」，運用人類具有的類比思維、異質同構的基本能力。他從創作的角度提出了一套詞近「詩之比興，變《風》之義，〈騷〉人之歌」的理論，認為詞的創作應該像《詩經》、《楚騷》一樣，要遵循以此喻彼、托物起興、美人香草一類的比興寄託傳統。如果僅就此而言，張惠言似乎與宋人、雲間、陽羨、浙西前三大詞派相比沒有什麼獨到的特別之處，皆停留在詩學比興寄託的傳統層面，然而其與眾不同之處在於從詩歌理論回歸到詞學傳統，提出唐宋詞的源流正變，尤其他提到「溫庭筠最高，其言深美閎約」，其別具獨特意義的是：張惠言是詞史上第一次明確地藉用溫庭

---

97 張惠言：〈詞選序〉，見張惠言、董毅編：《詞選‧續詞選》（北京：華夏出版社，2006年1月），頁1。

筠深美閎約的詞以建構詞學中的寄託理論。[98]其論述對詞史的貢獻正如朱德慈所言在於：

> （張惠言）把比興手法援引進詞之創作與批評的根本原則的高度，把這一方法的應用與提高詞的意格聯繫起來，首次將比興作為詞學的理論綱領，力圖通過崇比興來達到尊詞體的目的，從而導引詞作者格外重視思想內容的藝術化表現，引導讀者重視詞的怨刺內蘊，這在歷代詞選家中是空前的。[99]

崇比興之所以可以達到推尊詞體的目的，其中重要的原因仍是倫理道德的比附說，此乃先秦兩漢以來的儒家風雅教化的要求，強調文學的邦國教化之功能。詩之所以能在幾千年的中國古代社會中一直受人尊重，與詩這一使命是分不開的，如果詞亦能與詩一樣反映社會的盛衰、國家的興旺、政治的昏暗、風俗的優劣，那就達到推尊詞體的目的了。張惠言強調詞在道德意義上的美感特質，這樣發展的趨向是擴大了詞體的社會倫理功能，使詞由初期純粹的娛樂消遣性、抒情的審美性，轉變為像詩一樣具有教化、諷刺、指導認識的功能，從而抬高了詞的文體地位。

二、詞以「立意」為本，此意必為「賢人君子」忠愛之情

張惠言提出詞「意內而言外」，強調詞以「立意」為本，而且此「意」即是作者的創作意圖，讀者解讀的工作就是要還原作者書寫的本意，此意必為「賢人君子幽約怨悱不能自言之情」，所以讀者對文本的解讀不能違背作者的書寫意圖。這實際上是強調作者之意對於文本解釋的權威地

98　雲間、陽羨詞家雖也提及《花間》詞統，但仍未如張惠言明確地借溫庭筠以建構寄託論，所以張惠言堪稱為詞史上第一次明確地藉用溫庭筠深美閎約詞以建構詞學中的寄託理論者。

99　朱德慈：《常州詞派通論》（北京：中華書局，2006年7月），頁59。

位，作者對讀者的解讀具有絕對的主導作用。儘管張惠言對「比興寄託」說的細緻論述對於發掘詞作的思想意蘊有獨特的貢獻，卻也直接導致了穿鑿附會、曲意求深的弊端，其解析溫庭筠詞以建構其寄託詞論，就受到後人不同程度的質疑。[100]例如其解溫庭筠〈菩薩蠻〉「小山重疊金明滅」曰：「『照花』四句，離騷初服之意。」[101]溫氏〈菩薩蠻〉寫一個美麗的女子在孤獨與百無聊賴中的孤芳自賞，但在描寫中，作者用了許多美詞藻和色彩鮮豔的字眼，而且用了「蛾眉」等文化語碼，使人聯想到《詩經》、《楚辭》以來它所富於的文化蘊涵。[102]張惠言以騷體解釋《花間》詞，把作品原本表達的閨怨之情置換成與政治教化密切相關的忠愛之思與家國之念。張惠言《詞選》選詞 116 首，範圍從晚唐五代到南宋末期，估計來看，多採唐五代詞，而南宋詞作最少。從作家上看，溫庭筠的作品是十八首，佔全體的 15%，是數量最多的作家。[103]由此不難看出，張惠言認為以溫庭筠為首的《花間集》與其所持「意內而言外」、「變風之義、騷人之歌」的主旨相契合。將一首普通的閨怨詞比附為具有政治寄託的大作品，不免有著強牽附會之病。在對作品鑑賞的實際的運用中，如果一

---

100 劉熙載《詞概》評之曰：「溫飛卿詞妙絕人，然類不出乎綺怨」（見唐圭璋編《詞話叢編》，台北：新文豐出版公司，1988 年 2 月，頁 3689）。王國維《人間詞話》曰：「張皋文謂：『飛卿之詞，深美閎約』。余謂：此四字惟馮正中足以當之。」（見唐圭璋編《詞話叢編》，台北：新文豐出版公司，1988 年 2 月，頁 4241）。李冰若《栩莊漫記》：「少日誦溫尉詞，愛其麗詞綺思，正如王、謝子弟，吐屬風流。嗣見張、陳評語，推許過當，直上接靈均，千古獨絕，殊不謂然也。飛卿為人，具詳舊史，綜觀其詩詞，亦不過一失意文人而已，寧有悲天憫人之懷抱？」又云：「張氏《詞選》，欲推尊詞體，故奉飛卿為大師，而謂其接跡《風》、《騷》，懸為極軌。以說經家法，深解溫詞，實則論人論世，全不相符。」見宋紹興本《花間集・附校注》（台北：鼎文書局，1974 年 10 月初版）。

101 《張惠言論詞》，見唐圭璋編《詞話叢編》（台北：新文豐出版公司，1988 年 2 月），頁 1609。

102 參考葉嘉瑩：《唐宋十七講》（台北：桂冠圖書公司，1992 年 4 月）「第一講溫庭筠」，頁 21-30。

103 見張惠言：《詞選》（北京：華夏出版社，2006 年 1 月）「目錄」部份。

味強調思想志向方面的政治性，必然會局限作品內蘊。[104]張惠言認為溫詞「照花前後鏡」等四句即「〈離騷〉「初服」之意，顯然沒有從溫庭筠本人的生活環境、思想狀況和作品形象的實際含義進行考察，更沒有顧及詞的歷史發展而妄下臆測和比附。雖然我們很難排除，《花間》詞作在「閨音」之外，在潛意識中或許也體現出男性詞人他們自身內心深處的情感傾向，在無意間流露出他們深隱於心靈底層的女性化情思，但這畢竟是讀者的聯想或猜臆，並不能確定就是作者之意，我們很難說溫詞具有寄託之意。況且，張惠言眼中的寄託主要是一種政治比附，集中於「忠愛」、「感遇」之類的政治性感情的表現，若參考溫庭筠的性格與處世態度，我們更難以把他和屈原有關治亂的倫理感情與志意懷抱類同來看。張惠言評溫詞的方式與其治《易》的方法「依物取類」的思維方式如出一轍，常會流於牽強附會之弊，它實際上已超離了作品的原意，而且專以寄託論詞，把作品的理解與闡釋都歸結到美刺忠愛的政教內容上，會產生割裂整體、穿鑿附會之弊。正如鄧新華所言：

> 張惠言對作品「幽微」之義的「指發」，儘管是以倡導讀者的能動參與為前提的，但由於他從一開始就戴著政治教化的有色眼鏡，所以他總是要牽強附會地從原本並無比興寄託之義的作品中「指發」出忠愛美刺的內容，這很容易使我們聯想起漢儒說《詩》的情況。……張惠言提出的比興寄託的說詞方式儘包含一些有價值的文學接受理論思想，但在對具體作品的接受和解說中卻顯露出種種破綻，難以自圓其說，這不能不說是遺憾。[105]

---

104 張惠言的對詞文學的觀點在總體上是一種純工具論，認為文學從屬於政治教化。然而文學的功用是多元的，其價值取向也不定於一尊，太過強調文學的政治教化功能，把文學視為經學的附庸，便會忽視了文學的自身特徵和審美價值。文學創作其本身就是一種已經自我體現了的價值，這價值就建立在它是藝術品，具有審美與觀賞的價值。

105 鄧新華：〈論常州詞派「比興寄託」的說詞方式〉，見氏著《中國古代接受詩學》

李冬紅亦指出：

> （張惠言)他強調意在筆先，認為作者在填詞之前，胸中就應該有明確的寄託之意，這種作法極易限制詞家的創作構思活動，造成寄託的生硬、概念化和門面語，導致作品中所塑造出來的抒情形象作者真實情感的分離，缺乏感發力量。或者說，張惠言沒有意識到，成功作品中的寄託之意往往是經過藝術形象的提煉而流露于不自知的，是有寄而又無所寄的，如果專意寄託，忽略了寄託內容藝術形象的融合，這樣的作品既無法產生藝術美感，也不會寄託深廣的思想內容。[106]

上述二家都認為張惠言這種以漢儒的儒家詩學標準來說詞，使詞的內涵狹隘地成為政治倫理的傳聲筒，實際上是違背了文學的本質。[107]李冬紅所謂「成功作品中的寄託之意往往是經過藝術形象的提煉而流露于不自知的」，文學作品用語言來代表事物，然而外在事物永遠不斷地在變化、發展，語言永遠無法趕得上，加上語言表意並不易準確，作家才必須用它的不盡意、不準確以產生意象，使得藝術的形象往往具有弦外之音、言外之意，方不被個別的人事所拘限。

三、忽視了讀者「以意逆志」不必然等同於「作者本意」

探尋作者創作的本意一直是人們解讀文學作品時所要追求之主要目標，這種解讀方式最早可以追溯到《孟子・萬章上》的「以意逆志」說：

（湖北：武漢出版社，2000 年 10 月）頁 213。

106 李冬紅：《《花間集》接受史論稿》（濟南：齊魯書社，2006 年 6 月），頁 171。

107 文學的創造，本身就是一種已經自我體現了的價值。文學的價值，就在於它本身的「無用」，不被限制在一種定用，不論是政治之用、道德之用、經濟之用、教化之用，都是一種「定用」，文學唯有完滿了本體的藝術美的價值，才能具顯一切的「用」。也正因為文學的「無用」，所以能具現一切用，此之謂「無用之用，是為大用」。

「故說《詩》者，不以文害辭，不以辭害志；以意逆志，是為得之。」[108]提出說詩者不要被表面的文字意給拘限，而應根據全篇作品，去體會文字之外作者真正的創作意圖。但事實上，要重建作者原意是相當困難的，因為讀者與作者之間有著無法回避的時空差距，因此讀者之「意」，豈能必是作者之「意」？為了使說詩者的理解更為客觀準確，孟子也提出了「知人論世」說：「頌其詩，讀其書，不知其人可乎？是以論其世也，是尚友也。」任何作家都生活在特定的時代背景之中，所以讀者不應以個人的角度主觀地給作者貼標籤，也不可用自己現在的心態單方面去解釋古代作家作品，而應「知人論世」。所謂「知人」，是要研究作者與作品的關係；所謂「論世」，是要研究作品與產生它的時代關係。孟子以為，讀者必須對設身處地地理解作者，作品是作者思想情感的反映，也是社會生活的投射，既然「人」與「世」都是形成作品極為重要的因素，那麼這二者與作品之間必然存在著某種對應關係，在作品蘊含的信息總量中勢必有與之相通以至於相契之處，因而對其了解便可能成為理解作品的關鍵，或揭開奧秘的鑰匙，或通向幽微深隱處的嚮導。雖然孟子的主張對於理解作者本意提出了較好的辦法，但在實際閱讀運用的過程中，孟子的主張卻極難貫徹，這是因為，在解讀作品的過程中，讀者不可避免地會有個人主觀成份的滲入、審美的投射與參與，孟子的「以意逆志」原則，基本上也肯定了讀者自己的領悟這一客觀事實，但讀者的主觀成份要以「知人論世」作為把關，才有可能比較客觀地揭示出作者的本意。如果在推求作者本意的過程中，過份誇大了讀者自己的主觀判斷，忽視了「設身處地」和「知人論世」，就容易以讀者之意來代替作者之意，而導致穿鑿附會之病。如張惠言提出「義有幽隱，並為指發」，他在解讀前人作品時，便將一己讀詞之感受強指為作者創作之本意。身為常州詞派

108 《孟子・萬章上》，見宋・朱熹《四書集注》（濟南：齊魯書社，1992 年），頁 153。

祖師的張惠言一開始便以「意內言外」為主旨而將詞全面詩學化，其所說的「意」，非一般之情意，而是賢人君子的忠愛赤忱，全面對寄託內涵的解釋泛政治化傾向，易限制於詞作內涵的單一性，不利於探究寄託的豐富性，因此，當這種重於道德範疇的預設實現後，「比興寄託」說自然應向文學本位轉移，側重於藝術審美的分析，從這個角度來看，常州詞論有一個追尋作者原意到拋開作者趨向尊重讀者的過程。雖然論者多批評張惠言以說經中的「以意逆志」之法來發掘更深一層的政治寓意流於穿鑿附會，然而「意內言外」使作品的鑑賞有「言內之意」、「言外之意」和「主觀聯想」，張惠言的治亂盛衰的經世性解釋即使偏離作者原意，在某種程度上仍是有其合理性，但因張惠言理論的重點仍在於如何準確地還原作者的原意，張惠言在解決這個問題表現了一種僵化板滯的態度，他把文學活動簡單地視為作者是「感物而發，觸類條暢，各有所歸」，而讀者則反過來從「義有幽隱」的作品中，「並為指發」其微言大義。儘管張惠言已注意到讀者的主觀能動性，提出從「微言」中去挖掘大義，但由於他把論詞的重心放在作者與文本上，並以為讀者從作品中體悟到的「微言大義」，就是作者的本意，而作品就是這種「微言大義」的載體。他卻忽略了不同讀者在閱讀中的主觀能動性，忽略了讀者在閱讀中發揮自由聯想的藝術再創造，其結果必然是一種牽強附會的解詞方法。張惠言在論前人詞句時未能對自己解讀活動的合理性作出分析和界定，忽略了將作品的箋釋之意和作者原意在理論上作清晰的區分，從而遭致過度詮釋之評。這就必須等待後繼者的在理論上予以充實修正。

張惠言之後的常州詞論家們在探討「比興寄託」時，不論是從創作或鑑賞的角度，都很注意開拓寄託的內涵，立求從突破一己小我到大我，從特殊走向普遍，從私情走向人類共有情感，將寄託的指向朝向多元化發展，從而解構單一的解讀，以期達到「人人讀之皆若傷我心者」。張惠言論詞強行以政教比附的缺憾，不得不等待後繼者周濟對張惠言的理論做了重要的修訂和補充，一掃張氏寄託說的經學迷障，從文學本位出發，從創作過程與接受層面來立論，從周濟開始，比興寄託說才被提升到了創作鑑賞理論的高度。

參、「寄託出入論」的創作觀
周濟轉「意」的內涵為「藝」的追求

周濟（1781-1839)，生於高宗乾隆 46 年，卒於宣宗道光 19 年，是張惠言之後常州詞派最重要的詞論家。其所處的嘉、道時期表面上還延續著乾嘉盛世的繁華，但其中各種社會危機與矛盾已經顯現。他早年有經世之志，後專意於詞學，詞學史上「寄託」一詞的直接提出者就是周濟。他的學詞經歷有三個階段的演變，早年受到浙西詞派的影響，《詞辨》一書是他由浙派轉向常派的標誌，但稿本已失，現存其正、變兩卷[109]，他在《詞辨・自序》中云：「余年十六學為詞，甲子始識武進董晉卿。晉卿年少於余，而其詞纏綿往復，窮高極深，異乎平時所仿效，心向慕不能已。晉卿為詞，師其舅氏張皋文、翰風兄弟。」[110]自稱其得之於董晉卿，而張惠言即為董氏之舅，故其實為張惠言詞學的繼承者，潘曾瑋亦指出：「介存自序，以為曾受法於董晉卿，亦學於張氏者。……而其辨說，多主張氏之言」[111]，表明周、張詞學一脈相承，但在承繼前人的同時，周濟亦「辨其是非」，對於其中的偏差，亦能「言不苟同」[112]，從而提出自己的創見以修正了張惠言論的偏失。

---

109 周濟《詞辨・後記》，見《詞話叢編》，頁 1636。
110 周濟《詞辨・自序》，見《詞話叢編》，頁 1637。
111 潘曾瑋〈刊詞辨序〉，見《詞話叢編》，頁 1638。
112 潘祖蔭〈刊周濟宋四家詞選序〉，見《詞話叢編》，頁 1658。

一、創新提出「無寄託」說，為讀者提供自由詮釋的空間

張惠言所論，雖然涉及到讀者接受的問題，但其理論的重心仍在於如何準確地解釋作者創作意圖。周濟較之張惠言進步之處，就在他提出了重視讀者鑑賞，這是常派「比興寄託」說向前邁出的重要一大步。而他對讀者鑑賞的重視，卻是建立在他對作者創作表現的體認上，他在嘉慶十七年（1812)完成《介存齋論詞雜著》，距離張惠言編《詞選》已十五年，他從文學創作的過程入手提出「有寄託入」、「無寄託出」之論：

> 初學詞求空，空則靈氣往來。既成格調求實，實則精力彌滿。初學詞求有寄託，有寄託則表裏相宣，斐然成章。既成格調，求無寄託，無寄託，則指事類情，仁者見仁，智者見智。[113]

周濟從自己的創作經驗和批評觀點出發，將詞的創作過程視其程度深淺，分為「有寄託入」和「無寄託出」兩階段。第一是初學階段，要在心中自覺地樹立寄託意識，即有所為而發，有所感而寫，有思想感情的積蓄，力求有寄託，並把它融化到創作的過程中去。接下來，要在創作中先學習如何使用寄託之法，如借物託情、指東說西、言在此而意在彼，惟其如此，才能達到主客合一，物我交融，詞作的外在語言、表現方法與內在的思想意蘊相契合，這樣才能「表裏相宣，斐然成章」。所謂「表裏相宣」，因為作品有表層的顯意和深層的隱意、作者本意，能由表意通向本意方能謂之「有寄託」。第二階段，當作者已能熟練地掌握「有寄託」之法，就要努力追求「無寄託」的創作方式。所謂「無寄託」，並非真的無寄託，而是超越具象，不落言詮，要把特定的寄託轉化為具有廣泛涵蓋性和更大包容性的意蘊，經得起讀者多角度思考，從而產生多種多樣的解讀，所謂「仁者見仁，智者見智」，給讀者接受的再創造的發

113 周濟《介存齋論詞雜著》，「學詞途徑」條，見《詞話叢編》，頁1630。

揮提供了廣闊的天地，也符合了詞幽微含蓄的美感特質。

二、有意淡化張氏的政教寓意而突出「有餘不盡」的美學內涵

從強調作品的內在意蘊這一點而言，周濟實已體現了對張惠言的繼承，然而，二人不同的地方在於，張惠言論寄託時已極其重視言中所深蘊之「意」，但他心中的「意」乃指作品所抒發之情感必須符合儒家的詩教，其「意」過於膠著於經學中的微言大義，而周濟則將此「意」與時代盛衰、社會現實和性情學問相關聯，其《介存齋論詞雜著》云：

> 感慨所寄，不過盛衰，或綢繆未雨，或太息厝薪，或己溺己飢，或獨清獨醒，隨其人之性情、學問、境地，莫不有由衷之言。見事多，識理透，可為後人論世之資。詩有史，詞亦有史，庶乎自樹一幟。若乃離別懷思，感士不遇，陳陳相因，唾瀋互拾，便思高揖溫、韋，不亦恥乎？[114]

周濟主要生活在嘉道時期，社會的各種危機已逐漸顯現，周濟做為一個有用世之志的詞學家，比一般人更敏銳地感知時代陰霾，認為詞應真實地反映時代的變動，擔負起「詞史」的重任。周濟所強調的寄託內容是重大的社會政治歷史內容，而非「離別懷思，感士不遇」一類的狹隘之情，這一類屬於個人的離別相思，不過是陳陳相因，其意義自然不能與「感慨盛衰」相提並論。他注重詞作的現實關懷、思想內容，認為詞作內容必須表現「詞史」般的厚重，而這種盛衰興亡之歎又必出自詞人內心的「由衷之言」，而此「由衷之言」乃「隨其人之性情學問境地」而異，而且還是來自於作家長期的人生體驗和深入社會的自然感受。張惠言著重詞中寄託經世致用意識，周濟雖將寄託與個人之性情、學問、

114 周濟《介存齋論詞雜著》，「詞亦有史」條，見《詞話叢編》，頁 1630。

境界聯繫起來，但仍偏重於反映國家社稷的治亂安危、盛衰存亡的那份胸襟、懷抱，周濟所強調的寄託內容是從詞人自我的感懷走向集體經歷，從自然現象反映到現實人事，能表現出一種廣闊的胸懷，一種對人生的整體感受，一種對歷史的理解和關懷的氣度，換言之，寄託的情思內涵不只是來自於個人的生活經驗中證明自己存在的生命意識，而且還應從個人的特殊性走向時代的普泛性，用自己的生命體驗去張揚對時代與人群的關懷，這是由「意內」為邏輯起點推衍發展的必然路線。如何能從藝術美學的角度表現這一切，則是從「言外」出發，這是比興寄託說逐步完善的通衢任務。

三、「仁者見仁，智者見智」廣泛聯想的讀者接受說

雲間、陽羨、浙西三大詞派與張惠言多是從表現手法、創作技巧的角度論寄託，其「比興寄託」的重點偏於「比」，從周濟開始，寄託才開始上升到一種作家的創作心理與讀者的鑑賞層面的雙向立論。周濟的「有寄託」與「無寄託」不僅是談到創作問題，它實際上也涉及了讀者對作品的接受與理解的問題，他把能否能引發讀者多方聯想，作為判斷詞作的標準。其理論探討，已由張惠言的側重作家創作思維特徵擴展到作品的意境形象特徵，以及在讀者面前產生的審美效應等問題。於是，張惠言的那種「義有幽隱，並為指發」的強行比附的說詞方式，在周濟的論述下，遂成為讀者見仁見智之所得，而具有相當程度的合理性了。周濟對張惠言的「意內言外」之說作了某種程度的改造，有意地淡化張氏詞學中政治寓意，而突出「意內言外」的審美內涵，要求作者不可將意說盡，做到意餘言外，讓人有回味的餘地。注意到寄託過程必須掌握純熟的藝術技巧，實質上就已為了讀者提供了一個有再度闡釋的可能性空間。

如果說，前面所引《介存齋論著雜著》中的那一段話尚是周濟對創作論的初步認識，那麼，到了道光 12 年（1832)周濟五十二歲時，他選錄

了宋代周邦彥、辛棄疾、吳文英、王沂孫四家詞八十八首的《宋四家詞選》，周濟在《宋四家詞選‧目錄序論》中，其創作論更趨前一步，「『寄托出入論』即是其創作思想成熟的標志」[115]：

> 夫詞非寄託不入，專寄託不出。一物一事，引而伸之，觸類多通。驅心若游絲之罥飛英，含毫如郢斤之斲蠅翼，以無厚入有間。既習已，意感偶生，假類畢達，閱載千百，謦欬弗違，斯入矣。賦情獨深，逐境必寤，醞釀日久，冥發妄中。雖鋪敘平淡，摹繢淺近，而萬感橫集，五中無主。讀其篇者，臨淵窺魚，意為魴鯉，中宵驚電，罔識東西。赤子隨母笑啼，鄉人緣劇喜怒，抑可謂能出矣。[116]

周濟的寄託說包括作者的託意和讀者的解讀兩方面。所謂的「有寄托入」，是強調作者的託意，創作必須是基於抒情之必要而發之的「有病呻吟」，必須是「入乎其中」的真實體驗，「一物一事，引而伸之，觸類多通」，託意要自然，不能生搬硬造。當作家心中有不能明言之情，為了曲折含蓄的表達，需尋找寄託情感的客觀載體；而真正成功的寄託，即是「我中有人、人中有我」，「這個『我』可以在『人』中顯現；『人』無窮，『我』也就無窮，『我』有情，『人』也就有情。」[117]，此即所謂的「無寄託出」，這是物、情結合的高級階段，是一種內涵豐富的象徵，可以引發不同的讀者聯想的空間，而達到「一沙一世界，一花一天國」。這需要作家有長期的生活積累和情感積澱，以及能把握情感需求的寄托能力。周濟進一步論述了「出入」、「有無」兩者的藝術特性：「一物一事，引而申之，觸類多通」，與張惠言所說的「觸類條暢，各有所歸」和「依物取

---

115 引自徐楓、葉抒：〈論周濟對詞學寄託論的新闡釋〉，《東北師大學報》（哲學社會科學版）2002 年第 2 期，總第 196 期，頁 79 至 85。

116 周濟：〈宋四家詞選目錄序論〉，見《詞話叢編》，頁 1643。

117 王鼎鈞〈人我三段論〉，《文學種籽》（台北：爾雅出版社，2003 年 7 月），頁 249。

類，貫穿比附」意同，二人都主張寓情於物、寓情於象。但不同的是周濟所謂的「意感偶生，假類畢達」、「賦情獨深，逐境必寤，醞釀日久，冥發妄中」，更強調情感的久積於中的偶然感發，最終達於「有寄託」而無痕跡的「渾化之境」，因此「無寄託」並非不要寄託，而是要使寄託不留痕跡、使寄託在似有若無之間。「驅心若游絲之罥飛英，含毫如郢斤之斲蠅翼」，引莊子「運斤成風」、「庖丁解牛」的典故，強調「無寄託」可使創作達到構思精微、藝術成熟的境地。周濟並以〈養生主〉「以無厚入有間」一語說明作品的最高境界，從創作的視角來看「無厚」，意指不執著在作者自我的處境，不拘限在個別的人事，而把自己化入「大我」中，以「無厚」之筆創作，自然可以在有限的創作空間中遊刃有餘，「假類畢達，閱載千百」，而成為一種全體人類都可以感知的「高級象徵的符號」[118]，象徵的最高境界即在似有若無之間，情意自然蘊含在物象、事象之中。「謦欬弗違，斯入矣」，這樣的作品即使經過了千百年，其音容笑貌仍如在目前。

由以上的論說，我們可見到，張惠言與周濟都十分重視讀者的創造性聯想，但是周濟卻修正了張惠言「比興寄託」說詞過於重視政治教化和牽強附會的弊端。與張惠言只重視「指發幽隱」，去推求作者所寄託之本義不同，周濟更為重讀者對作品的各有感發，他不再以探求作者之志為指歸，而是強調讀者閱讀時個人的感受，他以為只有讀者主動地去採擷文學作品蘊藏內涵，追求作品耐人尋繹的言外之意，作品才具有生命。即使作品的內涵帶有社會功利作用，這一切恐怕都是要通過讀者的閱讀活動才能實現的。黑格爾說過：「藝術作品儘管可以自成一種協調的世界，卻不是為它自己，而是為我們而存在，為觀照而欣賞它的聽眾而存

---

118 王鼎鈞〈宗教信仰與文學創作〉，《文學種籽》（台北：爾雅出版社，2003 年 7 月），頁 228。

在」[119]，大多數的作者創作當是希望人們去閱讀它、鑑賞它，希望讀者透過作品去認識時代，認識自身；理解生活，也理解自己，周濟所謂的「赤子隨母笑啼，鄉人緣劇喜怒」，意即讀者通過自己的心靈去真誠地體會這些情感，把它化為與自己的人格和靈魂溝通的具體情感，通過重溫舊有的人生經驗而感到興奮愉快或感動悲傷。在看似平淡無華中蘊含深沉的思想情感，「讀者沉迷於深邃的詞境而不知自拔，誘發讀者聯想，達到一千個讀者心中有一千個哈姆雷特式的效果。也即指作品具有多義性特徵，達到了個別與一般的統一。」[120]周濟的寄託論著重在讀者接受時的各自體會，即使作者創作時具定向之思，而讀者各以其情而自得。對於周濟與張惠言說詞方式的差異，葉嘉瑩曾作過精辟的分析：

> 張氏的比附乃是直指作者確有如此之用心，這種隨便以自己之聯想附會古人之詞意的漫無準則的說法，當然乃是我們所決不能同意的。而周氏的說法，與張氏的最大不同之處，就是他明白指出了讀者之聯想未必即為作者之用心，如此則讀者之聯想遂有絕大之自由，而不致再有牽強比附之譏。這種通達的說法及態度，恰好補救了張惠言的過於拘執比附的缺點，所以常州詞派詞說有了周濟的理論不能不說是一大拓展。[121]

葉先生以為，周濟對張惠言以美刺政教內容說詞而顯得牽強附會的缺失做了修補，讀者有了解讀聯想時的自由。但是，周濟所強調的詞之旨意，未必就是張惠言的政教載道之旨，但卻是與時代現實有所聯繫，作品中的寄託寓意是歷歷可指，不難體會。「有寄託」的特點是外在語言與內在思想相適宜，如此則有格調，有生動性，達於「入」的要求。第

119 《黑格爾美學論集》（北京：北京大學出版社，1998年9月），頁2。
120 參考萬文斌、黎瑛：〈試論中國古典詞論與詩論的變異及趨同〉，《江西社會科學》，2005年第一期，頁83至86。
121 葉嘉瑩：《迦陵論詞叢稿》（上海：上海古籍出版社，1980年），頁344。

二階段是「格調」既成的階段。如果初學者是以意為主，強調詞必有寄託內容的話，那麼，經過了「有寄託」階段的強化寫作，達到了「表裡相宜，斐然成章」的境界後，必須從寄託藝術表現手法入手，強調內涵與藝術手法的合一，就要逐漸淡化甚至泯沒寄託的意識，即「無寄託」，由於這類作品並未留下作者有意寄託的痕跡，所以包含更多深邃豐富的意蘊，作者完全可以根據自己的生活經驗與審美判斷，對作品展開聯想和創造。可見周濟對寄託理論的建樹，是既堅持了詞的藝術特質，又強調了詞的思想內涵，他已將傳統的說《詩》之法，由重政教改為頗有特色的審美理論，以不著痕跡的寄託，去啟發讀者豐富的聯想，不同讀者對於同一篇作品可以根據自己的不同體會、經驗、閱歷、學問而各有感發，有著「仁者見仁，智者見智」的差異了。

四、由重「意」的內涵擴展至對審美效應「藝」的追求

相較於張惠言側重作家之本意，周濟論詞則更從文學本位出發，其「從有寄託入，以無寄託出」的論述，是從創作的角度出發而談讀者的接受，作者創作要注重作品意象的營造、意境的形成、物象與情感的有機聯結、作品的韻致氣象整體的和諧，方能在讀者心中形成美學效應——「賦情獨深，逐境必寤，醞釀日久，冥發妄中」，感情深厚的作者，對景對事都能有所觸動，情感表達無施不可，有如善射的人在黑暗中隨意發箭無不能中。「讀其篇者，臨淵窺魚，意為魴鯉」，「無寄託」的作品其寓意乃若隱若現，不專指某事。讀者也要能細心揣摩作者的用意，正確地理解作者的托意，不能妄為猜測，穿鑿附會。當作者和讀者的情感發生共鳴，便能達到周濟所謂的「能入亦能出」的境界。周濟提出的「無寄託論」的這部份是張惠言詞論中所沒有的，正因為「無寄託」，詞作能啟引人們以更拓寬廣的眼界、更誠懇敏銳的心態，去認識古今人世變遷的面貌、去品味歷史創造的意義與價值、去發掘生命存在的感受，而達到

感知周濟所謂的「詞亦有史，庶乎自樹一幟」。李冬紅謂：

> 周濟的寄託說超越了詞體創作方法的範疇，成為具有本體論意義的詞學命題，是比興寄託說的一大進步。[122]

本體論是一種哲學概念，《易經‧繫辭傳》：「形而上者謂之道，形而下者謂之器」，如果有用而無體，其用必為虛妄之用，不能成立，唯有完成了本體，才能具顯成就一切的作用。由於文學作品的語言是一種符號，使用符號是一種象徵過程，符號和它所代表的事物之間，並沒有必然的關聯。文學藝術和實際人生是有距離的。文學與極端寫實無關，才能保證文學的普遍性，它所揭示的人生意義，並非一時一地一物的反映，展現昇華超越的內涵，才能放諸四海而皆準，觸及共同人性。詞體亦然。周濟以為詞是一開放文本，可以提供給不同讀者不同的感受與解讀，不必定於教化一尊，這已突破了張惠言局限於道德倫理教化之用的狹隘。

周濟的寄託論之於張惠言的論述有了變化發展，但對《花間集》的肯定卻是和張氏一脈相通：

> 皋文曰：「飛卿之詞，深美閎約。」信然。飛卿醞釀最深，故其言不怒不懾，備剛柔之氣。鍼縷之密，南宋人始露痕跡。花間極有渾厚氣象，如飛卿則神理超越，不復可以跡象求矣。[123]

> 自溫庭筠、韋莊、歐陽修、秦觀、周邦彥、周密、吳文英、王沂孫、張炎之流，莫不蘊藉深厚，而才豔思力，各騁一途，以極其致。[124]

從前一條中周濟對溫庭筠的評價來看，不但繼承了張惠言的「深美

---

122 見李冬紅：《《花間集》接受史論稿》（濟南：齊魯書社，2006 年 6 月），頁 176。

123 周濟：《介存齋論詞雜著》，「溫庭筠詞」條，見《詞話叢編》，頁 1631。

124 周濟：〈詞辨序〉，見《詞話叢編》，頁 1637。

閎約」之讚語，而且更以「醞釀最深，故其言不怒不懾，備剛柔之氣」的高度肯定。溫詞是否達到這個標準，我們姑且不論，但溫詞著重描寫客觀景物，主體感情隱而不顯，在綺麗中暗寓幽怨，確實極易予人寄託遙深的聯想。從後一條中周濟所肯定的詞人皆具有「蘊藉深厚」之特點，皆為本色詞家，可見在周濟的心目中，以溫、韋等人為代表的婉約之作才是詞的正聲。

如果說，張惠言論詞重在尋找作者的原意；則周濟的「無寄託」則是為讀者提供自由詮釋的空間。如果說，張惠言只重視作者所寄託之「指發幽隱」的「政教」本意；則周濟已在某種程度上有意淡化張氏的政教寓意而突出有餘不盡的美學內涵，則完全依賴讀者自身的感悟。其理論探討，已由張惠言的側重作家創作思維特徵擴展到作品的意境形象特徵，以及在讀者面前產生的審美效應等問題。較之張惠言，周濟考慮的是詞文學婉曲的特質，他對張惠言的「意內言外」之說作了某種程度的改造，有意地淡化張氏詞學中政治寓意，而突出「意內言外」的審美內涵，要求作者不可將意說盡，做到意餘言外，讓人有回味的餘地。注意到寄託過程必須掌握純熟的藝術技巧，實質上就已為了讀者提供了一個有再度闡釋的可能性空間。周濟之後，晚清常州詞派詞論家譚獻和陳廷焯乃循著周濟的思路，著重從讀者鑑賞活動方面來闡發寄託理論。

肆、「折衷柔厚」引發「讀者之心」：譚獻以讀者為本位的接受論

周濟在道光十九年（1839)辭世，使常州詞失去了一位重要的領袖，以致常州詞派的發展暫時轉入低谷，直到同、光年間，譚獻（1832-1901)的出現，又迎來的常州詞學的進展。譚獻生活在鴉片戰爭以後的近代時期，他所面對的是一個充滿了各種矛盾的時代，列強侵略，咸豐亂世的傷痕未去，同光新政的時代變革又撞擊著他的心靈，統治階級的殘酷壓

迫，使得他的內心有許多的矛盾痛苦，於是通過說詞作詞的比興之義來表現內心的鬱悶，將詞作之情附會到政治上去，重視作品的現實意義，「比興寄託」對於詞人表現痛苦失意與牢騷不平提供了一種美化的藝術展現。譚獻以推展張惠言、周濟的詞學觀點而成為常州詞派的重鎮之一。他在〈復堂詞錄序〉中云：

> 獻十有五而學詩，二十二旅病會稽，乃始為詞，未嘗深觀之也。然喜尋其恉於人事，論作者之世，思作者之人。三十而後，審其流別，乃復得先正緒言以相啟發。年踰四十，益明於古樂之似在樂府，樂府之餘在詞。……言思擬議之窮，而喜怒哀樂之相發，嚮之未有得於詩者，今遂有得於詞。如是者年至五十，其見始定。[125]

譚獻在此說明了他學詞的歷程，雖然初入詞壇時未能深悟常州詞派的寄託之說，但卻喜歡「尋其恉於人事，論作者之世，思作者之人」，即是結合作者的時代背景生活經歷來推測其創作意圖，三十之後，即得「先正緒言以相啟發」，先正，即指張惠言與周濟，從此便以常州傳人自許。四十歲之後，便感悟到詞有「側出其言，旁通其情，觸類以感，充類以盡」的審美特質，從而體認到張惠言微言大義說詞之合理性，也更定了周濟的寄託出入說詞，於是「如是者年至五十，其見始定」，為完善常州詞論而作出重大的貢獻。他的論詞重點有二：第一針對作品文與質之間的關係，提出「折衷柔厚」說。第二針對作品的解讀方式提出了「讀者之用心何必不然」的讀者本位說。

一、以繼承為主的「折衷柔厚」：作品的內容與外在表現之關係

125 譚獻：〈復堂詞錄序〉，《詞話叢編》，頁 3987。

譚獻提出作品需具有「折衷柔厚」的內涵，《詞辨》跋云：

大抵周氏所謂變，亦予所謂正也，而折衷柔厚則同。[126]

雖然在作品正變的畫分上譚獻與周濟「持論小異」，略有不同，但這並不意味二人的詞學思想是矛盾的，他們論詞的宗旨與內涵實則相同。所謂「折衷柔厚」，即是溫柔敦厚、不偏不倚，合乎「以理節情」的要求。這其實是中國詩教的傳統，例如《禮記・中庸》云：「發而皆中節。」《論語・八佾》云：「樂而不淫，哀而不傷。」《毛詩序》：「發乎情，止乎禮義」、「主文而譎諫」，皆言及此。「溫柔敦厚」的詩教對於詩歌創作具有一定的限制約束，無論是過於喜樂還是大怨大怒等強烈情緒皆不可以直接進入到詩中，都必須經過溫柔敦厚的詩教的「把關」，變得中和以後，才為詩教所允許。溫雅含蓄委婉是千百年來詩人們所具有的慣常風貌，與其說是詩人們是對比興寄託的偏好，倒不如說是由於儒家詩教與道德規範的約束。儒家藝術審美觀產生之始就與人倫道德緊密相聯，一切以合乎禮為原則，所標舉的思無邪、不淫不傷、溫柔敦厚等詩歌美學的評價原則，實質上就是衡量詩人道德水平的尺度。一覽無餘、直抒胸臆的作品是不符合儒家審美理想的，創作主體要經歷一個心理轉化，通過某種「機制」把本來較為怨怒的情緒調節成「哀而不傷、怨而不怒」的中和之境，而進入到文本。如果說「溫柔敦厚」是總體原則，那麼，「比興」則是原則指導下的具體手法，運用比興是達到「折衷柔厚」的最好途徑。譚獻的「折衷柔厚」即是周濟所言的「蘊藉深厚」，詞中必有比興寄託。譚獻在〈復堂詞錄序〉表達了他對比興寄託的服膺：

> **愚謂詞不必無頌，而大旨近雅。於雅不能大，然亦非小，殆雅之變者歟。其感人也尤捷，無有遠近幽深，風之使來。是故比興之義，升降之故，視詩較著，夫亦在於為之者矣。上之言志，永言**

---

126 譚獻：《詞辨》跋，《詞話叢編》，頁 3989。

次之。志絜行芳，而後洋洋乎會於風雅。[127]

足見在譚獻心中是相當肯定詞必具比興之義的重要性。他評韋莊〈菩薩蠻〉(洛陽城裡春光好)為「項莊舞劍，怨而不怒之義」[128]，認為作家在低回婉轉的詞體中抒發了故國之思，展現了「折衷柔厚」的內涵，這與周濟所評價的「飛卿醞釀最深，故其言不怒不懾，備剛柔之氣」[129]意涵相近。強調作品應透過含蓄蘊藉的藝術技巧展現出忠厚深沉的思想內涵。

譚獻以「折衷柔厚」說詞，是在生命的衝突中求和諧、在憂生憫亂中以溫厚和平之教來遏制生命的激情與躁動。儒家中和的詩學觀與溫柔敦厚的道德倫理的詩教，實為促使古典詩歌趨向含蓄不可忽略的重要因素。譚獻的折衷說，即是調合了道德教化與藝術美感。所謂的「充實之謂美」，審美判斷，一定會關聯到「意義」，而不僅是結構形式的討論，單純結構形式的探討，並不能保證一能達成一次合理而有效的審美判斷。一個有道德的心靈，可以激生美的感受與觀照，並創造美的事物，道德活動所成就之和諧充實的生命姿相，其本身也必然是合乎美的本質，審美判斷必然與內涵意義相關聯，它之所以不能離開道德價值，基本原因，就在這裡。譚獻的論述，即是要求詞既具有政治教化的道德倫理內涵，又蘊含著含蓄蘊藉的藝術美。

二、以創新為主的「讀者之用心何必不然」：以讀者為本位的接受論

在清代眾多詞家中，譚獻被許為以推衍常州詞論而影響了近代詞壇的大家，他生於動蕩不安的年代，關懷時局，欲透過創作來救世濟民。譚獻的詞學觀就是源於這種文學思想的具體展現，他提出了以比興寄託

127 譚獻：〈復堂詞錄序〉，《詞話叢編》，頁3987。
128 譚獻：《復堂詞話》，《詞話叢編》，頁3989。
129 周濟：《介存齋論雜著》，《詞話叢編》，頁1631。

為核心的柔厚主張，亦有廣收博取中的折中求宜之意。在「比興寄託」的論述中，他不拘於一家之言，不困於一派之說，「把張惠言和周濟比興寄託說中的為讀者提供想空間的潛在意識上升為顯意識」[130]，他對常州派詞學接受批評理論發展和貢獻是他在〈復堂詞錄敘〉裡提出的這一段話：

> 又其為體，固不必與莊語也，而後側出其言，旁通其情，觸類以感，充類以盡。甚且作者之用心未必然，而讀者之用心何必不然。言思擬議之窮，而喜怒哀樂之相發，嚮之未有得於詩者，今遂有得於詞。[131]

與周濟相同，譚獻這段話是從創作與讀者接受的兩個角度來談論詞體。從創作而言，他認為詞人創作不必然以「莊語」出之，他所謂的「莊語」應是嚴肅莊重的國家政治大事，而只要「側出其言，旁通其情，觸類以感，充類以盡」，這就是比興寄託的創作方法，使得讀者在對作品接受的過程中，充分發揮自己的想像力，對作品作出豐富的補充和擴展，此即是鄧新華所言：「詞這種文體不一定非要像詩那樣出以『莊語』，而只需通過比興寄託、引譬聯類、側出旁通的方式，就可以達到敘寫心曲、抒發性靈的目的」[132]。此外，譚獻還提出了一個重大的審美鑑賞原則：「作者之用心未必然，而讀者之用心何必不然」，將文學接受論發展為「讀者本位」的明確原則，以為文本的詮釋權應該交給讀者，讀者甚至可以拋開作者的創作本意而對文本做出自己的解釋。周濟雖提到「仁者見仁，智者見智」，但沒有完全擺脫作者及文本的束縛，譚獻在周濟的基礎上把讀者提高到了具有主體性地位，事實際已擺脫了作者的糾纏，把重心全移至讀者身上。因為作品一旦完成，就成為獨立於作者之外的文本，有

---

130 李冬紅：《《花間集》接受史論稿》（濟南：齊魯書社，2006 年 6 月），頁 179。
131 譚獻：〈復堂詞錄序〉，《詞話叢編》，頁 3988。
132 鄧新華：〈論常州詞派「比興寄託」的說詞方式〉，見氏著《中國古代接受詩學》（湖北：武漢出版社，2000 年 10 月），頁 213。

著獨特的個性，每位讀者都可以根據自己的人生體驗去理解它。不同的讀者有不同的思想情趣、生活閱歷和審美經驗等個性特徵，對同一文本的解讀過程中會產生不同的定向性期待和交流思路，最終必然形成不同的理解。尤其對於含蓄幽微、迷離惝怳的詞，對於不確定性、非專指性的朦朧詞，讀者們在鑑賞時不必盡依其本旨，而是要展開自己的想像翅膀，在其廣闊意境的空間中自由地飛翔，找到自己心靈的棲息地，從而盡情地享受審美創造的快感。

譚獻說詞，是立足於鑑賞來說明作者與讀者的關係，劉勰說過：「夫綴文者情動而辭發，觀文者披文以入情」[133]，前一句說的是作者的創作，後一句說的是讀者的鑑賞。文學的鑑賞是讀者與作者的共同合作，是讀者的一種再創造的活動。文學創作總是要在有限的篇幅中表現無限的生活內容。在作品中，作者創作的藝術形象不可能包羅萬象、面面俱全，他只能選擇生活中的某一片斷或側面予以特寫，還有許多內容是蘊藏在文字的背後，讀者就根據自己的印象、體驗，展開想像的翅膀，進行形象思維。讀者的地位在文學鑑賞中具有重要地位。譚獻立足於讀者閱讀接受的角度論寄託，寄託的主體由創作者轉向閱讀者。現代「接受美學」和「讀者反應論」以為，讀者是文學活動的中心，在文學閱讀和接受中處於主體地位，文學意義的實現取決於讀者的能動性閱讀。周濟的「仁者見仁，智者見智」，指的即是不同讀者，對同一部文學作品的理解與闡釋往往不同。常州詞論中的比興寄託從創作手法轉化為閱讀方法，形成「中國化」的接受理論，啟示讀者在鑑賞寄託含蓄的一類詞作上，充分理解並肯定作品對審美接受的個人差異性和創造性，而在批評性接受的層次上，讀者尚需努力超越這種差異性，領悟其社會共通性，以提高人生的境界。

133 劉勰：《文心雕龍・知音》，范文瀾：《文心雕龍注》（北京：人民文學出版社，1978）。

如果說，張惠言論詞忽略了將作品的箋釋之意和作者原意在理論上作清晰的區分，從而遭致過度詮釋之評；那麼譚獻便在理論上把作者和讀者之「用心」做了區分，認為「讀者」之「用心」不必等同於「作者」之「用心」，明確標舉讀者再創造之意，與原作者無關，這樣不但給讀者提供了廣闊的闡釋空間，而且也維護了常州詞派「比興寄託」作為核心理論的地位，不至於在解詞時而招致深文羅織之譏。

如果說，張惠言的「意內言外」說重在挖掘詞在表層結構之下所蘊含的忠愛美刺的政教思想，周濟則從文學創作過程入手，提出「有寄託入，無寄託出」的主張，去除張氏的牽強附會之弊；則譚獻乃進一步將「比興寄託」詮釋權放心地交給讀者，不論文本自身是否有寄託，只要讀者憑個人的主觀感受去尋找寄託之意，那麼寄託自然存在。主體便從創作者轉向了閱讀者，「比興寄託」從創作手法轉為閱讀的原則，讓讀者參與，形成新的創造，獲得了新的審美空間，這是中國化的「接受理論」，而譚獻對於此貢獻不可謂不大。

伍、「溫厚為體，沉鬱為用」藝術體用觀：陳廷焯從創作本原論詞體

陳廷焯（1853-1892)，字亦峰，光緒十四年舉人。他是先學詩而後轉而寫填詞[134]，其接觸詞學始於同治十二年（1873)，同譚獻一樣，陳廷焯從事詞學研究也經歷了由浙返常的過程。陳廷焯一生只有短暫 40 年，與譚獻時間相近，在生命活動的歷程中，中國社會先後經歷了鴉片戰爭、太平天國運動、洋務運動、維新變化等。在革故鼎新故之際，浙派末流流於空疏虛無，常州詞派以比興寄託實現文學經世致用的功能，這是時

134 王耕心〈白雨齋詞話序〉云：「吾友陳君亦峰，少為詩歌，以一少陵杜氏為宗，杜以外不屑道也。年幾三十，復好為詞，探索既久，豁然大徹。」《詞話叢編》，頁 3748。

代的需要，也是文學發展的必然，陳廷焯於是改宗常派。[135]在張惠言、周濟、譚獻之後，陳廷焯常州詞派的地位是非常重要的，其代表作《白雨齋詞話》乃專為詞體「洞悉本原，直揭三昧，盡掃陳言，獨標真諦」[136]而作。其中對於「比興寄託」說的重要論點有二：一是以溫厚性情為作詞之根本，溫厚與作者的情感品格的高下有關。二是以「沉鬱」作為比興手法所表現出的審美內涵。

一、溫厚和平，詩教之正，亦詞之根本

由於陳廷焯是先學詩而後轉入詞，他以為詩詞相通：「詩有詩境，詞有詞境，詩詞一理也」[137]，這「詩詞一理」之「理」乃是詩詞的「本原」，「學詞應究其本原」[138]，這「本原」的內涵是什麼呢？

> 溫厚和平，詩教之正，亦詞之根本也。然必須沉鬱頓挫出之，方是佳境。否則不失之淺露，即難免平庸。[139]

其所謂的「本原」乃創作主體內在的性情人格，即是風騷精神：「風騷為詩詞之原」[140]，中國詩學強調主體人格的修養與性情之鍛鍊，詞所繼承的正是《風》、〈騷〉溫厚和平的精神。陳廷焯以溫厚和平的詩教作為詞的本原，也與常州前賢一脈相承。「溫厚」還涉及作者情感品格之高下，「思涉於邪，有失風人之旨」。前已述及，常州派論詞多貴寄託，強調在

135 陳廷焯由浙改常的詳細背景與原因，可參見林玫儀：〈新出資料對陳廷焯詞論之證補〉，《詞學》第 11 集（上海：華東師範大學出版社，1998 年）。
136 陳廷焯《白雨齋詞話》卷一之〈引言〉，《詞話叢編》，頁 3775。
137 陳廷焯《白雨齋詞話》卷八，《詞話叢編》，頁 3977。
138 《白雨齋詞話》卷六「作詞貴求本原」，《詞話叢編》，頁 3935。《白雨齋詞話》卷一云「學古人詞，貴得其本原，舍本求末，終無是處」，《詞話叢編》，頁 3776。《白雨齋詞話》卷七「學詞應究本原」，《詞話叢編》，頁 3939。
139 陳廷焯《白雨齋詞話》卷七，《詞話叢編》，頁 3939。
140 陳廷焯《白雨齋詞話》卷七，《詞話叢編》，頁 3939。

兒女情長的歌詞之中，暗寓君國之思與身世之慨，這已成為詞體婉轉含蓄的美學要求。周濟強調詞應具有深刻的人生社會內涵，同時又不能淺露直陳，具有沉厚的審美風韻。譚獻亦提出了「溫厚和平」之教和「折衷柔厚」之說，陳廷焯在周、譚提出「渾厚」、「深沉」的社會內涵的基礎上提出「溫厚」，把詞導入風雅之正軌。

二、「沉鬱」為詞的創作原則和藝術特徵

如果說溫厚和平是本原，那麼，「沉鬱」則其所表現的方式與風貌：

> 大雅日非，繁聲競作，性情散失，莫可究極。夫人心不能無所感，有所感不能無所寄，寄託不厚，感人不深，厚而不鬱，感其所感，不能感其所不感。……後人之感，感於文不若感於詩，感於詩不若感於詞，詩有韻，文無韻，詞可按節尋聲，詩不能盡被弦管。飛卿、端己，首發其端，周、姜、史、張、王，曲竟其緒，而要皆發源於風雅，推本於騷辯。故其情長，其味永，其為言也哀以思，其感人也深以婉。嗣是六百餘年，沿其波流，喪厥宗旨。張氏詞選，不得已為矯往過正之舉，規模雖隘，門牆自高。循是以尋，墜緒未遠。而當世知之者鮮，好之者尤鮮矣。蕭齋岑寂，撰詞話八卷，本諸風騷，正其情性。溫厚以為體，沉鬱以為用。[141]

陳廷焯提到了時人「大雅日非，繁聲競作，性情散失」的流弊，讚美張惠言仍能「本諸風騷，正其性情」，雖有矯往過正之舉，但其「門牆自高」，其詞學思想正是在張惠言以風騷之旨為基礎之上發展而來的。「而當世知之者鮮，好之者尤鮮矣」，所以撰述《白雨齋詞話》十卷，以傳統儒家教作為其詞學理論的基礎。陳廷焯以為作品是感物動情、有感而發的產物，突出了以情感為中心的寄託說，「寄託不厚，感人不深」，外在

141 陳廷焯：〈白雨齋詞話自敘〉，《詞話叢編》，頁 3750。

的物景常常感發作者的情意，使作者借助想像力而得到充分的表現，通過景物寄寓作者的感慨。這本是詩、文等一般文體創作時皆會有的情況，但在感染人心方面，比起詩、文來，都更富有表現力，更適合以寄託來表現幽深綿長的情思。「本諸風騷，正其情性。溫厚以為體，沉鬱以為用」，即是陳廷焯論詞的核心觀點。只有溫厚就能沉鬱，非沉鬱則無法表溫厚。「溫厚」、「沉鬱」四字在其《白雨齋詞話》中屢屢出現，幾已成為其稱許詞家的讚語。「溫厚以為體，沉鬱以為用」，可見有「體」必有「用」，因「體」才能顯「用」。所謂「溫厚為體」，即是強詞人之主體性情必須要溫良深厚，這是創作的根本。以文學作品而言，文學完成一獨立自存之美的藝術結構，完成一美的價值，就是它自身主體性的完滿實現。主體涵有一切，具有獨特性，一切境界皆現於作品中。正因為主體完滿，所以，就作品而言，它即是獨立圓滿的本體；由此圓滿之本體，乃能因人因事、因特殊之機緣與感應，顯出各種不同的「用」。陳氏以為「溫厚」的性情與人格是乃作詞之根本，「溫厚」涉及到詞人的性情與情感品格之高下，而「沉鬱」則為詞人性情的外在表現，則關乎詞作之風貌體性，正所謂「有第一等胸襟，方有第一等文字」，雖然「詩之高境，亦在沉鬱」，然而，「詞則舍沉鬱之外，更無以為詞」[142]，強調詞比詩更需要展現沉鬱之美。陳氏認為詞體的特徵是「情長味永」，「其為言也哀以思，其感人也深以婉」，詞的抒情功能最強，「沉鬱」遂成為詞的創作原則和對詞體藝術特徵的要求：

> 作詞之法，首貴沉鬱，沉則不浮，鬱則不薄。顧沉鬱未易強求，不根柢於風騷，烏能沉鬱。十三國變風、二十五篇楚詞，忠厚之至，亦沉鬱之至，詞之源也。不究心於此、率爾操觚，烏有是處。[143]

142 陳廷焯：《白雨齋詞話》卷一，《詞話叢編》，頁 3776。
143 陳廷焯：《白雨齋詞話》卷一，《詞話叢編》，頁 3776。

> 唐五代詞，不可及處，正在沉鬱。[144]

陳廷焯將詞之本原推向《詩經》、《楚辭》，所以，其所謂的「沉鬱」，需有著《詩經》小雅怨悱而不亂的思想感情，借助美人香草的比興寄託來表現，就是張惠言所謂的「忠愛纏綿宛然騷辯之義」的「風人之旨」，這是來自於作者忠厚的性情與人格。「沉鬱」乃立足於「溫柔敦厚」的詩教傳統，一方面強調人表達感情必須平和中正、忠厚溫厚，才能「樂而不淫，哀而不傷」，才能渾厚和雅，不發露激越。另一方面則是表現手法的婉轉蘊藉，在抑揚頓挫中符節合度，詞才能具有有餘不盡的韻味。

三、以「比興」為依歸的作品審美構成論

陳廷焯以為：《風》、〈騷〉等溫厚和平的內涵精神，在情感表現上要「發乎情、止乎禮義」，才能實現沉鬱的境界，用什麼技巧方能達成呢呢？陳廷焯提出的是比興寄託：

> 所謂沉鬱者，意在筆先，神餘言外，寫怨夫思婦之懷，寓孽子孤臣之感。凡交情之冷淡，身世之飄零，皆可於一草一木發之，而發之又必若隱若見，欲露不露，反復纏綿，終不許一語道破，匪獨體格之高，亦見性情之厚。[145]

通過比興手法，把創作主體的哀怨之情寄託於客觀外物，這樣在文本的狀態中哀怨就大大降低了強度、烈度，變得中和起來。而這種通過山草木寄寓情感以降低情感的烈度、濃度的渠道，就是比興寄託。比興手法的運用可以使人的情緒不再固著於某一對象，而可以泛化至整個自然界，詩人內心深處哀怨憤怒之情被投射到了自然對象之上，為自然界所分享，這種分離與移情大大降低了主體自身情感的強度與烈度，從而使詩人激越的憤怒悲苦之情變得更加深沉平穩，以進入怨而不怒、哀而

144 陳廷焯：《白雨齋詞話》卷一，《詞話叢編》，頁 3776。
145 陳廷焯：《白雨齋詞話》卷一，《詞話叢編》，頁 3777。

不傷的理想境界，即是「沉鬱」。「比興」和「沉鬱」是一種因果相存的關係，「沉鬱」離不開「比興」，詞中用比興的結果何止是沉鬱，簡直就是「極沉鬱」了。陳廷焯所謂的「沉鬱」，重在表現一纏綿、深沉、哀怨、溫婉的情調和朦朧、淒迷、蒼涼的意境，換言之，「『風人之旨』的情感內容，應以『縹緲之音』作為外在表現形態。」[146]。可見陳氏已將詞人的性情和詞的體性、風格、表現技巧統一起來。他認為寄託須厚重，但情感厚重而不涉及重大社會內容，即使有感情的厚重，仍不「沉鬱」，也不能具有言外之意。由此可見他所言的比興，已不是詩論中所謂的附物觸物以起情的詩家之「比興」，而是具有重大社會內容的詞家之「寄託」了。陳廷焯認為詞最應強調「沉鬱頓挫」的品格：

> 感慨時事，發為詩歌，便已力據上游，特不宜說破，只可用比興體。即比興中，亦須含蓄不露，斯為沉鬱，斯為忠厚。[147]

他以為寄感抒情不能直接發露，而應該借助藝術形象來展現內在意涵，即是透過比興寄託。這段文字已明確地把寄託與詞體緊密相聯，或許我們可以說，若沒有詞，沉鬱就找不到寄託的最佳之場。在這裡值得注意的是，陳廷焯論「寄託」用的卻是「比興」一詞，頗值得我們玩味。在他之前，人們對「比興」的認知是把它當作表現技巧，而「寄託」乃內涵層次，但陳廷焯直接以「比興」來替代「寄託」，已鮮明地由對表現技巧的理解逐漸向側重思想內容的方向發展。他對於詞中運用比興的分為三個層次：

> 或問比與興之別。余曰：宋德祐太學生〈百字令〉、〈祝英台近〉兩篇，字字譬喻，然不得謂之比也。以詞太淺露，未合風人之旨。如王碧山〈詠螢〉、〈詠蟬〉諸篇，低回深婉，託諷於有意無意之

146 陳良運主編：《中國歷代詞學論著選》（南昌：百花洲文藝出版社）編選者析評，頁 683。

147 陳廷焯：《白雨齋詞話》卷二，《詞話叢編》，頁 3797。

> 間，可謂精於比義。若興則難言之矣。託喻不深，樹義不厚，不足以言興。深矣厚矣，而喻可專指，義可強附，亦不足以言興。所謂興者，意在筆先，神餘言外，極虛極活，極沉極鬱，若遠若近，可喻不可喻，反覆纏綿，都歸忠厚。[148]

比興的運用中的第一層次是「不得謂之比」，因為這類詞雖用比，但字字譬喻，流於修辭上的板滯，外在形象顯得支離破碎，不夠完整。本體與喻體的對值性太過明顯，詞太淺露。第二層次是「精於比義」，排除了作為修辭技巧的明喻之「比」，而是一種「婉諷」，託諷於有意無意之間，是一種作品整體性的隱喻，其象徵意義是委婉隱約地暗示出來，而非一目了然。第三種是「興」，本體與徵體的對值性較隱約模糊，寓意也就具有多元性、多層次性、不確定性，從而造成義涵豐富、包蘊宏深的美學境界。從這一段論述，可以發現陳廷焯由重「比」發展到重「興」。[149]陳廷焯之論與周濟強調「寄託能入亦能出」的精神是一脈相通的，從最低層面的「有寄託」，進入到對「比」的尋味其義階段，可與周濟「有寄託入」相映證，再進入到「興」的階段，與「無寄託出」相似，寄託於有意無意之間，達到「神餘言外」的超妙境界。因此，詞中的比興，是在無意中流露自己內心深隱的感情，是一種神來興到，不期然而然的境界，引發讀者各以不同的藝術儲備去體味它，從而獲得一種「只可意會不可言傳」的審美感受，造成一種令人嚮往的飄忽朦朧的藝術境界，而使「仁者見仁，智者見智」。

---

148 陳廷焯：《白雨齋詞話》卷六，《詞話叢編》，頁 3917。

149 顏崑陽〈《文心雕龍》「比興觀念析論」〉一文從語言構造的方式來論「比」與「興」之差異：「『比』為一種局部修辭技巧的「明喻」，喻體與喻依同時出現在句中，其喻意便在兩者的相似性，存在言內，明顯可解。而『興』則為「總體構造方式」的「託喻」，言內並無喻體與喻依明確的對應關係，其「喻意」——即作者情志，隱藏在言外，故難以索解。見中央大學《人文學報》，第 12 期，1994 年 6 月，頁 31-55。

此外，陳廷焯與張惠言、周濟等前賢一脈相承處，皆肯定《花間》詞祖溫庭筠的作品具有寄託之義，例如：

> 飛卿、端己，首發其端，周、秦、姜、史、張、王，曲竟其緒，而要皆發源於《風》、《雅》，推本於〈騷〉、〈辯〉。故其情長，其味永，其為言也哀以思，其感人也深以婉。嗣是六百餘年，沿其波流，喪厥宗旨。[150]

> 飛卿詞全祖〈離騷〉，所以獨絕千古。〈菩薩蠻〉、〈更漏子〉諸闋，已臻絕詣，後來無能為繼。[151]

> 飛卿〈更漏子〉詞……純是風人章法，特改換面目，人不自覺耳。[152]
>
> 飛卿〈菩薩蠻〉十四章，全是變化楚騷，古之極軌也。徒賞其芊麗，誤矣。[153]

> 後主詞路悽惋，詞場本色，不及飛卿之厚。[154]

> 飛卿詞大半託詞帷房，極其婉雅而規模自覺宏遠。周、秦、蘇、辛、姜、史輩，雖姿態百變，亦不能越其範圍。本原所在，不容以形跡勝也。[155]

由上列引文可見，陳廷焯已視溫庭筠為詞的比興寄託的開拓與代表

---

150 陳廷焯：〈白雨齋詞話自敘〉，《詞話叢編》，頁3751。
151 陳廷焯《白雨齋詞話》卷一，《詞話叢編》，頁3777。
152 陳廷焯《白雨齋詞話》卷一，《詞話叢編》，頁3778。
153 陳廷焯《白雨齋詞話》卷一，《詞話叢編》，頁3778。
154 陳廷焯《白雨齋詞話》卷一，《詞話叢編》，頁3779。
155 陳廷焯《白雨齋詞話》卷一，《詞話叢編》，頁3946。

人物。亦可見《花間集》第一部文人詞選集，對清人建構比興寄託的重大影響。

陳廷焯的「比興」論，概括了詞的創作和鑑賞，把「沉鬱」從創作主體性情論和「風格論」提高到創作原則的高度，把詞的寄託寓意和表現手法統一起來，他對於比興寄託論的重要貢獻，就在於「把『比興寄託』與沉鬱頓挫的藝術風格、創作原則聯繫起來」[156]，以性情的「溫厚」做為創作主體的必要條件，注重創作本源來自於人心；以內蘊的深沉、厚重作為其沉鬱說的核心內涵，如此一來，既可以展現詞體自身的特質，詞須具有包蘊深厚的內涵，同時又要以婉曲的形式出之，以頓挫之筆展現一唱三歎之致，以反復纏綿之語而表現千回百轉的深情。在一定的程度上解決了詞雖然含蓄婉麗、輕靈空疏卻不能深厚沉著的局限。

陸、「性靈即寄託」的創作主體論：況周頤以性靈為寄託之本

詞發展到了的晚清，通過寄託理論的洗禮，詞已經被定位在一種以「婉麗綺靡」之體蘊含「言志寫心」之複合體。作為常州後學的晚清四大家之一的況周頤，他的任務便是在理論上繼承發展常州詞論，並吸納近代文化的異質元素，為詞學的開拓做好準備。

況周頤（1859-1926)，咸豐九年生，光緒五年（1879)中舉，十四年（1888)赴京應試，任內閣中書。武昌起義成功後，旗號變色，況氏無所依歸，於民國十五年（1926)在窮愁潦倒中去世。其所處的時代已是清末，是中國社會處於大動蕩與大變化的時期，隨著帝國主義對中國的侵略日益加劇，清王朝的加速腐朽，清末中國社會所面臨的危機在中國漫長的封建社會歷史上可謂絕無僅有，它不僅是政治危機，更是一場傳統中國

156 引自李冬紅《《花間集》接受史論稿》（濟南：齊魯書社，2006 年 6 月）第二章〈《花間集》批評與詞學〉，頁 181。

儒家文化的危機。和近代資本主義文化相比，傳統儒家文化的發展前景與功能優劣都居於下風，有識之士開始醞釀變法，如康有為的維新變法、戊戌政變。即使如況周頤等清末詞家曾對維新黨人表示同情，不由自己地受到資本主義文藝思想的衝擊，但傳統封建教育仍在他心中烙下的印痕不可謂不深，常州詞派本就是現實動蕩下的產物，常州詞家希望能透過經世致用的思想來正本清源，進而強調儒家思想的權威性，儒家文化傳統在況氏的心中，根深蒂固，其思想並未跟著創變，然而他從文學創作的最初根源－性情而發、性靈而生來論寄託，對於常州詞家的比興寄託論有了重大的突破。

一、把寄託融入性靈，對比興寄託內涵進一步的擴展

寄託說發展到了況周頤，已是常州詞派確立後被人們唱濫的老調，然而，況周頤論寄託，卻有他人所未到之處，與陳廷焯深受傳統詩教束縛的論點不同，況周頤提出性靈與性情之重要：

> 詞之為道，智者之事，酌劑乎陰陽，陶寫乎性情。[157]
>
> 性情與襟抱，非外鑠我，我固有之，則夫詞者，君子為己之學也。[158]

詩與文雖亦講寄託，但就其藝術表現功能來講，詞心更趨於感性心態的表露，更適合「性情」的展現和「才情」的張揚。與對相較，詞是純粹的「為己」而為純粹抒情詩，這是詞體獨特適應性，融深層感情色彩的心態世界，使得詞體獲得了最為誘人的美的魅力。

> 詞貴有寄託。所貴者流露於不自知，觸發於弗克自已。身世之感，通於性靈，即性靈，即寄託，非二物相比附也。橫亙一寄託於搦管之先，此物此志，千首一律，則是門面語耳，略無變化之陳言

157 況周頤《蕙風詞話》卷一，見況周頤撰、屈興國輯注《蕙風詞話輯注》（南昌：江西人民出版社，2000年10月第一版），頁1。
158 況周頤《蕙風詞話補編》卷一，《蕙風詞話輯注》，頁355。

耳。於無變化中求變化，而其所謂寄託，乃益非真。昔賢論靈均書辭，或流於跌宕怪神，怨懟激發，而不可以為訓。為非求變化者之變化矣。夫詞如唐之《金荃》，宋之《珠玉》，何嘗有寄託，何嘗不卓絕千古，何庸為是非真之寄託耶。[159]

常州詞家張惠言、周濟諸人主張比興寄託，原本是針浙西詞派後期流於疏空無深意而發，無疑具有其積極性。但一味講求寄託，「橫亙一寄託於搦管之先」，在下筆之前必須有所為地「寄託言志」，便導致「千首一律」，把寄託做為詞之所以為詞的必要條件，便顯得特意造作。況周頤他反對把寄託當作有意為之，排斥那種千首一律地「橫亙一寄託於搦管之先」的機械式作法，他強調真正的寄託應為「所貴者流露於不自知，觸發於弗克自已」，即詞家性靈對現實生活的自然流露，而不應作為一種規則強加於創作之中，尤其把寄託的內容定位在政教倫理的懷抱，而其實政治性的志向與懷抱只是人們心靈世界中的一小部份，猶如露出海面的冰山只是整體的一角，更大的未知冰山是潛藏在深深的海洋中。況周頤認為，詞並不必然要肩負反映君國之思的重任，而是「君子為己之學也」，是詞人性情的自然流露。他又說：

名手作詞，題中應有之義，不妨三數語說盡。自余悉以發抒襟抱，所寄託往往委曲而難明。長言之不足，至乃零亂拉雜，胡天胡帝。其言中之意，讀者不能知，作者亦不蘄其知。以謂流跌宕怪神，怨懟激發，而不可以為訓，則亦左徒之「騷」、「些」云爾。[160]

況氏以為真正發自於襟抱之作，其寄託內涵往往難以指明，有題之作往往為了要應題而沾滯於題，顯得拙滯。而出自內在真性情之作，許多難言之幽隱往往「零亂拉雜」似神經病人語，有可解與不可解之喻，然而又非「胡天胡帝」的凌亂，其中仍有情感潛流的理路在，其「零亂

159 況周頤《蕙風詞話》卷五，《蕙風詞話輯注》，頁 246。
160 況周頤《蕙風詞話》卷一，《蕙風詞話輯注》，頁 28。

拉雜」只是外表，而內在卻極有序。在以這一點上，況周頤和陳廷焯的觀點恰好相反，他主張以自己的性情真心為主，拒絕外在任何教條道德的束縛，他反對把寄託硬貼在詞中，對那種只講寄託不講如何融化寄託的作法深表不滿，主張要將寄託自然無痕地融化在詞中。他從前人以「言志」設定寄託的內涵轉向「性靈」，「性靈」即人的個性與真情實感。「填詞第一要襟抱。唯此事不可彊，並非學力所能到」[161]，「其或絕少襟抱，無當高格」[162]，這裡提到的「襟抱」即是一種內在的性情與襟懷、非學力所能致，它是在情感醞釀之後所形成的一種自然的功力，使詞自然而然地創作形成，這種功是不可強為，也無須強為，因為它是發自內在的一種本真。他在《蕙風詞話》中提出的「即性靈，即寄託」的觀點，即認為作者性靈和對現實生活的感受二者常是融合為一，達到有寄託而無寄託，留給讀者想像的空間。這種見解似乎與周濟的「寄託出入」說有相通之處，然而況氏論寄託則更為強調「真字是詞骨。情真、景真，所作為佳」[163]，真感情與真性情是詞的生命，是詞之所以為詞的品格所在。也就是強調以性靈為寄託之本，寄託與性靈的統一，於是，況周頤就把作為具體創作原則的「比興寄託」又回到創作主體自身的性靈，完成了詞學比興寄託邏輯上的圓。

二、內在氣格與詞體特徵結合，讀者與作者之相浹俱化

就表現情感內容的深沉厚重上，陳廷焯提出「沉鬱」的論詞標準，而況周頤提出作詞之的「沉著」，二者都是強調感情的深厚凝重和蓄積深刻，所不同的，是，陳廷焯的「沉鬱」強調溫柔敦厚和中正和平的詩教傳統，而況周頤的「沉著」更多強調情感之深摯、樸厚和凝重：

161 況周頤《蕙風詞話》卷二，《蕙風詞話輯注》，頁69。
162 況周頤《蕙風詞話》卷一，《蕙風詞話輯注》，頁25。
163 況周頤《蕙風詞話》卷一，《蕙風詞話輯注》，頁11。

作詞有三要，曰重、拙、大。[164]

重者，沉著之謂。在氣格，不在字句。[165]

如何能有魄力？唯厚乃有魄力。[166]

填先求凝重。凝重中有神韻，去成就不遠矣。所謂神韻，即事外遠致也。[167]

情真理足，筆力能包舉之。純任自然，不見錘煉，則沉著二字之詮釋也。[168]

沉著者，厚之發見乎外者也。[169]

「重」、「拙」、「大」是況氏論詞的三大重點：所謂「重」，著眼於詞人的氣格與性情，指的是意蘊沉厚，詞中具有發人思索、耐人咀嚼的滋味，它不單純是作品的風格或語言文字，是由詞人內在深植的性情外化為文本。所謂「大」，著眼於詞的主旨，指詞具有重大的內涵，或生命意識、存在本質、人性之永恆或時代感懷。況氏要求主觀與客觀，情感與景物達到高度的和諧與統一，強調詞必須根於內在性情，發之於社會自然的浸染，蘊含著人生與歷史的內涵，如此寫出來的詞自有品格，為提高詞的思想性，與陳廷焯相同，皆重視詞的凝重沉厚。「重」與「大」，

164 況周頤《蕙風詞話》卷一，《蕙風詞話輯注》，頁6。
165 況周頤《蕙風詞話》卷一，《蕙風詞話輯注》，頁7。
166 況周頤《蕙風詞話》卷二，《蕙風詞話輯注》，頁98。
167 況周頤《蕙風詞話》卷一，《蕙風詞話輯注》，頁16。
168 況周頤《蕙風詞話》卷一，《蕙風詞話輯注》，頁18。
169 況周頤《蕙風詞話》卷二，《蕙風詞話輯注》，頁99。

形成了況氏論詞的「寄託」之依據，再以「拙」之所求自然出之。所謂「拙」，乃至表方式，包括語言或體式，如：

> 詞筆固不宜直率，尤切忌刻意為曲折。以曲折藥直率，即已落下乘。昔賢樸厚醇至之作，由性情學養中出，何至蹈直率之失。若錯認真率為直率，則尤大不可耳。[170]

> 詞過經意，其蔽也斧琢。過不經意，其蔽也襱襹。不經意而經意，易。經意而不經意，難。[171]

強調詞之曲折須出之以自然，尤忌刻意為曲折，雕琢太過就失去淳樸自然之致。這種恰到好處的「拙」之自然語言展現了常州詞派「寄託」說在形式層面上的實現。常州詞家對於寄託的內涵論述，不斷地在虛渾化、多樣化，要求作詞不拘說於何物何事，要求「看似平淡無奇，卻情深而意真」[172]，則自然傾心於不落於言詮的「淡語」、「拙語」、「自然語」。如果說，感情的真摯是進入創作時的情感狀態的話，那麼，鍊意，運用比興，則主要是創作過程中的事情，而把深厚沉摯的情潛氣內轉為結體空靈、不落言詮的詞作，留給讀者的是更多思考品味想像的空間。《花間集》因具有上述特質而成為況周頤標舉比興寄託論的典範：

> 詞有穆之一境，靜而兼重厚、重、大也。淡而穆不易，濃而穆更難。知此，可以讀《花間集》。[173]
>
> 《花間》至不易學。其蔽也，襲其貌似，其中空空如也。……庸詎知《花間》，即或學甚深，頗能闚兩宋堂奧，對於《花間》，猶為望塵卻步耶。[174]

170 況周頤《蕙風詞話》卷一，《蕙風詞話輯注》，頁 10。
171 況周頤《蕙風詞話》卷一，《蕙風詞話輯注》，頁 12。
172 況周頤《蕙風詞話》卷一，《蕙風詞話輯注》，頁 45。
173 況周頤《蕙風詞話》卷二，《蕙風詞話輯注》，頁 53。
174 同上註。

由上列引文可見，況周頤認為《花間》詞展現沉著之穆境，而這種沉著之穆境，就是靠比興寄託達到的，可見《花間集》對清人建構比興寄託的重大影響。

綜合上述，況周頤詞學雖淵自常州詞派，但卻能突破常派窠臼，因為他能回歸到創作的準備階段——作家的性情、胸次、襟抱等內在素養來談寄託，而這種寄託並無定格，乃以「摹寫情態，令人一展卷而魂動魄化者為上」[175]。「作家是所有人中能發出自己獨特的聲音的人」[176]，對於創作來說，性情、情感是要比題材內容更為重要的。因為一旦情感體驗被激活，就會化為創作的動力。正由於性情的介入，詞人的許多生活經歷，尤其是不經意的生活經歷，才會對他構成一種長久的心理體味並成為創作的動力。詞人的創作，一方面需要把眼光巡於萬象紛紜的外部世界，另一方還必須專注自己的心靈世界。當詞人運用自己的藝術眼光主動地觀察、吸取、掌握創作素材，在自己的審美理想支配下根據自己的創作意圖和審美需要，選擇那些符合自己需要、與自己心心相印的東西，使自己產生創作衝動並進而使這種創作衝動活躍起來，知音者自然會感受到詞心的巨大震撼力。況周頤從而提出了讀者讀詞之法：

> 讀詞之法，取前人名句意境絕佳者，將此意境締構於吾想望中；然後澄思渺慮，以吾身入乎其中而涵泳玩索之。吾性靈與相浹而俱化，乃真實為吾有而外物不能奪。三十年前，以此法為日課，養成不入時之性情，不遑恤地。[177]

況氏提供讀者讀詞的方法，乃在於「入乎其中」。讀者如何跨越古今語言的差異、時代障隔而進入作的內心世界，將心比心，以心會心是一

---

175 明・卓人月：《古今詞統》（瀋陽：遼寧教育出版社，2000 年版），頁 3。
176 童慶炳，《文學審美特徵論》（武漢：華中師範大學出版社，2000 年），頁 236。
177 況周頤《蕙風詞話》卷一，《蕙風詞話輯注》，頁 21。

條普通而又實用的方式。心理的洞察來自自我意識，藉由對他人的理解來自對自己的理解。將心比心是一種真切的內心體驗。用「陶寫性情」的這個標準去看詞，比興寄託的主體便從創作者轉向讀者，比興寄託便從創作手法轉向閱讀方法，讓讀者參與，況周頤的「寄託論」最終回歸到「作者創作」和「讀者接受」的雙向圓成。

柒、常州詞派比興寄託說出現的詞學史意義

一、從創作運思到讀者接受的雙向圓成：詞派成員的論述拓展和深化了寄託說

由以上的論述，我們可見到常州詞派比興寄託論的發展歷程是處在不斷精密化與嚴整化之中。張惠言確立了詞學繼承詩學的溫柔敦厚、主文譎諫的比興傳統，以溫庭筠詞為最高，認為溫詞其語言之美、寄託之深、意境之雅，足以「深美閎約」讚之。但詞中儘管有寄託，也不可以字字比附，句句求實，因為文學作品雖來自於現實生活，但絕非現實生活的翻版，而是現實感受的提煉與昇華。張惠言論詞拘守在政教的角度立論，後繼者周濟則既承認詞上攀風騷注重意格的一面，又強調了詞審美特徵，將寄託的理論用到創作的過程中，提出了「從有寄託入，以無寄託出」的理論，對「比興寄託」的實際運用作了進一步的發揮。周濟更為重讀者對作品的各有感發，並且實現了從忠愛赤忱的「意」的內涵，轉為創作表現「藝」的追求，從作者的託意和讀者的解讀兩方面的「同心共感」修正了張惠言「比興寄託」說詞以作者本意籠斷一切、過於重視政治教化和牽強附會的弊端，周濟對「比興寄託」說的貢獻便是淡化了經學色彩而朝向文學藝術本位回歸。譚獻又在周濟的寄託有無說的基礎上提出「折衷柔厚」觀以說明作品具有深沉的時代思想內涵。陳廷焯更以「沉鬱」強調寄託具有重大的社會內涵，但必須有適合它的體貌，

即「若隱若現、欲露不露」的比興手法。況周頤又在前人的基礎上強調寄託的本原在於作者自身的性靈，讀者讀詞也必從文本而走向創作主體，著力探究作家的與自己感同身受的一顆詞心，完成了詞學比興寄託邏輯上的圓。從前人的論述中，我們可以見到「比興寄託」的發展：由「創作」層次上的比興技巧以求婉約，到「內涵」層次上要求必出以寄託深沉、感慨遙深，到強調創作主體內在人格層次上的性靈襟抱的本原，「比興寄託」說已形成一個層層深入、首尾圓合的完整體系。

自從常州詞派的宗主張惠言提出「比興寄託」說之後，即得到了當世及後人的積極響應，後起之秀周濟、譚獻、陳廷焯、況周頤等人各自從自己的詞學觀為基礎，各有不同的側重點，補充了前人論述的不足之處，進一步地發展和豐富了比興寄託理論。由此看來，常州詞派詞論是一個相當完整的系統，它通過一系列的理論探索，在前人已有的基礎上，以傳統儒學下的藝術境界說對「比興寄託」進行了系統化。文學創作是一個連續的過程，不只是作者的創作，亦要有讀者的介入才得以完備，一切的文學作品都是作者向讀者提出閱讀的需求。作者在創作中有意識地使用所謂開放結構，巧妙地在字裡行間留下藝術空白，吸引讀者進行閱讀中的再創造。常州詞家強調讀者在文學創作中所居的重要地位及所起的重要作用，然而這並不意味著其因此而貶低作家的重要作用，相反的，是對作家創作提出了更高的要求。作家應該讓自己有意自覺地革新寫作技巧與方法，在創作中表現含蓄而豐富的想像空間，為讀者展開想像的翅膀、進行再創造提供便利的條件。

常州詞派論詞重寄託，雖有過份尋求詞作的微言大義而失之穿鑿附會的弊病，但畢竟為我們深入探尋古人之詞的創作本旨指示了門徑，功不可沒。

二、詞學最終回歸到詩學的政教內涵

詞較之詩，更需講求比興寄託的運用，繆鉞曾說過：

> 蓋詞為中國文學體裁中最精美者，……若論「寄興深微」，在中國文學體制中，殆以詞為極則。[178]

詹安泰亦嘗云：

> 蓋詞之為體，不同詩文，篇幅有限，最長亦不過二百餘字，不容盡情直瀉，故貴含蓄婉約。含蓄婉約，則可廣事包羅，雖措辭無多，可令人尋繹其無窮之意味。又同一含蓄婉約之文字，就本事抒寫者，辭止而事盡，只能使人感其所感，不能感其所不感，其意味又不若出之以比興之體之深遠。[179]

的確，詞本就是以抒寫內在深情為主的詩體，「情有文不能達，詩不能到者，而獨於長短句中可以委婉形容之。」[180]與詩相比，深隱、含蓄、幽微、曲折是詞的美學特徵，因此，在創作的表現上，詞的確比詩更適合比興藝術與寄託思維的新土壤，於是十分耐人尋味是有論者以為：「對比興藝術思維富于理論色彩的總結，不是在傳統詩論中而是在詞論中最後完成的」[181]。從常州詞派論詞，已由詩歌的「比興」發展為詞學專用的「寄託」一說，以為一首詞若能做到比興微妙，寄託遙深的境界，便達到了詞蘊藉、渾融、婉曲藝術美的極致。在常州詞家眼中，詞體含蓄蘊藉之美的講求主要根植於儒家「溫柔敦厚」詩學和藝術觀念。詞學理論仍需在肩負著政治倫理的重任之後，才能在藝術美學的本性中得到完美的顯現。詞學中的比興寄託說與詩學最大的不同在於，詩學始終將社會

---

178 繆鉞《詩詞散論》（上海：上海古籍出版社，1982 年），頁 60。

179 詹安泰〈論寄託〉，見氏著《詹安泰詞學論集》（汕頭：汕頭大學出版社，1997 年第 1 版），頁 225。

180 查禮《榕巢詞話》，《古今詞話》，《花近樓叢書補遺》，引自張璋、職承讓、張驊、張博寧編《歷代詞話》（鄭州：大象出版社，2002 年），頁 1190。

181 引自劉懷榮〈漢代以來比興藝術思維的發展演變〉，《東方論壇》，2004 年第 6 期，頁 28 至 34。

政治倫理內容的比附作為寄託的必要歸宿；而詞學中的比興寄託則更為關注藝術審美特徵，這反映了「比興寄託」的思維逐步深化，最後其藝術美學特徵的本性得到完美的呈現。按常理說，「比興寄託」的原生概念始終肩負著政治倫理的思想內涵，一旦在娛樂小道的側豔之詞中施展更原可以得到極大的人性解放，然而長期受到詩學思維方式浸染的詞人們，不免要受到「詩言志」的力量牽引，很快地就重新肩負起倫理道德的重擔，他們一方面自覺地運用比興寄託手法來進行創作，借詞「要眇宜修」之體「包裝」心中深沉的人生感歎和政治情懷；一方面也自覺地運用「比興寄託」來解讀他人的作品，以求在「美人香草」的詞句背後讀出言外之意，使得詞學最終向詩學靠攏。

三、以《花間》詞統建構寄託說實現詩詞異質同構的合流

由常州詞派開創的評介詞作的模式，託義於《詩》、〈騷〉，雖有穿鑿比附之誤，但就詞體本身的性質來說，卻也因為通過這樣的評價方式，進一步認識了詞這一特殊文類的總體特徵、語言風格和表現技巧，其文學史意義不容低視。千古詞宗的《花間集》詞作即以「以景誘情、情寓言中」、「烘托環境，渲染氣氛」、「虛實相生，真幻結合」[182]的手法，營造一種隱約綿密的婉約美，這也影響了後來的詞家善於運用香草美人、寒蟬秋風之類的意象，描景物、寫情事，故常於無意間流露出作者幽隱深微的心靈本質，足以引發讀者的聯想。歷經了數百年的發展歷程，《花間集》在後代詞家心中仍然佔有一塊傳統典型的重要地位。將寄託從表現手法、政治倫理拓展到創作與鑑賞過程的常派詞派，其建構寄託論的溯源都不離《花間》，《花間》詞已成為常州詞派建構寄託論的基礎。李冬紅云：

182 高鋒《花間詞研究》（南京：江蘇古籍出版社，2001 年 9 月），頁 65-67。

> 自古以來，《風》、〈騷〉又是與比興緊緊聯繫在一起，在後代它常被理解為「借閨怨寫幽微隱思」，而詞體正具有類似的外在形式結構，于是詞家從詞體藝術本身出發，把詞體與《風》、〈騷〉牢牢聯結在一起，彰顯比興寄託。尤其是「驚采絕豔」的屈騷以及美人香草的寄託，與「不無清絕之詞，用助嬌嬈之態」的《花間》詞風在直覺上具有極大的相似性，使得詞家竭力通過興寄託物的聯想，從曲折深微的詞作中發現作者內心深處的心靈情緒及感受，這正是張惠言等人多從比興寄託層面詮釋溫、韋等人詞的主要原因。[183]

娛賓遣興的《花間》詞之所以能與正統文學中的《風》、〈騷〉比肩，乃因兩種不同文學體製「異質同構」中的不謀而合。「不無清絕之詞，用助嬌嬈之態」的女子形象與《花間》風情雖然只是為了在綺筵歌席中助興而設，但卻與屈、宋以來借以寄託自己理想與追求的美女原型有著類似的同構性，因而容易予人有「借閨怨寫幽思」的聯想，這也是清常州詞家建構「比興寄託」說的思維定勢和傳統制約。

四、常州詞派中國式的審美接受論對後人的啟示

現在文學界普遍認可的文學接受的方法和視角，或從作品出發、或從作家出發、或從讀者出發、或從現實世界出發，應該說，每一篇作品，原則上都有受到不同視角關注的可能性，都有受到任何方法解讀的適用性，但筆者相信，針對不同的作品，還是應該有最適合的方法和視角，這與作品的題材主題是密切相關係的。常州詞論是中國古代的接受學的代表，常州詞派的發展，從張惠言從經世致用的角度來理解、明確作者之意（從作者出發)，到周濟強調必須以藝術形象自身的多義性（從作者與作品出發)，

183 李冬紅《《花間集》接受史論稿》（濟南：齊魯書社，2006 年 6 月），頁 171。

譚獻又在周濟的寄託有無說的基礎上提出「折衷柔厚」觀以說明作品具有深沉的時代思想內涵，且將周濟的詞學接受論發展為「作者之用心未必然，而讀者之用心何必不然」的明確原則（從讀者出發)。同光年間的陳廷焯，遭逢國事日非，提出「溫厚以為體，沈鬱以為用」，其溫厚乃傳統詩教之「溫柔敦厚」，乃對譚獻「折衷柔厚」之說的發展，而「沉鬱」強調寄託具有重大的社會內涵，更強調詞含蓄蘊藉之審美特徵，使得「沉鬱頓挫」具有「詞之所以為詞」的本體論的高度。陳廷焯的「忠厚」則強調作者的創作主體意識與人品，況周頤又在前人的基礎上強調寄託的本原在於作者自身的性靈，回歸創作主體內在性靈為創作本源（以作者創作為主)，在況氏來看，詞不需肩負反映君國之思的重任，而是詞人性情的自然流露，他主張以本心為主，摒棄外在道德教條的束縛，所以強調沉著痛快。我們可見常州詞派的「比興寄託」最後終究立足在文學的藝術審美本位來看待文學的，完成了詞學「比興寄託」接受論之「作者→作品→世界→讀者→作者」邏輯上的圓。

常州詞家的「比興寄託」說，把創作與鑑賞論結合在一起，異流同歸於充分體現詞的文體幽深婉的特性，詞之要眇宜修，本身就適合用以表現作者惝恍難言的心緒，有著足以引發讀者豐富聯想的特質，同時也給讀者判斷作品有無寄託時平添難度，因此，給予「比興寄託」制定一定的衡量準則也是詞學批評之所需。葉嘉瑩《論溫、韋、馮、李四家詞》提出三項衡量判斷的標準：「第一，當就作者生平之為人來作判斷；第二，當就作品產生的環境背景來判斷；第三，當就作品敘寫之口吻及表現之神情來作判斷」。[184]由於作者的創作意圖並不會完全地在作品中展現，而我們接受者又僅限於閱讀作品，所以，葉先生提出「知人論世」之重要，同時也不否定「以意逆志」之必須，只要我們將理解作品意圖的可能性

184 葉嘉瑩《唐宋名家詞賞析・溫庭筠、韋莊・馮延巳・李煜》（台北：大安出版社，1992年4月第2版），頁49。

盡最大努力地實現就可以了。「以意逆志」之「意」，指作品之情意內容，其中也包含讀者的體會、感受，讀者在全面把握作品基礎上，再根據自己的切身感受，去進一步了解作者的意圖旨趣。足見如何判斷比興方法的運用，如何分析詞之內涵，是研究詞學所不可迴避的重要課題。對於常州詞派的解釋學做探討，相信對於我們日後讀詞具有一定的啟發作用，但如果作品只是要朝向還原或猜測作者的創作本意，結果只能使視角單一而失卻靈性，常州詞家後繼者如譚獻提出「以讀者為主」的接受論說明了讀者從對作品理解的可能性中會發現和創造出新的意義，也許還會大大超過作者的原意，這對後人不無啟示：如清末學者王國維「境界說」偏於從心靈境界的角度闡發作品的意義－宇宙人生，對於每個人的意義，亦有不同，即構成人的某種境界，也形成了作品的境界。「境界」，是一種心靈狀態或生命生存的方式，作家的人生境界才是詩詞境界形成的根源和基礎。詞學大詞葉嘉瑩先生論詞特別注重詞的感發功能，其所強調的也是「讀者用心」的體悟，而非作者之本意。由此可見，常州詞論召喚著我們對詞學解釋進行豐富的理論建構。

張惠言著重詞中寄託經世致用意識；周濟、譚獻、陳廷焯等雖將寄託與個人之性情、學問、境界聯繫起來，但仍偏重於反映國家社稷的治亂安危、盛衰存亡的那份胸襟、懷抱；況周頤把儒家人格情感內化為一種性靈之真，其「詞心」是一種作者個人內在的精神，常州詞家在強調作品寄託內涵的泛化、虛化的過程，亦即詞學批評逐漸由經學而文學的進程。由於常州詞派由張惠言所發起的比興寄託修辭論，經過周濟改造提昇，從而建立了比興寄託的創作論，而後繼者著遺補闕，添磚加瓦，使這一理論更加完善，對詞的創作產生了積極的指導作用，最後，這個理論又成為批評家發掘詞、衡估詞境高下的重要批評標準。綜合全文的論述，我們可以見到比興寄託的發展：由創作層次上的比興技巧以求婉約，到內涵層次上要求必出以寄託深沉、感慨遙深，到強調內在人格層次上的性靈襟抱的本原，「比興寄託」說已形成一個層層深入、首尾圓合的完整體系。

常派的「比興寄託」說，不但重視詞的思想性，對於藝術形式深美閎約的追求也是很是很鮮明的。本來，作家以自己視角來看待世界，讀者也以自己的視角來看待作品，在方式上，他們的共同點都是要以審美的、詩意的、若即若離的態度來對待這個世界，文學之所以為文學，就在於它具有藝術之美。在藝術之美的觀照中，才能顯示出精神主體的自由。在文學作品中，作家的主觀意圖必須通過比興象徵的「意象」才能得到以傳達，「意象」使作家的主觀情意獲得了朦朧的美感與詩意，也使得這些情意具有了彈性，從而不拘限於一人一時一地一事。具有多義性、普遍性，可以由一點而籠罩全面、由個別而具有包舉的張力，由常州詞家比興寄託的發展來看，我們可以說，優秀的作品首先必須是具有審美價值的藝術品，審美的要求反映了作品作為藝術品的「質」的規定性，任何道德的、政治的、知性的要求都必須奠基在審美的要求之下。清代詞論家對比興寄託的主張，在一定程度上遏阻了《花間》之風的無病呻吟，但如果對每首詞作要求比興之義，就不免望文生義，特意曲解，所以後人在欣賞清人詞作時，遵循著審美的特殊規律，以作品的意象為線索去領略含蓄的韻味，當儘量避免主觀臆測和牽強附會，使欣賞更接近詞作本來的面目。

小　結：清代詞論中比興寄託說出現的文學史意義

本節結合清代社會文化的狀況，從詞壇審美思潮與士人心態的角度探討比興寄託說在清代詞史中的生成與演化，以及探討比興寄託說清代詞論整體上的影響。

壹、從詩學政教觀發展到詞之審美論最後仍回歸到政教內涵

「比興」作為中國古典詩學的一種古老的理論與表現手段，淵遠流長。在中國文學史上，詩人文士很早就已經開始運用比興手法進行文學創作了，在長時期的創作實踐中積累了豐富的經驗。詞產生的時間較晚，再上詞體特殊的生成環境、適用場所和社會功能，詞在初起時，被視為豔科的娛樂品性。作為一種娛樂抒情的文學樣式，本無所謂的寄託深遠的內涵，並沒有被嚴格要求運用比興寄託手法抒懷。然而詞作為後起者的「詩餘」，決定了詞學必然受到傳統詩學的影響，伴隨著詞學家推尊詞體的理念，詞學不斷地向詩學汲取概念，其中最基本的途徑就是把詞與詩接源，從源流上肯定其正統出身，以詩歌言志寄託的傳統附之於詞，詞論中的寄託說即為了尊詞而向詩論靠攏才產生的，並且成為宋代至清代詞學批評的一大基石。詞論家在總結詞的創作經驗的基礎上把傳統詩學的「比興」說發展到了一個新的階段。甚至詞較之詩，更需講求比興寄託的運用，繆鉞曾說過：「蓋詞為中國文學體裁中最精美者，……若論『寄興深微』，在中國文學體制中，殆以詞為極則。」[185]的確，詞本就是以抒寫內在深情為主的詩體，「情有文不能達，詩不能到者，而獨於長短句中可以委婉形容之。」[186]與詩相比，深隱、含蓄、幽微、曲折是詞的美學特徵，因此，在創作的表現上，詞的確比詩更適合比興藝術與寄託思維的新土壤，於是十分耐人尋味是有論者以為：「對比興藝術思維富于理論色彩的總結，不是在傳統詩論中而是在詞論中最後完成的」[187]。

詹安泰嘗云：

---

185 繆鉞《詩詞散論》（上海：上海古籍出版社，1982 年），頁 60。

186 查禮《榕巢詞話》，《古今詞話》，《花近樓叢書補遺》，引自張璋、職承讓、張驊、張博寧編《歷代詞話》（鄭州：大象出版社，2002 年），頁 1190。

187 引自劉懷榮〈漢代以來比興藝術思維的發展演變〉，《東方論壇》，2004 年第 6 期，頁 28 至 34。

> 蓋詞之為體，不同詩文，篇幅有限，最長亦不過二百餘字，不容盡情直瀉，故貴含蓄婉約。含蓄婉約，則可廣事包羅，雖措辭無多，可令人尋繹其無窮之意味。又同一含蓄婉約之文字，就本事抒寫者，辭止而事盡，只能使人感其所感，不能感其所不感，其意味又不若出之以比興之體之深遠。[188]

由於詞在委曲盡情這一點有著傳統詩歌所無法企及的優勢，它善於披露詞人的內心世界和情感。詞抒情性的提高必然伴隨著詞人情感質與量的提高，詞人追求的是一種婉轉含蓄、意味深長的審美效果，這無疑要靠一些特殊手法的運用，這便促使詞家對詞藝術手段的選擇和運用的重視。詞人作詞如何達到「溫柔敦厚」、「樂而不淫，哀而不傷」的境界？在長期的藝術創作中，深受古代詞家青睞並運用率極高的就是比興技巧。比興手法的運用，可以在極短的篇章裡，造成動人的境界和形象。詞人通過比興手法以寄託個人深曲的情思，所以「溫柔敦厚」本為詩教問題，遂變而為詞的表現手法甚至是精神境界的問題。

從雲間、陽羨、浙西三大詞派，到了常州詞派論詞，已由詩歌的「比興」發展為詞學專用的「寄託」一說，以為一首詞若能做到比興微妙，寄託遙深的境界，便達到了詞蘊藉、渾融、婉曲藝術美的極致。在清人眼中，詞體含蓄蘊藉之美的講求主要根植於儒家「溫柔敦厚」詩學和藝術觀念。詞學理論仍需在肩負著政治倫理的重任之後，才能在藝術美學的本性中得到完美的顯現。詞學中的比興寄託說與詩學最大的不同在於，詩學始終將社會政治倫理內容的比附作為寄託的必要歸宿；而詞學中的比興寄託則更為關注藝術審美特徵，這反映了比興寄託的思維逐步深化，最後其藝術美學特徵的本性得到完美的呈現。按常理說，比興寄託的原生概念始終肩負著政治倫理的思想內涵，一旦在娛樂小道的側豔

188 詹安泰〈論寄託〉，見氏著《詹安泰詞學論集》（汕頭：汕頭大學出版社，1997年第1版），頁225。

之詞中施展更原可以得到極大的人性解放，然而長期受到詩學思維方式浸染的詞人們，不免要受到「詩言志」的力量牽引，很快地就重新肩負起倫理道德的重擔，他們一方面自覺地運用比興寄託手法來進行創作，借詞「要眇宜修」之體「包裝」心中深沉的人生感歎和政治情懷；一方面也自覺地運用「比興寄託」來解讀他人的作品，以求在美人香草的詞句背後讀出言外之意，使得詞學最終向詩學靠攏。

與宋、明最大的不同，清人的比興寄託說的講求主要根源於儒家詩學和藝術觀念。由於清代是一個充滿了各種矛盾的時代，列強侵略，統治階級的殘酷壓迫，使得士子文人內心有許多的矛盾痛苦，於是通過說詞作詞的比興之義來表現內心的鬱悶，將詞作之情附會到政治上去，重視作品的現實意義，比興寄託對於詞人表現痛苦失意與牢騷不平提供了一種美化的藝術展現。清代詞論家對比興寄託的主張，在一定程度上遏阻了《花間》之風的無病呻吟，但如果對每首詞作要求比興之義，就不免望文生義，特意曲解，所以後人在欣賞清人詞作時，遵循著審美的特殊規律，以作品的意象為線索去領略含蓄的韻味，當儘量避免主觀臆測和牽強附會，使欣賞更接近詞作本來的面目。

貳、詞派之間的發展與補充豐富了寄託說的內涵

隨著詞學的發展，歷史而沿革，在不同的時代、不同詞派、不同的理論家那裡，「比興寄託」往往具有不同的內涵。注重政教的詞學家，如南宋鮦陽居士，強調的是作品的思想內容對政治現實的諷喻性；注重詞的審美特的詞學家，如宋末張炎，則以此說明詞人與客體間的一種特定的審美關係。

到了清代，詞論家建構比興寄託說已有鮮明的詞派立場，且詞派之間的論述也發展與補充豐富了寄託說的內涵。雲間詞家已有以「寄託」論詞，乃立足於詞「本色」的藝術風貌立論。陽羨派在清初特定的歷史

條件之下，將深湛的家國之思「寄託」在詞中，以追求詞學向詩學回歸為宗旨的「言志」為觀念核心。陽羨派領袖陳維崧《詞選序》有：「為經為史，曰詩曰詞」之說，重新為詞確立地位。浙西詞人既重視詞含蓄風格的審美傳統，又強調詞的雅正，自覺把詞與《詩》、〈騷〉聯繫，主張詞在創作上承詩之比興寄託，同時寄託有助于突出詞委婉、含蓄的審美特點，又有助於詞人避免統治者的迫害。清代詞壇三大詞派各自提出重要觀點，在前人的基礎上，博參約取，極大地豐富了詞學理論。雲間詞派開清詞壇派別之先，陳子龍力圖恢復五代北宋詞的蘊藉自然之風，顯然是偏於對詞之宏麗婉約審美特質的維護，其重視詞長於言情的本質，認為詞可以借兒女之情寓風騷之旨，強調詞貴有寄託。接下來的陽羨詞派在創作風格上則提倡豪放之風，題材廣泛，掃蕩了自明代以來詞壇上流行的浮豔輕薄之氣，繼承了蘇、辛「以詩為詞」的傳統，他們所強調的寄託內涵側重反映現實，把詞的功能提高到與經史同樣的地位，突破了本色論。

雲間詞派立足於詞本位，陽羨詞派乃詩化論，而稍後的浙西詞派實現了兩者的調合。浙西詞派調和了詩化與固守本色兩派的對立，使詞得以定位為以「婉轉綺靡」為體貌、「言志」為內涵的複合體，「比興寄託」成了浙西詞家欲調和「詩化」與「本色」對立的最佳管道。

歷來談及詞論中的比興寄託說，多著重在清代常洲詞派，偶及浙西詞派，由本文的探討，可以發現，其實寄託理論並非常州詞派所專擅，事實上，雲間詞家、陽羨詞家、朱彝尊就倡論于前；但真正以寄託為開宗立派的旗幟，成為創作中有意追求的藝術手法，並在理論上達到政教原則與審美原則的統一的，不能不推常州詞派。當然，該派的寄託說也經歷了一個較為長期的理論整合過程。由於陽羨詞派流於狙獷、浙西派失之輕弱，常州詞派主張詞境應幽深，主張寄託含蓄。張惠言又回到了政教的角度立論，周濟則既承認詞上攀風騷注重意格的一面；又強調了詞審美特徵，將寄託的理論用到創作的過程中，提出了「從有寄託入，以無寄託出」的理論，對比興寄託的實際運用作了進一步的發揮。譚獻又在周濟的寄託有無說的基礎上提出「折衷柔厚」觀以說明作品深沉的思想內涵。陳廷焯更以「沉鬱」強調寄託具有重大的社會內涵。況周頤又在前人的基礎上強調寄託的本原在於作者自身的性靈，完成了詞學比興寄託邏輯上的圓。從前人的論述中，我們可以見到比興寄託的發展：由創作層次上的比興技巧以求婉約，到內涵層次上要求必出以寄託深沉、感慨遙深，到內在人格層次上的性靈襟抱的本原，比興寄託說已形成一個層層深入、首尾圓合的完整體系。

　　四大詞派雖同樣倡比興寄託，但在尊詞的整體走向上又有所變異，使得比興寄託說的發展格局，首尾俱備，更加完整。清代詞壇雖因詞派的紛呈、風格的多樣、見仁見智，但四大詞派各自完成其時代使命，使得清代詞論的發展是完整的，也是缺一不可的。

參、清代比興寄託說不同於宋代的獨特性：通過《花間》詞統以建構

　　清代詞論中的比興寄託說，歷經雲間、陽羨、浙西詞派，至常州詞派，比興寄託已成了清人們論詞的共同綱領，詞的內容、風格、創作目標、表達方式、讀者鑑賞，也都依此而做了明確的規定，從張惠言、周濟、譚獻、陳廷焯、況周頤等於此都各有闡明，薪火相傳，幾乎涵蓋了作家創作、作品結構、讀者接受等各個環節，貫串了文學創作活動與文學鑑賞活動，對於創作主體、鑑賞主體和客體皆全面顧及，完成了一個邏輯上的圓，格局完備，早已是宋人所無法企及的境地。清詞之「中興」，絕非消極地回歸宋代詞學，正如嚴迪昌所謂：「『中興』是振新，是發展，是在新的時空條件下的一次演進，一次流變。流變本是一切事物得以新生得以興隆的活力所自，反之一味因循沿襲只能導致衰竭凝滯，從而也

必然失卻其持續傳統、繼承前賢的積極意義。」[189]惟有「新變」，才能「代雄」，所以清詞之「中興」，不是消極地程式化復古，實乃其不同於宋代詞學而重新獲得生氣活力的一次振興，一次新繁榮。這種不同，在比興寄託論中即可見分曉。宋人詞論是把比興寄託視為一種表現手法，建構比興寄託論始終未言及《花間》詞家，然而清人論寄託則包蘊儒家詩教的寄託，更吸取了與美刺相關的詩教傳統，並且是沿襲明人提出的《花間》詞統而來，前已述及，不論是雲間、陽羨抑或浙西、常州詞派，始終將自己的眼光凝定於久遠的唐宋，希望從唐宋詞的傳統中尋求理論建構的基石，儘管四大詞派的詞壇領袖都要從古人那裡討得創作的靈感和材料，標榜心中的創作範型，或蘇辛、或姜張、或周吳等不一而足，但卻不約而同地選定《花間》詞統，四大詞派中皆有論者以《花間》詞統來論述比興寄託論，這也形成了清人和宋人論「比興寄託」說最大的差異所在。以下分兩點說明之：

一、宋代「比興寄託」基於「以詩為詞」的詩位觀念的產物，清代乃基於以《花間》為經典的詩詞互融的結果

中國文化重視師承的習性，這種意義貫注到文學理論上就形成了一種追源溯流的傳統，尤其在講求以復古為革新的文化傳統中，要建構一種新的理論必須往前溯源，才容易被後人所接受。清代詞論家們在為自己的詞派建立一個理論系統時，必須給自己的詞學理論尋找到一個合理的源頭，通過對某些經典的重新詮釋以重組文學思想世界的秩序，四大詞派為了給各自的詞派理論尋找源頭或依托而往前溯源，不約而同地溯源至《花間》。《花間集》作為第一部文人詞選集，被尊為「倚聲填詞之

189 引自嚴迪昌《陽羨詞派研究》（濟南：齊魯書社，1993 年 2 月）之「引論」，頁 2。

祖」，其所展現的委婉深美、精緻豔麗的風格也為後世詞人樹立了創作典範。儘管四大詞派的立論意識有所差異，風格有所不同，然而不論是堅持於「本色」的雲間詞派，還是立足於「詩化」的陽羨詞派，或是欲調合「本色」與「詩化」的浙西詞派，抑或是將寄託從表現手法、政治倫理拓展到創作與鑑賞過程的常派詞派，其建構寄託論的溯源都不離《花間》，《花間》詞已成為四大詞派建構寄託論的基礎。李冬紅云：

> 自古以來，《風》、〈騷〉又是與比興緊緊聯繫在一起，在後代它常被理解為「借閨怨寫幽微隱思」，而詞體正具有類似的外在形式結構，于是詞家從詞體藝術本身出發，把詞體與《風》、〈騷〉牢牢聯結在一起，彰顯比興寄託。尤其是「驚采絕豔」的屈騷以及美人香草的寄託，與「不無清絕之詞，用助嬌嬈之態」的《花間》詞風在直覺上具有極大的相似性，使得詞家竭力通過興寄託物的聯想，從曲折深微的詞作中發現作者內心深處的心靈情緒及感受，這正是張惠言等人多從比興寄託層面詮釋溫、韋等人詞的主要原因。[190]

娛賓遣興的《花間》詞之所以能與正統文學中的《風》、〈騷〉比肩，乃因兩種不同文學體製異質同構中的不謀而合。「不無清絕之詞，用助嬌嬈之態」的女子形象與《花間》風情雖然只是為了在綺筵歌席中助興而設，但卻與屈、宋以來借以寄託自己理想與追求的美女原型有著類似的同構性，因而容易予人有「借閨怨寫幽思」的聯想，這也是清代詞家建構「比興寄託」說的思維定勢和傳統制約。

余意〈《花間集》與詞學之寄託理論〉一文從歷史角度具體考察宋、清二代「寄託」產生機制不同，認為詞論中的比興寄託說，在宋、清二代產生的背景各有不同：

190 李冬紅《《花間集》接受史論稿》（濟南：齊魯書社，2006 年 6 月），頁 171。

> **宋是「以詩為詞」的詩位觀念的產物，而清則是建立在以《花間集》為經典詞學範本基礎上的詩詞文體互融的結果。正是後者建立了完美的理論形式。**[191]

以余先生之言揆之宋代詞論，果為確是，宋代的比興寄託理論乃是「在以詩為詞」的雅化思維下直接向詩借鑑技法的產物，其偏於鑑賞性的批評，呈現散漫無依狀態；而清代則是通過源流正變觀以《花間集》作為建構寄託理念的標本，通過《花間集》與《詩經》特別是屈〈騷〉的關係，以詞學經典的確立來建構一套嚴密的理論，具有指導創作之用。余先生亦在該文中提及：宋代詞學中的寄託意識與《花間集》完全無涉，宋人雖然肯定《花間集》「自有一種風格」的本色地位，但卻從未用之以參與建構寄託理論。在宋人眼中，《花間集》「不過香奩組織之辭」[192]，是「天下岌岌，生民救死不暇，士大夫乃流宕如此，可歎也哉！或者出於無聊故也？」[193]「寄託」理論作為中國詩歌以來一以貫之的傳統，強調政治懷抱的深沉的內涵，「無聊」之作的《花間集》當然不具備寄託的神聖資格。「宋代有以『比興』言詞，也有以『寄託』賞詞，但宋代的寄託意識只與蘇軾的詩化理念相關，卻與本色詞宗《花間集》完全無涉。」[194]

到了明代，重情主情的社會思潮選擇了以溫庭筠詞為代表的《花間集》介入詞之寄託理論建構，改變了先前宋代以詩比附詞的方式，使比興寄託說回到詞的本位，將私情與比興聯繫起來，從而實現詞已有的寄託功能。如果不是宋、明以來一次次的對詞體特質與功能的是是非非之論說，常州詞派「比興寄託」論就會失去根基而難以被接受，這不能不

191 余意〈《花間集》與詞學之寄託理論〉，《文藝理論研究》2007 年第 2 期，頁 62 至 68。

192 林景熙〈胡汲古樂府序〉，見《唐宋詞集序跋匯編》，頁 301。

193 陸游《花間集跋》，陸游《渭南文集》卷三十，《文淵閣四庫全書》本。

194 上述內容參考自余意〈《花間集》與詞學之寄託理論〉。

說是宋明以來詞論對清代的深遠影響。清人在建構其詞學寄託論時，除了中國古老的詩學理論之外，就是對《花間集》的觀照，正是後者形成了宋、清寄託理論的差別。尤其清代特別講求以復古革新的文化傳統，要建構寄理論也習於往前溯源，只有找到源頭依託，一種理論才易被世人接受。

二、宋人的比興寄託不等於尊體，清代的比興寄託的最終意義就是尊體

此外，清代的比興寄託的提出具有強烈的尊體意識，但宋人的比興寄託並不等於尊體。宋人的尊體與清代主要差異在於：宋代詞學更注重詞體本身的表達方式和審美特質，其尊體的實質是通過「遵體」(遵從詞的本質)精神而達到推尊詞體；而清代詞學則強調道德意義上的美感特質。清代詞學這樣發展的趨向是擴大了詞體的社會倫理功能，使詞由初期純粹的娛樂消遣性、抒情的審美性，轉變為像詩一樣具有教化、諷諭、指導認識的功能，從而抬高了詞的文體地位。換言之，宋人的「尊體」在於強調「詞別是一家」、「詞自有一種風格」的獨特藝術表現，以本色婉約詞為主，強調藝術形式上美學趣味的表達，而不是道德內容上的。而清人的「尊體」乃是通過詩詞同源的論證，將詞的表現內容與詩等同，確立了詞學詩學化的基調，但是詞學詩學化並不意味著詞等同於詩，相反的，清代詞學對於詞的特色有更深入的探討和分析，使詞的本體面目更清晰地呈現於世人面前。

〈清代詞論中的「比興寄託」說析論——以雲間、陽羨、浙西三大詞派為探究中心〉，2010 年 6 月發表於彰師大國文系《彰師大國文學誌》第二十期，頁 7-58。
〈儒家政教觀對清代詞學思想的滲透——以常州詞派「比興寄

託」說為論〉，2014 年 10 月發表於中華民國孔孟學會《孔孟學報》第九十二期，頁 273-306。

結　論

明清詞學體性之辨的特質與意義

每一種文體都有自己獨特的藝術性質，這就是文體的體性。「體」就文體而言是一種體裁及其寫作規範。「性」是作品呈現出鮮明的情性，這情性也是作品內容和個性的核心。作為決定文學作品獨特的兩大因素，「性」和「體」相互間又有內與外、隱與顯的對應關係。劉勰《文心雕龍》〈體性篇〉的「體」，已不是指「體裁」，而是指「體貌」，即風格；「性」則指情性、才性，即創作個性；「體性」是一個「情動而言形，理發而文現，蓋沿隱以至顯，因內而符外」[1]的統一體。劉勰這段話表述了「體」與「性」表裡一致。體性之辨是詞學的基本論題。這一論題主要從詞與詩、曲(主要是詩)等文學之體的聯繫和區別角度，來考察與觀照詞的基本體制、審美質性及藝術表現等問題。前人從源遠流長的詞學史對體性的承衍闡說，已為我們全面深入把握詞的體性提供了甚為豐富的辨識。

詞的發展，從中晚唐萌芽，到五代的興盛，宋代的發達，元明的衰落，至清代再度中興，詞體的發展歷經曲折的過程。清代詞學論者試圖擔肩總承唐五代、宋明以來詞學批評的工作，透過遠距離觀察體認使得清代詞學家對詞史發展的構建成為可能。清代詞壇上雲間派、廣陵、陽羨派、浙西派、常州派等詞派相繼活躍，不同詞派在不同的詞學主張的

1　范文瀾《文心雕龍注》，(北京：人民文學出版社，1978 年版)，頁 505。

基礎上對詞的發展歷史進行了梳理，構建了以各自的理論中心所呈現的互有聯繫而又各具特色的詞學演變史。

體性之辨是詞學研究中的核心與關鍵問題，論爭多年，關涉重大。梳理詞學史中這一場影響深遠的論戰，辨識詞這一文體的本質特性，呈現這段重要歷史， 考慮到詞體在不同時代不同階段的存在狀態是建構詞學系統化重要的工作。我們既要瞭解詞體自身變化的歷史，還要認清各個時代詞體觀的不同之處，分析不同詞派詞體觀之間的差異，才能正確全面、客觀深刻地認識詞體的發展演變及其內在原因。歷代詞家多以接受者的身份，對《花間》詞做出符合自己的時代思想和個人審美偏尚的闡釋，展現了不盡相同且各具特色的詞的體性觀念。各派各家他們對詞體的各種理解不免有差異，但對詞體的認識卻是越來越深刻。

本書以明清以來詞學中對體性的辨析予以考察，經過了前面各章的論述，最終見證詞學家對詞的體性之辨，實質就是一個要遵循《花間》傳統還是突破傳統的問題。對詞體認識的心理定勢是否要打破的問題，主要體現在兩個方面：一是偏於辨分詩詞體性之異的承衍，一是偏於辨說詩詞體性之相通的承衍。它們在論說向度上形成交集，相互對立而相互融通，從不同視點上展開、充實與深化、完善了詞作體性之論，為後人認識與把握詞體之性提供了堅實的平臺。

本書共七章，以下回顧正文各章的研究發現。

第一章到第四章以清代之前的體性論為主，主要以明代為考察點。

第一章，〈文體規範下的豔情文學觀——〈花間集序〉對〈玉臺新詠序〉的反思與超越〉：

每種作品都存在於某一特定的歷史時期、空間環境、社會階層、功能需求的特定位置上。從而形成因循沿革、相互依存及彼此詮釋的辯證關係。本章從《玉臺新詠》、《花間集》序文中的編輯旨趣出發，探討豔情文學的創作觀與正統文學觀有何差異，並見二者在同中有異、繼承中有變化的現象，以見「宮體詩」與「豔情詞」文體演變的意義，並為二者做出公允的文學史定位。

此後，北宋詞體觀在極大程度上是從《花間》詞中概括出來的，強調詞體應具備兒女之情與柔婉之風的獨特格調，確立了「詞為艷科」的觀念。「詞為豔科」的體性觀念決定了詞體以「言情」為主，以「婉約」為宗。然而，排斥浮豔是宋代文人一貫的主張，他們認為「豔科」不等同於「豔詞」，所以，在宋人眼裡，言兒女情長是有雅、俗之別的，「詞婉於詩」的體性特徵是「雅」與「豔」的統一。宋詞雖不再局限於《花間集》詞所表現的「閨情」、「花柳」而廣開言志、抒情之路，但表現兒女柔情及傷春悲秋在宋詞中仍占絕對優勢，在總體上決定了詞體不同於詩文的婉媚體性風貌，即使抒寫政治和愛國題材的詞作也往往「摧剛為柔」或借比興手法寄託懷抱。張炎《詞源》以為，小令「當以唐《花間集》中韋莊、溫飛卿為則」[2]，雅正、教化的詞體觀已經取代了長期盛行的娛樂消遣的詞體觀念。南宋以後，詞體觀念便大體沿著這一思路發展，人們把詞看作是抒發內在情感的最好形式，同時主張詞須「雅」而「正」。

第二章，〈明代詞學主要論題辨析〉：

金、元時期，詞論家發揚了蘇軾「以詩為詞」的理論，把抒發情性看作詞的重要體性特點之一，但由於曲的興盛，造成詩、詞、曲混淆不清的現象，人們對詞的體性認識常常處於一種模糊的狀態。明代在詞學發展史上是一個不為人重視卻很重要的轉折環節。明代有鑒於詞或近詩、或近曲的詞壇混亂狀態，有心的詞論家特別注意對詩、詞、曲的辨體論，辨明詞的體性就成為明代詞學主要論題之一。從詞學發展的歷史

2　張炎《詞源》卷下「令曲」條，《詞話叢編》，頁265。

來看，明代詞學是詞音樂本位思潮的回溯，以「主情近俗」為特徵。明代思想解放達到歷史的最高峰，人們極為重情，對描寫男女之情的作品由排斥轉為欣賞，對詞體主情的體性特徵產生了濃厚的興趣，「詞為豔科」的觀念在明代得以鞏固和發展。隨著詞學的興盛發展而逐漸具體和清晰。明人則明確地把「言情」視為詞體最基本的藝術特質。到了明代中期，心學影響了詞學理論。人們一方面承接明代初期評詞的慣性，用儒家詩教評判詞體，另一方面詞學觀念中的「主情說」在此期已初露鋒芒。在兩種理論作用下的詞學評論所顯現出的矛盾心態，在明代中期的詞學體性論中顯露無遺。爾後明詞衰弊的兩個重要原因便是「詞體未尊」、「詞性未辨」。

第三章，〈明末詞壇雅化的苗裔：以陳子龍詞學為論〉：

在此尊重陳子龍一生以反清復明為念，他並以自己的殉國，明白向後人宣告他的朝代歸屬，只能把他歸屬於明代詞家而非清初。全章先從陳子龍重要的詞學觀點入手，探討其復古源流觀、辨體論、詞境說、風騷寄託說、體性觀、審美技巧論，透過這些觀點的闡述以見陳子龍的詞論在詞史的重要位置，他在明詞中衰的困境中接續了詞統的最早努力，開啟了清代詞壇的盛衰之辨與南北宋之爭，使詞既能維護其本質特性，又可朝雅化尊體的路上前進，為清代詞論寫下了第一頁。陳子龍代表明末詞壇雅化的星星之火，即將在清代成為燎原之勢。

第四章，〈明末清初詞法意識的濫觴：李漁《窺詞管見》析論〉：

李漁是一位卓有見第的詞學評批家。他的詞學理論，在詞學批評史上有獨到的價值。《窺詞管見》對於許多相關的論題，例如對詩詞曲三種文體的區別、詞之創作的法古與創析、詞之取材與情景的關係、詞的結構安排的問題等，他都進行了許多有意義的探索，相應地提高了詞的總體地位。

第五章到第七章以清代的體性論為主。

第五章，〈「辨體」與「破體」異流同歸於「尊體」：清代詞體觀的建構〉：

清代詞壇上雲間派、廣陵、陽羨派、浙西派、常州派等詞派相繼活躍，不同詞派在不同的詞學主張的基礎上對詞的發展歷史進行了梳理，構建了以各自的體性觀為理論中心所呈現的互有聯繫而又各具特色的詞體演變史。本章從發展嬗變、承繼創新的視角考察清人的詞體觀，同時對清代詞壇四大流派詞體觀的發展與嬗變做出總體評斷，筆者試圖揭示清人對詞之「辨體」與「破體」二者消長互補的爭論的發展過程，如何異流同歸於「尊體」。四大詞派從自身所做的詞學主張出發，表現出辨體、破體各異的體性觀，呈現出錯綜複雜而又極具理論觀照的意義。

第六章，〈清代詞學中的「正變觀」析論〉：

本章從清代詞論中對於正變觀的產生背景、內涵實質、發展歷程做一探究，以見正變觀在清代的文化背景中如何生成與衍化，並瞭解各詞派對於正變觀的差異與演變的線索，並藉此以見詞論中的正變觀不同於詩論之處，本章有著對詞學之正變觀內涵探討的重要性，更有著對於清代各大詞派與群體詞學批評的回顧、反思、總結與成就肯定的重要意義。他們在整體上的確為詞學的正變批評的最終深化、融通與消解作出了貢獻。

第七章，〈清代詞論中的「比興寄託」說析論〉：

清人在普遍肯定詞之言情的前提和基礎上，開始以《風》、《騷》之義來規範詞體的情感內蘊，並且肯定了詞綺靡艷麗、哀怨悱惻、情深雅艷等迥異於詩歌的外在體貌。本章乃針對清代詞論中的「比興寄託」說為重點，以四大詞派間的發展歷程為鍊，對於四大詞派之比興寄託說的產生背景、內涵實質、發展歷程做一探究，以見比興寄託說在清代的文化背景中如何生成與衍化，並瞭解四大詞派對於比興寄託說的差異與演變的線索，並藉此以見清代詞論中的比興寄託說不同於前代之處。

綜合前面對各章的重點回顧，可知詞的體性論有兩個面向：一是詞體的本質觀、二是詞的創作原則，二者之間存在著緊密的聯繫。從詞是心緒文學的角度看，必然形成了自己的一種創作範式，正是這種創制範式的整體特徵，才使得詞具有了屬於自己的個性風範，清人在詞學中提出的比興寄託說，借用香草之喻、美人之喻等互相依託，構建出一個借用棄婦比喻逐臣、借用男女比喻君臣的象喻體系，把詞體與相關藝術表現手法提升了一個層次。

本書在通過梳理歷代詞論家對詞的體性認識的發展過程，可以看出，人們大多把言情看作詞的靈魂所在，對《花間集》以來所形成的詞體體性特徵之一的豔麗柔婉常抱以肯定的態度，堅持詞體的獨特性的觀點始終佔據著詞學批評的一個空間。但在強大的傳統詩教精神背景下，又往往把詞所達之情歸根於本原《風》、《騷》之中，因而對那種單純以男女之情為描寫內容的綺情豔語即所謂《花間》式的「豔詞」給予否定與批判，說明人們尋覓詞體獨特性的意念仍然受到「詞不同乎詩而後佳，詞不離乎詩方能雅」[3]觀念的約束。詞與詩的離合之爭，正是人們對於詞體認識的矛盾心理的一種體現，同時也是詞史上詞體創作與詞人觀念發生衝撞的關鍵所在。就詞學的整體發展來看，主要是詩學對詞學影響日益深化的過程。隨著詞體的演進以及「以詩為詞」實踐的深入和擴大，

---

3 清・查禮《銅鼓書堂詞話》，《詞話叢編》，頁 1482。

詞學家自覺或不自覺地受詩學思想的影響，逐漸改變著自己的詞學觀念。就詩學影響詞學的過程來看，經歷了以雲間詞人能得《花間》「麗而有則」的精髓，最具本色當行；陽羨詞派以詩教思想批判詞體；浙西詞派以詩學理念解釋詞體，至常州詞派進而形成了融入詩學思想而又注意到詞體特徵的新詞體觀的過程。 與浙西派提倡風雅以推尊詞體不同，常州派所採取的基本手法是倡言比興寄託。常州派的開山之祖張惠言雖推溫庭筠為最高，但他是以「比興寄託」攀附《風》、《騷》之義，提出了以比興寄託為中心的「尚意」的要求。張惠言所特意強調的「意」不是一般意義上的「意」，它同《詩》之比興、變風之義、騷人之歌是相近的。後來的論者對此作了進一步的發展，如周濟在其《介存齋論詞雜著》中說：「感慨所寄，不過盛衰；或綢繆未雨，或太息厝薪，或己溺己饑，或獨清獨醒」。況周頤給予《花間》「詞有穆之一境，靜而兼厚、重、大也」[4]最高的價值認證。

抒情，是中國古典詩歌的基本內核。所謂「為情而造文」、「吐納英華，莫非情性」。詞體是心靈的傾訴，詞體和傳統詩歌一樣，也是以情性為內核，無論是那些低回、纏綿、深細的抒情之作，還是那些豪放、飄逸、閒適、曠達的抒情之作，無一不是以真情打動人心的。它們共同的美學特徵是真摯。然而與詩體相較，詞體抒情是婉曲於詩，詞體之所以歷經長久的演變仍然形成《花間》範式的底蘊而非蘇辛範式，這便是一個時代與大眾期待共同追求的結果。從《花間》詞產生的唐末與五代，方當亂世斯時，及時行樂的風氣籠罩社會，逃避現實是唯一出路。時代造就了人心，人心促成了藝術。創作不僅反映著時代的變遷，更是反映人的心理。從大環境中提取某些共同愛好，經過一代甚至幾代人的心理積澱就可化為世人心底穩固的共同追求。在詞學發展的歷史上，時代社

4 況周頤，《蕙風詞話》卷二，「詞有穆之一境」條。

會、文化風物、詞人心理及審美需求在在影響著詞風的變化。縱觀清代各大詞派的體性之論，有為婉約派搖旗吶喊的如雲間詞派，也有為豪放派擂鼓助威的如陽羨派，又有浙西派提倡姜夔、張炎的詞，推崇清空醇雅的詞風，詞論家對豪放、婉約、清空詞風各有偏好，但他們的詞論也因派別之見而各有其局限性。浙西詞派在乾嘉時期開始走向衰落，主要原因是盛世不再，使浙派醇雅的審美主張失去了依憑的社會基礎，一味推崇清空醇雅的詞風逐漸趨向空虛、狹窄。加上浙派在發展的過程中，過分強調單一詞風的追求，造成內容的空疏、性靈不存、用典無度，浙派詞也因此失去了生命力與感染力。為了糾正這頹廢的風氣，常州詞家摒棄派別之見，以超脫對立，統攝雙方，不再以婉約、豪放來論詞的體性，而是從創作手法來論述，拓展了詞學研究的深度與廣度。如張惠言在《詞選序》裡對詞的解釋引用了《說文解字》的觀點：「意內而言外，謂之詞。」提出詞「緣情造端，興於微言，以相感動」。清代周濟由於從張惠言的外甥董晉卿學詞，在其作《介存齋論詞雜著》中提出寫詞要「初求空，後求實」、「初求有寄託，後求無寄托」。也在《宋四家詞選目錄序論》中重申了：「詞非寄託不入，專寄託不出。」的觀點。周濟重「寄託」、陳廷焯講求「意在筆先，神餘言外」的「沉鬱」之作，即是有寄託的作品。在寄託手法營造「沉鬱」風格的情感深化中，「婉約」和「豪放」只是對詞風格的一種歸納，並不是評判詞的終極標準，所以一味地爭論「婉約」和「豪放」孰重孰輕是毫無意義的。清人從性情與情感的角度出發，超越「婉約」和「豪放」的風格之見，從不同的角度去把握詞的思想內容及情感意義，這正是清代詞學超越宋、元、明的價值所在。

文學史是具有歷史感和動態感的，如果我們從接受者的接受歷程來描述文學史上的作家作品、文學現象和文學流派，考察歷代讀者對《花間集》的接受狀況，並加以比照分析，就能更科學地認識《花間集》的價值，同時也可以看出歷代詞家對《花間集》審美風尚的繼承和演變，這種在動態流程中考察文學現象無疑會增強文學史的動態感和歷史感。文學史實際是一個「審美接受」和「審美再生」的歷史，是作家、作品和讀者共振互動的關係史。以往研究往往忽視了「讀者接受」在文學史中的位置，這是一個大的缺憾，基於此，筆者以「讀者接受」為樞紐來建構詞學史的格局，從不同時代與不同的詞派群體對《花間》的接受過程以及各種接受方式去組織材料、發現問題，考自然之理，立必然之例，相信這種推源溯流、運動發展的詞「史」之建構，將是一件十分有意義的工作。

參考與徵引文獻

壹、傳統古籍

梁・蕭統編，唐・李善、五臣注，《昭明文選》，台北：文津出版社，1987 年。

梁・劉勰著，范文瀾注《文心雕龍注》，北京：人民文學出版社，1978 年。

南朝・徐陵編，傅承洲、慈山等注：《玉臺新詠》北京：華夏出版社，1998 年。

五代(後蜀)・趙崇祚編、蕭繼宗評點校注：《花間集》，台北：臺灣學生書局 1996 年 8 月。

張璋、黃畬編《全唐五代詞》，臺北：文史哲出版社，1986 年 10 月。

北宋・蘇軾撰，孔凡禮點校，《蘇軾文集》，北京：中華書局，1986 年。

南宋・黃昇輯，王雪玲、周曉薇校點《花庵詞選》，瀋陽：遼寧人民出版社，1997 年 3 月。

南宋・朱熹《詩集傳》，上海：上海古籍出版社，1980 年。

南宋・陳振孫《直齋書錄解題》，上海：上海古籍出版社，1987 年 11 月出版。

南宋・李清照著，黃墨谷重輯：《李清照集》，齊魯書社，1981 年。

宋・佚名編《草堂詩餘》，景印文淵閣四庫全書本，臺北：商務印書館，1984 年 3 月。

唐圭璋編纂，王仲聞參訂，孔凡禮補輯，《全宋詞》，北京：中華書局，1991 年。

唐圭璋輯，《宋詞紀事》，上海：上海古籍出版社，1984 年。

唐圭璋編纂，《全金元詞》，臺北：洪氏出版社，1980 年 11 月。

饒宗頤初纂，張璋總纂，《全明詞》，北京：中華書局，2004 年 1 月。

周明初、葉曄補編，《全明詞補編》，杭州：浙江大學出版社，2007 年 1 月。

明・吳訥編，《唐宋元明百家詞》，景印文景印文淵閣四庫全書本，臺北：商務印書館，1984 年 3 月。

明末・許學夷：《詩源辨體》，北京：人民文學出版社，1978 年版，頁 12。

明・李夢陽《李空同全集》，北京：人民出版社，1984 年 5 月。

明・胡應麟《詩藪》內編卷五，上海：上海古籍出版社，1988 年 2 月，頁 155。

明・卓人月、徐士俊編輯，《古今詞統》，瀋陽：遼寧教育出版社，2000 年 1 月。

明・馮夢龍著，劉瑞明注，《馮夢龍民歌集三種注解》，北京：中華書局，2005 年版。

明・徐師曾，《文體明辨》，北京：人民文學出版社，1998 年。

明・楊慎等人評點，《草堂詩餘》，台北：臺灣中華書局，1971 年。

明・王驥德著，陳多、葉長海注譯，《王驥德曲律》，長沙：湖南人民出版社，1983 年。

明・趙尊嶽編，《明詞彙刊》本，上海：上海古籍出版社，1992 年。

明・李開先著、卜鍵箋校，《李開先全集》，北京：文化藝術出版社，2004 年。

明末・陳子龍、李雯、宋徵輿等合著，王雪玲、陳立校點，《雲間三子新詩合稿・幽蘭草・倡和詩餘》，瀋陽：遼寧教育出版社，2000 年 1 月。

明・陳子龍撰、施蟄存、馬祖熙編，《陳子龍詩集》，上海：上海古籍出版社，1983 年。

明・陳子龍，《陳子龍文集・臥子先生安雅堂稿》，上海：華東師範大學出版社，1988 年。

明・王士禎、鄒祇謨選評，《倚聲初集》，《續修四庫全書》編委會《續修四庫全書》第十三卷 1729 冊(上海：上海古籍出版社，2003 年)

明末・李漁《閑情偶寄》，長沙：岳麓書社 2000 年 6 月出版，頁 32。

清・沈億年編，《支機集》，《明詞匯刊》本，上海：上海古籍出版社，1992 年，亦見施蟄存主編《詞學》第二輯，上海：華東師範大學出版社，1983 年版，頁 241。

清・龔翔麟輯《浙西六家詞》，《四庫全書存目叢書・集 425》，台南：莊嚴文化事業有限公司，1997 年 6 月，初版一刷。

清・王昶，王兆鵬校點、曾昭岷審訂《明詞綜》，《四部備要》本，瀋陽：遼寧教育出版社，1992 年。

《全清詞・順康卷》(20 冊)，南京大學中國語文學系全清詞編纂委員會，北京：中華書局，2002 年 5 月。

《全清詞・順唐卷補編》，張宏生編，南京：南京大學出版社，2008 年 5 月。

《全清詞鈔》，葉公綽編，臺北：河洛圖書出版社，1975 年 4 月。

《清詞別集百三十四種》，楊家駱主編，臺北：鼎文書局，1976 年

8 月。

清・朱祖謀選輯，唐圭璋箋注，《宋詞三百首箋注》，臺北：漢京文化事業有限公司，1983 年 6 月。

清・鄒祇謨、王士禎選編《倚聲初集》,《續修四庫全書》集部詞類 1729 冊，上海古籍出版社，1995 年。

清・蔣景祁編《瑤華集》，北京：中華書局，1982 年 11 月。

清・朱彝尊、汪森編，《詞綜》，上海：上海古籍出版社，1999 年 11 月。

清・陳維崧撰，《湖海樓全集》，清康熙三十三年（1694 年）原刻本，江蘇廣陵：古籍印刻社，1989 年 12 月影印本。

清・張惠言、董毅編《詞選・續詞選》，北京：華夏出版社，2006 年 1 月

陳乃乾輯，《清名家詞》，上海：上海古籍出版社，1982 年。

錢仲聯主編《清八大家詞集》，長沙：岳麓書社，1992年。

清・徐釚編著，王百里校箋，《詞苑叢談校箋》，北京：人民文學出版社，1998 年。

清・何文煥輯，《歷代詩話》，北京：中華書局，1981 年 4 月。

清・錢謙益，《牧齋有學集》，上海：上海古籍出版社出版，1996 年 9 月出版。

清・陶宗儀，《南村輟耕錄》，北京：中華書局，1985 年。

清・劉熙載，《藝概》，台北：金楓出版有限公司，1986 年 12 月。

清・張宗橚輯，《詞林紀事》，臺北：木鐸出版社，1982 年。

清・萬樹編，《詞律》，北京：中華書局，1957 年。

清・譚獻，《篋中詞》，台北：鼎文書局，1971 年出版。

清・陳維崧，《陳迦陵詩文詞集》，《四部叢刊初編縮本》，台北：臺灣商務印書館，1976 年。

清・任繩隗，《直木齋全集》，《四部叢刊初編縮本》，台北：臺灣商務印書館，1976 年。

清・王夫之，《薑齋詩話》，上海：人民文學出版社，1961 年版。

清・紀昀、永瑢等撰《四庫全書總目提要》，台北：藝文印書館，1962 年。

清・王昶：《國朝詞綜》，台北：臺灣中華書局，1971 年。

清・何文煥輯，《歷代詩話》，北京：中華書局，1981 年。

清・蔣景祁編，《瑤華集》，北京：中華書局，1982 年。

清・紀昀等編撰，《欽定四庫全書集部》，《景印文淵閣四庫全書集部四二七詞曲類》，臺北市：臺灣商務印書館，1983 年。

清・朱彝尊，《曝書亭集》，台北：世界書局，1989 年。

《叢書集成續編》，臺北：新文豐出版公司，1989 年 。

清・王昶著，近人王兆鵬校點、曾昭岷審訂，《明詞綜》，瀋陽：遼寧教育出版社，1992 年。

清・厲鶚著，董兆熊注、陳九思標校，《樊榭山房集》，上海：上海古籍出版社，1992 年。

清・朱彝尊、汪森編，《詞綜》，上海：上海古籍出版社，1999 年。

清・王士禎著，戴鴻森校點《帶經堂詩話》，北京：人民文學出版社，2006 年。

清・徐釚著，王百里校箋，《詞苑叢談校箋》，北京：人民文學出版社，2006 年。

《續修四庫全書》集部，上海古籍出版社，1995 年。

《四庫全書存目叢書》，集部、別集類，總 215 冊，臺南：莊嚴出版社，1997 年。

貳、近人編輯與論著

夏承燾，《唐宋詞論叢》，北京：中華書局，1962 年。
任二北，《散曲概論・作法》，臺北：復華書局，1963 年。
龍榆生編，近三百年名家詞選》，臺北：宏業書局，1979 年 1 月。
錢穆，《中國思想史論叢》，台北：東大圖書有限公司，1978 年。
葉嘉瑩，《迦陵論詞叢稿》，上海：上海古籍出版社，1980 年。
朱光潛，《朱光潛美學文集》第二卷，上海：上海文藝出版社，1982 年。
李澤厚，《美的歷程》，北京：文物出版社，1982年。
陳乃乾輯，《清名家詞》，上海：上海古籍出版社，1982年。
郭紹虞編選，富壽蓀校點，《清詩話續編》上冊（上海：上海古籍出版社，1983 年版）
龔兆吉，《歷代詞論新編》，北京：北京師範大學出版社，1984 年。
王水照，《唐宋文學論集》，濟南：齊魯書社，1984 年。
方孝岳，《中國文學批評》，北京：三聯書店，1986 年。
唐圭璋編，《詞話叢編》，台北：新文豐出版社，1988 年 2 月。
錢鍾書選注：《宋詩選注》，北京：人民文學出版社，1989 年。
梁榮基，《詞學理論綜考》，北京：北京大學出版社，1991 年。
葉嘉瑩，《唐宋十七講》，台北：桂冠圖書公司，1992 年 4 月。
嚴迪昌，《陽羨詞派研究》，濟南：齊魯書社，1993 年。
謝桃坊，《中國詞學史》，成都：巴蜀書社，1993 年 6 月。
顏崑陽，《六朝文學觀念叢論》，台北：正中書局，1993 年。
金啟華、張惠民、王恒展、張宇聲、王增學合著，《唐宋詞集序跋匯編》，台北：臺灣商務印書館，1993 年。
方智範、鄧喬彬等，《中國詞學批評史》，北京：中國社會科學出版社，1994 年 7 月。
童慶炳，《文體與文體的創造》，昆明：雲南人民出版社，1994 年。
施蟄存，《詞籍序跋萃編》，北京：中國社會科學出版社，1994 年。
吳梅，《詞學通論》，上海：華東師範大學出版社發行，1996 年。
楊海明，《唐宋詞史》，高雄：麗文文化出版社，1996 年 2 月。
陳良運編，《中國歷代詞學論著選》，南昌：百花洲文藝出版社，1998 年。
葉嘉瑩，《清詞論叢》，石家莊：河北教育出版社，1997 年。
王水照，《蘇軾研究》(石家莊：河北教育出版社，1999 年。
孫克強，《唐宋人詞話》，新化：河南文藝出版社，1999 年。
嚴迪昌，《清詞史》，南京：江蘇古籍出版社，1999年。
施蟄存、陳如江，《宋元詞話》，上海：上海書店出版社，1999 年。
嚴迪昌，《清詞史》，南京：江蘇古籍出版社，1999 年。
孫克強，《詞學論考》，天津：延邊大學出版社，2001 年 9 月。
丁放，《金元明清詩詞理論史》，合肥：安徽大學出版社，2002 年 2 月。
張仲謀《明詞史》，北京：人民文學出版社，2002 年 2 月。
邱世友，《詞論史論稿》，北京：人民文學出版社，2002 年 2 月
蔣哲倫、傅蓉蓉合著，《中國詩學史・詞學卷》，廈門：鷺江出版社，2002 年。
張璋、職承讓、張驊、張博寧編《歷代詞話》，鄭州：大象出版社，2002 年。
王鼎鈞，《文學種籽》，台北：爾雅出版社，2003 年 7 月。
王偉勇，《詞學專題研究》，臺北：文史哲出版社，2003年4月。
吳熊和等人主編，《唐宋詞彙評》(分「唐五代卷」一冊，「兩宋卷」五冊)，杭州：浙江古籍出版社，2004 年。

孫克強，《清代詞學》，北京：中國社會科學出版社，2004 年。

楊柏嶺，《晚清民詞詞學思想建構》，合肥：安徽大學出版社，2004年。

朱惠國，《中國近世詞學思想研究》，上海：上海古籍出版社，2005年。

姚蓉，《明末雲間三子研究》，廣州：廣東高等教育出版社，2004 年。

陳水雲，《清代詞學發展史論》，北京：學苑出版社，2005 年 7 月。

朱德慈，《常州詞派通論》，北京：中華書局，2006 年 11 月。

孟林著，《心史叢刊》，北京：中華書局，2006 年 4 月，頁 1-36。

李冬紅，《《花間集》接受史論稿》，濟南：齊魯書社，2006 年 6 月。

張宏生所編，《清詞珍本叢刊》，南京：鳳凰出版社，2007 年。

黃霖編輯：《中國歷代文論選》(先秦至唐五代卷)，上海：上海教育出版社，2007 年。

黃雅莉，《宋代詞學批評專題探究》，台北：文津出版社，2008 年 4 月。

參、期刊論文

李康化，〈明代詞論主潮辨述〉，《華東師範大學學報》(哲社版)，1992 年第二期，頁 40 至 67。

趙山林，〈陳子龍的詞和詞論〉，《詞學》第七輯(上海：華東師範大學出版社，1995 年)，頁 187-196。

詹福瑞，〈宮體詩派的形成及發展過程〉，《漳州師院學報》，1997 年第 3 期，頁 1-5。

張晶，〈詞的本體特徵：李漁詞論的焦點〉，《社會科學戰線・文藝學研究》，1998 年第 6 期，頁 127。

楊培森，〈《花間集序》與《玉臺新詠序》比較談〉，《中文自學指導》，1998 年 2 月，頁 47-49。

鄧紅梅，〈明詞綜論〉，《中國韻文學刊》1999 年 1 期，頁 17 至 25。

孫家政，〈論明衰蔽的原因〉，《寧波大學學報》(人文科學版)，第 12 卷第 4 期，1999 年 12 月，頁 17-21。

鮑恒，〈詞體與詞體學略論——詞學研究中的兩個基本問題〉，《安徽大學學報》第 26 卷第 5 期，2002 年 9 月，頁 90 至 96。

葉輝，〈從明代的《草堂詩餘》批評看明人的詞學思想〉，《人文雜誌・文學研究》，2002 年第 6 期，頁 95-97。

儀平策，〈宮體詩審美意義的文化解釋〉，《求是學刊》，2003 年 9 月，第 30 卷第 5 期，頁 95-100。

崔煉農，〈《玉臺新詠》不是歌辭總集〉，《雲南藝術學院學報》，2003 年 1 月，頁 31-35。

尚繼武，〈以「體」論詞之「體」辨〉，《哈爾濱學院學報》第 25 卷第 12 期，2004 年 12 月，頁 79-83。

李越深，〈松江幾社與雲間詞派〉，《浙江大學學報》，第 34 卷第 3 期，2004 年，頁 143 至 148。

伏滌修，〈清代詞學由辨體向尊體的批評轉向〉，《煙臺大學學報》，第17卷第4期，2004年10月，頁428-432。

孫克強，〈明代詞學思想論略〉，《河南大學學報》(社科版)，第 44 卷第 1 期，2004 年 1 月，頁 59-64。

劉懷榮〈漢代以來比興藝術思維的發展演變〉，《東方論壇》，2004 年第 6 期，頁 28 至 34。

曹明升，〈清代詞學中的破體、辨體與推尊詞體〉，《中國文學研究》，2005年第三期，頁51-55。

萬文斌、黎瑛：〈試論中國古典詞論與詩論的變異及趨同〉，《江西社會科學》，2005 年第一期，頁 83 至 86。
丁建東，〈《花間》與《草堂》在明代的接受比較〉，《棗莊學院學報》第 22 卷第 6 期，2005 年 12 月，頁 35-38。
李越深，〈論陳子龍的詞學思想〉，《內蒙古大學學報》第 38 卷第 4 期，2006 年，頁 106-111。
郭鋒，〈論《樂府補題》的詞學思想〉，《南昌大學學報》第 37 卷第 1 期，2006 年 1 月，頁 100-112。
王輝斌，〈西蜀花間詞派論略〉(《伊犁師範學院學報》，2006 年 12 月，第 4 期，頁 71-74)。
章培恒，〈《玉臺新詠》的編者與梁陳文學思想的實際〉(《復旦學報》，2007 年第 2 期，頁 16-20。
陳玲，〈《玉臺新詠序》與徐陵「新變」審美理念〉，《西安電子科技大學學報》(社會科學版)，2011 年 3 月，第 21 卷第 2 期，頁 80-84。
葛鵬，〈論南唐詞與西蜀詞之藝術特色〉，《青年文學家》，2014 年 6 月，頁 66。
陳文新，〈論文學流派與總集的三種關係──以《花間集》、《西崑酬唱集》、《江湖集》為例〉，《厦門廣播電視大學學報》第 2 期，2014 年 5 月，頁 33-38。
顧農，〈《花間集》的意義〉，《天中學刊》第 30 卷第 4 期，2015 年 8 月，頁 94-99。
曹保合，〈談周濟的寄託理論〉，《贛南師範學院學報》第3期，1994 年，頁23-29。
黃志浩，〈論常州詞派理論之流變〉，《廣東民族學院學報》，1997 年第 3 期，總第 41 期，頁 34-40。
孫克強，〈清代詞學的南北宋之爭〉，《文學評論》，1998 年 4 月，頁

127-136。

胡建次，〈清代詞學批評視野中的正變論〉，《贛南師範學院學報》，1999年第4期，頁21至25。

胡建次，〈中國古典詞學批評中的正變論〉，《南昌大學學報》，第30卷第2期，1999年6月，頁81至85。

祁光祿，〈清代詞學思想向傳統儒學的回歸〉，《河南師範大學學報》第 25 卷第 1 期，1999 年，頁 77-81。

楊萬里，〈略論詞學尊體史〉，《雲夢學刊》，1998年第2期，頁38至41

陳水雲，〈清代詞學尊體與古代文學價值觀〉，《黃岡師專學報》，第19卷第1期，1999年2月，頁36至42。

佟启巾，〈有寄託與無寄託略論〉，《丹東師專學報》總第76期，1999年2月，頁47至49。

陳水雲，〈清代詞學的詩學化〉，《武漢水利電利大學學報》(社會科學版)，第20卷第4期，2000年7月，頁57-60。

李建中，〈辨體明性：關於古代文論詩性特質的現代思考〉，《華中師範大學學報》(人文社會科學版)，第40卷第2期，2001年3月，頁64至70。

高峰，〈常州詞派的尊體論〉，《淮陰師範學院學報》，第 23 卷，2001 年 5 月，頁 684 至 686。

丁放，〈《樂府補題》主旨考辨——兼論「比興寄託」說在詞論在清代以來的演變〉，《安徽大學學報》(人文社會科學版)第 29 卷第 4 期，2001 年 11 月，頁 531 至 528。

楊金梅，〈在「言情」與「言志」之間——論宋詞的詞體特徵〉，《中共浙江省委黨校學報》，2001 年第 5 期，頁 49 至 51。

鮑恒，〈詞體與詞體學略——詞學研究中的兩個基本問題〉，《安徽大學學報》(哲學社會科學版，第 26 卷第 5 期，2002 年 9 月，頁 90 至 96。

陳水雲，〈常州詞派與近代詞學中的解釋學思想〉，《求是學刊》，總第 2 9 卷第 5 期，2002 年 9 月，頁 99 至 104。

陳水雲，〈道光年間詞學思想發展的內在理路〉，《中國文化研究》2002 年春之卷，頁 110-117。

徐楓、葉抒，〈論周濟對詞學興寄論的新闡釋〉，《東北師大學報》2002 年第 2 期，總第 196 期，頁 79-85。

程繼紅，〈論清代三大詞派對辛詞的接受與評價〉，《江西師範大學學報》第 35 卷第 4 期，2002 年 11 月，頁 78-82。

朱紹秦、徐楓，〈清代詞學「正變觀」的新立論——論周濟正變觀與張惠言的異同〉，《華中師範大學學報》，第41卷第2期，2002年3月，頁67至71。

伏滌修，〈周濟寄託說與清代詞學的成熟〉，《河南師範大學學報》(哲學社會科學版)第31卷第4期，2003年第4期，頁116至119。

楊柏嶺，〈正變說與晚清詞學的詞學史觀念〉，《中國古代、近代文學研究》，2003年12期，頁153至157。

沙先一，〈推尊詞體與開拓詞境：論清代的學人之詞〉，《江海學刊》2004年3月，188至193。

周絢隆，〈論陳維崧以詩為詞的創作特徵及其意義〉，《文藝研究》，2004年第3期，頁80-85。

楊柏嶺，〈比興與晚清詞學思想的構建〉，《延邊大學學報》(社會科學版)第37卷第3期，2004年9月，頁87至93。

劉貴華，〈略論清代常州詞派的比興寄託理論〉，《廣西社會科學》，2005 年 7 期，總第 121 期，頁 78 至 81。

曹明升、楊健，〈論浙西、常州詞學的南北宋之爭〉，《社會科學家》，第 2 期，總第 112 期，2005 年 3 月，頁 29-32、44。
周瀟，〈厲鶚詞論之創見及浙派詞學旨歸〉，《青島大學師範學院學報》第 22 卷第 1 期，2005 年 3 月，頁 53-59。
馮淑然、艾洪濤，〈論《四庫全書總目》的詞體美學觀〉，《河北大學學報》，2006 年第 3 期，第 31 卷，總第 129 期，頁 118-123。
陳良運，〈清代詞學二題〉，《文藝理論研究》，2006 年第 3 期，頁 100 至 108。
沙先一，〈作者之心與讀者之意——關於常州派詞學解釋學的研究札記〉，《徐州師範大學學報》(哲學社會科學版)第 32 卷第 1 期，2006 年 1 月，頁 31 至 35。
溫曉暉、李海燕，〈論常州詞派「比興」詞論的完善和發展——兼論張惠言、周濟、陳廷焯三家對碧山詞的評價〉，《文學研究》，2006 年 2 月，頁 52-53。
張文，〈略論況周頤對常州詞派詞學理論的繼承和發展〉，《南京林業大學學報》(人文社會科學版)第 6 卷第 2 期，2006 年 6 月，頁 64 至 67。
劉勇剛，〈明未詞運之轉移與清詞中興之契機——雲間派新論〉，《懷化院學報》第 25 卷第 1 期，2006 年 1 月，頁 130 至 134。
張世斌，〈明末清初詞人詞論與創作的背離〉，《江淮論壇》，2006 年第 4 期，頁 175 至 178。
張兆勇、安敏，〈詞論的聚焦與突破—關於明清以來以「豪放」、「婉約」論詞問題的回顧與反思〉，《淮北煤炭師範學院學報》第 27 卷第 3 期，2006 年 6 月，頁 110-114。
吳蓓，〈詞史上的南宗之盛——文人畫、神韻詩參照下的南宋雅詞與浙西詞派〉，《浙江學刊》，2006 年第 4 期，頁 88 至 95。
丁建東，〈《花間集》批評與詞史觀的構建〉，《湖北廣播電視大學學報》，第 23 卷第 6 期，2006 年 11 月，頁 71-74。

胡建次、邱美瓊，〈正變批評在清代文學批評中的展開〉，《寧波大學學報》(人文科學版)第 19 卷第 1 期，2006 年 1 月，頁 36 至 40。

余意，〈《花間集》與詞學之寄託理論〉，《文藝理論研究》2007 年第 2 期，頁 62 至 68。

朱崇才，〈論張綖婉約、豪放二體說的成及理論貢獻〉，《文學遺產》2007 年第一期，頁 72 至 79。

胡建次，〈承傳與融通：古典詞學批評中的正變論〉，《社會科學研究》，2007年3月，頁171至176。